国家出版基金项目
NATIONAL PUBLICATION FOUNDATION

抗日战争专题研究

张宪文 朱庆葆 主编

第十辑
日军暴行与审判

国民政府审判日本战犯研究

严海建 著

江苏人民出版社

图书在版编目(CIP)数据

国民政府审判日本战犯研究. / 严海建著. —南京：江苏人民出版社, 2022.4
(抗日战争专题研究/张宪文, 朱庆葆主编)
ISBN 978-7-214-25942-4

Ⅰ.①国… Ⅱ.①严… Ⅲ.①侵华－战犯－审判－研究－日本 Ⅳ.①K265.706

中国版本图书馆 CIP 数据核字(2021)第 216152 号

书　　　名	国民政府审判日本战犯研究
著　　　者	严海建
责 任 编 辑	张晓薇
装 帧 设 计	刘葶葶
责 任 监 制	王　娟
出 版 发 行	江苏人民出版社
地　　　址	南京市湖南路 1 号 A 楼,邮编:210009
照　　　排	江苏凤凰制版有限公司
印　　　刷	苏州市越洋印刷有限公司
开　　　本	652 毫米×960 毫米　1/16
印　　　张	30.75　插页 4
字　　　数	358 千字
版　　　次	2022 年 4 月第 1 版
印　　　次	2022 年 4 月第 1 次印刷
标 准 书 号	ISBN 978-7-214-25942-4
定　　　价	118.00 元

(江苏人民出版社图书凡印装错误可向承印厂调换)

教育部哲学社会科学研究重大委托项目
2021年度国家出版基金资助项目
南京大学"双一流"建设卓越计划项目
"十四五"国家重点出版物出版专项规划项目

合作单位

南京大学　北京大学　南开大学　武汉大学
复旦大学　浙江大学　山东大学
台湾中国近代史学会

学术顾问

金冲及　章开沅　魏宏运　张玉法　张海鹏
姜义华　杨冬权　胡德坤　吕芳上　王建朗

编纂委员会

主　　　编	张宪文　朱庆葆
副　主　编	吴景平　陈红民　臧运祜　江　沛　宋志勇　王月清
	张　生　马振犊　彭敦文　赵兴胜　陈立文　林桶法
常　务　编　委	洪小夏　张燕萍　刘　颖　吕　晶　张晓薇

审稿委员会

主　任	马　敏　陈谦平
副主任	叶美兰　张连红　戚如高　王保顶　王卫星　姜良芹
委　员	关　捷　郑会欣　何友良　田　玄　刘金田　朱汉国　程兆奇
	黄正林　李继锋　马俊亚　李　玉　曹大臣　徐　畅　齐春风

总　序

张宪文　朱庆葆

日本侵华与中国抗日战争是近代中国最重大的历史事件。中国人民经过14年艰苦卓绝的英勇奋战,付出惨重的生命和财产的代价,终于取得伟大的胜利。

自1945年抗日战争结束至2015年,度过了漫长的70年。对这一影响中国和世界历史进程的重大事件,国内外历史学界已经做过大量的学术研究,出版了许多论著。2015年7月30日,在抗日战争胜利70周年前夕,中共中央政治局就中国人民抗日战争的回顾和思考进行集体学习,习近平总书记发表重要讲话,指示学术界应该广为搜集整理历史资料,大力加强对抗日战争历史的研究。半个月后,中共中央宣传部迅速制定抗日战争研究的专项规划。8月下旬,时任中共中央宣传部部长刘奇葆召开中央各有关部委、国家科研机构和部分高校代表出席的专题会议,动员全面贯彻习总书记的讲话精神,武汉大学和南京大学的代表出席该会。

在这一形势下,教育部部领导和社会科学司决定推动全国高校积极投入抗战历史研究,积极支持南京大学联合有关高校建立抗战研究协同创新中心,并于南京中央饭店召开了由数十所高校的百余位教授、学者参加的抗战历史研讨会。台湾中国近代史学会也派出十多位学者，在吕芳上、陈立文教授率领下出席会议，共同协商在新时代深入开展抗战历史研究的具体方案。台湾著名资深教授蒋永敬在会议上发表了热情洋溢的讲话。经过几个月的酝酿和准备，南京大学决定牵头联合我国在抗战历史研究方面有深厚学术基础的北京大学、南开大学、武汉大学、复旦大学、浙江大学、山东大学及台湾中国近代史学会，组织两岸历史学者共同组建编纂委员会，深入开展抗日战争专题研究。中央档案馆和中国第二历史档案馆也积极支持。在南京中央饭店学术会议基础上，编纂委员会初步筛选出130个备选课题。

南京大学多次举行党政联席会议和校学术委员会会议，专门研究支持这一重大学术工程。学校两届领导班子均提出具体措施支持本项工作，还派出时任校党委副书记朱庆葆教授直接领导，校社科处也做了大量工作。南京大学将本项目纳入学校"双一流"建设卓越计划，并陆续提供大量经费支持。

江苏省委、省政府以及江苏省委宣传部，均曾批示支持抗战历史研究项目。国家教育部社科司将本项研究列为哲学社会科学研究重大委托项目，并要求项目完成和出版后，努力成为高等学校代表性、标志性的优秀成果。

本项目编纂委员会考察了抗战历史研究的学术史和已有的成果状况，坚持把学术创新放在第一位，坚持填补以往学术研究的空白，不做重复性、整体性的发展史研究，以此推动抗战历史研究在已有基础上不断向前发展。

本项目坚持学术创新，扩大研究方向和范围。从以往十分关注的九一八事变向前延伸至日本国内，研究日本为什么发动侵华战争，日本在早期做了哪些战争准备，其中包括思想、政治、物质、军事、人力等方面的准备。而在战争进入中国南方之后，日本开始实施一号作战,将战争引出中国国境,即引向亚太地区,对东南亚各国及东南亚地区的西方盟国势力发动残酷战争。特别是日军偷袭美军重要海军基地珍珠港,不仅给美军造成严重的军事损失,也引发了日本法西斯逐步走向灭亡的太平洋战争。由此,美国转变为支援中国抗战的主要盟国。拓展研究范围,研究日本战争准备和研究亚太地区的抗日战争,有利于进一步揭露日本妄图占领中国、侵占亚洲、独霸世界的阴谋。

本项目以民族战争、全民抗战、敌后和正面战场相互支持相互依靠的抗战整体,来分析和认识中国抗日战争全局。课题以国共两党合作为基础,运用大量史实,明确两党在抗日战争中的地位和作用,正确认识各民族、各阶级对抗日战争的贡献。本项目内容涉及中日双方战争准备、战时军事斗争、战时政治外交、战时经济文化、战时社会变迁、中共抗战、敌后根据地建设以及日本在华统治和暴行等方面,从不同视角和不同层面,深入阐明抗日战争的曲折艰难历程,以深刻说明中国抗日战争的重大意义,进一步促进中华民族的伟大复兴。

对于学界已经研究得甚为完善的课题,本项目进一步开拓新的研究角度和深化研究内容。如对山西抗战的研究更加侧重于国共合作抗战;对武汉会战的研究将进一步厘清抗战中期中国政治、经济、社会的变迁及国共之间新的友好关系。抗战前期国民党军队丢失大片国土,而中国共产党在十分艰难的状况下,在敌后逐步收复失地,建立抗日根据地。本项目要求各根据地相关研究课题,应在以往学界成果基础上,着力考察根据地在社会改造、经济、政治、人才培养等方面,如何探索和积累经验,为1949年后的新中国建设提供有益的借鉴。抗战时期文学艺术界以其特有的文化功能,在揭露日军罪行、动员广大民众投入抗战方面,发挥了重要作用。我们尝试与艺术界合作，动员南京艺术学院的教授撰写了与抗日战争相关的电影、美术、音乐等方面的著作。

本项目编纂委员会坚持鼓励各位作者努力挖掘、搜集第一手历史资料，为建立创新性的学术观点打下坚实基础。编纂委员会要求全体作者坚决贯彻严谨的治学作风，坚持严肃的学术道德，恪守学术规范，不得出现任何抄袭行为。对此，编纂委员会对全部书稿进行了两次"查重"，以争取各个研究课题达到较高的学术水平，减少学术差错。同时，还聘请了数十位资深专家，对每部书稿从不同角度进行了五轮审稿。

本项目自2015年酝酿、启动，至2021年开始编辑出版，是一项巨大的学术工程，它是教育部重点研究基地南京大学中华民国史研究中心一直坚持的重大学术方向。百余位学者、教授，六年时间里付出了艰辛的劳动，对抗战历史研究做出了重要贡献！编纂委员会向全体作者，向教育部、江苏省委省政府以及各学术合作院校，向江苏凤凰出版传媒集团暨江苏人民出版社，向全体编辑人员，表示最崇高的敬意和诚挚的感谢！

目　录

导　论 ……… *001*

第一章　通向战后审判之路 ……… *015*
　　第一节　一战后战罪惩处的遗产 ……… *015*
　　第二节　二战期间惩治战犯的倡议 ……… *024*
　　第三节　二战期间盟国惩治战犯方案的拟议 ……… *028*
　　第四节　国民政府与对日战罪惩处 ……… *041*

第二章　国民政府对日本战争罪行的调查 ……… *058*
　　第一节　战时对日本战争罪行的调查 ……… *058*
　　第二节　抗战胜利后的战罪检举与证据调查 ……… *074*
　　第三节　国民政府战罪调查工作的检讨 ……… *084*

第三章　国民政府战犯处理的政策与法规 ……… *101*
　　第一节　战犯处理的组织机构 ……… *101*
　　第二节　战犯处理的政策方针 ……… *108*
　　第三节　战犯审判的立法工作 ……… *116*

第四章　战后对日审判的相关工作 ……… *129*
　　第一节　战犯名单的确定 ……… *129*
　　第二节　战犯的检举与逮捕 ……… *142*

第三节　战犯的引渡 ……… 152
　　　第四节　战犯的拘留与移交 ……… 161

第五章　国防部南京军事法庭对日本战犯的审判 ……… 175
　　　第一节　南京大屠杀相关战犯的审判 ……… 176
　　　第二节　高级别战犯的审判 ……… 213
　　　第三节　其他战犯的审判 ……… 243

第六章　各地军事法庭对日本战犯的审判 ……… 258
　　　第一节　北平审判 ……… 258
　　　第二节　上海审判 ……… 272
　　　第三节　广州审判 ……… 316
　　　第四节　武汉审判 ……… 328
　　　第五节　沈阳审判 ……… 345
　　　第六节　太原审判 ……… 366
　　　第七节　济南审判 ……… 370
　　　第八节　徐州审判 ……… 377
　　　第九节　台北审判 ……… 386

第七章　战后国民政府处置日本战犯的审视与检讨 ……… 392
　　　第一节　审判的制约因素 ……… 392
　　　第二节　审判的社会影响 ……… 402
　　　第三节　审判的事后争议 ……… 413

结　论 ……… 432

参考文献 ……… 456

索　引 ……… 467

后　记 ……… 476

导　论

　　战后追究日本战争责任并对战争罪犯进行审判,是早在战争进行期间就已经在遭受日本侵略的国家间达成的共识。1942年1月,被德国占领的欧洲九国流亡政府代表在英国伦敦发表《圣詹姆斯宣言》,表示战后要对德国法西斯的战争罪行予以法律制裁,中国代表应邀参加签字仪式,并声明宣言所昭示之原则也适用于侵略中国的日本。1943年10月,反法西斯同盟17国代表一同在伦敦决议设立联合国战争罪行委员会(The United Nations War Crimes Commission,以下简称"联合国战罪委员会"),负责德日法西斯战争罪行的调查及相关法律问题的研究。1945年7月26日,中英美三国签署《波茨坦公告》,促令日本无条件投降,宣言中明确提出:"对于战罪人犯,包括虐待吾人俘虏在内,将处以法律裁判。"①

　　1945年12月,美英苏三国外长在莫斯科达成一致,成立远东委员会,负责战后对日处理的决策,该委员会由日本投降时的签字

---

① 《波茨坦公告》(1945年7月26日),《国际条约集(1945—1947)》,北京:世界知识出版社1959年版,第77页。

国即苏联、美国、中国、英国、法国、澳大利亚、加拿大、新西兰、荷兰9个国家组成,后来,印度和菲律宾也加入其中。远东委员会授权盟军最高统帅实施日本投降条款,执行占领及管制日本各种政府机构之一切权力。1946年1月19日,经盟国授权,驻日盟军最高统帅麦克阿瑟颁布了《特别通告》及《远东国际军事法庭宪章》,在该宪章第二部分"法庭对人与罪的管辖"一节规定:

本法庭有权审判及惩罚被控以个人或团体成员身份所犯各种罪行,包括破坏和平罪的远东战犯。

下列行为,或其中任何之一,均构成本法庭有管辖权的犯罪,犯罪者将承担个人责任:

(甲)破坏和平罪 指策划、准备、发动或从事一场经宣战或未经宣战的侵略战争,或违反国际法、条约、协定和保证的战争,或参与为实现前述任何行为的共同计划或阴谋。

(乙)常规战争犯罪 指违反战争法规或战争惯例的犯罪行为。

(丙)反人道罪 指战争发生前,战争进行中对任何和平居民(civilian population)的杀害、灭种、奴役、强迫迁徙,以及其他非人道行为,或基于政治或种族的迫害,此种迫害是在实施属本法庭管辖的犯罪时,或与这些犯罪有关的情况下发生的,不论其是否违反发生地国家的国内法。凡参与上述任何罪行的共同计划或阴谋的领导者、组织者、教唆者和共谋者对任何人在实现此种计划的过程中的一切行为负责。[①]

宪章提出远东国际军事法庭之设立,其目的为对日本首要战争罪犯进行公正且迅速的审判与惩处,因此远东国际军事法庭与其他法庭

[①] 《远东国际军事法庭宪章》(1946年1月19日),杨夏鸣编:《南京大屠杀史料集 东京审判》,南京:江苏人民出版社、凤凰出版社2005年版,第7页。

的最大区别,在于其审判的战犯罪名主要是宪章规定的甲项(也称 A 项)罪行,即"破坏和平罪",故也被称为甲级(A 级)审判。[①] 盟国在亚太地区设立的其他法庭审判的战犯罪名主要是宪章规定的乙项和丙项罪行,即"常规战争罪"(也称"普通战争罪")和"反人道罪",故多被称为乙丙级(也称ＢＣ级)审判。

第二次世界大战后,反法西斯同盟各国对日本战犯进行了大规模的审判。盟国在亚太地区审判日本战犯的法庭共计 54 处。在联合国战罪委员会拟议的战罪惩处框架下成立的法庭有 51 处,其中在日本东京设立的远东国际军事法庭主要负责审判日本甲级战犯,盟军总部在丸之内设立的法庭负责对甲级战犯嫌疑人丰田副武和田村浩的审判。盟国在亚太地区还设立了审判乙丙级战犯的法庭 49 所。此外还有苏联主导的针对日军细菌战罪行的伯力审判、中华人民共和国在沈阳和太原对日本战犯进行的审判。

二战期间,国民政府积极响应国际社会惩处德日法西斯战争罪行的倡议,并参与同盟国家关于惩治战争罪行方案的论证工作,主张采取与欧洲盟国惩处德国战争罪行的同一原则惩治日本战争罪行。抗战胜利后,国民政府在南京、上海、徐州、北平、济南、广州、汉口、沈阳、台北、太原等地设立军事法庭,审判日本战犯。作为亚太战场最大的受害国,由中国主导的对日本战犯的审判,其重要性不言

[①] 关于东京审判与纽伦堡审判的差异,程兆奇认为,"与纽伦堡审判的'反和平罪'、'反人道罪'并重不同,'反和平罪'对于东京审判而言犹有重大意义。反和平罪不仅是东京审判排名第一的罪名,从所有东京审判被告的起诉罪名都有该罪看,反和平罪在东京审判中的重要性也是无可比拟的,所以东京审判也因《远东国际军事法庭宪章》的'A反和平罪'称为 A 级审判＝反和平罪审判,东京审判的被告也被称为 A 级战犯,纽伦堡审判则因'C反人道罪'分量不轻于甚至重于'A反和平罪'而无 A 级审判、A 级战犯之名。"参见程兆奇《东京审判——为了世界和平》,上海:上海交通大学出版社2017 年版,第 2 页。

而喻。相对于学界近年来对东京审判研究的重视,对国民政府审判日本乙丙级战犯的研究则稍显薄弱,其学术价值尚未充分显现。

战后国民政府对日本战犯的审判可谓之为"被遗忘的审判"。中华人民共和国成立后相当长的一段时间内,学界并不太关注国民政府审判日本战犯的历史。国内相关研究最早始于20世纪80年代,最初是作为侵华日军南京大屠杀史料整理和学术研究的一部分,所以早期研究关注的焦点是战后中国法庭对南京大屠杀案的审判,代表性的成果是胡菊蓉于1984年发表的《中国军事法庭对日本侵华部分战犯审判概述》,该文对中国法庭审判日本战犯的大致过程做了概述,着重介绍了南京审判战犯军事法庭对南京大屠杀案相关战犯谷寿夫、向井敏明、野田毅、田中军吉的审判。[1] 1988年胡菊蓉撰写的《中外军事法庭审判日本战犯——关于南京大屠杀》一书出版,这是国内最早全面展现中外法庭对南京大屠杀案审判全貌的著作,但该书当时能参阅的第一手文献尚不充分,且叙述中国法庭的篇幅较短,故学术价值有限。[2]

缘何新中国成立后学界未能及时关注战后国民政府审判日本乙丙级战犯这一重要的历史事件?刘统认为有两个原因,一是新中国成立后不承认国民政府审判日本战犯的合法性,并且认为国民政府勾结日本战犯出卖中华民族利益,导致这段历史长期湮没,无人提及;二是国民政府审判日本战犯的历史资料,或在解放战争期间遗失,或毁于战火,或未整理开放,仅有南京军事法庭的部分资料可见,其他大多只能从报刊杂志中获悉只言片语,故难以还原

---

[1] 胡菊蓉:《中国军事法庭对日本侵华部分战犯审判概述》,《史学月刊》1984年第4期。
[2] 胡菊蓉:《中外军事法庭审判日本战犯——关于南京大屠杀》,天津:南开大学出版社1988年版。

全貌,致使学界鲜少涉及这一问题。①

20世纪90年代,学界发表的一系列成果大体未能超越胡菊蓉研究的视野和水准,如李荣的《国民政府审判侵华日军战犯略论》、张发坤的《不许为日本战犯翻案——中国国民政府审判日本战犯的前前后后》、李新市的《国民党方面参加审判日本战犯述论》、翁有利的《国民党政府处置日本战犯述评》等,上述论文基本未脱离在对审判大致过程叙述基础上做整体历史评价的研究模式,缺乏真正建立在一手文献基础上的史实重建,同时现实认知导向的色彩太浓,未能真正回到历史语境中去做客观的评价。②

2000年以后,得益于新史料的挖掘及研究视角的转换,国内相关研究的学术水准得以提升。代表性的成果缕述如下:宋志勇的《战后初期中国的对日政策与战犯审判》将国民政府对日本战犯的审判放到其战后对日政策的大背景下考察,全面论述了国民政府的战犯处理政策、审判的立法工作以及罪证调查工作,在此基础上对国民政府主导的战犯审判予以客观评价,认为国民政府的宽大政策带来两方面的结果:一方面使战后大多数日本国民感激中国,对中日关系的恢复和发展起到了重要作用;另一方面,由于审判过于宽大,使大批日本战犯逃脱了正义的审判。③ 李东朗的《国民党政府对日本战犯的审判》一文区别于以往集中关注对日军南京大

---

① 刘统:《国民政府审判日本战犯概述(1945—1949)》,《民国档案》2014年第1期。
② 李荣:《国民政府审判侵华日军战犯略论》,《抗日战争研究》1995年第3期;张发坤:《不许为日本战犯翻案——中国国民政府审判日本战犯的前前后后》,《江汉大学学报》1997年第2期;李新市:《国民党方面参加审判日本战犯述论》,《开封大学学报》1998年第1期;翁有利:《国民党政府处置日本战犯述评》,《西南师范大学学报》1998年第6期。
③ 宋志勇:《战后初期中国的对日政策与战犯审判》,《南开学报》2001年第4期。

屠杀暴行责任人的审判,对中国法庭审判战犯酒井隆、冈村宁次的情况亦有论述。①

近年来,随着学界对台北"国史馆"档案及"国防部史政编译局"档案的利用越来越便利,对战后国民政府审判日本战犯研究的学术性也随之提升。如左双文的《国民政府与惩处日本战犯几个问题的再考察》一文利用台北"国史馆"馆藏国民政府外交部档案,对国民政府对日军战罪的调查、战犯名单的提出、战犯的处置做了全面深入的研究,得出的结论认为,战后国民政府的战犯处置工作,既有伸张正义、惩处元凶的一面,又有敷衍民意、虎头蛇尾,甚至刻意开脱的一面。② 汪朝光的《抗战胜利的喜悦与对日处置的纠结》一文讨论了蒋介石战后对日处置的两面性,其中有相当篇幅论及国民政府审判日本战犯的轻纵和对冈村宁次的审判。③ 刘统的《国民政府审判日本战犯概述(1945—1949)》一文依据档案资料,从前期准备、审判经过、重要个案审判、特殊案件的审判等方面,对国民政府处置日本战犯的全过程做了回顾和再现,对国内政治环境的影响及冈村宁次案的重大失误进行了分析和总结。④ 刘萍的《从"宽而不纵"到彻底放弃——国民政府处置日本战犯政策再检讨》一文重建了国民政府处置战犯政策的演变过程,深入分析了政策形成与转变的复杂性。⑤

日本投降后,国民政府先后设立10所军事法庭审判日本战犯,

---

① 李东朗:《国民党政府对日本战犯的审判》,《百年潮》2005年第6期。
② 左双文:《国民政府与惩处日本战犯几个问题的再考察》,《社会科学研究》2012年第6期。
③ 汪朝光:《抗战胜利的喜悦与对日处置的纠结——由蒋介石日记观其战后对日处置的双面性》,《抗日战争研究》2013年第3期。
④ 刘统:《国民政府审判日本战犯概述(1945—1949)》,《民国档案》2014年第1期。
⑤ 刘萍:《从"宽而不纵"到彻底放弃——国民政府处置日本战犯政策再检讨》,《民国档案》2020年第1期。

其中持续时间最长、影响最大、最直接体现国民政府审判日本战犯政策的是国防部审判战犯军事法庭。学界关于国防部军事法庭南京审判的研究，主要集中于南京大屠杀案。经盛鸿的研究介绍了南京军事法庭设立的背景，南京大屠杀案的审理过程、特点与历史意义，指出南京审判对南京大屠杀案的审理具有合法性、严密性，以及宽严结合的政策性等特点，确认日军南京大屠杀案共计杀害中国战俘和无辜平民30万人以上，强调南京军事法庭对南京大屠杀案的审判具有东京审判所不可代替的特殊意义。[1] 罗军生通过采访南京军事法庭庭长石美瑜的家属，肯定了石美瑜为惩治日本战犯所做的积极努力，并最终将一批重要战犯绳之以法，但由于国民政府高层的干预使冈村宁次等逃脱审判，认为这并非其个人能力所及，反映了蒋介石等国民党高层为一党之私而对南京审判施加的政治干预。[2]

长期以来，国内学界对国民政府审判日本乙丙级战犯多以"南京审判"名之，以区别于东京法庭对日本甲级战犯进行的国际审判。除了对南京大屠杀案审判有较为详尽的研究以外，我们对南京以外其他法庭审判的情况知之甚少。实际上，在战后国民政府设立的10个法庭中，南京法庭并不具有典型性，其所受理案件和审判的战犯大多具有相当的特殊性，且南京法庭比其他大部分法庭实际审理的战犯案件都少。

除南京审判以外，学界对太原、上海、徐州等地审判日本战犯的情况也有一些专门的介绍和研究。房建昌利用北京图书馆善本部所藏《太原绥靖公署审判日本战犯军事法庭记录》，介绍了太原军事法庭审

---

[1] 经盛鸿：《论南京"审判战犯军事法庭"对南京大屠杀案的审判》，《南京社会科学》2013年第6期。
[2] 罗军生：《石美瑜与战后南京对日军战犯的审判》，《党史纵览》2006年第1期。

判11名日本战犯的基本情况,以及日本投降时驻山西第一军司令官澄田睐四郎勾结阎锡山,逃脱军事审判,并组织部分日军"残留"山西的历史事实。① 孔繁芝以史料为依据,考察了以澄田睐四郎为首的日本战犯,勾结阎锡山,"残留"山西各地,并帮助阎锡山打内战,再次屠杀中国人民的罪行。② 陈正卿重点介绍了上海军事法庭对日本战犯的逮捕、引渡、审判和处决。③ 此外还有徐家俊对上海法庭的审判以及关押战犯的提篮桥监狱的研究,④赵杰、熊昆旗对徐州审判战犯军事法庭的研究,⑤这些研究丰富了我们对国民政府审判日本战犯全貌的认识。

海外的相关研究主要集中在日本,日本学界的研究大致分为两种类型:一是对盟国乙丙级战犯审判的整体研究,比如林博史、茶园义男、田中宏巳等人的研究著述,利用日本法务大臣官房司法法制调查部整理的战争犯罪裁判资料以及联合国战罪委员会的战犯裁判月报等资料,对战后美国、中国、英国、澳大利亚、法国、荷兰、菲律宾等国主导的法庭审判乙丙级战犯的情况做了全面的概述,具体到中国法庭的讨论,虽失之简略,却提供了一种对比研究的可能,从而在整个亚太地区审判日本战犯的背景下,获得对中国法庭特殊性的认识。⑥ 另一部分研究则关注中国法庭对日本战犯

---

① 房建昌:《解放前山西对日本战犯的处理》,《沧桑》1999年第2期。
② 孔繁芝:《山西太原对日本战犯的两次审判(上)》,《山西档案》2007年第6期。
③ 陈正卿:《审判上海日军战犯》,《检察风云》2005年第14期。
④ 徐家俊:《提篮桥监狱对日本战犯的关押、审判与执行》,《犯罪与改造研究》2015年第10期。
⑤ 赵杰:《日本战犯在徐州受审》,《档案与建设》2005年第9期;熊昆旗:《"徐州审判"研究》,刘统主编:《战后中国国内对日本战犯审判研究》,上海:上海书店出版社2019年版。
⑥ 茶园义男『BC級戦犯裁判関系』、不二出版、1993年;田中宏巳『BC級戦犯』、筑摩书房、2002;林博史『BC級戦犯裁判』、岩波書店、2005年;林博史『戦犯裁判の研究——戦犯裁判政策の形成から東京裁判・BC級裁判まで』、勉誠出版、2009年。

的审判以及由此引发的日本国内对战争责任的争议和讨论，比如广岛正通过日本军方文件以及日军官兵日记等一手文献，重建了日军第六师团参与实施南京大屠杀暴行的犯罪事实，以确认中国法庭对原第六师团师团长谷寿夫的判决在事实层面的客观性是毋庸置疑的。① 伊香俊哉对国民政府审判日本战犯做了深入的研究，其研究结论认为，国民政府证据搜集工作的不足影响了对战犯的逮捕和审判，国民政府对日本战犯的宽大政策是一种"惩一儆百"式的处置，并且希望日本人民对战争进行自我反省。② 饭田进的研究，从乙丙级战犯及其家属的体验出发，对日本社会如何认识乙丙级战犯战争责任做了深入的调查和研究。③ 内海爱子、平汤真人、田口裕史、今村嗣夫、川上英一等人的研究则主要侧重于盟国法庭对韩籍战犯的审判。④

---

① ［日］广岛正:《南京大屠杀事件与日军第六师团》,《日本侵华史研究》2013 年第 1 期。
② 伊香俊哉「中国国民政府の日本戦犯処罰方針の展開」(上)、『戦争責任研究季刊』第 32 号、2001 年 6 月。伊香俊哉「中国国民政府の日本戦犯処罰方針の展開（下）」、『戦争責任研究季刊』第 33 号、2001 年 9 月。
③ 飯田進『魂鎮への道　BC 級戦犯が問い続ける戦争』、岩波書店、2009 年。
④ 内海愛子『朝鮮人 BC 級戦犯の記録』、勁草書房、1982 年；内海愛子『キムはなぜ裁かれたのか——朝鮮人 BC 級戦犯の軌跡』、朝日新聞社、2008 年；平湯真人「"俘虜虐待"と"皇民化"の犠牲者たち——韓国・朝鮮人 BC 級戦犯訴訟」、『月刊社会党』第 447 巻、1992 年；平湯真人：「まかりとおる"戦争被害受忍義務"論——韓国・朝鮮人 BC 級戦犯裁判の判決」、『戦争責任研究』第 14 巻、1996 年；田口裕史：「"曖昧な決着"と韓国・朝鮮人 BC 級戦犯——"加害者""対日協力者"とされた被害者たち」、『情況』第二期、1998 年；今村嗣夫：「韓国・朝鮮人 BC 級戦犯者の訴え——戦後責任訴訟・憲法の視点」、『専修大学社会科学研究所月報』第 371 巻、1994 年；今村嗣夫：「韓国・朝鮮人 BC 級戦犯者訴訟——象徴的補償を求めて」、『軍縮問題資料』第 336 巻、2008 年；川上英一：「韓国・朝鮮人 BC 級戦犯公式陳謝等請求訴訟——人道に反する民族差別判決」、『軍縮問題資料』第 33 巻、2008 年；大森淳郎『BC 級戦犯獄窓からの声』、NHK 出版、2009 年。

近年来,海外的相关研究日益深入,区别于以往整体性的对日本乙丙级战犯审判的研究,已经有相当部分研究聚焦于国民政府对日本战犯的审判。代表性的成果有,日本尚絅大学语言文化学部的和田英穂,从2001年以来发表了一系列关于国民政府审判日本战犯的研究论文,对国民政府的战犯引渡、宪兵裁判、审判终结等问题做了较为深入的研究,在个案研究的基础上尝试分析和概括国民政府对日审判的特征。[①] 英国剑桥大学日本史学者顾若鹏(Barak Kushner)在2015年出版的《从人到鬼,从鬼到人:日本战争罪行与中国审判》[②]一书,主要讲述国民党和共产党如何对日本战犯进行审判的历史,同时描绘了日本对战犯审判的反应;该书还论述了这些审判如何影响战后中日关系及其负面遗产。德国海德堡大学的高安雅(Anja Bihler)博士将研究深入到南京以外的其他法庭,比如济南法庭对日本战犯的审判。[③] 中国台湾的学者蓝适齐在

[①] 和田英穂「戦犯引渡しをめぐって——中国国民政府の場合」、『愛知論叢』第71号、2001年9月;「被侵略国による対日戦争犯罪裁判——国民政府が行った戦犯裁判の特徴」、『中国研究月報』第645号、2001年11月;「中国国民政府による対日戦犯裁判の問題点——内田元陸軍中将の裁判を中心に」、『現代中国』第76号、2002年10月;「国民政府による対日戦犯裁判の終結と日華平和条約」、『愛知論叢』第74号、2003年3月;「裁かれた憲兵——中国国民政府の戦犯裁判を中心に」、『尚絅大学研究紀要』第46号、2014年3月。

[②] Barak Kushner, *Men to Devils, Devils to Men: Japanese War Crimes and Chinese Justice* (Cambridge, Massachusetts: Harvard University Press, 2015).

[③] [德]高安雅:《国民政府对日本战犯的审判——以第二绥靖区司令部审判战犯军事法庭为例》,刘统主编:《战后中国国内对日本战犯审判研究》,上海:上海书店出版社2019年版。

亚太地区盟国法庭审判台籍战犯方面发表了一系列的研究成果。①中国香港的学者刘智鹏、丁新豹对日军在香港的战争罪行及战后英国在港设立法庭审判的情况做了细致的研究。②

客观而言，无论是从研究内容的覆盖面，还是从研究的深入程度而言，学界对国民政府审判乙丙级战犯的研究还处于起步阶段。就研究的覆盖面而言，既有研究对南京审判战犯军事法庭以外的其他法庭的研究较为薄弱，导致我们对国民政府审判日本战犯的认识实际上是建立在对少数法庭有限研究的基础上。从研究视角来看，既有的研究主要着眼于国民政府的战犯处理政策和法庭审判的整体叙述与评价，基本未脱离在对审判大致过程叙述基础上阐述其历史意义的模式，缺乏建立在文献基础上的史实重建，亦未能真正回到国民政府对日本战犯惩处的历史语境中去，故而对国民政府惩处日本战犯的特殊性缺乏充分的认识。

由上海交通大学东京审判研究中心刘统教授领衔的国家社科基金重大项目"抗战胜利后国民政府对日本战犯审判研究"于2016年立项，2020年该项目结项，研究成果于2021年出版，该项目成果是目前运用一手档案文献最多，全面覆盖国民政府设立的10所法庭审判日本战犯情况的研究专著。③ 即便如此，在刘统这一里程碑

---

① 藍適齊:《在東南亞和太平洋地區的臺籍戰犯》,《臺灣學通訊》(台北)2017年第7期; Shichi Mike Lan（藍適齊）,"(Re-) Writing History of the Second World War: Forgetting and Remembering the Taiwanese–native Japanese Soldiers in Postwar Taiwan,"*Positions: Asia Critique*, Vol. 21, No. 4(2014).

② 刘智鹏、丁新豹主编:《日军在港战争罪行:战犯审判记录及其研究》,香港:中华书局2015年版。

③ 刘统:《大审判——国民政府处置日本战犯实录》,上海:上海人民出版社2021年版。

式研究的基础上,国民政府对日审判的研究仍有进一步深入的空间。① 2020年10月,中国第二历史档案馆与上海交大东京审判研究中心合作整理的《中国对日战犯审判档案集成》由上海交通大学出版社出版,中国第二历史档案馆馆藏的国民政府战犯处理委员会档案也于同年底开放利用。这批档案保存较为完整,内容丰富,可以与日本国立公文书馆、台北"国史馆"、国际刑事法院法律工具数据库和10个审判战犯法庭所在地档案馆所藏史料形成互补,为全面深入地研究国民政府审判日本战犯的历史奠定了扎实的文献基础。

长期以来,学界对盟国在各地审判乙丙级战犯的研究,往往以国际法庭的理念与实践作为参照系,检讨乙丙级战犯审判存在的问题。大沼保昭在谈及日本国内对乙丙级战犯审判的认识时,提到"对乙、丙级战犯的审判,是在战后初期对日本军队抱有强烈的憎恶感、翻译和辩护律师不完备、审判时间短、法庭自身的主观臆断及对日本军队的指挥命令体制不了解的情况下进行的,许多事例表明,审判存在着很多问题"。② 时任日本官兵善后联络部长官的冈村宁次也曾提到,对日本战犯的审判"不准用日本律师,官方指定的律师与被拘留者联系不密切,以致草率从事,裁判欠公"。③ 这样的认识在日本国内有很大的影响,但实际上忽视了乙丙级战犯审判区别于国际审判的特质。

---

① 正如刘统在其专书的前言中所言:"我尽可能保留历史文献,大量引用了审判的原文。"保存原貌,"一方面给后面的研究者提供第一手资料,另一方面也可以供法学专业和其他专业的研究者共享,为今后的深入研究创造条件。"参见刘统《大审判——国民政府处置日本战犯实录》,上海:上海人民出版社2021年版,第3页。
② [日]大沼保昭著,宋志勇译:《东京审判·战争责任·战后责任》,北京:社会科学文献出版社2009年版,第100页。
③ [日]稻叶正夫编,天津市政协编译委员会译:《冈村宁次回忆录》,北京:中华书局1981年版,第136页。

由于战后初期亚洲大部分国家尚未摆脱殖民统治,导致在亚太地区进行的对日本战犯的审判,无论是东京审判,还是各地对乙丙级战犯的审判,大多是由美国及欧洲殖民国家主导的,由此造成战罪惩处的主体错位或缺位,使得长期遭受日本侵略之害的亚洲国家,尤其是朝鲜半岛国家的正义未得到充分的伸张。东京审判进行之时,日本记者长文连就曾指出:"东京审判中,日本对台湾、朝鲜的殖民统治没有受到审判,这很奇怪。"①就此而言,作为亚洲战前即为民族国家的受害国,国民政府主导的对日审判,其所具有的历史意义不言而喻,对此的研究亦不可或缺。

本项研究希望通过纵向和横向两个层面重建战后国民政府对日本战犯处置的全貌,在此基础上弥补既往研究战后审判过于偏重国际审判的外在标准带来的认识上的偏差,通过对各国主导的对战争犯罪实施者审判的考察,深化学界对日本战争责任体系以及审判主导国家主权伸张两方面意义的认识。

具体而言,本项研究的意义大致表现为以下三个方面:

首先,从史实重建的角度,已有的相关叙述大多集中在法庭审判的结果,对国民政府战犯处理政策的形成与实施、机构设置及其主要职能、法庭的设置与组成、重要案件的立案与审决、审判的社会影响等问题都缺少具体的研究。微观层面研究的缺失直接影响我们对战后自主审判历史意义的实际认知,所以有必要依据更为细化更为多样化的史料重建国民政府战后对日审判的基本史实。

其次,从史学研究的角度,以往的相关研究缺乏整体通识的背

---

① [日]长文连:《战犯偶感》,《自由恳谈会》第1卷第5号,转引自[日]粟屋宪太郎:《日本东京审判研究的由来与现状》,东京审判研究中心编:《东京审判再讨论》,上海:上海交通大学出版社2015年版,第1页。

景，视角比较单一。战后国民政府主导的对日审判涉及国民政府的对日政策、盟国的对日处置方针以及民众的实际诉求等各种因素，其复杂性在此前的研究中没有得到充分的展现。而且审判战犯涉及法理基础、审判程序、社会参与等各个层面的问题，所以对战犯审判的研究需要从历史学、法学、社会学等多学科的视角进行综合分析。

再次，从研究的现实意义看，相对于东京审判，学界及大众对国民政府主导的对日审判了解较为有限，日本右翼对乙丙级战犯审判的评价更低。日本旧军人团体及战犯家属认为南京审判完全是单方面的审判，并为因南京大屠杀案而被判处死刑的战犯谷寿夫翻案。[①] 当年军事法庭定案的向井敏明和野田毅进行杀人比赛的"百人斩"事实，仍有战犯家属以及右翼分子在做翻案的文章。[②] 因此，对战后国民政府审判日本战犯的研究也具有重要的现实意义。

此外，长期以来国内学术界对战后审判日本战犯的研究实际上是侵华日军战争暴行研究的延伸，主要侧重于以审判日本战犯所确认的战争罪行事实为基础，揭露侵华日军的残暴，在这一导向的牵引下，相对忽视对审判本身的研究。即使在今日相关资料极大丰富的情况下，如果不转换视角，所做的研究在更新学术认识的意义上价值仍然有限。当然需要说明的是，本书尝试在既有研究的基础上做进一步推进，故并不追求对国民政府所有法庭审判日本战犯的详情做面面俱到的叙述，而是尽可能详前人所略。

[①] 在右翼否定南京大屠杀的论著中时常会出现对南京审判的否定，以及对谷寿夫的同情。参见程兆奇《南京大屠杀研究——日本虚构派批判》，上海：上海辞书出版社2002年版，第2页。
[②] 参见朱成山《东京"百人斩"诉讼及日本的战争责任》，《钟山风雨》2004年12期。

第一章　通向战后审判之路

战后对德日法西斯战争罪责的追究与惩处，主要是通过纽伦堡国际军事法庭、东京国际军事法庭以及各盟国自主设立的军事法庭对不同层级战犯的审判实现的。现有关于战犯审判研究的积累已相当丰富，然其中的一些"迷思"，如仅从战后审判来看，难得其全。战后亚洲对日本战犯的惩处是援引欧洲惩处德国战犯的成议，但亚洲与欧洲的差异性未得到充分重视。西方大国在战后亚洲地区对日战罪惩处的拟议和实践过程中居于主导性地位，在一定程度上是西方中心主义的一种体现。本章利用国民政府外交部的相关档案，对战时盟国惩处德日战罪的拟议过程做一整体考察，尝试回到问题的起点来看战后亚洲对日审判存在种种缺憾的源头。

第一节　一战后战罪惩处的遗产

自古至今，在人类所经历的各种灾难中，战争造成的损害无疑是最大的。自人类历史上出现战争开始，关于战争的手段与目的正当性的讨论即伴随其间。如何通过共识性的规范来约束战争的破坏性，通过惩治战争犯罪以防止重蹈战争覆辙，成为国际社会长久致力的方向。西方近代与战争相关的法规范畴非常广泛，涵盖了规范武装冲突期间所有国家、个人以及其他实体行为的所有法律。一般而言，战争法主要管辖对象分为两类：发动战争罪与战争期间所犯罪行，前者主要是关于战争行为与战争目的合法性的问题，后者则主要规范交战过程中的个体行为。

在欧洲中世纪基督教世界，战争权源于上帝，宗教无疑是中世纪战争最为充分而正当的理由。1618年至1648年的三十年战争是一个重要的转折点，1648年的《威斯特伐利亚和约》将战争权世俗化，有利于欧洲主权国家体系的形成和世俗化国际社会的建构。《威斯特伐利亚和约》作为欧洲中世纪与近代交替过渡的第一个多边条约，是国际法发展过程中的重要转折点，由此建立起来的威斯特伐利亚体系是近代意义上的第一个国际关系体系，《威斯特伐利亚和约》也是近代国际社会关于战争法的源头。

近代国际法的形成是以主权国家概念的确立为标志的。《威斯特伐利亚和约》确立了国家主权平等原则，承认神圣罗马帝国统治下的众多邦国是独立的主权国家，从而形成由平等的主权国家构成的近代国际社会。《威斯特伐利亚和约》确立了国家均势理念和集体安全机制，创立了以国际会议解决国际争端的先例，确定了国际关系中应遵守的主权平等、领土完整与国家独立等原则，从而为近代国际法奠定了基础。[①] 这些原则为后续以立法的方式限制战争确立了标准，主权原则促进了国际和平与稳定，使某些大国不能任意地干涉他国内政，成为反对侵略和干涉的外在合法性保障。此外，《威斯特伐利亚和约》涉及战俘的保护以及人道主义原则，坚持战争中的人道主义原则，反对杀害妇女、儿童等非参战人员，反

---

① 王虎华：《国际公法学》，北京：北京大学出版社2014年版，第36页。

对杀害放下武器的战斗人员,对战争条件下人权保护的发展有着重要的影响。

正如文明史家威尔·杜兰特所言:"《威斯特伐利亚和约》终止了神学对欧洲心智的统治,而为理性实验留下了一条虽然障碍重重,然而可能通过的道路。"①1648 年至 1918 年,国际法的核心问题始终围绕着战争与和平的主题,即在中世纪超越民族国家的神权体系瓦解后,各国之上没有更具超越性权威的世界里,如何限制战争或消除战争。和约达成之后,各国趋向于将均势原则作为维护和平的基本原则,对违反均势的国家以发动战争的方式予以制止和惩罚。因此,各国一方面试图以均势原则寻求维护和平的保障,另一方面又常常以此为理由发动战争,故这一时期发动侵略战争在国际法框架下并不必然是非法行为。②

1899 年,海牙国际和平会议最终签订了三个公约,其中第一公约《和平解决国际争端公约》,第一条规定:"为了尽可能地避免在国家关系中使用武力,缔约方同意尽最大努力,确保国际纠纷以和平方式解决。"③该规定并未强制要求缔约方放弃武力,也未认定战争为非法。条约除规定国际社会通常使用的斡旋、调停和仲裁解决方式外,新增加了国际调查委员会,并设立了常设仲裁法院,为日后国际裁判组织的建立指引了方向。第二公约和第三公约分别是《陆战法规和惯例公约》《日内瓦公约诸原则适用于海战的公约》。1907 年第二次海牙和平会议的决议内容基本上与第一次海

---

① [美]威尔·杜兰特著,台湾幼狮文化译:《世界文明史——理性开始的时代》,北京:华夏出版社 2010 年版,第 605 页。
② 何佳馨、李明倩:《法律文明史》第 16 卷,北京:商务印书馆 2018 年版,第 66 页。
③ 《和平解决国际争端公约》(1899 年 7 月 29 日),中华人民共和国外交部编:《中华人民共和国条约集》第 40 集,北京:世界知识出版社 1996 年版,第 665 页。

牙和平会议通过的公约、宣言和决议相同,重申了对国家使用武力进行限制的规定,并且通过新的公约,要求在公开交战之前,必须进行宣战或者送达最后通牒。重新修订的陆战和海战法规,明确禁止对平民和军人的过度伤害,以限制战争的破坏性后果。两次海牙和平会议对在战争中实行人道主义原则起到了促进作用,为后来的《白里安-凯洛格公约》、"日内瓦四公约"等国际公约提供了法理依据。但是,由于各国意见分歧,这个公约未经批准生效,对制止战争和限制战争的破坏性影响发挥的作用有限。

一战在给欧洲国家带来巨大灾难的同时,也孕育了追究战争责任的强烈要求和惩治战争罪犯的司法程序,但一战留下的遗产大多是负面的,成为后世吸取教训的重要源头。

1944年7月,国民政府司法界元老王宠惠发表《战争罪犯之惩处》一文,在讨论二战后如何惩罚战争罪犯时,首先回溯了一战后战罪惩处的缺憾,"上次世界大战之后,凡尔赛条约曾规定德皇为战争祸首,应由协约国组织特别法庭,加以审判;同时规定严惩德方违反陆战及海战法规的军官。但以上两项规定均未能彻底执行。当时德皇逃往荷兰,而荷兰又拒绝予以引渡,因此审判德皇一节,成为具文。至于德方违反战争法规之军官,经德国一再要求,由彼方自行审判。结果仅十二人被审,而十二人中,仅六人被判有罪,并予以极轻微之处罚。故就大体而言,上次世界大战后,战争罪犯之惩处,虽经和约以明文规定,然由于协约国之因循姑息,未能彻底执行,坐使战争罪犯,得以逃避其责任,此则不可援以为例者也"。[①]

[①] 王宠惠:《战争罪犯之惩处》(1944年7月),《王宠惠法学文集》,北京:法律出版社2008年版,第224页。

1919年1月18日,由美、英、法主导的巴黎和会在凡尔赛宫召开,共27国参加。会议最终议定的《凡尔赛条约》,其中的第七部分"制裁"明确规定,要设立特别法庭来审判战争罪犯,其详细条文如下:

第226条 协约国及参战各国公诉前德皇霍恩索伦皇朝威廉二世侵害国际道德及条约尊严之滔天罪行。组织一特别法庭以审判此被告,予之以辩护权所必要之保障。该法庭以法官五人组成之,下列各国即美英法意与日本各派一人。

第227条 德国政府承认协约国及参战各国有将被控为违反战争法律与惯例之行为者提交军事法庭之权,查明为有罪之人,应判以法律规定之刑罚,在德国或其盟国领土内之法庭不论其诉讼手续或刑事追诉如何,此项条款亦得适用。

第229条 凡对于协约及参战国中之一国人民犯有刑事行为者,应提交该国军事法庭。凡对于协约及参战国数国人民犯有刑事行为者,应提交各关系国之军事人员所组织之军事法庭。①

根据《凡尔赛条约》的相关规定,协约国在法国巴黎成立了战争发起者责任与刑罚委员会,其主要职责就是调查战争发起者违反战争法的犯罪事实,在此基础上向协约国军事法庭提交战犯名单。该委员会经过细致的调查工作,在1920年完成其调查报告,并提出了一份895名应接受审判的战犯名单。在报告中,该委员会提出,希望协约国军事法庭根据1907年《海牙公约》序言中的

---

① 《凡尔赛条约》(1919年6月28日),《国际条约集(1917—1923)》,北京:世界知识出版社1961年版,第157—158页。

"马顿斯条款"(Martens clause)①，以"违反人道主义"的罪名起诉1915年在土耳其境内大规模屠杀亚美尼亚人的土耳其官员及其他实施者。

从上述协约国审判战犯的前期准备来看，一战后，国际社会对审判战犯的法理基础、法庭管辖权以及法定程序等基本问题已有成议，这些都作为遗产在二战后得以继承。

第一，在二战后审判战犯军事法庭对人与罪的管辖权的规定中所列的破坏和平罪、普通战争罪、反人道罪实际上渊源于一战后的拟议与实践。据1943年参加战罪惩处拟议的中国代表金问泗报告，"国际社会对于国际法意义上的战事犯的界定，战事犯为有关战事而违反国际公法与人道主义之一切罪犯，其违反国际公法者，一为作战目的及动机违反国际法，如破坏公约条约而作战，一九一九年巴黎和会曾指定协约国十国代表组织委员会研究掀起战祸之祸首责任，一为作战行为及其方式抵触战时法规"。② 上述规定实际上已经包含了二战后审判战犯法庭罪行管辖权的三个方面。

---

① "马顿斯条款"是由出席海牙和平会议的俄国外交官兼法学家马顿斯提出，并最终被写入海牙第四公约的序言中。"马顿斯条款"规定："在颁布完整的战争法规之前，缔约各国认为有必要声明，凡属于缔约国规章中没有包括的情况，居民和交战者仍应受国际法原则的保护和管辖，因为这些原则是源于文明国家间制定的惯例、人道主义法规和公众良知的要求。"（参见《陆战法规和惯例公约》(1899年)，《国际条约集(1872—1916)》，北京：世界知识出版社1986年版，第362页。）该条款清楚表明如下观念：由于几乎所有的关于武装冲突法的国际条约都不够完备，该条款即做出规定，某些事项，虽未被条约明文禁止，但并不等于事实上允许去做。该条款对条约法规范之外先验的人道主义原则的主张，对国际战争法原则的确定及未来完善的可能都具有特别重大的意义。

②《关于处置战事犯问题》(1943年7月9日)，台北："国史馆"藏，国民政府外交部档案，020/010117/0055/0069x。

第二，破坏和平罪的战争责任者接受国际法庭审判，普通战争罪的战犯责任人则付之于盟国领土内的法庭审判，这一对法庭管辖权的分割实际在二战后也被继承。《凡尔赛条约》的第 227 条规定设立特别国际法庭审判战争祸首德皇威廉二世，第 228 条规定次要战事犯交各国军事法庭审判。除罪行管辖权的差别，《凡尔赛条约》还特别提到战罪责任人如系对一国人民犯罪则交由该国军事法庭审判，如果对数国人民犯罪则交由国际军事法庭审判，此一规定为 1943 年的《莫斯科宣言》有关国际军事法庭与各国法庭管辖权分工的规定所继承。

第三，根据《凡尔赛条约》规定成立的战争发起者责任与刑罚委员会，其对于调查战犯罪行及确定战犯名单的职责规定，也被二战期间成立的联合国战罪委员会所继承。之所以由协约国组成的战争发起者责任与刑罚委员会负责调查战犯罪行和确定战犯名单，是为了确立一个国际统一的标准，作为确定战争责任的依据，以避免各国自行其是。这一做法作为一种遗产，为后世的国际审判奠定了基础。

第四，莱比锡法庭关于"击沉医务船多佛城堡号（Dover Castle）和兰德福瑞城堡号（Llandovery Castle）""谋杀加拿大伤员和医务人员等生还者"的两份判决，明确指出，如上级命令明显触犯法律，或与文明社会的战争习惯有悖时，下级执行上级命令，则不能免除责任。[①] 这一原则在二战后的战犯审判中得到继承，坚持个人必须承担国际法上的责任，上级的命令不得成为无罪的抗辩理由。

[①] 谭正义：《执行上级命令不免责原则研究》，凌岩主编：《匡扶正义　共享和平：国际刑法新发展论文集》，北京：世界知识出版社 2009 年版，第 242 页。

上述所列各点可以说明，对于战争罪行责任人进行审判的最早渊源实际上是一战后协约国关于这一问题的拟议和不成功的实践。

　　一战后协约国对于战罪惩处的拟议作为一种遗产，除了上述法理层面的继承外，协约国在实践层面失败的教训也被后世作为一种镜鉴。德皇威廉二世通过退位的方式逃往荷兰避难，德皇与荷兰国王是堂兄弟关系，荷兰拒不配合协约国有关引渡德皇的外交努力。荷兰政府以对德皇的指控有可能违反刑法不溯及既往的原则为借口，拒绝将他引渡给协约国。审判德皇威廉二世的计划流产，直接导致一战后国际社会试图成立国际特别法庭审判战争祸首的设想破灭。此外，对犯有普通战争罪的战犯嫌疑人，协约国为避免危及已经很脆弱的魏玛共和国，最终同意德国在莱比锡的最高法院对数量有限的战犯进行审判，而不是由协约国及各战胜国组织法庭审判。① 对反人道主义的亚美尼亚大屠杀案的审判最终也是草草收场。1919 年的巴黎和会上，与会各国代表强烈谴责奥斯曼土耳其帝国屠杀亚美尼亚人的罪行，希望协约国军事法庭起诉对屠杀负有责任的土耳其官员及其他实施者。迫于国际压力，土耳其成立了特别军事法庭审判大屠杀的实施者。后来，为遏制俄国的影响，基于政治上的需要，欧洲主要国家为改善与土耳其的关系，放任土耳其政府的轻判。②

---

① 协约国将 1919 年战争发起者责任与刑罚委员会提供的 895 名战犯名单中的 45 名战犯移交给德国最高法院，由德国最高法院按照国内法规定的管辖权进行审判，德国最高法院总检察长有权确定应对何种案件进行审判。莱比锡审判最终仅起诉了 12 名军官，6 人被判决有罪，刑期在 6 个月到 4 年。参见［美］M. 谢里夫·巴西奥尼著，赵秉志、王文华等译《国际刑法导论》，北京：法律出版社 2006 年版，第 339—340 页。
② 伊斯坦布尔审判最终的结果是，17 名被告人在缺席审判的情况下被判处死刑，但最后只有 3 名低级别的官员被执行死刑。参见王秀梅《国际刑事法院研究》，北京：中国人民大学出版社 2002 年版，第 12 页。

上述一系列审判是国际社会审判战争罪犯的首次尝试,但是由于现实的国际环境和形势变化的影响,再加上国际刑法理论尚处于探索阶段,莱比锡和伊斯坦布尔审判毫无疑问是失败的,但也并非毫无意义。如论者所言:"(上述审判)尽管毫无实际的结果,第一次世界大战至少给人类解决战争罪行问题提供了新思路。它发展了一种观念即领导人应该为其导致罪行的政策受到惩罚。1939年战争的重新爆发,更加激发和推动了人们的这一探索。"[1]

二战期间,国际社会对战争责任追究的讨论是以一战后对德审判经验为起点的,同时又超越和克服了其失败的教训。正如时人所言:"上次大战对于惩治战罪一点,不可讳言的,曾遭严重的失败。然而唯其因为饱尝惨痛的教训,所以我们更应对此问题,在战争尚未结束以前,作缜密的研讨,以免重蹈覆辙。同盟各国政府和有识人士有鉴于此,乃集中其一部分的注意力于这一繁复的课题。"[2]一战后协约国在审判战犯实践层面的失败作为教训也被后世吸取。比如,对德皇威廉二世审判失败的教训,使得二战后盟国特别注重制定包括战犯引渡条款的国际协定,以确保战犯不会因其为政治犯的借口以及逃往中立国而无法进行审判。莱比锡审判失败的教训,使得二战后盟国意识到不能由战败国自己设立法庭审判战犯,而应该由国际法庭和各战胜国组织的法庭进行审判。

---

[1] 何勤华、朱淑丽、马贺:《纽伦堡审判与现代国际法的发展》,《江海学刊》2006年第4期,第126页。
[2] 陶樾:《惩治战罪之法律观》,《东方杂志》第40卷第5号,1943年12月28日,第15页。

第二节　二战期间惩治战犯的倡议

自1939年9月,德国在欧洲发动侵略战争以来,除德国的盟国及少数中立国外,其余欧洲国家大多被德军占领。在占领区内,德军暴行时有发生。波兰人受害尤深,其驻英政府遂发起倡议,与其他被占领国家共同对德军暴行有所表示。

1940年10月20日,驻法国某地的德军被暗杀,凶手在逃未获,德军乃枪毙法人50人以为抵偿,次日复有德军官一人在波尔多被暗杀,法人被枪毙者又50人。消息传来,群情骇愤。美国总统罗斯福与英国首相丘吉尔分别发表声明,表示谴责。罗斯福发表宣言表示:"一人罪他人不负其咎,此种基本原则早为文明各国所采用。须知纳粹党恐怖政策决不能奠定欧洲和平,徒然广播怨恨种子,日后当自食其恶报而已。"[1]英国首相丘吉尔亦发表声明称:"对这些罪犯给予惩罚,从现在起开始成为战争的一个主要目的。"[2]

鉴于德军在占领区实施的残暴行为,1941年10月,遭受德国侵略的法国、比利时、希腊、卢森堡、荷兰、捷克斯洛伐克、波兰、挪威、南斯拉夫九个欧洲国家的流亡政府,"以德国及其与国在占领区内残害平民,横行无道,共同拟有宣言,斥责此种行为,俟战后查

---

[1] 金问泗:《关于列席欧洲九被占领国处置德人暴行宣言签字会议之报告建议》(1942年5月9日),台北:"国史馆"藏,国民政府外交部档案,020/010117/0055/0036x。
[2] [苏]舍霍夫佐夫主编,蒋妙瑞等译:《第二次世界大战》第10卷,上海:上海译文出版社1987年版,第837页。

明负责人员,依法惩处"①,并希望中美英苏四国共同列席宣言签字仪式。这是国际社会最早提出对二战战争罪犯进行惩处的倡议。

1941年12月4日,苏联政府发表了由斯大林签署的宣言,要求在战争结束后,严惩希特勒等战争罪犯。② 1942年1月6日,苏联外长莫洛托夫发表通电,"在红军收复之失地内发现德军于进攻、占领及撤退时,对于平民所为之劫杀奸淫之暴行,根据确证进行披露,声明凡德军所为种种之行为应由希特勒政府负其责任"。该通电称苏联获有确据证明德人暴行,不但系德国军官与兵士之个人单独行为而实为德政府及其最高司令部之一贯政策。③ 区别于九国流亡政府强调对德军暴行实施者的惩处,苏联政府则强调希特勒政府及其最高司令部应该对德军暴行负责。

对德作战的三大盟国在惩治战争罪犯的问题上态度一致,均主张在战后惩处战争罪行的责任人。三大盟国的态度对于《圣詹姆斯宣言》的发表是非常重要的支持。④

1942年1月13日,遭受德国侵略的欧洲九国流亡政府在英国伦敦的圣詹姆斯宫开会,签署了《惩治德人暴行宣言》,宣言列举了德军的种种战争罪行,表示要"用有组织审判方式,惩办那些有此

---

① 金问泗:《关于列席欧洲九被占领国处置德人暴行宣言签字会议之报告建议》(1942年5月9日),台北:"国史馆"藏,国民政府外交部档案,020/010117/0055/0030x。
② [苏]拉金斯基等著,萨大为、李世楷等译:《日本首要战犯的国际审判》,北京:世界知识出版社1955年版,第19页。
③ 金问泗:《关于列席欧洲九被占领国处置德人暴行宣言签字会议之报告建议》(1942年5月9日),台北:"国史馆"藏,国民政府外交部档案,020/010117/0055/0036x。
④ 此前关于宣言发表的讨论已进行三个月有余,但始终未获实质性进展,重要的原因即在于此前一直未能得到中美英苏的表态支持。参见《关于列席欧洲九被占领国处置德人暴行宣言签字会议之报告建议》(1942年5月9日),台北:"国史馆"藏,国民政府外交部档案,020/010117/0055/0033x。

种罪行并对此种罪行应负责者"。① 中美英苏各派代表一名参加，加拿大、澳大利亚、新西兰、南非、印度等亦派代表列席。据出席会议的中国代表金问泗日记，"1942 年 1 月 13 日，往 St. James Palace 列席欧洲九占领国代表签字联合宣言之会，余及英外长 Eden、美大使 Biddle、苏联大使 Bogomolov 均应邀列席，皆未发言。我方函送宣言。对日人在沦陷区之暴行，亦欲依法惩处。即十日送往捷外部之件也"。②

会议首先由英国外长致辞，次由波兰首相发言，"今日行将签字之宣言，纵须俟至最后胜利之日方能充分显见价值，顾一以示有恶必惩，一以见有冤必雪，庶使作恶者知所儆戒，而蒙冤者稍得安慰，是亦有实际上重要性也"。③ 其后各国代表相继发言，讨论惩处战争犯罪的原则及机构问题。法代表言："作恶固当惩罚，若为必要之处置，使作恶不复可能，亦属必要。"荷兰代表言："吾人不但需要公道，公道亦待组织。"希腊代表言："凡作恶之人，不得以奉有上级机关命令，希图个人卸责，此为国际刑法上之新原则。"捷克代表则谓："德军所为暴行，不独战事进行中，军队缺乏纪律所致，实以数十年来德人自命为优秀民族，妄自尊大，其视他民族蔑视虐待无施而不可，政府以之昭勉其人民，成为国策，遂乃于占领区内横行非法，盖非偶然之事也。"④

最后会议发表联合宣言，宣言概要如下：

---

① ［苏］拉金斯基等著，萨大为、李世楷等译：《日本首要战犯的国际审判》，北京：世界知识出版社 1955 年版，第 20 页。
② 金问泗著，张力编辑校订：《金问泗日记》下，台北："中研院"近史所 2016 年版，第 535—536 页。
③④ 金问泗：《关于列席欧洲九被占领国处置德人暴行宣言签字会议之报告建议》（1942 年 5 月 9 日），台北："国史馆"藏，国民政府外交部档案，020/010117/0055/0034x。

鉴于德国以施行侵略政策而开战以来，即在各占领区域内制造恐怖政治，而拘捕人民、大批逐放人民、杀戮作质之人及屠杀人民则尤为显著者。

又德国之同盟国及其与国以及某数国内与占领官厅朋比作恶之人，亦施行上述种种暴行。

又为避免群众以单纯报复手段制止此种暴行计，又为顺应文明国家之公道观念计，则国际间一致行动尤为重要。

依据国际公法，尤其是一九零七年在海牙所签订之陆战法规公约，交战国在其占领国内，不得以暴行加诸人民亦不得蔑视当地法律，亦不得推翻现有国家组织。因此本代表等：

（一）认定凡所施行于平民之种种暴行，实与一般文明国家所公认之交战行为及政治犯罪之意义相违背。

（二）读悉一九四一年十月二十五日美总统及英首相因本问题所为之宣言。

（三）认为此次作战主要目的之一在对此种暴行之罪犯与负责者，无论其为主使者或执行者或从旁参加者，均须藉有组织的法律力量予以惩处。

（四）决定以国际间一致行动之精神，(1)须对此种罪犯与负责者无论其属何国籍，予以查缉归案审判；(2)须将判决执行。

为昭示信守，本代表正式受有委任特签字于本宣言。①

英国每日电讯报 1 月 14 日之社论，发表意见称：德国对于波兰、捷克、希腊等意在摧残其文化，剥夺其民族精神，使无生存希

---

① 金问泗：《关于列席欧洲九被占领国处置德人暴行宣言签字会议之报告建议》(1942年5月9日)，台北："国史馆"藏，国民政府外交部档案，020/010117/0055/0036x。

望。凡此灭种政策，负其责者当予惩处而组织国际法庭以主办此项事宜，实有必要。①

国民政府外交部指派驻荷兰公使金问泗参加会议，并发表书面声明："此项宣言对于地方占领官厅所为之罪行，严加斥责，而罪行责任人负科其责任，此种原则本国政府予以赞同，缘本国政府俟于时机来到时亦欲以同一原则施诸在中国之日本占领官厅也。"②

《圣詹姆斯宣言》的发表是由流亡英国的欧洲九国政府组织的被敌占领各国代表会议发起的，初衷是为了对德军在占领区的暴行有所表示，如从战罪惩处分类的角度而言，九国所关注的是德军对于平民施暴的普通战争罪。九国倡议在前，而真正变成正式宣言，大国的态度尤其重要，可见自战罪惩处拟议之初，大国的主导性即已显现。而英国组织国际法庭惩处对灭族（此处可理解为灭国）政策负责的重要战犯的倡议，实则显露出大国与小国视角的差异。当然，就共识而言，《圣詹姆斯宣言》强调避免以暴制暴，而施行文明审判，则是人类历史上的一大进步。

第三节 二战期间盟国惩治战犯方案的拟议

《圣詹姆斯宣言》发表后，英国政府邀请流亡九国政府代表，开会商讨战后各国对惩治战罪应采取之政策，其后继续邀请各有关政府，商讨成立战罪调查委员会及其工作之进行事宜。经一年半

---

① 金问泗：《关于列席欧洲九被占领国处置德人暴行宣言签字会议之报告建议》（1942年5月9日），台北："国史馆"藏，国民政府外交部档案，0200/10117/0055/0038x。
② 金问泗：《关于列席欧洲九被占领国处置德人暴行宣言签字会议之报告建议》（1942年5月9日），台北："国史馆"藏，国民政府外交部档案，0200/10117/0055/0032x。

之筹备,联合国战争罪行委员会①于1944年1月18日正式成立。

1942年8月6日,在英各国政府召开会议,讨论战后联合国审查战事罪犯应采取之政策。英国政府提出初步意见,拟定惩处战罪七项原则,分送各国查照。英国所提七项原则要点如下:(1)政策与程序由联合国共同商定;(2)适用现行战时国际专法,不得采用特种法规;(3)战事终了立即实行;(4)开具罪犯名单及证据;(5)停战协定内应载明逮捕或引渡本国罪犯不得待诸和约缔结后;(6)严防罪犯逃庇中立国;(7)敌国罪犯应与联盟国本国人民为傀儡者有别,后者应依照国内法处理,不适用联盟国间协定。②

8月21日,美国总统罗斯福发表警告轴心国进一步暴行的声明:"对纳粹党首领及残暴的帮凶们,应该按名检举、逮捕,并将之送上在他们施行野蛮暴行的国家之法庭,依法加以审判,并偿还其罪责。"③罗斯福建议同盟国应设立一从事调查战争罪行事实的委员会,负责搜集、调查战争罪证。

10月7日,英国议会上院召开会议,就国际间共同惩治战犯及设立调查战争罪行委员会一事进行辩论。会上,就审判战犯的法庭类型、适用法律、战犯引渡等问题,各国代表展开了激烈的辩论。最后,上议院议长西门发表演说,就设置调查战争罪行委员会的必要性加以说明。西门首先提及一战的教训,指出:"希特勒最近宣

---

① 联合国战争罪行委员会(The United Nations War Crimes Commission)在发起成立的过程中,国民政府的档案文献中有过多种不同的翻译,比如联合国战罪调查委员会、联合国战罪审查委员会等。为便于阅续,正文中尽量统一使用"联合国战罪委员会",引文则保持原样。特此说明。
② 《顾大使来电》(1942年8月27日),台北:"国史馆"藏,国民政府外交部档案,020/010117/0055/0007a。
③ "Roosevelt Warns Axis Against Further Atrocities"(1942年8月21日),台北:"国史馆"藏,国民政府外交部档案,020/010117/0055/0006。

称,德国境内,除他之意志外,别无法律。我们若已将上次大战后和约之教训忘却,或以为德国尚有公平之法院可以处理我们今日之提案者,实为不智。"他强调,虽然目前存在法律程序等方面的种种争议,但法西斯违反战争法规之罪行必须予以惩处,"我们在此不应空言法庭之性质与法权之分析,盖法庭必须具有以下两项先决条件:一为证据之存在,二为罪犯之提审。刑事法庭非具有此两项条件,不能行使职权。两条件中,尤以罪犯之提审为重要,而刑事法律程序,亦必须有确凿之证据以证明犯罪"。因此,成立战罪调查委员会,立即开展对战争犯罪的调查刻不容缓。西门最后提出三点声明:"上次大战后未曾惩处战犯,此次不能再犯此种错误;不将战犯先行交付同盟国,不签订停战协定;应立即成立同盟国委员会,调查战犯罪证。"并声明,调查战犯罪行之目的,并非为惩处敌国全体人民或鼓励报复,"而是深信非有一公正之制度,不足以禁止其余无辜之人民再被惨杀"。[①] 西门的演说实际上是鼓励各国搁置争议,求同存异,先从具有共识的战争罪行调查工作入手,展开国际合作。

10月29日,英国照会各国,提议成立同盟国调查战罪委员会,并拟定该委员会职权,详情如下:

一、调查同盟国政府所提出敌国人民直接或指使加于同盟国人民之一切暴行案件,进而确定敌人在此次战争中对于战事犯罪行为之责任。

二、搜集记录并审核关于该项暴行之一切可以获得之口头及书面证据。

[①]《西门爵士在英上议院演说词》(1942年10月7日),台北:"国史馆"藏,国民政府外交部档案,020/010117/0020/0036。

三、对于根据预定政策并出诸有组织方式之暴行案件，应首先予以特别注意。

四、委员会应将认为证据确凿之暴行案件，随时尽速向各同盟国政府提出报告，并于可能范围内指明认为应行负责之人员。

五、其他经同盟国政府协议提出之若干特种战事犯罪事件之调查审核及报告。

六、委员会应组织分会俾便证据之接受与登记，并随时决定地点合开分会或全体会。

七、委员会于必要时得选聘专家担任特别审查事宜。

八、建议战后惩处战事犯之程序。①

上述八项提议，各盟国政府原则上一致同意。英国政府认为调查委员会应尽速成立，并拟筹设一法律专家委员会，请各国派代表一人参加。但在一些具体问题上，各国之间实际存在不小的分歧。11月24日，国民政府代表金问泗致电外交部，报告各国态度称：＂美国仅表示原则，至对于审查事实委员会之组织及职掌各项似不甚注意。苏联大有己欲问人，人莫问我之概。英国鉴于俘虏问题，惧怕对方报复，实际上不欲此时急促进行，尤不喜从事宣传，九国中亦有部分国家主张审慎讨论。＂②可见，流亡英国的各国政府，急于要采取行动制约德军的犯罪，但美苏等大国对于战罪惩处的具体方案受制于各种因素，并不急于付诸实践。

---

① 《拟定同盟国调查战事罪行委员会职权》(1942年10月29日)，台北："国史馆"藏，国民政府外交部档案，020/010117/0020/0061x。
② 《金问泗电》(1942年11月24日)，台北："国史馆"藏，国民政府外交部档案，020/010117/0020/0084a。

1943年末，盟国开始对德日反攻，德日法西斯战败只是时间问题。在此形势下，美英及主要盟国开始考虑为战后审判发动侵略战争的罪犯做准备。1943年10月，经美英提议，盟国拟在英国伦敦商定正式设立联合国战争罪行调查委员会，开展对德日法西斯战争犯罪的调查工作。

　　10月20日，除苏联以外的17个盟国外交代表在伦敦开会，拟正式成立战事罪行调查委员会，负责调查及记录证据，随时报告应行收集之证据。该会议还讨论了委员会组织办法，拟由英国担任主席，并决议视情况而定，成立分会及专家委员会。会议提出成立战事罪行调查委员会的初步目的有二："一、调查并登记战事犯之证据，尽可能认明应负责之个人；二、报告有关政府，可以发现确切证据之案件。"并指出上述两项活动，"倘吾人保证公平与依法审判战事犯，自属主要之开端"。会上荷兰政府提议计划中之调查战事罪行委员会亦应负责准备将来审判战事犯，在大会中未获同意。主席国英国提议大会应首先决议成立委员会，至于调查及机构之扩大范围，应留待将来考虑。①

　　关于英国提议成立法律专家委员会一事，英国大法官阐明英国政府认为关于审判及惩治战事犯或有很多问题亟待解决，唯均在建议中之委员会权力之外，故建议设立法律专家委员会。该委员会工作主要是技术性质的，讨论事项包括审判战事犯法庭之种类、适用之法律、应采之手续证据、应遵守之规则。此会之任务在以建议指导各政府，唯不能作任何决议拘束各政府。但多数国家仍希望保留自主权，希望法律专家委员会应纯为一顾问团体，附属

---

① 《同盟国暨自治领代表准备成立联合国调查战争罪行委员会会议记录》（1943年10月20日），台北："国史馆"藏，国民政府外交部档案，020/010117/0053/0020。

于调查委员会。美国代表表示，其政府在原则上同意设立法律专家委员会，但应先成立调查委员会，再讨论成立法律专家委员会的需要。中国代表发言称，其政府在原则上亦赞同设立法律专家委员会，唯提议该会真正成立应予延迟，实际上是附和美国的建议。最后英国大法官表示法律专家委员会将承担重要任务，委员会在产生之初期亦将需要，建议大会应赞同以正当方法成立此种性质及为此目的设立之法律专家委员会，各国应考虑代表人选，唯真正成立该会则应延迟。最后大会一致通过上述建议。①

10月27日，战事罪行调查委员会召开第一次谈话会，各国代表对战事犯罪之性质、审判法院之种类、证据收集之方法及专门委员会之组织等问题交换意见，详情如下：

  关于战事犯罪性质：各国代表认为根据现行国际法，以作标准，颇有障碍，因许多法则已不适用。现在收集各学术团体研究结果所拟定之犯罪行为一览表及上次大战后协约国所拟定者交各代表研究。

  审判法院之种类：会员多主张原则上用各国自己之法庭，而以联合国组织之国际法庭补充之。

  证据之收集方法：各代表意见分歧，有认委员会应自行收集可在法庭提出之证据者，有主张委员会只能收集初步材料，以要求引渡罪犯之根据。

  专家委员会：有主专家委员会应隶属于调查委员会以资咨询者，亦有主应与调查委员会划分，专就原则方面研究并报

---

① 《同盟国暨自治领代表准备成立联合国调查战争罪行委员会会议记录》(1943年10月20日)，台北："国史馆"藏，国民政府外交部档案，020/010117/0053/0020。

告，以作政府参考者。①

此次会议纯粹是交换意见性质，正式会议要等到苏联政府表示参加与否，方可举行。会议上讨论的各项问题，反映了各国关心的重点所在及意见分歧。各国政府发表的意见及学术团体研究的结果对以国际法庭审判罪犯之议多不赞成，盖因国际法庭组织不易，复无适当现行法律可以援用，若临时制定法律恐贻追溯之机，但亦有少数主张在特殊情形如审判国际元凶应组织国际法庭。对于战事犯罪性质，各方面意见认为现行国际法范围太狭隘，例如侵略他国行为之本身在国际法是否禁止亦系问题。②

12月3日，在第二次谈话会上，对于委员会所拟关于战事罪行性质之报告及犯罪行为一览表，英国主张设立专家委员会，负责决定法律原则和政策问题，但各国代表多不主张设立。③反对成立专家委员会，实际上是各国试图保留自身对战事罪行处置的主动权。

1944年1月2日至15日，战事罪行调查委员会开会两次，认为工作应加紧进行，决议不再等待苏联，正式成立调查委员会，推举英国代表为主席，并由中美法澳四国代表组成一委员会负责起草议事细则。1月18日，战事罪行调查委员会成立会议在伦敦举行，追认以前各次会议之决议案，并通过正式的议事细则。至此，联合国战罪委员会正式成立，说明盟国已开始启动战后对德日法西斯战争罪行的惩处工作。

---

① 《战事罪行调查委员会谈话会（第一次）》(1943年10月27日)，台北："国史馆"藏，国民政府外交部档案，020/010117/0055/0022x。
② 《顾维钧致外交部电》(1943年10月28日)，台北："国史馆"藏，国民政府外交部档案，020/010117/0020/0179a。
③ 《战事罪行调查委员会谈话会（第二次）》(1943年12月3日)，台北："国史馆"藏，国民政府外交部档案，020/010117/0055/0023x。

联合国战罪委员会成立过程中,各国围绕适用法律及法庭管辖权问题的讨论,实际上反映了战罪惩处的国际标准与各国自主权之间的矛盾。一方面,自《圣詹姆斯宣言》发表之始,即强调对战争罪行的惩处,国际间的一致行动尤为重要,即为避免各国依据自身标准任意处置战犯,以树立文明审判之观念,到战罪委员会成立后,强调战罪调查的国际协作,使得上述战犯惩处的国际标准进一步落到实处;另一方面,在设立战罪委员会的问题上,部分国家认为,战争罪行的证据搜集,可以各自进行,而无需国际委员会进行审查,设立战罪委员会实际上已经执行了法庭审判战犯的部分职能,是对各国自主权的侵害。因此,如何在确保国际正义的基础上尽可能保留各国的自主权,是各国在战罪惩处拟议中面临的重要问题。

在联合国战罪委员会筹备成立的同时,苏美英三国也就战后惩处战犯的方案达成一致。1943年11月1日,苏美英三国外长在莫斯科会议发表关于严惩战犯的宣言。这个宣言除了重申战犯必须严惩之外,并声明凡在某一地方犯有严重暴行的战犯都应当解回到他们犯下可恶罪行所在地的国家,以便按照那些被解放的国家及由此而建立的自由政府的法律去审判治罪。宣言还提出,"首恶元凶的案件,因为他们所犯的罪行并不拘于特殊地方,他们将按照盟国政府的共同决定加以惩处"。[①] 该宣言表明盟国将通过国际法庭审判主要战争罪犯,同时也赋予各受害国在国内审判战争罪犯的权利。《莫斯科宣言》很大程度上是苏联主导的结果,宣言最

[①]《苏美英三国关于严惩战犯的宣言》(1943年11月1日),世界知识社编:《反法西斯战争文献》,北京:世界知识出版社1955年版,第139—140页。

大限度地保留了各国审判战犯的自主性，这是苏联一贯的原则。①

真正推动国际审判实现的是1944年美国的介入。据国民政府外交部收到的报告，1944年，美国主导的《美洲国家法律委员会报告书》确定了国际审判的方案雏形。该报告在《莫斯科宣言》的基础上更进一步明确了，"重大罪犯其罪行无地区可确划者，应由联合国共同裁判委员会意见，联合国应设立联合国最高法院收办无地域区划之战事罪犯"。关于罪行处罚之标准，"各国法律轻重不等，应由联合国最高法院标准，以期划一，并主张占领军执行惩罚"。关于逃亡他国战事罪犯交出之手续，战事罪犯其罪行危及世界各国之安全，与一般政治犯之扰乱局部治安之性质不同，"各中立国不得护匿战事罪犯"，无论中立国或联合国，交出罪犯之手续可照一般引渡罪犯条约手续办理。② 由此确定了重要战犯由国际法庭审判，处罚之标准统一确定。为确保国际审判的实现，强调各国不得拒绝引渡战犯。关于战犯引渡的特别声明，是为了避免重蹈一战的覆辙，同时因各国自主设立法庭，亦存在从别国引渡战犯的问题，故而在法律层面上的明确规定显得尤为必要。

1944年9月，联合国战罪委员会拟定的《国际战犯法院公约》和《联合国引渡战犯公约》使得战后对德日法西斯的国际审判最终定案。《联合国国际战罪法院公约草案》明确了战犯审判采用国内

---

① 苏联迟迟不参加联合国战罪调查委员会，而且在战时就已经自行对德军战争罪行进行调查，并且设立法庭进行审判。比如，从1942年起，苏联的一个特别状态委员会就着手调查苏联境内的德国战争犯罪，1943年在哈尔科夫审判和处决了3名德国军官。参见张皓编译《莫斯科宣言：哈尔科夫审判和关于第二次世界大战主要战犯的政策问题》，《世界史研究动态》1993年10期。
② 程天固：《美洲国家法律委员会报告书》，台北："国史馆"藏，国民政府外交部档案，020/019906/0041/0186a。

法庭与国际法庭并行的方式,规定:"各缔约国为欲保证敌国战事罪行之罪犯应受制裁,承认在一般情形之下,联合国国内法庭为审判及惩罚此类战罪之适当法庭,同时复虑及国内法庭对某种罪行,不便或不能作顺利有效之惩罚,兹经决定设立一联合国国际法院。"①

在公约讨论的过程中,虽仍有国家试图争取尽可能多的自主权,但美国的主导性在其中发挥了至关重要的作用。据参加讨论的金问泗发回的电文称:"比代表倡设公法检察处 Prosecuting officer 之提议,此问题比较重要,众说纷纭。大致英、澳、印诸代表反对,而主张应由同盟国径呈本会检察处官,或本国其他代表,各向该法庭提出案件。诸小国大致赞成此项提议,泗主张限制该公法检察处权限,旋以主席美国代表提出折衷办法,决定设公法检察处。但原则上仍须由各本国检察官或代表办理,其愿交由公约检察官办理者亦可。惟某某案是否予以起诉之权,由法庭操之。"②另据金问泗日记,1944 年 9 月 12 日,"下午到第卅一次委员会,仍讨论军事法庭问题,众说纷纭,诸小国多持怀疑态度,法国代表 Gros 最为明显反对……波代表继而发言,法、那、比三代表相率离会,主席挽留不从。先是上次开会,美代表本已要求付表决。三代表既离会,无可付表决,印度代表认为三代表对于美代表似少礼貌,美

---

① 《国民政府外交部附抄联合国国际战罪法院公约草案公函》(1944 年 12 月 1 日),郭必强、姜良芹等编:《南京大屠杀史料集 日军罪行调查委员会调查统计》上,南京:江苏人民出版社、凤凰出版社 2006 年版,第 11—12 页。
② 《驻英大使馆代电》(1944 年 9 月 9 日),郭必强、姜良芹等编:《南京大屠杀史料集 日军罪行调查委员会调查统计》上,南京:江苏人民出版社、凤凰出版社 2006 年版,第 8 页。

代表亦深表愤慨"。① 9月19日,"午后二钟半,委员会开会,继续讨论联盟国军事法庭案。四钟半付表决,一致通过仍从法代表 Gros 之临时动议,设一小组委员会,讨论关于军庭组织权限及用何法律等等。美代表 Pell 反对,但得多数通过,余声明弃权"。② 可见各国之间意见分歧,对于美国方案的主导性仍不断提出挑战。③

10月6日,驻英大使馆致国民政府外交部电,报告各国对于国际军事法庭设立的讨论,电文提到,对于"联合国政府应请求在各战区与联合国军队合作之最高统帅部,在设立之军事法庭执行审判破坏法律惯例及战时法规之敌人罪犯"的提议,"一部分代表,尤以挪威及法国代表为最,反对授权最高统帅部规定军事法庭之组织、权限及程序"。法国代表提议组织一小组委员会讨论起草一节略,其内容包括军事法庭组织权限及程序各问题之保留,以及适用何种法律等问题。④ 实际上仍包含各国对于自主审判权的争取。

1945年2月,德意志第三帝国濒临崩溃,雅尔塔会议公报中重申要公正而迅速地惩办一切战争罪犯的宗旨。对于战后以何种方式处置战犯,苏美英之间是有分歧的。苏联一向主张单独行动,独立实施战犯惩处计划,所以苏联一直未派代表参加联合国战罪委

---

① 金问泗著,张力编辑校订:《金问泗日记》下,台北:"中研院"近史所2016年版,第669页。
② 金问泗著,张力编辑校订:《金问泗日记》下,台北:"中研院"近史所2016年版,第671页。
③ 法国代表之所以反对美国提出的方案,是因为法国代表坚持认为,国际法中不存在侵略罪,发动战争罪是一种"事后法"。参见[美]乌娜·A.海瑟薇、斯科特·J.夏皮罗著,朱世龙译《反战之战:律师、政客与知识分子如何重塑世界》,北京:社会科学文献出版社2021年版,第268页。
④《外交部公函》(1944年10月6日),郭必强、姜良芹等编:《南京大屠杀史料集 日军罪行调查委员会调查统计》上,南京:江苏人民出版社、凤凰出版社2006年版,第9—10页。

员会。英美之间也有分歧,从最早两国元首对战犯惩处的表态即可看出,丘吉尔表示,"欧洲各国今日仇恨德国之深,超过人类有史以来仇恨民族之程度。胜利之日亦是惩罚的时刻",而罗斯福则表示,"从事纳粹罪恶者,他日必须在其为暴不仁之所在地遭受法庭之审判,俾后世知所警惕"。① 美国较为注重依法对战争罪犯进行审判,而英国则对此不太在意。最终美国的意见占据主导,促成了国际审判的实现。

1945年7月至8月,欧洲战场战事结束后,苏美英三国首脑聚首柏林西南哈韦尔河畔的波茨坦,签署了《波茨坦会议议定书》,其中包括设立国际军事法庭审判战犯的条款。8月8日,苏美英法四国政府在伦敦正式缔结了《关于控诉和惩处欧洲轴心国主要战犯的协定》,并通过了《欧洲国际军事法庭宪章》。宪章共30条,对设置法庭的目的、任务及法庭的构成、管辖权等一系列问题做出明确规定。苏美英法四国签署的《伦敦协定》和《欧洲国际军事法庭宪章》进一步规定,由四国各指派一名法官和一名预备法官组成国际军事法庭,对无法确定其具体犯罪地点的纳粹德国首要战犯进行统一审判。

1945年7月26日,中美英三国发表《波茨坦公告》,敦促日本立即无条件投降。公告提出要根除"欺骗及错误领导日本人民使其妄欲征服世界之权威及势力",驱逐黩武主义,建立世界和平与正义的新秩序;对于惩处战争罪犯,公告明确表示"吾人无意奴役日本民族或消灭其国家,但对于战犯,包括虐待吾人俘虏者在内,

---

① "Experts from Prime Minister Winston Churchill's Address before the House of Commons"(1942年9月9日),台北:"国史馆"藏,国民政府外交部档案,020/010117/0055/0008a。

将处以严厉之法律制裁"。① 1945年9月2日,日本签订投降文书,接受《波茨坦公告》中的条款。②

1946年1月19日,东京盟军最高统帅部颁布《远东国际军事法庭宪章》,该宪章最大限度地援引了《欧洲国际军事法庭宪章》的各项原则。《远东国际军事法庭宪章》规定法庭的设立是"为求远东甲级战争罪犯的公正与迅速审判与惩处",这里的甲级战犯是指犯有宪章中规定的甲项罪行,即破坏和平罪的战犯,至于犯有普通战争罪的乙丙级战犯,则由犯罪地所在国的军事法庭审判。③

战后对日本主要战犯的惩处,澳大利亚力主由战罪委员会和同盟国各国政府共同负责设立中央检察机关,调查战争犯罪行为,搜集证据,确定战犯名单,反对由美国主导审判,但在美国的反对和英国的劝说下,又因苏联未加入战罪委员会,澳大利亚被迫放弃了上述主张。④ 各国虽然提出了主要战犯名单,但最终决定权掌握在美国控制的国际检察局手中。日本投降后,美国组织远东委员会,邀请苏联参加,委员会下设战犯处理委员会(即第五分会),具体负责对日本主要战犯的处置,逐渐削弱了战罪委员会的权力。除继续审查乙丙级战犯案件外,战罪委员会实际对战犯审判影响

---

① 《波茨坦公告》(1945年7月26日),《国际条约集(1945—1947)》,北京:世界知识出版社1959年版,第77页。
② 与德国不同,日本是在本土未被占领的情况下接受盟国的通牒宣布无条件投降的,所以日本接受《波茨坦公告》,也就接受了盟国规定的对战争罪犯进行审判的条款。
③ 《远东国际军事法庭宪章》(1946年1月19日),杨夏鸣编:《南京大屠杀史料集 东京审判》,南京:江苏人民出版社、凤凰出版社2005年版,第6—7页。
④ [日]粟屋宪太郎著,里寅译:《东京审判秘史》,北京:世界知识出版社1987年版,第55页。

力甚微。①

二战后在欧洲形成的国际审判与各国自主审判相结合的模式被亚太地区各国援引,但就亚洲而言,虽保留了自主审判的权利,但在国际审判中却未能如纽伦堡审判那样做到四国平权,而是由美国主导,且地区审判的法庭大部分被殖民国家主导,根本谈不上自主审判。

第四节　国民政府与对日战罪惩处

早在欧洲流亡英国的九国政府提议惩处德国战罪之初,国民政府驻荷兰公使金问泗就接到波兰驻比公使私人函,以剑桥大学发起组织国际刑事改善促进会,邀请中国参加。金问泗认为中国可以酌派深通刑法与国际法专家一二人参加,与该会合作,以便作为将来惩治日人在华暴行之准备。② 1941年11月27日,捷克斯洛伐克外交部代表欧洲被占领九国与中国驻捷克斯洛伐克公使金问泗③进行接洽,向中方阐述了九国希望中国及美英苏共同列席《圣詹姆斯宣言》会议的意愿。金问泗随即向国民政府外交部提议与美英苏三国的行动保持一致,并且与驻英大使顾维钧商量对策。顾维钧认为,中国沦陷区内受日本人暴行之痛苦最深,处置战犯的对象中理应包括日本,因此有必要在追究战争责任的宣言中表明中国的态度。

---

① 参见刘萍《联合国战争罪行委员会的设立与运行——以台北"国史馆"档案为中心的探讨》,《历史研究》2015年第6期,第132页。
② 《伦字第六号呈文》(1942年1月13日),台北:"国史馆"藏,国民政府外交部档案,020/010117/0055/0026a。
③ 1941年8月26日,中国正式承认流亡伦敦的捷克斯洛伐克政府,由中国驻荷兰全权公使金问泗兼任驻捷克公使。

九国于1942年1月6日正式函请金问泗列席惩治战罪宣言签字仪式。金问泗于9日复照九国代表捷克代理外长,一面同意列席会议,一面声明中国立场。其声明全文如下:

此次本国政府准许本使参加本月十三日之典礼,盖以此项宣言对于敌方占领官厅所为之罪行,严加斥责,而罪行负责人负科其责任,此种原则,本国政府予以赞同,缘本国政府俟于时机来到时,亦欲以同一原则施诸在中国之日本占领官厅也。

凡在现被日人占领之中国领土内,中国人在过去长时期内,饱尝日人野蛮暴行之痛苦,此如平民之被大批屠杀,如文化教育机关之被任意摧毁,又如以麻醉药品毒害吾民族之有统系之计策,而其他种种行为,既已不胜枚举,且其情节深堪痛恶,亦复不便形诸文牍也。中国政府认为,凡中国人民所受之冤苦,若不与其他人民所受者,同样得到昭雪,又若一切作恶人员不予同样依法惩处,则无以彰公道而维道德矣。①

1942年1月13日,欧洲九国流亡政府在英国伦敦的圣詹姆斯宫开会,签署《惩治德人暴行宣言》。国民政府外交部指派金问泗参加会议,因美苏代表不拟在宣言签字会议上发言,英国认为中国代表可以到会但不必发言,以书面说明立场即可,中国方面之宣言可与九国宣言同时发表。中国政府的声明得到英国政府同意,在英国各报纸发表。至此,中国方面表明了与盟国的一致态度,"对

---

① 金问泗:《关于列席欧洲九被占领国处置德人暴行宣言签字会议之报告建议》,台北:"国史馆"藏,国民政府外交部档案,020/010117/0055/0032x。

日人在沦陷区之暴行,亦欲依法惩处"。①

对于战后如何惩处战争罪犯,在接到驻英大使馆发回的英国所提七点建议后,国民政府组织有关部门讨论,于1943年7月3日形成《惩治战争罪犯拟议》,作为高层决策的参考。该文件对每条建议都做了详细说明,其全文如下:

惩治战争罪犯不包括惩治战争祸首

(说明)所谓战争罪犯系指军队指挥官或统帅者与士兵,其作战行为与方式违反国际公法,或作战法规。至战争祸首,则指侵略国家直接掀起战祸之首脑分子。上次欧战结束,凡尔赛和约曾规定惩办战争祸首德皇威廉二世,嗣因荷兰拒绝引渡,遂未果行。至德国战争罪犯之惩治,和约中亦有规定,而德国不允履行。乃改由德国法庭自行审判,是即所谓莱比锡审判。然此项审判实不彻底,不过敷衍塞责而已。去年一月间驻伦敦之九国流亡政府联合宣言,决心惩治德军暴行,英国政府旋亦提出意见七项(八项),其范围只限于惩办战争罪犯,而不包括惩办战争祸首。至惩办战争祸首问题,应另案讨论。

一、各国自行调查犯罪证据

(说明)敌人在各战场上犯罪证据以各受害国自行调查为宜。现在各国亦已开始此项工作。我国方面则由军事委员会通令各战区司令长官部及各省政府搜集证据,依式填报,将来证据收齐后,再由外交部汇集整理,择要移送国际调查机构。

---

① 金问泗著,张力编辑校订:《金问泗日记》下,台北:"中研院"近史所2016年版,第535—536页。

二、国际委员会审查犯罪证据

（说明）犯罪证据交由国际委员会审查，意在力求公正划一。国际委员会现已开始组织，英美均派有要员参加。国际委员会仅系审查机构，而非国际法庭，故仅负审查犯罪证据责任，而不负审判战争罪犯责任。

三、由国际法庭审判战争罪犯

（说明）审判战争罪犯之法庭不外战争罪犯本国法庭、被害国法庭及国际法庭三种。上次世界大战后凡尔赛和约曾规定由协约国共同组织法庭审判德国战争罪犯，而德国不允履行，请求自行审判，结果敷衍了事，未能彻底。至由各被害国法庭自行审判，难期步骤一致，且现时犯罪证据既由国际委员会审查，是以由联合国组织国际法庭审判为宜。

四、犯罪行为之成立与否以国际公法为主，必要时得以各国军法刑法补充之

（说明）国际法庭判断犯罪与否，自应以国际公法为主，尤其战时国际公约，如海牙陆战法规等，均在适用之列。惟国际公法以及上述公约法规等，或有未周，必要时得以各国军法刑法补充。

五、罪犯之惩治依照其本国法在其本国犯同样罪所应受之处罚惩治之

（说明）国际公法对于战争行为之合法与否，虽有规定，但对于违法行为之惩处，尚付阙如，故不得不准用各国军法及刑法，以定处罚。兹为使罪犯无可推诿，并昭公允起见，故主张依其本国法科罚。又为防止同样犯罪，因在国外国内而处罚或有轻重起见，故主张以其本国犯同样罪所得之处罚惩治之，以杜流弊。

六、国际法庭之判决交由被害国政府执行

国际间虽有国际法庭，但无执行国际法庭判决之机构，而

罪犯之本国政府又有串通作弊之可能。故移交被害国政府执行较为妥当。①

根据上述建议,国民政府主席蒋介石于1943年8月拟定了四项原则:(1)由联合国组织国际法庭审判战事犯,(2)由被害国政府执行国际法庭之判决,(3)犯罪行为之成立与否,依国际公法判决之,(4)战事犯之处罚,依照战事犯本国法律所规定在该国内犯同样罪应受之处罚惩治之。② 由此可见,国民政府最早对于战犯处置的设想是,由国际法庭进行审判,由本国政府执行判决。这样的设想反映了当时国民政府对于战犯审判缺乏主动性,主要是配合国际审判,而未考虑单独审判。

参加战事罪行调查委员会筹备会议的国民政府代表金问泗,较早意识到中国对于战罪的惩处,重在对日,异于他国,提议"不妨参照苏联办法,单独宣言,声明立场,同时表示愿与同盟国合作"。③1943年3月,王世杰访英期间,金问泗谈到惩处战争罪行,提出四点意见:"1. 亚洲应另组一委员会在中国,英方已有此议。2. 对日本战犯各种证据应多搜集。3. 须将日军残暴行为,归到日本企图灭亡中华民族之政策以立言。4. 从九一八事变算起。"④1943年10月,针对蒋介石的四点原则,国民政府驻英国大使顾维钧认为有斟酌修订的

---

① 《惩治战争罪犯拟议》(1943年7月3日),台北:"国史馆"藏,国民政府外交部档案,020/010117/0039/0006x。
② 《节略》(1944年8月6日),台北:"国史馆"藏,国民政府外交部档案,020/010117/0020/0009x。
③ 《金问泗电》(1942年10月19日),台北:"国史馆"藏,国民政府外交部档案,020/010117/0020/0050a。
④ 王世杰著,林美莉编校:《王世杰日记》上,台北:"中研院"近代史所2012年版,第379页。

必要，尤其是一三两项关于国际法庭及国际法的问题。①

以"战争罪"和"反人道罪"的名义起诉德国和日本主要战犯的方针，是在1945年6月至8月联合国（美英法苏四国）召开的伦敦会议中确立的。在此之前的阶段，当事各国之间并没有就追究个人发动及实施侵略战争的刑事责任问题达成一致。国民政府外交部1943年底的一份报告中对于战犯处置问题的认识颇能反映当时国民政府实际认知的水准。录之如下：

一、战事犯在现行国际法中之意义

战事犯为有关战事而违反国际公法与人道主义之一切罪犯，其违反国际公法者，一为作战目的及其动机违反国际公法，如破坏公约条约而作战，一九一九年巴黎和会曾指定协约国十国代表组织委员会研究掀起战祸之祸首责任；一为作战行为及其方式抵触战时法规，海牙陆战法规第二十二条"交战国关于毁灭敌人方法之选择非具有无限制之权利"，关于战事犯之惩治方法，国际法未予规定，即一九〇七年有关陆战法规之海牙公约第三条亦仅规定违反陆战法规者应负民事上之损害赔偿责任，而未提及刑事责任问题。国际法允许交战国于战事进行中有惩处战事犯之权，但于战事结束后如何处置此类战事犯亦未予明白规定，其所以如此，除国际刑法观念未臻于发达外，尚有下列原因：（一）依国际集体负责说，国家行为应由国家全体负责，战败国之战争罪行既受和约中割地赔款之制裁，故无须另行惩处战事犯；（二）国际法之主体为国家而非个人，故国际罪行亦仅由国家而非个人负责，但此二说均欠

---

① 《顾维钧电》（1943年10月28日），台北："国史馆"藏，国民政府外交部档案，020/010117/0020/0179a。

妥善，依国内刑法责任观念之演进，即由集体而趋于个人负责，皆曰一人犯罪刑及亲族，今则刑限一身，国际刑法责任观念亦应本此趋向而演进，至于个人能否为国际法主体，虽为学者所争辩未决之问题，但国际法之得使用于个人，如海盗行为、少数民族问题等则为一致公认之事实，故不可因个人之非为国际法主体而反对国际法对个人之制裁，事实上，为防止战争之再起，唯有惩处战事犯以儆效尤，较任何其他方法切实有效，学者有关惩处战事犯之论著甚多，凡尔赛和约二二七至二三〇条均为规定惩处战事犯之条款。

二、因惩治战事犯所连带发生之问题

战事犯应予惩罚既为一致公认之原则，因此乃发生下列诸问题。

审判战事犯之法庭及其适用之法律，由何种法庭依据何项法律审判战事犯，学者主张及各国论见均不一致，或主各国国内法庭依其本国法律审判在其国境内所犯之战争罪行，或主设立一特别国际法庭审判战事犯，更有主张编订国际刑法设置经常之国际刑事法庭审理一切国际罪行。前次欧战未结束前，即有上述各种主张，此次大战亦然，依金公使去年十月十九日关于惩处战事犯之来电，"主要争点，大国主张由同盟国共组法庭审判，小国主张由各该国法庭依照各该国刑律审判"。实际上审判之法庭及其适用之法律须依战事犯之性质及其影响范围而定，如战事犯具有广泛之国际性，自应由特设之国际法庭审判之，其仅涉及两国间关系之次要战事犯，可由受害国国内法庭处决之，凡尔赛和约二二七条规定设立特别国际法庭审判德皇威廉二世，又二二八条以次规定次要战事犯交各国军事法庭审判，如其罪行涉及两国以上应由有关国家军事法庭各派代表组成联合军事法庭审判之,即系依照此项原则分别办理,此次我国对惩处战事犯问题亦不妨采此原则,即对战争祸首及主要负责人员应由特设之国际法庭审判,但次要战事犯,我应保留单独审判之权,特为我国业经答复英方主张,"战时罪犯之范围应包括九一八事变以来在我国领土内参加暴行之一切份子"。范围如此之广,经由国际法庭审判殆不可能,事实上亦有保留单独审判权之必要也。

三、对于英方所提意见书之补充办法

去年八月英国政府关于惩处战事犯问题所提意见七项切实扼要,尤能针对前次大战后之错误力加改正,我方业经表示赞同,并建议于英方意见第六项"严防罪犯逃庇中立国"句下拟加"并声明中立国不得庇护战时罪犯及各国本国人民之为傀儡者"。又于第七项关于本国人民为傀儡一节,应声明此项罪犯如逃入敌国应一并逮捕引渡,且战时罪犯之范围应始自九一八等语亦甚适合国情,兹根据上列各项问题拟具补充办法于后:

甲、战争祸首及其负责人员应由特设之国际法庭审判之;乙、次要战事犯我应于停战协定中保留单独审判之权;丙、关于调查事实搜集证据之国际机构以此次战争之广泛性及战罪数目之众多,必要时应设立分会就地调查;丁、战事犯不能视为政治犯,中立国不得予以庇护;戊、关于第五纵队,除具有广泛之国际性者外,其在受害国国境内为之者,应由受害国根据本国法令制裁之,其在受害国境外为之者,应由所在国依照本国法律予以制裁。①

---

① 《关于惩治战事犯问题》(1943年),台北:"国史馆"藏,国民政府外交部档案,020/010117/0055/0069x。

从中可见，中国方面意识到当前的国际法尚未对追究战犯个人刑事责任做出明确规定，不过在这一认识的基础上又做出判断，认为国际法中有关条例已有涉及追究战犯个人刑责的内容，并且这一行为具有预防战争的意义。此外，还引用了《凡尔赛条约》中第227条对德国皇帝的处置以及第228—230条对违反战争法规者的处置，证明追究个人刑责的可能性。其中，"战争元凶及主要责任者"与"主要战犯"的区别对待，也与之后区别对待"针对和平犯罪"的甲级战犯以及"一般战争犯""违反人道主义者"的乙丙级战犯的规定一致。上述报告充分吸收了国际社会关于战犯惩处问题讨论的最新进展，在详尽分析的基础上，提出对英方1942年所提七项意见的补充办法，提出国际审判与单独审判相结合的主张，并且注重事实证据的搜集和调查。

1944年7月，具有法学背景的国民党元老王宠惠发表社论《战争罪犯之惩处》，该文表明当时政府对战犯惩处的认识已较为成熟。该文的要点如下：

> 当此最后胜利在望之际，吾人对于掀起世界战争置人类于水深火热之中的侵略祸首，以及违法作战屠杀千万无辜军民与其他暴行的战争罪犯，究竟应如何惩罚，已引起所有联合国家人士之注意。
>
> ……
>
> 作战行为，何者为合法？何者为非法？国际公法中大体均有规定，惟遵守战争法规，虽为交战国之义务，但违反此种法规之交战国政府，或交战国人民，究应受何种处罚？迄无具体规定。吾人如能将违法作战之刑事责任，加诸战事罪犯，则不但使侵略者惩前毖后减弱其残暴之凶焰，即国际公法之效力，亦可藉此而加强。

……

总之,战争之宗旨,在消灭对方之抵抗能力,而不在表演其凶残暴行,故战争可以为手段,而不可以为目的。是以凡与消灭敌人抵抗能力无直接关系,而图使敌方军民遭受不必要痛苦或损失之战争行为,皆为国际公法所禁止。战争期间,交战国家在作战方法或武力使用上,并无绝对自由,凡与战争法规抵触者,皆为犯罪。兹择其重要者,略加申述:

(一)为避免双方军民不必要之牺牲起见,交战国家不得使用毒气,此点已成国际间公认之禁令。1899年第1次海牙和平会议宣言,及1907年海牙陆战法规,均有明确之规定。此项禁令复见于1925年禁用毒气与细菌战争之议定书。此次欧洲战事爆发之初,英国曾询问德方是否将遵守禁用毒气之规定,德国答复,在对方不使用毒气之条件下绝对遵守。故欧洲战争虽已达最紧张阶段,德国虽四面被围,做困兽之斗,但迄今并未使用毒气。关于此点,日寇之野蛮甚于德人。七七事变以来,日寇之使用毒气已有数次。1938年秋,我国政府曾将日寇在我国使用毒气之证据,加以收集,诉之于国联。国联曾于1938年5月14日决议案中,述及毒气之使用乃国际法所禁止,亦必为整个文明世界所不容。珍珠港事变后,罗斯福总统亦曾对于日寇加以警告,如日本使用毒气,美方决立即予以报复。但年来,日寇在中国战场仍有使用毒气之事实,吾人对于此种惨无人道之暴行,自应于战后予以严惩,不稍姑息。

(二)交战国家对敌不得滥施轰炸,亦为国际间公法禁令之一。1907年海牙陆战法规及海战法规,均曾禁止炮击不设防城市。盖一城市,既不设防,即无抵抗,若再加以轰炸,则徒增当地人民之伤亡与损失,无补于作战之目的。年来空军发展甚速,无论在所用之武器与作战之方法上均有重大变更,以致原有陆海战争法规未能加以预防,然未尝不可以类推适用。此次中日战争开始以来,日寇恃其优越武器,不惜轰炸我不设防城市,及非军事目标,专以屠杀我无辜平民为快意。吾人对于负责之日方军官,战后当不应任其逍遥法外。

(三)此外,交战国家不得任意伤害敌方平民或俘虏。该平民本非交战者,而俘虏则已失去作战能力,故均无加以伤害之理由。此次中日战争开始以来,日寇对我民众之种种暴行,如残杀无辜,奸淫妇女,凌辱善良,抢劫财物,损毁民房等等,指不胜屈。战后若不严予惩处,则正义无由伸张。[1]

在欧洲最早参加对二战轴心国战罪惩处的盟国中,只有中国是亚洲国家,与大多数国家强调对德国战罪惩处的诉求不同,中国特别强调对日本战罪的惩处。国民政府从一开始就强调自身的特殊性,要求国际社会将战争罪责追究的起点确定为九一八事变。但此一主张却不易得到尊重,国民政府的代表为此做出了一系列的努力,以伸张其在联合国战罪委员会中少数派的正义。

1943年1月20日,国民政府参加联合国战罪委员会的代表金问泗发回的报告称,其此前与英国外交部法律顾问谈战事犯问题,该顾问对于中国主张自1931年9月18日起日人暴行须一律惩处之说,觉得难以接受,嗣经过金问泗与之辩论,从理论上和情感上列举理由,但并未使其变更主张。[2]

---

[1] 王宠惠:《战争罪犯之惩处》,《中央日报》,1944年7月30日,第2版。
[2] 《金问泗电》(1943年1月20日),台北:"国史馆"藏,国民政府外交部档案,020/010117/0055/0015a。

1943年3月9日,为推进战罪惩处工作的进程,英国照会其他同盟国,提出搁置争议,先行成立联合国战罪审查委员会,具体问题留待委员会成立后再行商讨,并希望各国派遣具有政治、法律经验的代表参加。中国政府大致接受了英国政府的提议,驻英大使顾维钧被正式任命为出席会议代表。10月21日,战罪审查委员会正式成立。顾维钧声明对于战事犯罪之起止时间及范围,拟暂保留其意见,俟将来再行提出。12月3日,在第二次谈话会上,对于委员会所拟关于战事犯罪性质之报告及犯罪行为一览表,顾维钧声明,以日本在远东之战事犯罪情形及程序,有较欧洲之战事犯罪变本加厉者,故决定犯罪标准及收集证据方法与小组报告所拟定者容有不同,须加修改,对报告表示原则同意,但对中国不具有约束力。[1]

　　1944年10月,金问泗致电国民政府外交部,称:"战罪委员会第二组迭次开会,关于审判战事罪犯国际法庭公约,逐条讨论,大致就绪。关于战罪起算日期一点,原稿曾规定自一九三七年七月七日算起,嗣知吾方主张惩办战罪在远东方面,应以九一八为起算日期,英美代表曾非正式表示,难以赞同,故最后通过之公约草案中,并无起算日期之规定。"[2]可见各国战争体验的差异影响到共识的达成,因此,保留各国的自主权就显得尤其重要。最终中国代表的主张得以实现,远东国际军事法庭对日本战争罪行的起算时间

---

[1]《战事罪行调查委员会谈话会(第二次)》(1943年12月3日),台北:"国史馆"藏,国民政府外交部档案,020/010117/0055/0023x。
[2]《驻英大使馆代电》(1944年10月14日),郭必强、姜良芹等编:《南京大屠杀史料集　日军罪行调查委员会调查统计》上,南京:江苏人民出版社、凤凰出版社2006年版,第10页。

是比1931年九一八事变更早的1928年皇姑屯事件。①

除了对战争罪行起算时间的争取外,中国代表还极力主张设立联合国战争罪行委员会远东及太平洋分会,掌握亚太地区战罪调查的主导权。中国代表认为设置远东分会对中国政府自主审查日军战争罪行案件意义重大。经多次交涉,1944年5月16日,联合国战争罪行委员会通过了由顾维钧提出的设立远东及太平洋分会的提案,该分会会址设在中国,主席和秘书长由中国人担任,专门委员会委员包括英、美及与远东及太平洋战争直接有关之荷、法、澳、新、印五国,分会经费由总会负担。关于远东分会的职权,英国及其自治领为维护在远东的影响力,极力削弱重庆分会的权力。5月21日,总会向各同盟国政府发出成立远东及太平洋分会的决定,通知除载明成立分会的缘由及细节外,也明确了中国代表所提的四项原则,其具体内容如下:

> 联合国从一开始就考虑,为了实施惩罚战争罪行的政策,除了伦敦总部,可能还需成立地方性分支或分会来调查类似犯罪。如今,联合国战罪委员会已决定,为调查日本战争犯罪,在重庆成立远东及太平洋分会。委员会要求我通知直接受日本战争影响的成员国此项决议,并告知以下有关分委会的信息:
>
> 1.联合国战罪委员会同意:(1)出于工作需要,分会可能会设立于重庆以外的地方。(2)因地方情况特殊,需对伦敦总会设定的原则和规定作出适当调整时,应事先征求总会同意。

---

① 关于战时中国代表争取战罪惩处起算时间的努力,可参见刘萍《联合国战争罪行委员会的设立与运行——以台北"国史馆"档案为中心的探讨》,《历史研究》2015年第6期,第122—124页。

(3)对成员国政府的建议需由总会提出。(4)分委会的经费应与总会齐平,也就是说,各国政府将支付其驻会代表的薪酬以及准备、提交案件的费用。分会运作中产生的费用将由总会承担。中国驻英国大使顾维钧阁下已承诺,其政府将提供分会在中国的办公场所,如同英国政府在伦敦为总会安排的一样。

关于向总会提起对日本战争罪行诉讼的问题,目前尚不明确。但一些成员希望,允准其政府向总委员会提起对日诉讼。委员会也认为,分会的设立并不会阻碍委员会其他分支机构的设立。

2.委员会部分成员国已掌握了不少日本罪行案件的证据,并准备好接受检查。他们热切希望向委员会提起诉讼。因此,远东及太平洋分会的首要任务是研究这些罪行案例。由于其他有关政府尚未向分会提交案例,无论是作为成员的中国政府还是作为整体的战罪委员会,都希望有尽可能多的政府向分会派驻代表。两者都表明联合国在惩罚战争罪行方面的共同利益,并合力确保以相同之原则处理同一敌人犯下的所有罪行。

3.倘若贵国希望向分会派驻代表,请将决议和首位代表的姓名通知中国政府和委员会秘书长。

4.委员会已请求中国政府择一适当日期举行分会成立会议。[1]

---

[1]《委员会设立远东及太平洋分会致各国政府信函草案》,转引自刘萍:《联合国战罪委员会重庆分会成立中的权利之争——以顾维钧为中心的研究》,《史学月刊》2020年第8期,第66页。

1944年11月29日,远东及太平洋分会成立大会在重庆召开。会议由王宠惠主持,英国、美国、澳大利亚、比利时、捷克斯洛伐克、法国、印度、卢森堡、荷兰作为分会会员受邀参加,波兰随后也加入。会议推举王宠惠任分会主席,张平群任秘书长。重庆分会的成立具有重要意义,正如有论者所言,重庆分会的设立"不仅为中国政府向国际组织提交日军战争犯罪案件提供了方便,大大节约了时间和人力成本,同时也为战后对日审判中中国政府根据自身实际,对联合国战争罪行委员会制定的方针政策进行修正、补充、完善提供了可能,尤其是保证了东京审判及其他BC级审判中从九一八事变开始追究日军的战争罪行"。[1]

在战时主要由欧洲盟国构成的讨论战后如何惩处德国战罪的场合与平台,中国无疑是少数派。正如日暮吉延所言,战时关于战罪惩处的拟议过程中,"关于对日政策始终只停留在边缘层面"。[2]即便如此,中国政府的参与仍然具有重要意义。国民政府参与欧洲各盟国对二战战罪惩处的拟议,通过援引欧洲对德战罪惩处的成议,一方面积极参加国际法庭对日本侵略中国的战争责任的追究,另一方面保留了通过自主设立的法庭审判犯有普通战争罪和反人道罪的日本乙丙级战犯的权利。在亚洲战场,日本侵略战争的特殊构造使得中国与其他盟国的战争认识存在明显的差异,故而战后国民政府审判日本战犯的主体性地位对其伸张自身特殊的正义显得尤其重要。

有论者指出,"19世纪中期以将,中国被迫纳入欧洲主导的国

---

[1] 参见刘萍《联合国战罪委员会重庆分会成立中的权利之争——以顾维钧为中心的研究》,《史学月刊》2020年第8期。
[2] [日]日暮吉延著,翟新、彭一帆译:《东京审判的国际关系——国际政治中的权力和规范》,上海:上海交通大学出版社2016年版,第139页。

际社会,并作为一个弱国处于国际体系的边缘地位。强国可以塑造国际事态和外部环境,而弱国只能被国际事态所塑造并被动地适应外部环境。从华盛顿会议开始,中国逐渐改变任人宰割的局面,失去的国家权益逐渐得到恢复,国际地位开始缓慢上升,到二战后期成为'四强'之一。中国国际地位和对外关系的这些变化起源于中国所处的国际环境的变化,特别是美国作为强国的崛起和对远东事务的介入。一战前,中国处于列强共同宰制的地位,列强团结一致共同对付中国,中国的国际环境极为恶劣。而一战后,列强一致对付中国的局面不复存在,代之以中美合作共同对付日本。很大程度上,是不受中国控制的国际局势的变化左右着中国的命运"。① 此论可作为理解国民政府参与盟国讨论处置德日法西斯战罪的背景和结构。

通过对二战期间盟国关于战罪惩处拟议过程的考察,可以发现,一方面,国民政府参与盟国对战罪惩处的拟议,是其外交成长的一种表现,中国参与欧洲盟国为主体的战罪惩处方案的讨论,其对自身权利的主张以及为保障国际正义而进行的国际协作,本身即是主权国家主体性的突显,是一种积极的国际化。另一方面,战时国民政府虽位列"四强",但仍然是一个弱国的现实,使得在一些重要问题上不得不追随大国,表现出一种弱国心态,这与欧洲各盟国强烈的主权意识形成巨大的反差。

中国长期遭受日本的侵略,对日本战争责任的追究有其特殊的诉求。作为战罪惩处对象的日本,由于其权力结构的特殊性及其侵略战争的特殊构造,亚洲受侵略国家与欧洲遭受德国法西斯

---

① 王立新:《民国史研究如何从全球史和跨国史方法中受益》,《社会科学战线》2019年第3期,第2页。

侵略的经验有非常大的差别,故而直接援引欧洲盟国对德惩处的成议,对于亚洲国家而言,实际上存在严重的缺憾。欧洲盟国有针对性地对德军的反人道罪行发展出新的国际法概念,而中国未能针对日本特殊的战争责任体系,发展出相应的对人和罪的管辖权,比如日本天皇的战争责任。这样的缺失影响至为深远,其原因即在于东亚对日本战争责任的追究存在主体的错位。美国的主导及大部分殖民国家的参与,使得长期遭受日本侵略之害的亚洲国家,尤其是中国和朝鲜半岛国家的正义未得到充分的伸张。

第二章　国民政府对日本战争罪行的调查

基于文明审判的理念，对战争罪犯审判的重要前提是战争罪行的调查，证据调查是确定战犯嫌疑人名单、逮捕及引渡战犯、法庭审判和定罪的前提和基础。国民政府对侵华日军战争罪行的调查工作分为两个阶段：第一阶段是在抗战结束前进行的日军罪行调查，主要是作为战犯名单拟定的依据，这一阶段的工作是在联合国战罪委员会的方案基础上进行的，罪证调查要遵循国际标准；第二阶段主要是配合审判进行的战犯嫌疑人的罪证调查，这一阶段的调查工作自主性更强，具有明确的针对性。

第一节　战时对日本战争罪行的调查

国民政府对侵华日军战争罪行的调查大致自1941年秋开始，最早由国民政府外交部主持，亚东司具体负责。据外交部亚东司的报告，"外交部自卅年起即着手搜集暴行资料，卅一年九月以后，即开始从事整理工作，以为战后惩治敌寇暴行之准备。工作内容包括：一、《日寇在华暴行调查表》之拟定，并函请各地方军政机关填报。二、搜集暴行资料，审核暴行证据。三、成立敌人罪行调查委员会,从事调查敌人对我国及我国人民违反战争规约及惯例之一切罪行。四、参加在伦敦之联合国战事罪行调查委员会,与联合国取得密切合作,共商战后如何惩处敌寇暴行之各项问题"。①

国民政府启动对日本在华暴行的调查是对欧洲被占领九国惩治德军暴行宣言的响应。中国代表金问泗建议:(1)我国沦陷区内敌人所为种种暴行应按照区域根据确证分类记载;(2)应证明前项暴行系敌国国策,因此敌方军政机关之命令应特别注意搜集,于可能范围内摄影保存;(3)此时搜集证据应随时发表宣传,愈多愈好,至他日提出要求,则不宜过多,宜择其情节尤重大可恶者,指明负责人员要求交出归案审办。②

1942年9月24日,国民政府外交部致函内政部、军令部、军政部、中央宣传部、战地党政委员会、中央调查统计局等机关,请求配合调查日本战罪工作。该函指出,"据我驻英顾大使报告,在英各联盟国政府开会,商洽战后处置罪犯问题,英方所提意见中,有调查时应开具罪犯名单及证据以凭办理"。有鉴于此,外交部拟搜集整理日本在此次战争中种种非法暴行之资料,以备目前及战后国际和会时之运用,请各机关转函各省政府及各战区司令长官所属搜集有关各种资料,按照犯罪事实、罪犯名单及证据详细开列,报送外交部。③

为开展这项工作,外交部不时请相关部门及地方当局对有关个案进行调查,一些部门也较为积极地向外交部提供各种资料。

---

① 《亚东司经办涉外问题》(1943年3月5日),台北:"国史馆"藏,国民政府外交部档案,020/010117/0007/0113。
② 《伦字第六号呈文》,台北:"国史馆"藏,国民政府外交部档案,020/10117/0055/028a。
③ 《敌人罪行调查卷》,台北:"国史馆"藏,国民政府外交部档案,020/010117/0006/0013。

比如1942年10月7日,中央宣传部部长王世杰将田伯烈著《外人目睹之日军暴行》一书和敌人暴行照片9张送外交部。11月10日,国民政府军委会政治部部长张治中送到《汾南敌寇暴行》资料一份。1943年1月7日,外交部函请河北省政府调查敌在枣强、冀县暴行。1月8日,外交部函安徽省政府调查敌在皖西暴行,同时函天主教主教于斌请转饬所属各教会调查敌军暴行。①

外交部前期调查所得资料不多,且格式不统一。搜集到的资料,大多无暴行实施者之姓名及确切证据,无法作为将来提请逮捕并审判战犯的依据。上述情况,在调查工作开始之初,国民政府军委会政治部就向外交部做了反映。1942年12月18日,军委会政治部部长张治中致函外交部称:"查敌寇暴行,类皆于战斗行动中或沦陷区发生,事后调查颇难,除再通令各级于嗣后搜集敌寇暴行资料时,在可能范围内,设法调查证据报部外,相应函复。"②鉴于此,外交部于1943年3月制定了规范的《日寇在华暴行调查表》,表中规定至少需要填写以下六项内容:①战犯的姓名、原籍、身份;②受害者的姓名、原籍、身份;③犯罪行为的事实;④事件发生地;⑤事件发生日期;⑥证据。由蒋介石通令各战区司令长官及各省政府按表切实填报,连同证据呈军委会转外交部整理。③

在实际推进调查工作的过程中,外交部感到主持此项工作的困难,故于1943年2月2日上呈蒋介石,希望由军事主管机关军委

---

① 参见左双文《国民政府与惩处日本战犯几个问题的再考察》,《社会科学研究》2012年第6期,第145页。
②《敌人罪行调查卷》,台北:"国史馆"藏,国民政府外交部档案,020/010117/0006/0044。
③《亚东司经办涉外问题》(1943年3月5日),台北:"国史馆"藏,国民政府外交部档案,020/010117/0007/0113。

会来牵头主持调查工作,外交部亚东司提出:"关于调查敌倭战争罪行,职司于民国三十年秋即已着手调查,至上年十一月间开始汇编,除于有关案卷书报中搜集材料外,并函请有关机关,如政治部、军政部、军令部、内政部、中央宣传部、中央调查统计局、军事委员会办公厅、战地党政委员会、各省政府、天主教于斌主教等代为调查,检送资料,然所搜资料不多,且无暴行者之姓名及确切证据,若以此项资料提出和会,势难发生实效,故有以此项工作由军事委员会办公厅负责办理为宜,由该厅将调查所得之资料,汇转本部。有以本部主持此事为宜,由本部召集有关各机关,如前开之政治部、军政部、军令部、内政部、中央宣传部、中央调查统计局、军事委员会办公厅等商讨调查罪行之具体办法,并由本部拟具调查项目,以供各方参考,较为有效,究应如何办理,请示!"[1]外交部所提两种方案,一是由军委会负责办理,另一种由外交部召集各机关成立一专门委员会负责。蒋介石收到外交部呈文后,甚为重视,一方面通令军事机关及党政机关密切配合,另一方面酝酿成立专门的委员会负责日军战罪调查工作。

　　随着战争形势的发展,以及英美等盟国的重视,战罪调查工作的重要性日益突出。1943年6月,因英国将召集"盟邦会议",组织"敌国战事犯罪行调查委员会"。[2] 有鉴于此,军委会参事室主任王世杰提出"拟请组织敌军罪行调查委员会案",上呈当时兼任行政院院长的蒋介石,呈文称:"关于敌人战事罪行之调查与检举,英国建议成立同盟国委员会办理,我国对日作战历时已久,对于日敌罪

---

[1]《亚东司杨云竹呈》(1943年2月2日),台北:"国史馆"藏,国民政府外交部档案,020/010117/0006/0066x。

[2] 王世杰著,林美莉编校:《王世杰日记》上,台北:"中研院"近代史所2012年版,第515页。

行,如不先自成立负有专责之机构,从事于罪证之收集,则盟国委员会成立以后,我将无法提出证据,以供决定。窃意我司法行政部、军政部、外交部似应尽速先自成立'敌军罪行调查委员会',负责调查一切有关之证据,以为异日提供盟国共同考虑之根据。"①

同年6月19日,军委会参事室拟定敌军罪行调查委员会节略,并附该委员会组织纲要,该组织纲要规定了该委员会的构成、职能及工作内容。根据该组织纲要,"委员会由司法行政部、军政部、外交部组织之,并会同各战区司令长官公署进行调查,及接受被害民众之告诉"。调查范围包含"敌人在海陆空各方面一切违反战争规约与惯例之行为,以及在占领地区之非法设施"。调查项目包括:"(一)谋杀屠杀及有关系之恐怖行为。(二)强奸。(三)劫掠妇女,强迫为娼。(四)强迫占领地区民众服兵役。(五)抢劫。(六)施行集体惩罚之行为。(七)滥炸不设防城市与非军事目标。(八)未发警告,攻击商船。(九)蓄意轰炸医院及其他慈善教育文化机关。(十)破坏红十字其他规则。(十一)散播毒气。(十二)散播毒菌。(十三)杀害战俘或伤病军人。(十四)置毒水井。(十五)其他违反国际作战规例与人道主义之行为。"此外还规定了查报方法,特别强调"应注意行为者或指使者姓名、年貌、阶级及直属部队番号,暨长官姓名、犯罪地点与时间,受害人姓名、住所及所属村保或部队番号,损害情形、家属情形及损失估计等项。并应切实注意证据之搜集"。②但该委员会实际上并未立刻成

---

① 《成立敌人罪行调查委员会案》,台北:"国史馆"藏,国民政府外交部档案,020/010117/0017/0017a。
② 《参事室拟具日军罪行委员会节略及组织纲要呈》(1943年6月19日),胡菊蓉编:《南京大屠杀史料集 南京审判》,南京:江苏人民出版社、凤凰出版社2006年版,第9—10页。

立,很长一段时间内一直处于酝酿阶段。

在敌人罪行调查委员会酝酿成立之际,外交部亚东司开始着手交接工作,对于此前进行的工作做了详细的总结报告,并提出对于今后工作开展的建议,从中可见此前调查的成果及存在的问题。

外交部亚东司在整理战罪调查所得资料的报告中提到,"整理结果发现下列两种情形:其一,关于暴行人者,该栏完全漏填者,自属无法运用,其暴行人栏,有姓无名或其姓名疑有错误者,仍待发还原调查机关复查以期翔实。其二,关于证据栏目,目击者之见证,为最普通之证件,但该证件之作成是否需要在法庭为之,以及是否需要具结方式,我国对此尚无明确规定,应否参照英美通行之见证方式,予以规定,亟待有关机关研讨决定"。移送的资料主要包括,"所编战事犯名单,连同日寇在华暴行调查表五十三份,及其他无法运用之调查表二百七十一件"。①

对于今后工作的侧重点,外交部亚东司提出,"一为暴行资料之搜集,尤注重于暴行证据之审核,以前各方面填送本部之暴行资料,对暴行人一项多未填明,而暴行证据亦多付阙如,今后希望各地方军政机关,对搜集暴行资料时,特别注意于证据之获得。然后主要机关方能着手整理,作确切之运用。二为随时与联合国战事罪行调查委员会取得联系,保持密切合作,并求国内目前所进行之调查暴行之各项工作,能与该委员会之政策相配合,俾便将来和会时,我国得将日寇暴行事实,顺利提出,要求惩处"。还特别强调:"最普通之证据为目击者之证明文件,即由目击人就目击事实详细记录,目击者姓名、职业、住址,并附有签名盖章,如能提交法院公

---

① 《呈报办理调查日寇在华暴行案经过情形并呈送日寇在华暴行资料由》(1943年3月13日),台北:"国史馆"藏,国民政府外交部档案,020/010117/0008/0040x。

证,尤为妥善。"①

1943年10月,反法西斯同盟17国代表一同在伦敦决议设立联合国战罪委员会。联合国战罪委员会作为战罪惩处的国际组织,"不受制于任何特殊的地方法律",但该组织并非战罪惩处的最高决策机构,其职能仅限于"罪行调查"与"法律咨询"两方面。② 由于盟国在战犯审判的法律问题上存在分歧,故而罪行调查成为该委员会在战时即着手进行的重要工作,并且为保证审判的公正性,各盟国提交战罪委员会的战犯名单,必须要附有调查所得的初步证据。

战时盟国对惩处战争犯罪的拟议自始即强调文明审判的理念。在惩处德军暴行的宣言中,各国提出,"为避免群众以单纯报复手段制止此种暴行计,又为顺应文明国家之公道观念计,则国际间一致行动尤为重要"。③ 为了体现国际的一致行动,故设立联合国战争罪行委员会,负责战争罪行证据的审查,证据确凿充分之战犯嫌疑人方能列入正式的战犯名单,以此来保证审判的公正与文明。在这样的框架下,战争罪行的调查是在法律框架下惩处战争罪犯的至关重要的前提条件。

1943年10月,联合国战罪委员会在伦敦召开第一次会议,顾维钧、梁鋆立代表中国政府参加,首先由会议主席英国大法官作相关说明,指出英美两国已在1942年提议成立调查战争罪行委员

---

① 《亚东司经办涉外问题》(1943年3月5日),台北:"国史馆"藏,国民政府外交部档案,020/010117/0007/0113。
② M. E. Bathurst, "The United Nations War Crimes Commission", *The American Journal of International Law*, Vol. 39, No. 3 (1945), p. 568.
③ 金问泗:《关于列席欧洲九被占领国处置德人暴行宣言签字会议之报告建议》(1942年5月9日),台北:"国史馆"藏,国民政府外交部档案,020/010117/0055/0038x。

会,各同盟国对此进行了讨论,该委员会的成立"已届不容再有延迟",并说明苏联政府原则上已同意,但因故未能出席。中国驻英大使顾维钧在发言中表示,对成立委员会一事完全赞同,同时提出在远东设立分会,负责调查日本在亚太地区的战争罪行。[①] 由于欧洲各盟国主要关注纳粹德国战争罪行的惩处,战罪调查也主要侧重纳粹德国在欧洲的暴行,故而在远东地区设立分会,针对日本在亚洲太平洋地区的战罪进行调查具有重要意义。

与此同时,蒋介石也将日军战争罪行调查工作提上议事日程。1943年11月16日,蒋介石在日记中,将"九一八以来我国各种损失统计与调查之组织及南京敌军暴行照相之搜索"作为预定事项,要求相关机构立即展开调查。[②]

1943年12月13日,战罪委员会第一组拟定了战罪案件提出及登记方式,规定了具体原则:

(一)任何特殊战罪案件,向战罪委员会提出战犯罪状时应说明:(1)犯何种罪行;(2)罪行能否证实;(3)罪犯就其所处地位言,应负何种程度之责任;(4)犯罪行为是否出诸罪犯本意,或系服从命令,或由于执行某种计划,或因会受到法律处置;(5)足以证明犯罪之证据是什么;(6)被告有无抗辩之迹象;(7)所提战罪案件证据是否充实,足以提请诉讼。

(二)各国政府向战罪委员会提出战罪案件时,除表明其属于战争罪行一览表内何种罪行外,并注明罪犯违反该国刑

---

① The United Nations War Crimes Commission, *History of The United Nations War Crimes Commission and The Development of The Laws of War* (His Majesty's Stationery Office, 1948), pp. 129-131.
②《蒋介石日记》(手稿),1943年11月6日,斯坦福大学胡佛档案馆藏。

法（普通刑法或军事法）内何项条款。

（三）虽然为保证证人安全起见，欲鉴定证明书内所举证人身份或举出证人姓名较为困难，但最低限度应将犯罪证据、对罪犯之告发等作概括叙述，至于一切有关证人之消息，如委员会或第一组认为必要时，应予口头通知。①

上述原则对战罪调查提出了明确的规范要求，只有符合规范且证据充分的战罪案件才能通过战罪委员会审查，最终交付审判。

为具体推进日本战争罪行调查工作，1943年12月，由司法行政部会同外交部、军政部拟定《敌人罪行调查委员会组织规程》草案16条上呈行政院，经行政院第633次会议议决通过，函请国防最高委员会核定，但该组织仍迟迟未能成立。

1944年1月18日，联合国战罪委员会正式成立，其主要职责是调查、执行与法律评议，但"为避免报复行为"及现实中的"操作原因"，该委员会的"执行范围是受到限制的"，其主要职能仍然是调查与法律评议。② 联合国战罪委员会的一个重要职能是审查战犯名单，根据各国提交的罪行调查的初步结果列出嫌疑人（suspect）名单，最后确定受控（accused）战犯名单。③ 按照远东及太平洋分会对战罪调查的处理流程，所有调查资料要经过事实证

---

① "Transmission of Particulars of War Crimes to the Secretariat of the United Nations War Crimes Commission"(1943年12月13日)，台北："国史馆"藏，国民政府外交部档案，020/010117/0053/0009。

② The United Nations War Crimes Commission, *History of The United Nations War Crimes Commission and The Development of The Laws of War*(His Majesty's Stationery Office,1948),pp. 139-141.

③ The United Nations War Crimes Commission, *History of The United Nations War Crimes Commission and The Development of The Laws of War*(His Majesty's Stationery Office,1948),p. 142.

据委员会审查之后,方可将战犯嫌疑人编入正式名单,在战后予以逮捕审讯,这对各国的战罪调查工作起到了重要的促进作用。

1944年2月23日,敌人罪行调查委员会在重庆正式成立。国民政府行政院指定原外交部部长王正廷任主任委员,王正廷及司法行政部部长谢冠生、行政院参事管欧为常务委员。内政部参事刘燧昌、外交部司长杨云竹、军政部司长王文宣、教育部参事杨兆龙、国防最高委员会秘书厅参事浦薛凤、中央设计局调查室主任薛光前、中央调查统计局副局长郭紫竣、军事委员会办公厅副组长周淦、政治部处长史说、军令部科长汪政、军事委员会调查统计局处长王新衡11人为委员。① 该委员会设主任秘书1人,秘书2人,组长3人,由行政院指定委员分别兼任;设副组长3人,组员16人至30人,均由该委员会在有关机构中选派。该委员会内设秘书处、第一组、第二组、第三组四个职能机构。秘书处主要职掌文书收发、撰拟、记录、保管档案及证据事项,典守印信事项,职员考核事项,款项出纳及预算决算编制事项,物品购置、修缮、保管及其他一切庶务事项;第一组职掌敌人罪行调查计划拟定事项、敌人罪行事实审核事项、敌人罪行证据搜集事项等;第二组职掌敌人罪行登记事项、敌人罪行统计事项、敌人罪行案件编辑事项;第三组职掌敌人罪行案件材料翻译事项,编拟、提交国际组织各种报告事项。根据《敌人罪行调查委员会组织规程》的规定:"本会每月举行会议一

---

① 《敌人罪行调查委员会职员名册》(1945年3月3日),郭必强、姜良芹等编:《南京大屠杀史料集　日军罪行调查委员会调查统计》上,南京:江苏人民出版社、凤凰出版社2006年版,第52页。

次,必要时得由主任委员召开临时会议。"①行政院敌人罪行调查委员会成立后,陆续公布了《敌人罪行调查委员会会议规则》《敌人罪行调查委员会办事细则》等法规,为该委员会规范地开展敌人罪行调查工作奠定了基础。

据1944年12月敌人罪行调查委员会提交的《本会工作情形及所得结果》,该会自成立以来的工作情形如下:

> 本会自本年三月初成立以来,积极推进工作,经订立敌人罪行调查办法、敌人罪行调查表、填表须知、被害人具结格式、证人具结格式、具结须知、敌人罪行种类表等项,分送中央各有关机关转饬属下查报,并迭次登报公告,令被害人及见证人自动向本会举报。凡本国人在国外被害及外国人在本国被害,一律调查,并溯及九一八以后,截止本年十月底止,已收到各方送来敌人罪行案件二千二百九十七件,十一月至现在又收到数百件,内多杀人放火、强奸、抢劫等案件,现在加紧审查编译之中,并已将南京、常德、遂平等地暴行案件,及上海、马当两处放毒案件,编译完竣,移送联合国战罪审查委员会远东及太平洋分会在案。②

1944年5月,联合国战罪委员会决定设立远东及太平洋分会,11月29日,该分会在中国的战时首都重庆正式成立。远东及太平洋分会主要负责调查包括中国在内的远东太平洋地区的日本战争犯罪,确定战犯名单等工作。具体的工作流程上,首先是各国向远东及太

---

① 《敌人罪行调查委员会组织规程》(1943年12月15日),郭必强、姜良芹等编:《南京大屠杀史料集　日军罪行调查委员会调查统计》上,南京:江苏人民出版社、凤凰出版社2006年版,第34—35页。
② 《敌人罪行调查委员会公函》(1944年12月15日),台北:"国史馆"藏,国民政府外交部档案,020/010117/0017/0080x。

第二章　国民政府对日本战争罪行的调查

平洋分会秘书处事务局提交控诉状,事实证据委员会审查之后,分会将战犯嫌疑人编入正式名单。

1944年7月,联合国战争罪行委员会远东及太平洋分会主席王宠惠发表社论,呼吁中国军民尽力提供证据。"(盟国)现正积极收集证据,俾于休战时提出名单,以免战争罪犯,逍遥法外,再蹈前次之覆辙。经此一番准备,战后惩治战事罪行之举,当获顺利进行。我国被侵略最久,军民所受之暴行亦最多,吾人自应早作准备,以免逃避法网。凡我军民身受或目睹敌人暴行者,应尽量以证据供给政府,以达惩罚战争罪犯,伸张国际正义之目的。"[①]

1944年底,鉴于敌人罪行调查委员会实际工作成效有限,为进一步推动调查工作进行,行政院于12月4日召开新闻发布会,发表书面谈话:

> 行政院为调查此次抗战期内敌人罪行及抗战损失,特于本年二月间分别组织敌人罪行调查委员会及抗战损失调查委员会,本会职责系负敌人罪行之调查。
>
> 本会自本年三月间开始办公,召开首次全体委员会议以来,迄今已历八月。同仁等以同盟胜利在望,敌罪调查工作之展开刻不容缓,曾先后召开全体委员会议九次、常务委员会议九次,凡关于调查所必需之调查办法、调查表格式、填表须知、罪行种类以及甲乙丙种具结须知等,均经详细研讨,分别订定,呈经行政院核定颁发各省政府,并函送中央党团部及军事委员会转饬所属切实调查,迅速具保,且已登报公告。凡有目睹敌人之罪行或身受其害者,均可径向本会索取上述办法或表式,就近凭县市长、乡镇长、宪警长官或保安部队长,或法院

[①] 王宠惠:《战争罪犯之惩处》,《中央日报》,1944年7月30日,第2版。

推检,或驻外使领,依式填明,汇送本会。至目前为止,经调查所得敌人罪行资料,达三千件,均正在分别加紧审核编译中。至于调查之区域,除在本国国土外,凡南洋、香港等地以及华侨之被害,均经确定为本会调查之范围,时间上亦经确定自九一八事变至战争结束之日止,凡敌人之犯罪行为均在调查之列。伦敦战事罪行委员会所规定本年十一月十一日前各国应行开列负责主要犯罪名单,亦正在详细研究开列中。最近在筹组中之战事罪行委员会远东及太平洋区分会,本会亦已取得密切联系,以期调查效率之加强。

敌人罪行所应调查之范围如是之广,调查之期限须追溯过去数年之久,本会对于敌人惨无人道之种种罪行,应尽量调查,自属责无旁贷。惟至目前止,本会调查所得之资料,尚为数不多,此种艰巨工作,当非本会单独力量所能竟其功,端赖全国官民普遍协助,无论被害人或目击者自动径向本会或本会指定之调查机关报告,依式填表,方能收效,深望新闻界协助本会,扩大宣传,以竟调查之功,庶几犯有罪行之敌人不得侥幸漏网。①

该书面谈话介绍了敌人罪行调查委员会的主要工作及其困难,希望新闻界进行广泛动员,以推动工作的进行。其中提到"筹组中之战事罪行委员会远东及太平洋区分会",希望加强联系,可见远东及太平洋分会的成立对中国战罪调查工作形成了巨大的压力。

1945年5月7日,联合国战罪委员会远东及太平洋分会事实

---

① 《敌人罪行调查委员会招待新闻记者之书面谈话》(1944年12月4日),郭必强、姜良芹等编:《南京大屠杀史料集　日军罪行调查委员会调查统计》上,南京:江苏人民出版社、凤凰出版社2006年版,第16—17页。

证据审查委员会在荷兰驻华大使馆举行会议，参加会议的有荷兰大使及参事、美军法官魏司托、英大使馆参事祁德森等，会议审查中国敌人罪行调查委员会所送之英译罪案四件，对各案均一一详加讨论。中国代表查良鉴在会后提交的报告中称："当时出席各员，以关于敌人罪行之调查，世界各国靡不特加之意，而中国对于是项调查，为日已久，乃所送案件如是其少，且又情节轻微，殊不信经历战事最久之中国而无较多之特别昭著之敌人罪行，美代表魏司脱且谓，彼对中国战场敌罪材料之整理，甚愿予以帮助，近曾数度赴中国敌人罪行调查委员会，乃至无人负责接洽，驯致无能为力，当次战事即将结束，何以中国对此关系重大之事体，反而如是漠不关心，令人失望等语，语气甚为不满，荷兰大使且亦深为惋惜。"查良鉴认为此事关系国际声誉，提出："我国敌人罪行调查委员会迄未改组完竣，业务颇形停顿，似宜积极策划，健全组织之机构，加强业务之进行。"[①]该报告表明中国战罪调查工作的落后及其面临的严峻形势。

查良鉴的报告引起国民政府高层的重视，国民政府开始着手健全战罪调查的组织机构。1945年4月23日，行政院训令敌人罪行调查委员会应改隶外交部主持，由各有关机关协助。为此外交部呈复国民政府，希望由司法行政部主导，外交部从旁协助。外交部呈复国民政府的电文中缕述其主持该项工作之困难，颇能反映战时敌人罪行调查工作在各机关协作上存在的问题。其文虽长，但颇能说明问题，故录之如下：

  1943年3月着手调查敌寇暴行以来，深感此项工作，首重

[①]《查良鉴函》（1945年5月8日），台北："国史馆"藏，国民政府外交部档案，020/010117/0017/0105a。

证据,即有具体调查办法,苟无权威机关督促实行,地方机关协同办理,则不无迁延时日,贻误事机之虞。故职部过去调查工作,虽经多方努力,就南京暴行案件,及收到各方之调查表中,比较可资运用者,编为战事犯名单,终因职部对此类工作,大都委托其他地方机关办理,难收指臂之效。此为职部过去办理调查战罪工作之困难情形。

自去年二月,敌人罪行调查委员会成立以来,各方对该会工作进行迟缓,其所搜集之资料可资运用者甚少,颇多责难之辞。究其实际,则此种工作原不宜由委员会担任而应指定机关负责办理亦为重要因素。

谨按敌人罪行调查之事务可分为两类,一为敌人罪行事实之搜集审核及案件之编辑,一为案件之翻译及提出国际组织。其前者必须在各地方有直辖机关始易办理,且以其有关法律解释与司法程序问题,必须熟悉我国法律者始能担任。窃以为司法行政部在各地有直辖地方法院及各县承审员,进行调查工作,搜集证据,必能事半功倍,远较本部为优。至于敌人罪行案件之译成外国文字,及编造提出国际组织之各种报告事项,则职部自可担任。

基于上述理由,窃以今后敌人罪行调查委员会工作,似可依照上述原则分别交由司法行政部及职部办理,由司法行政部负责调查审核编辑,由本部负责转译。

职部此项意见非为推卸责任,实为工作便利起见。①

外交部反映的突出问题,即战罪调查工作无法落实到各战区及地

---

① 《呈复关于敌人罪行调查委员会该隶职部主持事》(1945年4月26日),台北:"国史馆"藏,国民政府外交部档案,020/010116/0010/0012x。

方政府层面,外交部与军事机关、司法机关之间缺乏有效的配合。

经外交部一再力争,最终国民政府决议,敌人罪行调查委员会裁撤,所有业务分别划归司法行政部及外交部办理,抗战损失调查委员会则改隶内政部。根据国民政府行政院关于敌人在华暴行调查事宜的训令,关于调查日军在华罪行工作,"(一)由司法行政部电令各省县地方法院或承审机构,指定专员办理各该管区内敌人罪行调查事宜。(二)凡在各该员所管区内,如有敌人罪行,无论已往或发生不久者,应即依照规定表格,经由各县县长发交受害人或证人详细填具后,送由各该员初步审核,务使填写合法证据相当确实,再行径报司法行政部。(三)司法行政部核定每一案件后,即转送外交部编辑,送战罪审查委员会远东分会。(四)关于沦陷区内之敌人罪行案件,除有外人做证之案件由外交部代为搜集外,暂由两调查统计局代为调查,若果详实,亦可送由外交部编辑,否则一俟地方恢复,再由司法行政部指定人员复查"。[1] 至此,国民政府的日军战争罪行调查工作才真正落到地方和执行层面。据司法行政部谢冠生的报告,司法行政部所属机关,计有3 000余单位,就其事务性质,可分为检察、审判和监狱三类,司法行政部有自上而下的垂直机构,责成司法行政部负责战罪调查工作的落实具有重要意义。[2]

1945年6月,敌人罪行调查委员会召开会议,议决一系列事项,对调整后的各部门分工及其工作要求都做了详细规定。搜集战罪资料和拟定主要战犯名单均由司法行政部负责,外交部负责

---

[1]《行政院关于调查敌人在华暴行的训令》(1945年5月26日),胡菊蓉编:《南京大屠杀史料集　南京审判》,南京:江苏人民出版社、凤凰出版社2006年版,第10—11页。
[2]《谢部长司法行政报告》,天津《大公报》,1946年3月26日,第2版。

与远东分会的联系。① 虽然国民政府对日军在华罪行调查工作做了详细的规定,但从实际着手调查的角度来看,国民政府掌握的信息相当有限。根据外交部亚东司战罪调查专员杨觉勇的总结,国民政府军委会军令部掌握的资料仅有《日本陆军将校服役退役名簿》《日本特别志愿将校名簿》《敌侵华陆军部队作战经过参考表》《敌作战兵团番号代字代码及部队长姓名一览表》等,从这些资料中能够了解的信息包括日军高级军官的姓名和联队以上日军部队的侵华时间与地点,这些信息大多不够完整,对于锁定战犯嫌疑人作用有限。杨觉勇提出,为了推进战犯调查工作,有必要展开对南泉俘虏看守所中日本战俘的调查,明确其部队的作战时间地点、长官的姓名、部队的番号等情报。②

一直到抗战结束,国民政府实际调查的成果仍十分有限,客观上成为制约对日战罪惩处工作进展的瓶颈。抗战时期的罪证调查工作主要存在两个问题:一方面,国民政府各机关配合不够,对于战罪调查工作不够重视,计划和规范性文件较多,实际开展的工作有限;另一方面,实际调查所获资料不符合证据标准,达不到战犯审判的要求。

第二节 抗战胜利后的战罪检举与证据调查

国民政府早在1942年即着手开展日本战罪调查的工作,但到抗战胜利时实际调查取得的成果十分有限。抗战时期进行的罪证

---

① 《调查敌人在华暴行会议议程》(1945年6月),台北:"国史馆"藏,国民政府外交部档案,020/010116/0010/0039x。
② 杨觉勇:《战犯罪证调查工作报告》(1946年6月13日),台北:"国史馆"藏,国民政府外交部档案,020/010117/0005/0051a。

调查原本是作为战犯名单拟定的依据,但因实际调查的材料大多不符合标准,最后并未能发挥作用。战后国民政府对侵华日军罪证的调查才是真正对战犯审判实践有重要影响的环节。

1945年8月15日,日本宣布无条件投降,审判日本战犯也随之被提上议事日程,促使对日本战争罪行的调查工作加紧进行。9月14日,国民政府行政院公布了《敌人罪行调查办法(修正案)》,使调查工作更加规范化。到1945年11月,战争罪犯处理委员会成立,所有的调查机构并入,由其主管进一步的战争罪行调查。为推进战犯处理工作,战犯处理委员会制定了政府调查与群众检举相结合的工作方针,并拨出专款,用于战犯罪行的调查,使调查工作得以顺利进行。

战后各地审判战犯军事法庭成立后的首要工作就是抓捕战犯嫌疑人,进行前期的侦查,确定罪嫌后由军事法庭检察官起诉,提交法庭审判。早在1942年10月,盟国在讨论战犯惩处事宜时,英国上议院议长西门就提出:"我们在此不应空言法庭之性质与法权之分析,盖法庭必须具有以下两项先决条件:一为证据之存在,二为罪犯之提审。刑事法庭非具有此两项条件,不能行使职权。两条件中,尤以罪犯之提审为重要,而刑事法律程序,亦必须有确凿之证据以证明犯罪。"[1]可见,证据调查是审判战犯的前提条件。

据1946年11月司法行政部敌人罪行调查工作报告,截至1946年10月25日,总共接收案件171 152件,"其中无罪行人姓名者约占半数以上"。此前敌人罪行调查案件"系由前军令部及前航空委员会协助办理,胜利后以还都暨军事机关之改组,数万案件无法审编"。自1946年8月开始,"由国防部第二厅及上海战犯管理

---

[1]《西门爵士在英上议院演说词》(1942年10月7日),台北:"国史馆"藏,国民政府外交部档案,020/010117/0020/0037。

处之协助,调查工作得以进行"。具体调查情况如下：

调查部分

本部除派员督导各地法院调查敌人罪行并参加有关之调查机构外,于三十四年六月间通令全国所属为下列措施：

一、调查计划之规定

(1)指定省区办理各该管区域内敌罪调查事宜,督促所属负责办理调查工作并呈报承办人名册;(2)调查时应特别注意罪行发生日期、地点,并随时呈报新发现之敌罪事件,如该区无敌罪事件,亦应呈报,以凭稽核。

二、调查地域区分及工作之联系

司法行政部(总辖全国敌罪事宜)——各省高等法院(管辖该省区之敌罪工作)——地方法院、县司法处、兼理司法县府(各办理其本区之敌罪事件)。

关于联系问题,本部所属皆由本部统辖指挥,其他因调查罪行人姓名,须国防部、航空委员会诸机关之协助。本部将敌罪案件审编完竣后,送外交部译转联合国战罪调查委员会远东及太平洋分会。

三、工作要领

本部调查敌罪事件首重罪行人之正确,凡可资识别罪行人之职阶、籍贯及其长官,均详为调查,务求确实。对于被害人、证人之证明皆命具结,以示慎重,如有证物,亦随时搜集。每案均应由调查机关负责人详为调查,报部核办。

四、人民检举

凡被害人或详悉敌人罪行之证人,皆得至当地司法机关填具敌人罪行调查表,并附具结文,报请司法机关径报本部核办。又各地军事法庭自行检举或接受移送暨人民告诉、告发之战犯案件,则多报由国防部军法处转报本部备案,不另审查。

罪证之搜集及审查

一、人证、物证及其他一切证据之搜集

搜集工作以各地法院、县司法处等为主,其工作可分为二部:(一)为关于人证之搜集:被告人及详悉敌人罪行者皆得为证人,应在调查人前填具表结,签名盖章或按指印,表结上应由调查人盖章签名并加盖所属机关印信,以资证明;(二)为关于物证之搜集:凡罪行人遗留之物件,有关文件、照片及其他足资证明敌人罪行之物件,均由各负责人切实收集,并鼓励人民检举,必要时并请其他有关官署供给必须之资料。此外,其他机关或其职员有经历或详悉敌人罪行者,亦常〔当〕依式填具表结后径送本部,本部收文后,就该案件为必要之调查及审编。

二、审查

本部收到敌人罪行资料后,即先行审查是否属于战罪之范围,以为审编之根据。其罪行人姓名不明者,即函请有关机关查询,或发交罪行地所在之法院调查,迨罪行人姓名明确后,即付审编。自去年六月底,所有编竣案件皆送外交部译转远东分会。自本年七月初旬,又将案件分为三类,而为不同之处置:(1)送外交部译转远东分会案件:凡罪行人职阶较高,罪行较普遍广泛,或实施犯罪之手段较残酷者属之;(2)提付战争罪犯处理委员会案件:凡罪行人之罪行毋须送远东分会者,由本部核列名单,提会通过;(3)存部调卷者:凡罪行人业经远东分会或战罪处理委员会通过者,将资料编审完竣,汇并一案,备交军事法庭,以佐审理该罪行人时之用。最后为送卷,凡罪行人经军事法庭逮捕后,本部即将该罪行人之战罪审查表,连同原表结及其他证物,一并转送军事法庭审理。

三、战犯罪行种类之统计

查本部自三十四年六月间承办敌人罪行调查审核事宜以来,至三十五年十月二十四日止,共收文二千零七十六件,计十七万一千一百五十二案。经分别作成审查表,共计四千零九份,其中送外交部译转远东分会者,共计一千二百五十七份,计三万六千九百零二案,送战争罪犯处理委员会及就已通过成立之战犯续为审编者,计二千七百五十二份,计六万七千七百七十四案,总计十万零四千六百七十六案,又罪行人无法查明及不能成立犯罪者,计二千三百六十四案。①

为提高战罪调查工作的效率,国民政府中央和地方均呼吁并鼓励民众检举战犯。1945年12月21日,蒋介石以国民政府主席行辕的名义发布公告,"凡我同胞,其有身经当日大屠杀惨祸暨在敌伪暴力压迫之下,受有各种枉曲者,余均愿详知其事实及屠杀压迫者之主谋,其目击事实基于正义感而作负责之检举者,余尤乐于接受。"②

战时各地负责维持治安的日本宪兵队对平民和国民政府地下工作人员实施非法拘捕、酷刑及各种侵害,且大多为现役,在某地长期驻扎,所以成为检举的重点对象。1945年12月4日,战犯处理委员会第四次会议上,有委员提议"日本宪兵在华无恶不作,似

---

① 《司法行政部敌人罪行调查审核工作报告》(1946年11月13日),中国第二历史档案馆藏,战争罪犯处理委员会档案,22/241。
② 《国民政府主席行辕秘书处接受南京市民陈述大屠杀冤愤公告》,张建宁等编:《南京大屠杀史料集 南京大屠杀案市民呈文》,南京:江苏人民出版社、凤凰出版社2006年版,第2页。

应全部列为战犯"。委员会决议："1. 仍按一般战犯处理。2. 转饬各受降区汇集宪兵罪行,并设法将宪兵名册呈报军令部,以备提列。"①国民政府陆军总部专门核定了宪兵总部拟定的《人民检举告发日军宪兵罪行办法》,交各战区执行,该条例第二条规定:"凡本国人民于日伪窃据期内,曾被日军宪兵非法侵害者,依本办法向本部告诉,其获悉他人受侵害者,亦得向本部检举告发。"②

  检举基本来自日军暴行的受害者或遗属,既有一般民众,也有战时国民党抗日组织及其人员,如党部及军统等机关。原北平宪兵队准尉石川正一与其属下宪兵队军曹佐佐木熏作为战犯被逮捕,即因二人被受害人家属检举。具体案情如次:1945年3月,日本人富永政治的汽车被盗,石川命佐佐木逮捕嫌疑人4人,其中一个名叫傅宝印的人被拷打致死。傅宝印的家庭由此陷入困境,傅妻在伪北京大学附属医院做清洁工。日本投降后,傅妻见检举战犯之布告,遂向北平警察控告。1946年4月,佐佐木和石川二人被警察拘留,两个月后转往北平行营所属军事法庭战犯拘留所。③

  徐州绥靖公署曾通令地方各级组织发动民众,检举揭发日军残害人民的罪行,并奉令将驻扎在徐州的全部日军关押至日俘集中营,对关押在战俘集中营的236名日本宪兵逐一进行了审查。为便于民众检举告发,日本宪兵姓名被登报公布,此外法庭还在门

---

① 《战犯处理委员会第四次常会会议记录》,台北:"国史馆"藏,国民政府外交部档案,020/010117/0042/0021。
② 《日军宪兵在鄂罪行 人民可照颁布规定检举告发》,《武汉日报》,1946年1月5日,第3版。
③ 房建昌:《日文原始档案中的1946—1948年北平军事法庭对日、朝、台籍战犯审判》,北京档案馆编:《北京档案史料》1999年第2期,北京:新华出版社1999年版,第230页。

口设置了5处密告箱。①广州行营为使各界民众便于检举指控日籍战犯嫌疑人,于1946年5月24日起,将全部日本战犯600余名拍照在行营军法处门前公开张贴,"并设密告箱及检举表,凡曾被日军侵害或目击其暴行者,均可指控"。②

1946年3月,国民政府宪兵二十三团奉命移驻上海,该团第一营驻守日华纱厂,监视看管前驻上海的日本宪兵,并开始登记日本宪兵罪行。据报纸披露,前驻沪日本宪兵共有1 028名,在盘踞上海期间,掌握整个上海的特务工作,设立魔窟十处,逮捕无辜同胞,横施酷刑,不知多少人惨死,其罪行罄竹难书。市民控告的日本宪兵的罪行包括屠杀、酷刑、强奸、抢劫和肆意破坏财产。"我宪兵23团接防上海后,已经接获市民控告达350余件。"③这些被检举的案件经宪兵二十三团军法官侦讯,初步确认犯罪事实以后,解送随后成立的上海军事法庭,由军事检察官起诉,提请法庭审判。

此外,上海地方法院布告全体市民,自1945年11月1日起开始进行日本战罪调查登记,原计划至12月31日截止。"嗣以来登记者络绎不绝,故将截止时间予以延长至次年4月30日止"。在5个月的日军罪行调查登记过程中,上海市共收到检举材料13 208案,其中包括谋害与屠杀1 155案、施酷刑37案、拘留人民施以不人道2案、强奸6案、抢劫27案、强占财产125案、非法勒索1案、贬抑币值发行伪币1案、肆意破坏财产纵火焚烧房屋11 824案、轰

---

① 参见慈延年、唐新利《日犯残忍暴戾为古今中外所罕闻——徐州军事法庭审判日本战犯概述》,《人民法院报》,2015年9月3日,第48版。
②《穗行营便利民众指控日战犯 全部战犯摄影张贴并设密箱检举表》,《华侨日报》,1946年5月26日,第2版。
③《日宪兵罪行擢发难数,市民控状三百余件》,上海《和平报》,1946年3月12日,第2版。

炸不设防设施7案、破坏历史纪念物1案、强迫平民从事军事行动4案等。①

上海还成立抗战蒙难同志会,该会于1945年9月6日举行筹备会,后选举王微君为主席,蒋伯诚为理事长,其成员为"凡在吴主任(吴绍澍)委员领导下之党国同志及在上海地区内或移居上海地区工作同志,因秘密工作为敌伪逮捕者"。② 抗战蒙难同志会成立之后,其成员即开始为侦讯机关提供线索,并亲自至战俘营指认,不少日本战犯因此而被逮捕。经蒙难同志会检举,日本宪兵队犯有各种战争罪行的人员就达50余人。③ 前上海日本宪兵队曹长池田文雄就是经蒙难同志会指认而被军事法庭抓捕,据报载:"(池田文雄)业于昨日上午十一时,由国防部战犯管理处案解上海军事法庭依法侦讯,缘池田于民卅年九月,将我留沪之行动总队中队长崔宪章拘捕,严刑拷打,并遭惨杀,同时崔之妻女,亦遭拘捕,胜利后由死者之父崔玉辰,于月前赴江湾战犯拘留所指认归案云。"④

为了尽可能搜集到更充分的战罪证据,上海军事法庭采取多种方式征集线索。最常用的方式是通过登报征集线索,如1947年9月17日《申报》上登载消息,"国防部审判战犯军事法庭,为侦查战犯之罪嫌起见,希望民众尽量检举:(一)日籍战犯原恒孝,于民国卅二年十一月至卅四年八月止,任上海日本宪兵队沪东分队军曹伍长,任用期内曾有杀害我良民顾冯彪嫌疑。(二)日籍战犯藤

---

① 《上海高等法院检察处关于月报统计文件》(1946年),上海市档案馆藏,上海高等法院检察处档案,Q188/1/259。
② 《抗战蒙难同志会昨举行筹备会》,《申报》,1945年9月6日,第2版。
③ 《上海抗战蒙难同志会检举日宪罪行一览表》,上海市档案馆藏,各种社团全宗汇集,Q130/4/36。
④ 《敌宪池田文雄移解军事法庭》,《申报》,1946年12月1日,第6版。

井政二,于民廿八年一月至七月在苏宪兵分队任上等兵职务,清乡时期统制贩运米粮,对于善良商人农民有虐待惨杀罪嫌。(三)日战犯松尾美夫,于民卅二年八月至卅三年二月止,任日军无锡宪兵队上尉分队长,有无犯罪行为,殊有调查之必要"。①

  此外军事法庭还派员到战犯实施犯罪的地方开庭侦讯,以便征集当地的证人。战犯芝原平三郎,日本德岛县人,在日本侵华期间,先后任杭州陆军特务机关情报主任、金华特务机关支部长及政治科长、宁波治安科长等职。"该犯系一中国通,熟谙上海及杭州方言,在职期内除刺探我国军事情报,搜括统制各种物资外,并利用当地土豪阶级,招收无赖流氓作其爪牙,诱逼良家妇女供彼奸淫,金杭甬一带妇女受其辱者在数百人以上。"1946年11月,第一绥靖区军事法庭对该案犯提起公诉,在搜集证据的阶段,上海市新亚电器厂经理林超"过去素闻该犯罪恶,痛愤桑梓惨遭蹂躏,激于义愤,已致函军事法庭愿协助调查证据,拟专程返甬联络沪宁两地父老暨宁波抗敌同志蒙难会等团体分别进行,并愿资助当地检举之被害人来沪出庭做证,使该犯罪行无法隐匿"。② 上海军事法庭派法官陆起、书记官汪叔良前往杭州一带,请当地政府通告各乡镇,凡在沦陷期间遭彼污辱者,可尽量检举,俾将该犯处以极刑。③ 1947年5月24日,军事法庭派员赴杭州,26日下午在浙江高等法

---

① 《三日战犯罪嫌希望民众检举》,《申报》,1947年9月17日,第4版。
② 《敌宪芝原平三郎　罪大恶极浙人愤慨》,《申报》,1946年11月12日,第6版。
③ 《日战犯芝原平受审　供认设有密室蹂躏妇女　军事法庭派员赴杭调查》,《申报》,1946年9月27日,第4版。

院开庭传讯有关被害人、告发人及证人,并接受民众检举。① 军事法庭在杭审讯三日,获得证据颇多,提供证言的有杭著名汉奸李宝和、冯天保、金德春及多名受害人。② 1947年7月12日,国防部上海审判战犯军事法庭审判芝原平三郎,上午开调查庭,由陆起军法官传询证人李子瑜、曾良秉、李珏、吴定月、金如云、龚悦水6人,各证人均系直接被害人,列诉被告罪行声泪俱下。下午接开合议庭,由庭长李良亲自主审,辩论过后,至5时审结。29日宣判。③

北平法庭在案件的前期侦查中,也鼓励民众检举告发,曾专门发布布告,"查各机关送交军事法庭羁押之战争罪犯,业经依法侦查分别办理在案,兹查下列被告,因犯罪事实尚欠详确,或因尚无被害人质诉,合将加害人姓名职守驻扎地点列表于后,凡我国人民有受其残杀抢掠敲诈及其他不法侵害者,准由被害人家属或知情之第三者依法详具姓名住址向西北石碑胡同二号本部军事法庭告诉告发,以凭核办"。④ 布告特别强调被害人的指认是法庭核办案件的重要凭据。如对战犯车均福的审判中,直接受害者作为证人出庭,最终法庭据此对战犯做出判决。据受害人张跃冠的口述,"日军投降后,国民党第八战区将驻长辛店师团的司令官黑田、新

---

① 《日战犯芝原平三郎将借杭州高院开审 军事法庭在浙东张贴布告 希望受辱妇女齐来举发》,《申报》,1947年4月30日,第4版;《浙东之虎罪大恶极 军法官赴杭搜暴行证据将定期传讯被害人等》,《申报》,1947年5月24日,第4版。
② 《杭调查战犯罪证 汉奸数名为芝原平做证》,《申报》,1947年5月27日,第2版;《战犯芝原平罪证在杭市收集颇多》,《申报》,1947年5月29日,第2版;
③ 《花花太岁神态沮丧 战犯芝原平三郎审结定十九宣判》,《申报》,1947年7月13日,第4版。
④ 《长官部军事法庭调查日战犯罪行》,《民强报》,1946年4月27日,对日战犯审判文献丛刊编委会选编:《二战后审判日本战犯报刊资料选编》第4册,北京:国家图书馆出版社2014年版,第101页。

城宪兵队翻译车均福逮捕,战区军法处给张跃冠等来了公函,通知去北京做证。张跃冠、城内人孙焕仁、彭伯伦等去了位于北京市石碑胡同的军法处。法庭庭长叫张丁扬。法庭做证的焦点在于车均福是否打过中国人,用的什么刑罚?张跃冠等都一一做证"。①

抗战胜利后,为配合审判进行的侵华日军罪证调查基本上采取民众检举与政府调查相结合的方式。武汉行营军事法庭开庭时,庭长刘泽民曾对记者发表谈话,呼吁"官民合作"审判日本战犯,刘有一个比喻称:"军事法庭犹如一只小船,行于大湖之上,欲将湖内每一只鱼的过去行为(即喻日战犯暴行)调查清楚,殊为不易。希望受害同胞及各界人士协同进行,始能将此巨大任务完成,雪我死难及受害同胞冤仇。"②这一调查方式也反映了国民政府对乙丙级战犯审判的"在地化"特征。

第三节 国民政府战罪调查工作的检讨

国民政府早期完成的调查主要是与日军暴行相关的证言,这些证据材料多为受害者陈述受害情形,但暴行实施人之姓名、官职及暴行之直接证据多不齐全。外交部的报告中就曾提到,"以前各方面填送本部之暴行资料,对暴行人一项多未填明,而暴行证据亦多付阙如",③这样的调查资料实际上无法作为确定战犯嫌疑人的

---

① 鲁宝玉、刘力平:《日本侵略军高碑店罪行录》,中国人民政治协商会议河北省保定市委员会文史资料委员会编:《保定文史资料选辑》第16辑,1999年,第72页。
② 《审讯日本战犯需要官民合作 刘泽民庭长对本报记者谈话》,汉口《和平日报》,1946年4月29日,第3版。
③ 《亚东司经办涉外问题》(1944年3月5日),台北:"国史馆"藏,国民政府外交部档案,020/010117/0007/0116x。

依据提交联合国战罪委员会。

战后国民政府制定的战罪证据标准所列日本战争罪行证据项目包括:"子、物证——应予搜集:1.计划准备发动罪行之计划书命令或其他公文;2.足以证明罪行之日记函件及其他私人文书;3.足以证明罪犯思想主张或行为记录之著作;4.足以证明罪行之画报及照片;5.敌人使用酷刑所用之刑具;6.被害人之遗骸集体坟冢或受伤者之伤痕照片;7.医师或有关方面之调查书报告书或证明书;8.战俘或战犯之口供书自首书或报告书;9.非人道武器之破片或战利品;10.见证人之见证书或陈述书。丑、证人——应予登记:1.被害人;2.被害人之亲属;3.罪行目击者;4.参加罪行者或参加罪行计划者。寅、凡属有证据价值者皆应搜集之。"[1]国民政府特别强调"证据之搜集,物证重于人证,物证如摄影遗迹及一切书面或事实证据均可",[2]因物证具有客观性,物证的获得对战罪的确定尤其重要,但实际上国民政府对侵华日军罪行证据的搜集主要获取的是人证,而物证相对缺乏。

即使是人证也存在一些问题,比如罪行人无法明确的问题。外交部早已意识到,"现所搜集者(证据)无几,且多无暴行人之姓名及确切证据,势难向联合国调查战争罪行委员会提出,以达惩治之目的"。[3] 例如1943年3月20日外交部接收的《敌军暴行资料

---

[1] 《日本战犯罪证调查小组搜集战罪证据标准》,郭必强、姜良芹等编:《南京大屠杀史料集 日军罪行调查委员会调查统计》上,南京:江苏人民出版社、凤凰出版社2006年版,第24—25页。

[2] 《关于处置战事犯问题》(1943年7月9日),台北:"国史馆"藏,国民政府外交部档案,020/010117/0055/0071x。

[3] 《敌人罪行调查卷》,台北:"国史馆"藏,国民政府外交部档案,020/010117/0006/0073x。

抄录》中,虽然罗列了5个地域内杀人、强奸、俘虏遭屠杀等受害情况,但是其中3个地域的暴行事件仅标注是板垣征四郎的部队所为,缺少关键的施暴者信息,无法作为证据使用。① 虽然军令部后来做了相关的工作,将各案日军暴行涉及的部队番号,主管长官或其高级长官姓名、官职设法查明,但也只有高级长官的信息,实施暴行的基层官兵信息多无法确认。1944年7月,敌人罪行调查委员会连续出台了《敌人罪行调查办法》《敌人罪行调查表》《敌人罪行种类表》等文件,试图提升调查的规范性,但是确定实施犯罪的责任人及犯罪证据的调查方面依旧没有大的改观。

据外交部1945年5月接收的敌罪行案件的统计,待编译之案件1871件,其中编号者共1397件,未编号者474件,这些案件中,"(1)初步合用者63件,(2)无证人者870件,(3)证人无印者506件,(4)证人住所不明者241件,(5)德敌罪行案件19件,(6)其他172件"。② 可见调查成效之有限。另据外交部1945年6月的报告,"我国已搜集之战罪案件之初步资料约三千件,提送分会审查者四十八件,被采用四件,预计最近两个月内,所能提出四百件"。③ 上述数据实在匪夷所思,自1942年夏即开始的战罪调查工作,提交审查的案件仅48件,而实际通过的案件也仅有4件,通过率仅约8%,其后虽说预计未来两月可提出400件,似亦不能保证。与其他盟国相比,国民政府在敌人罪行调查工作上的进展及所获成果

---

① 《函请调查敌寇暴行部队长官姓名及官职等由》(1943年4月5日),台北:"国史馆"藏,国民政府外交部档案,020/010117/0006/0096x。
② 《调查敌人在华暴行会议议程》(1945年6月),台北:"国史馆"藏,国民政府外交部档案,020/010116/0010/0039x。
③ 《电告敌人罪行调查委员会改组等事》(1945年6月1日),台北:"国史馆"藏,国民政府外交部档案,020/010116/0010/0035x。

更形落后。外交部查良鉴1945年5月电文中曾谈及出席联合国战罪调查委员会的情形,"以关于敌人罪行之调查,世界各国靡不特加之意,而中国对于是项调查,为日已久,乃所送案件如是其少,且又情节轻微,殊不信经历战事最久之中国而无较多之特别昭著之敌人罪行"。①

战罪调查的不充分直接影响到战犯审判的后续工作,最直接的影响就是正式战犯名单的提出。由于战争罪行调查的进展缓慢及成果有限,致使国民政府迟迟无法确定战犯名单。据驻英大使顾维钧1945年8月3日致国民政府外交部电,"联合国战罪审查委员会八月一日例会,主席提出惩治日本战争罪犯问题,认为我国办理迟缓,呈请我方迅速提出日本主要战罪犯名单,并谓拟于两周内开会检讨整个局势等情。查对日战事结束之日为期不远,惩治战罪问题极形迫切,而我国尚未提出日本主要战罪犯名单,经总会一再催询,前经本部于七月二十日函达查照在案。该项名单拟请迅速拟定并盼能将提送日期函复"。② 由此电文可见,中国因战争罪行调查工作的低效,而不能及时提出战犯名单,对惩治日本战犯工作产生不利影响。

与战时调查的情况颇为相似,战后的证据调查同样存在暴行实施人不明的问题。根据外交部杨觉勇的报告,"上海方面人民检举案件有36 038件,但是其中被告方姓名完整的只有2 000件"。③

---

① 《查良鉴函》(1945年5月8日),台北:"国史馆"藏,国民政府外交部档案,020/010117/0017/0105a。

② 《外交部亚东司函司法行政部》(1945年8月11日),台北:"国史馆"藏,国民政府外交部档案,020/010117/0003/0009x。

③ 杨觉勇:《战犯罪证调查工作报告》(1946年6月13日),台北:"国史馆"藏,国民政府外交部档案,020/010117/0005/0051a。

检举战犯的案件虽多,但因被检举的战犯嫌疑人不明确,真正符合起诉条件的仍是少数。另据报道,"上海港口司令部根据战犯名单扣留的六七十名战罪嫌疑犯中,竟有三十六名因为同名同姓而受枉拘,现在已经开释遣走"。① 因同名同姓而错押,而真正的战罪嫌疑人被放过了。

国民政府行政院1946年1月的工作报告也曾提及,"关于敌人在华罪行之调查,……惟因司法机关人少事繁,且多事隔数年,调查难周,而罪行人姓名职位,被害者多不详悉,……经审查认为罪行成立者计二千八百七十九案,日籍被告四百五十名(因实施犯罪之敌人难以查明,每由其长官负责,故被告人数不多),被害民众可考者一万九千九百四十六人"。② 1946年6月,司法行政部关于战罪调查工作的报告,详细列举了面临的各种困难:"1. 地方当局对于处理战犯事宜不甚注意。2. 地方当局对于战犯过于宽松。3. 各处有关机关对于战犯之处理缺乏联系。4. 被害人多不知加害人之姓名。5. 被告同名同姓者甚多。6. 各地方人民对于战犯之检举不甚踊跃。7. 对于战犯之物证不易搜集。"③

1946年10月25日的战犯处理委员会对日战犯处理政策会议上,司法行政部部长谢冠生报告:"本部审查敌人罪行工作,共收敌人罪行案件截至三十五年十月二十四日止,共计171 152案。除已办理107 040案,计:一、送外交部译转远东分会案件36 902宗。二、送战争罪犯处理委员会及并案办理案件67 774宗。三、无法

---

① 戈衍棣:《战犯那里去了?》,上海《大公报》,1946年5月24日,第4版。
② 《行政院工作报告》(1945年5月—1946年1月),《国民政府公报》第2617号,国民政府文官处铸印局公报室1946年9月7日印行,第4页。
③ 《司法行政部战争罪行调查报告》(1946年6月6日),中国第二历史档案馆藏,战争罪犯处理委员会档案,22/12。

办理案件(包括罪行人无法查明,及不能成立战罪诸情形)2 364宗。尚待审查罪行案件计64 112宗。查已办案件中,无罪行人姓名者约占三分之二强。"①

据武汉法庭检察官吴俊回忆,武汉法庭成立伊始,接到战犯名册三份,载有三四百名战犯,犯罪栏内"都是此一类笼统语句,均无具体事实"。有人来庭查案,检察官问"所发名册是否另有犯罪细节记录?"得到的回答是"没有","并说人数不限于此册内,要由各庭检举揭发"。所有战犯,均由行辕押来,"送来各犯,也无具体犯罪事实,即或有重大关键者,他们也不会吐露实情"。因此,在侦查阶段存在的困难很多,案子一直未予起诉,以致无从审理,所有审判官也就不来庭办事。② 可见当时对战犯审判,事先并无有充分的准备。

1946年4月1日,武汉军事法庭成立之初,即颁布第一号公告,分电鄂湘豫赣皖五省政府暨布告人民周知,将人民或机关、团体告诉告发程序及转送机关之任务,择要订定注意事项,分列如下:

一、告诉人或告发人。

二、被告。

三、申告书:(甲)申告人之姓名住址。(乙)被告人之姓名住址或所属部队队种番号。(丙)犯罪之年月日。(丁)犯罪之处所。(戊)犯罪之事实及证据,其证据为证物者记明所在之

---

① 《战争罪犯处理委员会对日战犯处理政策会议记录》(1946年10月25日),中国第二历史档案馆藏,战争罪犯处理委员会档案,22/162。
② 吴俊:《我所经办的检察汉奸、战犯案》,《武汉文史资料》总第22辑,中国人民政治协商会议武汉市委员会文史资料委员会1985年编印,第63、64页。

处,为证人者记明其姓名住址。(己)受理或转送申告书之机关。

四、受理机关。

五、代收申告书及转送机关。

六、转报机关之任务:(甲)告诉告发人之姓名住址是否真实?(乙)申告事实如为转送机关所已知,应历叙其所知,有人证可即时讯问者应讯问之,并制作笔录附送。(丙)出于日敌较大规模之暴行者,不论有无申告,应责成当地县政府依第三款所示,历叙事件经过,径报本行营或驻在部队,经师部转报本行营,发交军事法庭究办,为遂行此项职务,部队长官得派员就地调查,县政府并得传讯人证,作成笔录附送。

七、调取证据方法。①

虽有良法,但实际效果却不尽如人意。武汉军事法庭检察官高啸云曾坦露,"各负责机关及被害人或知悉战犯罪行而实行告诉告发及转送者,寥寥无几。以致备受日军残害者区域遍五省之广,历时八年之长,受理审判达两年之久,而所收战犯案件不过二百数十起而已。奉行法令者视人民之痛苦,如秦越人之不相关,而身受其害者亦以事过境迁,畏烦难而不加诉追,死者之亲属或知悉其犯行者,复感生活逼人,跋涉不易,与其诉追为证而费时误事,伤财劳民,曷若隐忍消极而减少麻烦。国法未伸,含冤未诉,公私遗憾,言之痛心"。②

高啸云对于调查取证工作存在的困难曾有详细的检讨,其全文如下:

刑事诉讼法取直接审理主义,所谓直接审理者,不仅对被

---

① 高啸云:《审判战犯工作之检论》,汉口《和平日报》,1948年3月17、18日,第2版。
② 高啸云:《审判战犯工作之检论》,汉口《和平日报》,1948年3月18日,第2版。

告而言,凡属案内必须查讯之人,如被害人或其亲属及证人等,均以直接审问为原则,非至万不得已,不用嘱托调查方法。汉口军事法庭,辖区辽阔,被告犯罪,时经数载,其杀人、酷刑、拘禁、奴役、放逐等罪行,复多秘密行动,不令局外人得知,其公然强奸、抢劫、放火、没收、勒索及破坏财产等行为,又多伪装假名,不易被人发觉,加之受害者宁忍痛而避麻烦,证人亦畏拖累而求规避,事实而不敢申告,证确而不肯到庭。

又军庭泽字第一号公告第七款调取证据方法内载:"本行营辖区辽阔,人证到庭困难,调查证据以派员或委托他机构就地讯问为原则,绝对避告诉人告发人及人证之拖累",本款规定本旨,原在减少申告出证之困难,而便利鸣冤检举之实现,不意有应到庭之责者,竟多借此为口实,而票传不到,希图就地受讯……遂致若干案情重大者,非派员或嘱托犯罪地有权审问之机关,为间接之查讯,无法审,虽派员或嘱托审讯笔录,在法律上与在本庭直接审讯所得者生同一之效力,然事实上供情得诸间接者,往往不若承办人亲自审讯之所得为适用而无疑问。延缓误时,疑难悬案,笔者备尝其苦,盖两年于兹矣。

委员或嘱托代讯之结果,常未能满足判决者之需要,其关键有二:一、负责,二、能力,如果受委托者奉公负责而又具备相当能力,必能达到承办审判者之要求,省时且适用,便宜甚多。反之虽肯负责而缺乏能力,或有相当能力而潦草塞责,甚或二者皆不足胜任,遂致时久,催促而迟迟覆来,或所答非所问,或挂一而漏万,甚至迭催罔应,常经层转督令答复,而始以草草一纸寥寥数语敷衍了事,非借口人证不家无法传讯,即假托虚构事实,不顾原题,但求塞责,罔顾信誉,不实不尽之流弊,有非笔墨所能形容者。又战争罪犯处理办法第三条之规定,本责成集中营主任发给日军官佐士兵雇员各填经历表四份,分呈上述会部及司令部备查,而会部及司令部漏未将该经历表转交各该战犯所属之军事法庭参考者,时所恒有,虽经临时行查,又多难得相当之答复。故至审判后期,战犯已看到弱点,往往避实就虚,诿为犯罪之某年月日,彼非某官,甚至称不在该职,或避重就轻,诿为当谋杀或放火罪行之月日,彼实在他处任某职,或执行某任务,任意推卸罪责,无法证实。虽被告未能提出作战命令或阵中日志,不足凭信,而法庭欲求各战犯之经历表恒不能取得以为佐证。此在证据法上,认定事实须凭证据之原则,备受无穷之困难。因之虽已兼得其情,而终以缺乏要件,不能不罪罚惟轻,减处宣判,或宁从宽,免论罪刑。虽曰以德报怨,不失和平爱好之风度,而论任事秉公,究欠情罪相当之平允。①

广州法庭的报告对调查取证的困难情形也有检讨,"(一)沦陷区人民迁徙频仍,当时受害之人恒多他适。(二)人民习惯每易善忘,事过境迁,恒不愿举报。(三)被害地区辽阔,各地交通不便,难以普查。(四)调查旅费浩繁,表结用纸亦多,各地法院限于经费颇难措办"。② 从中可见战犯审判过程中调查取证工作所面临的主客观两方面的实际困难。

国民政府在侵华日军罪行调查问题上,确有其特殊的困难。与太平洋战争爆发后参战的盟国所遭受的日军暴行不同,中国自九一八事变以来遭受日本侵略长达十数年,时间和空间的跨度都很大,许多受害者死亡或迁移,大部分人证物证已不复存在,使得

---

① 高啸云:《审判战犯工作之检论》,汉口《和平日报》,1948年3月18日,第2版。
②《广东高等法院奉令办理调查敌人罪行事件经过》(1946年5月20日),中国第二历史档案馆藏,战争罪犯处理委员会档案,22/12。

战后的调查取证工作难以顺利进行。客观而言,因中国受日本长期的侵略,受战争之祸实较亚太地区其他国家时间更长、程度更烈,所以战罪调查的工作量远超过其他国家,表现在国民政府的战罪调查工作中,调查机关的人手、经费、交通等保障均严重不足。

当时人已经敏锐地发现中国处理战犯的情形与西方国家的不同,"中国和美国情形不同,美国没有中国这么大的沦陷区,敌人作恶的机会,并不像在中国那样普遍,人家办几个大头子就够了,我们却必须办一些阶级小作恶多的坏蛋,来平民愤,雪国耻"。①

据国民政府督导组对上海调查检举罪证工作的报告,"现上海区内由地方法院登记调查之罪行,自去年11月起至本年4月底止,共有30 600余件。但能指出罪犯姓名者仅有2 000余件。其余未能指出姓名者,则由调查犯罪时间、地点,在此时此地之日本司令长官为谁,即由谁负罪行责任。截至目前,司法行政部接获各级法院送来之罪行报告,已办理分送调查检举者,有万余件。尚未办理者有10万余件。即将成立战罪室,专理是项案件。凡查有确实罪行根据者,即行逮捕,交军事法庭审问执行。惟中国人道德观念极重,如遇强奸等耻辱事件,不肯向外宣扬。故现在向当局告发者,要打一极大折扣。而能确定指出人名者更少,或告发之罪犯有姓无名。致对逮捕方面,极为困难。据小组估计,全国直接遭受日寇杀害者有二千万人,直接受害者有二万万人,占全国人口之半数。故希望全国人民协助该项检举敌寇罪行,以迅速完成战犯审讯工作"。② 该报告大致可以反映战罪调查工作的繁重。

《大公报》上海版曾发表社论,对政府提出期望。该社论称:"地

---

① 戈衍棣:《战犯那里去了?》,上海《大公报》,1946年5月24日,第4版。
② 《调查日寇暴行 搜集战犯罪证》,上海《和平日报》,1946年5月13日,第2版。

方法院奉令要人民检举敌人暴行,老百姓前往检举者非常踊跃,据说一共有三万多件,可见一般人并没有把血海深仇忘掉,不过检举的案件证据并不十分完备,这是要作为人民公仆的政府机关,负责给他们调查补充的。中国老百姓并不敢多事,应该没有诬告的道理。可是这一大批检举的案子,登记备查以外,毫无反响,这能不使人民失望吗？听说现在那大批检举的案子已经呈送到战俘管理处去了,管理处将特设调查室,负责调查战犯,我们希望这个机构设立以后,根据人民检举的线索,认真调查调查。"① 客观来看,受害者检举后,能否进入后续的程序,需要看政府的作为能力与效率。

与美英战后追究日本战犯按图索骥式的高效相比,国民政府自身能力和条件的限制也是影响成效的重要因素。国民政府在战前及战时均没有完善的户籍制度及军队编制信息,且对于敌方的情报工作亦不够细致,故而对于人口损失、受害情况及施暴者的调查均无从着手,只能依据证人证言。② 陈诚在回忆中就曾提及,"本来战场既这样的广大,时间又这样的久长,再加上中国根本是一个不注重统计数字的国家,连全国人口有多少,一向也只有估计,而不曾有过正确的统计,其余可想而知"。③

调查工作进展不顺,其原因大致可以从政府和民众两方面做检讨。国民政府罪证调查工作人手不够,经费投入不足,缺乏日语人才,各部门各地方协作不力。民众则迫于生计或维权意识淡薄,

---

① 戈衍棣:《战犯那里去了？》,上海《大公报》,1946 年 5 月 24 日,第 4 版。
② 1945 年 7 月 26 日,重庆《大公报》发表的社论中,提到战罪调查的困难之一,即"过去我国户籍调查不清,人民财产又无精确登记,敌人烧杀了一个城市,我方实在的损失,恐不易列出一张详细的清单"。《严惩敌寇罪行》,重庆《大公报》,1945 年 7 月 26 日,第 2 版。
③ 陈诚:《陈诚回忆录——抗日战争》,上海:东方出版社 2009 年版,第 147 页。

对于战犯罪行检举不甚踊跃。

时论对于国民政府战罪调查机构改组的周折与低效曾有批评："开始由外交部办理,后来又转到司法行政部,更后来又转到军令部,这一转再转之间,误时误事不少。最后由军事委员会及行政院会同组织战争罪犯调查委员会,并根据远东国际军事法庭调查罪证纲要,拟订搜集战罪证据标准,派战罪调查小组,赴各地搜集罪证。"①直到战后开始检举战犯,国民政府的调查工作才开始步入正轨。

当然政府各机关之间协作不够及工作低效也极大地影响调查的效率。据报道："战罪调查小组到上海以后,在战俘管理处曾召集了一次座谈会,请各有关机关来商讨搜集罪证的工作,有一件大为出人意料的事,是他们出发以前通令全国协助的命令,所有的机关都说没有接到,所以事前不知道这件事怎样做。中国机关是擅办等因奉此的,而现在居然连等因奉此都发生了故障,小组的人员当然会不相信,互相争执到无结果时,某处长笑着说:'请查我们的收发文簿罢。'当然他们也不好意思真的去查,还是从小组人员的皮包里拿出一份全案来,让大家临时传观,抄写备用。"②

国民政府实际从事调查工作的人员规模显然不足以担负其应完成的工作。据1944年11月敌人罪行调查委员会的编制,该会工作人员仅96人,且大多是兼任而非专任。③ 而据国民政府驻联合国战罪委员会远东分会专门委员王化成报告,"美国调查敌罪异常认真,专任法官六十余人从事此项工作,且有随军调查者如 Capt

---

①② 戈衍棣:《战犯那里去了?》,上海《大公报》,1946年5月24日,第4版。
③《敌人罪行调查委员会第九次全体委员会议记录》(1944年11月),郭必强、姜良芹等编:《南京大屠杀史料集　日军罪行调查委员会调查统计》上,南京:江苏人民出版社、凤凰出版社2006年版,第83页。

West 原在滇缅战区,现调渝协助分会工作,即为一例"。① 美国仅远东分会就有 60 多人专职从事调查工作,相形之下,国民政府实际从事调查工作的人数严重不足。1945 年 5 月,美外交部范宣德及驻美大使馆参事艾其森访问国民政府外交部时,提出两点希望:"现在战局好转,调查敌人罪行不容稍缓,远东分会之进行全赖中国方面调查工作之加紧,甚盼我(中)方能有专人负责并能有以全部时间从事工作之人员云云。"②外交部次长胡世泽提请外交部转请各机关注意此事,但似乎收效甚微。

具体到各地法庭,广州方面 1 名检察官需应对 809 名战犯的材料审查。③ 北平方面亦面临同样问题,"军事法庭人员仅廿余,而审理案件太多,感人力不够"。④ 武汉法庭庭长曾对记者发表谈话,称:"该庭仅由高等法院派庭长一人、审判长一人、检察官一人,另由行营军法处派三人组织成功,人员极为有限,而调查日军犯罪证件,因日军作战时部队调遣频繁,且日军在投降前,将各种犯罪证件毁灭,如大孚银行楼下之牢狱及武昌斗级营之营妓区,残害我同胞,各种证件甚多,现则多已泯灭,调查极为困难。"⑤

---

① 《敌人罪行调查委员会第十二次全体委员会议记录》(1945 年 2 月 19 日),郭必强、姜良芹等编:《南京大屠杀史料集 日军罪行调查委员会调查统计》上,南京:江苏人民出版社、凤凰出版社 2006 年版,第 91 页。
② 《胡世泽电外交部》(1945 年 5 月 22 日),台北:"国史馆"藏,国民政府外交部档案,020/010116/0010/0030a。
③ 杨觉勇:《战犯罪证调查工作报告》(1946 年 6 月 13 日),台北:"国史馆"藏,国民政府外交部档案,020/010117/0005/0057a。
④ 《战犯罪证调查小组展开工作》,上海《和平日报》,1946 年 5 月 13 日,第 3 版。
⑤ 《审讯日本战犯需要官民合作 刘泽民庭长对本报记者谈话》,汉口《和平日报》,1946 年 4 月 29 日,第 3 版。

上海也有类似情形,1946年4月29日,第一绥靖区司令部汤恩伯向上海市警察局转发军事法庭检察官林我朋的一份签呈,其全文如下:

> 职自奉委为本部军事法庭检察官以来,对于各机关移送及人民告发之战犯连日予以侦讯,惟大部分证据欠缺,姓氏错误以及犯行不详,追诉困难。有时非予实地调查难期妥善。《战争罪犯审判办法施行细则》第三条编制侦查中,除检察官一人外,既无司法警察可以指挥调动,又乏其他协助人员得资派遣,势难独立应付推动进行。又查该细则第六条载有军法检察官执行职务应适用刑事诉讼法关于检察职权之规定。按诸刑事诉讼法第二〇八条、二〇九条、二十〇条,凡管辖区域内之市长、县长、警察宪兵以及依法令关于特定事项得行司法警察之职权者,悉为司法警察,均有协助检察官侦查犯罪之职权。但本军事法庭系属初创,对于上开辖区内各机关素乏联络,骤请协助,恐有运用欠周,指挥不敏之虞,殊非积极侦讯,慎重厥公所宜。因拟签请钧座分别函令上开辖区各机关嗣后对于本军事法庭检察官请求协助调查,侦缉拘传时,应予尽量切实协助,以利进行。抑或请由钧座签发军法检察官得随时向上开各机关请予协助之证明文件。俾职临时随带应用之处,听候鉴核等情,查所称确属实情,除由本部发给军法检察官检察证外,相应函请贵局,嗣后对于本部军事法庭检察官侦查战犯请求协助调查侦缉拘传时,惠予尽量协助并转饬协助为荷。①

---

① 《第一绥靖区司令部为援助军事法庭人员查日寇战犯罪行公函》(1946年5月9日),上海市档案馆藏,上海市警察局档案,Q131/5/9088。

该呈文将上海军事法庭在侦讯时得不到辖区内各机关的配合而使侦讯工作陷于困顿的窘境表露无遗。无奈之下,上海军事法庭只好求助于第一绥靖区司令部,以此给辖区内各机关施压,希望他们积极配合。然而可以预见,第一绥靖区司令部不是这些地方机关的直接上级,其督促的效果不会很好。

  与人力不足相关的是经费投入不足,从抗战中后期一直延续到战后的通货膨胀,使得政府财政及民众生活均面临不小的压力,对战罪调查工作亦有相当的影响。1946 年 11 月《申报》的一篇报道中提到负责机关的困难,"远地的证人,由于交通旅费等等,势难希望他们肯自动出庭做证,而负责机关本身由于经费的缺乏与人事的牵制,亦迟缓了工作的进行……由于旅费与车辆的缺少,使调查与审讯时感困难"。①

  战罪调查工作的疏失也反映了政府和民众对战后审判都没有充分的准备,对于维护自身权利、伸张正义,缺乏主动性。一般民众受习俗观念的影响及实际生活的困难,维护自身权利的意识淡薄。杨觉勇曾提到,"临近战区之军事法庭,因人民对于受害记忆犹新,检举控诉积极,所列战犯嫌疑人数量庞大,而沦陷区的民众因时过境迁,恨怨消释,对于检举战犯不甚积极"。②

  南京市临时参议会 1946 年的一份报告在谈及日军南京大屠杀罪行调查的困难时提及,"幸存者又因生活重压,对于调查填报,知无补于其口腹之奉,间有不关心之态度,漠视调查人员之往访"。③ 这

---

① 《暴行在宽大中被遗忘　刽子手倒要回国去了》,《申报》,1946 年 11 月 18 日,第 5 版。
② 杨觉勇:《战犯罪证调查工作报告》(1946 年 6 月 13 日),台北:"国史馆"藏,国民政府外交部档案,020/010117/0005/0051a。
③ 《南京市临时参议会协助调查南京大屠杀案经过概述》(1946 年 11 月),中国第二历史档案馆等编:《侵华日军南京大屠杀档案》,南京:江苏古籍出版社 1981 年版,第 556 页。

在战后是普遍存在的问题,由于政府不能有效救济幸存者,故而在严酷的生存问题面前,正义的伸张变得不甚重要。杨觉勇的战罪调查报告中也提到,人民控诉之案件多集中于财产损失,"可知人民之控诉,悉期待其所损失财产之赔偿,此或鼓励人民控诉之一方法"。[①] 另据战犯处理委员会东北督导组组长邹任之的介绍,"东北人民遭受日人十四年之奴化教育,甚至平时语言多用'协和语'(即汉文佐以日本文法),触目伤感,民众劫后余生,社会秩序,未臻安宁,人民非困感于战乱,即穷迫于谋生,更无余力,从事检举战犯"。[②] 1946年初,国民政府主席蒋介石巡视南京,接受人民陈诉。对于南京市民呈文分类整理的结果,"函件性质大致与在北平所接受者相同,仍以请求抚恤救济及派委工作者为最多,共二七九件,请求抚恤救济者,多为参加抗战伤亡之军民家属及遭受敌伪暴行,家产荡然,贫困无告之民众。请求委派工作者,则多系曾参加抗战工作之军人及公务人员,亦有因案被押,请求查明开释者,因亲友参加抗战失踪者,请求查访者"。[③]

时人在检讨审判工作的牵制因素时也曾特别提到被害人的畏缩怕事,"那么证据的搜集究竟有些什么困难呢?除了有些罪根本就不留痕迹,无从找觅外,国人的畏难怕事,常使担任审讯工作的法官啼笑皆非。不少被害人都有这样的念头,事情已经过去了,算了吧!何必再找麻烦呢!像最近新亚电器厂经理林超那样能够激于义愤,愿协助法庭至宁波搜集芝原平三郎逼奸妇女证据的这

---

① 杨觉勇:《战犯罪证调查工作报告》(1946年6月13日),台北:"国史馆"藏,国民政府外交部档案,020/010117/0005/0051a。
② 《东北重要战犯分批押解来沪 邹任之谈赴东北经过》,《申报》,1946年10月16日,第2版。
③ 《首都人民陈诉函件加紧分类整理中》,《申报》,1946年1月6日,第1版。

一种热心的人士，实在太难得了。据记者所听到，曾经有一位应该做证人的拒绝做证，他甚至曾说了这样的话：'我出庭做证，仅仅凭我口里说的，是否能判他罪还不能知，万一将来日本人再得势，我倒又要遭殃了。'这一种懦弱的准征服者心理，固然令人叹惜，但是在一年来国内的混乱局势与日渐走上复兴之路的日本情形对比之下，的确是难免有所令人警惕的"。①

以往研究多认为国民政府的主观疏失是造成证据搜集工作不力的原因，实际上，日本侵华战争的长期性及国民政府在户籍制度、行政效率、经费投入等方面的困难，对证据调查工作的影响更为直接。此外，证据缺乏对整个审判的影响也未得到研究者的足够重视。战后对日本战犯的审判是在严格的证据主义的基础上进行的，证据充分与否对审判各个环节的影响是至关重要的。

在盟国惩治战争罪犯宣言的倡议下，国民政府开始着手调查日军在华战争暴行，以利战后追究其战争责任。国民政府对日军罪行的调查工作在战时进展有限，在战争临近结束之际，国民政府认识到侵华日军罪行调查对于战后审判的重要性，开始积极推进相关工作。战后国民政府在之前日军罪行调查的基础上，提出侵华日军战犯名单，又对已逮捕拘押的战犯嫌疑人做了补充侦查，并积极推进人民及各团体检举日军罪行，取得了较为突出的成果。战后国民政府通过社会调查所获得的大量人证物证揭露了侵华日军的战争暴行，同时也在同盟国远东国际军事法庭和中国军事法庭的审判中起到了十分关键的作用，但对日军罪行调查的不充分也对战后审判以及厘清日本战争责任有一定的负面影响。

---

① 《暴行在宽大中被遗忘　刽子手倒要回国去了》，《申报》，1946年11月18日，第5版。

第三章　国民政府战犯处理的政策与法规

抗战胜利后,国民政府处置战犯的政策从对盟国的亦步亦趋逐渐回归自主性。战后初期,国民政府秉持蒋介石以德报怨的对日政策,制定了"宽而不纵""惩一儆百"的战犯处理政策,但随着国际国内现实形势的变化,国民政府的战犯处理逐渐从"宽大"滑向"宽纵",最终草草收场。国民政府战犯处理的政策方针是影响战犯审判实践的宏观背景因素,而立法工作则是影响战犯审判实践的程序和技术因素。

第一节　战犯处理的组织机构

1944年1月18日,根据英国提议在伦敦正式成立了联合国战罪委员会。鉴于中国"抗战时间最长,受祸最深,为协助处理战争罪犯",1944年5月16日,联合国战罪委员会伦敦总会通过决议,在中国设立远东及太平洋分会,并由中国政府担任分会主席。11月29日,远东及太平洋分会在重庆正式成立,分会的任务虽然仅仅在于"审查日本战罪案件","所通过战犯名单纯系建议及参考性质,各国政府并不受其拘束",[1]但毕竟为国际社会合作审判日本战犯奠定了基础。

1945年11月6日,国民政府在重庆成立由军令部、军政部、外交部、司法行政部、行政院秘书处、联合国战罪委员会远东及太平洋分会等机构组成的战争罪犯处理委员会,负责战犯处理的设计、督导、考核等事项。委员会由军令部主持召集,其主要职责是颁布逮捕战犯的命令,调查、编审、提出战犯名单,审核审判执法情况,引渡战犯等。委员会成立初期由军令部次长刘斐负责主持,后为提高工作效率,制定了"组织规程",并在1946年11月重组,由国防部次长秦德纯任主任委员,加强了该委员会的工作。

战争罪犯处理委员会由多个部门机构组成,各机关各司其职,其中,军令部第二厅(后为国防部第二厅)负责颁令逮捕战犯及一般综合性业务,司法行政部负责调查编制及提出战犯名单,军政部军法司(后为国防部军法处)负责审核审判之执法,外交部负责引渡战犯、翻译名单,联合国战罪委员会远东及太平洋分会负责审查战犯名单。战争罪犯处理委员会成立后,先后派遣罪证调查小组会同远东国际军事法庭检察处赴各地搜集日本战犯罪证,并派东北督导组赴东北各地开展工作,以推进处理日本战犯事务。另在司法行政部和国防部军法局分别设立战犯组,司法行政部的战犯组专管战犯材料的收集,处理各级法院受理战犯案件的指示,军法局的战犯组,专门审核全国各军事法庭的判决。

1945年10月2日,针对司法行政部所提审判战争罪犯之管辖权问题,国民政府行政院令各机关筹划商讨,行政院电称:"查战争

---

[1]《远东及太平洋战罪审查分会简明报告》(1947年3月),中国第二历史档案馆藏,国民政府行政院档案,十八/2275。

罪犯盟国是否将组织审判机构以及国际间共同战犯是否由盟国联合审讯,其对某一国应否设立机构审判该项战犯固待商决,但战事已告结束,上述机构我国应预为筹拟设立以免临时措手不及。"可见当时对于是否组织审判机关自主进行战犯审判仍未定案。针对行政院的指令,外交部检送美国代表向联合国战罪委员会所提意见书一件,其中要点略谓:"依国际公法各国对于战争罪犯得依任何方式予以审判及处罚,惟须与公认之公平原则相符,各国临时设立特种法庭办理或特别规定由通常法院办理或授权军事法庭办理,俱无不可。惟战争罪犯之罪行与军事行动或占领具有密切关系,是以各国惯例每将此项战犯交军事法庭审理等语。"军政部的意见:"关于战争罪犯之审判,其情节虽与一般罪犯不同,但其永久性之业务似可由有关机关临时派员组织会审,本部归纳各机关之意见认为以组织特种机构会审为宜,惟战罪多系违反国际法规行为,其审判人员非兼具充分之国际法知识,似难以胜任其职务,为充实起见,此项机构似应以司法军事及外交人员组织之。"①最终的定案是由军事机关与地方法院合组审判战犯法庭。

关于各地军事法庭的筹设,据司法行政部部长谢冠生的报告,"我国军事法庭分设于各战区,其法官由所属军事机关及所在省区高等法院遴选,并请最高军事机关任命"。② 审判战犯军事法庭系特种军事法庭,由所属军事机关与省市高等法院合组。武汉军事法庭审判官高啸云对此有过说明:"审判战犯为空前之创举,自无先例可循,又其被告之身份,既非中国普通人民,又不若一般军人

---

① 《司法行政部处理日本战犯调查、审判问题的文书》,中国第二历史档案馆藏,战争罪犯处理委员会档案,22/157。
② 《谢部长司法行政报告》,天津《大公报》,1946年3月26日,第2版。

之单纯，普通法院与军法机关之审判皆不适用，于是以特种法庭司其审判权，而由司法、军法两种审判官混合组织为审判战犯军事法庭以行使之，其属于某地最高军事机关者，则冠以某机关之名称于其上，如设在汉口者，即称'国民政府主席武汉行辕审判战犯军事法庭'，设于上海者，则称'第一绥靖区审判战犯军事法庭'之类。"①

1946年3月，各地军事法庭筹设之初，原本是全国分13区，均设军事法庭审判战犯，法庭"由军方与法院合组"，计设：(1)广州，由广州行营与粤高院主持；(2)汉口，由武汉行营与鄂高院主持；(3)锦州，由东北行营与辽高院主持；(4)徐州，由徐州绥署与苏高院主持；(5)衢州，由衢州绥署与浙高院主持；(6)郑州，由郑州绥署与豫高院主持；(7)洛阳，由第一战区与豫高院主持；(8)太原，由第二战区长官部与晋高院主持；(9)北平，由第十一战区长官部与冀高院主持；(10)归绥，由第十二战区长官部与绥高院主持；(11)上海，由徐州绥署第一绥靖区司令部与沪高院主持；(12)长沙，由徐州绥署第二绥靖区司令部(即前四方面军)与湘高院主持；(13)台北，由台湾警备总司令部与台高院主持。最后实际设立的审判战犯军事法庭只有10处，衢州、郑州、洛阳、归绥、长沙因战犯人数不足，未设立军事法庭。

各地审判战犯军事法庭一览表

名称	地点	成立时间	结束时间
国防部审判战犯军事法庭	南京	1946年2月15日	1947年12月
军事委员会委员长武汉行营审判战犯军事法庭	武汉	1946年2月20日	1948年5月15日
军事委员会委员长广州行营审判战犯军事法庭	广州	1946年2月15日	1948年3月10日

---

① 高啸云：《审判战犯工作之检论》，汉口《和平日报》，1948年3月16日，第2版。

续表

名称	地点	成立时间	结束时间
军事委员会委员长东北行营审判战犯军事法庭	沈阳	1946年5月—10月	1948年1月
第二战区长官部审判战犯军事法庭	太原	1946年3月1日	1948年1月14日
第十一战区长官部审判战犯军事法庭	北平	1945年12月16日	1948年12月17日
徐州绥靖公署审判战犯军事法庭	徐州	1946年4月1日	1947年7月12日
第一绥靖区司令部审判战犯军事法庭	上海	1946年3月20日	1949年1月26日
第二绥靖区司令部审判战犯军事法庭	济南	1946年2月15日	1947年11月13日
台湾全省警备司令部审判战犯军事法庭	台北	1946年5月1日	1947年12月22日

资料来源:《战犯处理委员会对日战犯处理政策会议记录》(1946年10月25日),战争犯罪处理委员会档案,中国第二历史档案馆藏,五九三/00158;曹鲁晓:《国民政府审判日本战犯法庭的置废与变更》,《日本侵华南京大屠杀研究》2021年第2期;房建昌:《徐州对日、朝籍战犯的审判》,《徐州文史资料》第19辑,中国人民政治协商会议江苏省徐州市委员会文史资料委员会1999年编印。

各地军事法庭的组织形式基本是军事机关与地方高院合作,"各地庭长均由高院派员兼任,受所在地最高军事长官指挥"。[①] 以上海军事法庭的"人事与组织"为例,据第三方面军司令部军法处处长徐镇球报告:"在去年十二月间奉军委会命令,组织军事法庭,审理日战犯之罪行。后因人事关系,未能开始办公,至本年二月底,决定由高院高检处推荐三位军法官,第三方面军亦遴派三员,

---

[①]《拘捕日战犯 当局正积极准备 石原勇今日再审》,上海《大公报》,1946年3月6日,第3版。

高院刑庭庭长刘世芳，推事瞿曾泽，高检处检察官林我朋入选，第三方面军遴选名律师蒋保釐，京沪卫戍司令部军法官陆起两名，尚有一名则在物色中。"①广州也是如此。1946年4月，广东高等法院"奉令荐派检察官一员，会同军事机关派员组织国民政府主席广州行辕审判战犯军事法庭，审判战犯"。②

另据当时在广东高等法院工作的黄汉纲回忆，广州审判战犯军事法庭是由广东省高等法院、广东省高等检察处、广州行营三个单位抽调人员，联合组成审判战犯特别法庭。军事法庭运行期间，工作人员参照法院组织法的规定各司其职，审判战犯工作结束后，所有人员回到原来的单位继续工作。军事法庭内设审判庭、检察处、书记处三个部门。审判庭由审判长（军法审判官）一人、军法审判官四人组成合议庭，负责审判。检察处由主任检察官一人、检察官一人组成，负责侦查及决定是否起诉。书记处由主任书记官一人、书记官若干人及翻译、副官等人员组成，负责审讯记录、编案、传票、行政事务等工作。当时，广东省高等法院庭长刘贤年出任广州审判战犯军事法庭庭长，广东省高等法院主任书记官黄炎球担任主任书记官，主任检察官则由广东省高等检察处的检察官蔡丽金担任。③

各地军方与地方法院合组军事法庭的过程中，也有双方合作不洽的情况。据武汉军事法庭检察官吴俊回忆："（武汉行辕审判

---

① 《审讯日战犯　上海方面今日开始侦查　审判时人民可陈述意见》，上海《大公报》，1946年3月20日。
② 广东省地方史志编纂委员会编：《广东省志　检察志》，广州：广东人民出版社2005年版，第101页。
③ 黄汉纲：《广州审判战犯军事法庭始末》，何邦泰主编：《广州文史》第48辑，广州：广东人民出版社1995年版，第505—506页。

第三章　国民政府战犯处理的政策与法规

战犯军事法庭)为行辕所辖的一单位。成立之初,行辕军法处欲将军事法庭隶属该处,一开始,就闹了一点矛盾,战犯押在军法处看守所,侦察时,检察官发出的提票要由军法处某军法官或吴盛康加盖名章,始能提出,十分麻烦。经庭长刘泽民据理力争,才将军事法庭和军法处的职权范围划分清楚。在设立之初,政府规定庭长由所在地普通法院院长或高等法庭庭长兼任。检察官由高等法院检察官兼任,审判官由高等法院庭长或军法处军法官兼任。其他书记官以下人员则设专职。在这种规定下,湖北高等法院院长朱树声、首席检察官毛家骐与行辕磋商,派汉口地方法院院长刘泽民兼该庭庭长,派湖北高等法院检察官吴俊兼该庭检察官,湖北高等法院庭长吴献琛,行辕军法处军法官李吉清、孙湛兼该庭审判官。审理战犯是一件大事,而且具有国际性,因此以法院院长、庭长、检察官兼任,以昭慎重,岂料煞费苦心组成的这一机构,组织松懈,形同散沙。"[1]吴俊的回忆说明,军事法庭的组织存在两方面的问题:一是合组的军地两方的磨合存在一定的问题;二是法庭主要成员多为兼职,对工作效率难免有负面影响。

太原军事法庭的情况比较特殊,且弊端更明显。据庭长郭华回忆,山西审判日本战犯军事法庭,应由高等法院推检和绥靖公署军法处军法官共同组成,隶属于太原绥靖公署。在法庭成立前,"太原绥靖公署军法处处长关元昌曾到高等法院和我接洽,谓奉阎命来商谈组织审判日本战犯军事法庭。这次商谈,主要谈的是业务分配。当时,我由于自己身兼数职(高院庭长、地院院长、山西省地方公务员惩戒委员会委员、律师惩戒委员会委员和山西大学法

---

[1] 吴俊:《我所经办的检察汉奸、战犯案》,中国人民政治协商会议武汉市委员会文史资料委员会:《武汉文史资料》总第22辑,1985年编印,第63页。

学院法律系教授），且因拙于言谈，不愿与阎直接接头，乃向关元昌提出，请他代管军事法庭的司法行政，并传达阎的意见。关当即表示同意。庭内人员，除原高等法院推定的人员外，审判官增加了柴月溶（军法处副处长）一人。另设副官一人，干事若干人。除副官、干事外，均兼职不兼薪。"①太原审判战犯军事法庭完全被地方军政首长主导，中央与地方司法行政机关均无法介入。

第二节 战犯处理的政策方针

1942年1月13日，荷兰、比利时、希腊等九国流亡政府，在伦敦召开会议，发表惩治战罪宣言，国民政府当即备函声明："日本在中国所犯罪行应受同样之惩罚。"②列席会议的国民政府代表金问泗会后致函外交部，就战后中国审判日本战犯的原则，提出自己的意见："今后提出要求对战犯进行惩处时，(人数)则不宜太多，宜择其情节尤其重大、可恶者，指明负责人员，要求交出归案申办。"③1942年10月，金问泗再次致电外交部提出，战后审判日本战犯，因日军犯罪人数较多，事实上不可能——追究，"似只须择情节重大，证据确凿，众所切齿者三五人，例如南京之役日军官二人以先杀华人一百人为比赛之类"，以起到"惩一儆百"的作用。④ 这是国民政

---

① 郭华：《解放前山西处理日本战犯的一幕》，《山西文史资料》第7辑，山西省政协文史资料研究委员会1982年编印，第43页。
② 《战犯处理工作报告书》(1947年)，中国第二历史档案馆藏，国民政府行政院档案，十八/2602。
③ 金问泗：《关于列席欧洲九被占领国处置德人暴行宣言签字会议之报告建议》(1942年5月9日)，台北："国史馆"藏，国民政府外交部档案，0200/10117/0055/0038x。
④ 《金问泗致外交部电》(1942年10月19日)，台北："国史馆"藏，国民政府外交部档案，020/010117/0020。

府最早对于战后处置战犯的政策建议，提出控制规模，"惩一儆百"的原则。

中国政府对 1943 年 11 月的《莫斯科宣言》所宣示的通过国际法庭审判战争罪犯的构想表示欢迎和支持，并在同月召开的开罗会议上，提出了"由中英美三国议定处置日本之基本原则，与惩处日本战犯祸首及暴行负责人之办法，一如莫斯科会议惩处意德办法之规定"的建议。①

1944 年 7 月 31 日，国民政府国防最高委员会第 141 次常会通过了中央设计局制定的《复员计划纲要》，其中"外交"部分的"工作要点"中，关于战后对日问题，提出："战后对日媾和条件，应依据我国利益、开罗会议决议及国际现状，就对日之领土、政治、经济、军备、赔款及惩罚战犯等问题，分别拟定，以备提出。"②时任国防最高委员会秘书长的王宠惠还在当月发表《战争罪犯之惩处》一文，指出侵华日军严重违反国际法的有关规定，存在大量诸如使用毒气、屠杀平民、轰炸不设防城市等"非法作战行为"，"我国被侵略最久，军民所受之暴行亦最多"，战争结束时必予严惩。③

中国政府在 1945 年初已确定参与国际法庭对战争祸首的审判，并自主设立法庭审判一般战犯。外交部高生和所拟《惩治日寇罪行方案》，大致可以反映当时国民政府对于战后惩处战犯的认识及初步的方案。该方案全文如下：

甲、关于惩治战争祸首

---

① 梁敬錞：《开罗会议》，台北：商务印书馆 1975 年版，第 110 页。
② 秦孝仪主编：《中华民国重要史料初编——对日抗战时期》第 7 编"战后中国"(4)，台北："中央文物供应社"1981 年版，第 351—354 页。
③ 王宠惠：《战争罪犯之惩处》(1944 年 7 月)，《王宠惠法学文集》，北京：法律出版社 2008 年版，第225 页。

一、战争祸首系指直接掀起此次战争之日本首脑分子：日本天皇、东条、各大臣与其他政府要员。

二、由同盟国组织特别法庭审判并惩治祸首，此法庭由中美英各派代表二人，其他有关各国各派代表一人组成之。

三、祸首之判决应以国际政策之最高原理为标准。

四、祸首判决之执行及有关执行之一切问题由同盟国特别法庭决定之。

五、祸首之惩罚应从严而不宜从宽。

乙、关于惩治战事犯

六、战事犯系指日军指挥官或统帅者与士兵，其作战及日常行为与方式违反国际法或作战法规或人道主义。

七、战事犯之范围应包括九一八事变以来，在我国领土内及太平洋战争以后在香港等地参加暴行之一切份子。

八、罪行之种类依照同盟国调查战事罪行委员会决议规定之。

九、战事犯之调查，应侧重大尉以上之敌人军官，并应普遍调查敌人各种罪行。

十、我国应随时编制战事犯名单，俾于日本投降时，得向日本提出，作为休战条件之一。

十一、战事犯之惩罚，除犯罪人本人外，教唆人亦应受惩，且若犯罪人不明时，其所属长官应负其责。

十二、成立敌人罪行惩治法院惩治敌人在华暴行，此法院由本国有关司法机关组成之。

十三、组织联合法院惩治牵涉两国以上之案件。

（一）敌人对中美两国人民同时犯有刑事行为者，由中美两国组织"中美联合法院"惩治之。

（二）敌人对中美英三国人民犯有刑事行为者，由中美英三国组织"中美英联合法院"惩治之（以下类推）。

十四、惩治罪行适用之法律如下：

（一）惩治日寇在华暴行，适用我国法律。

（二）华侨在外被敌伤害，依被害所在地法惩治之。

（三）某项罪行，我国法律若无明文规定，而敌人有规定时，依敌人法办理，若敌人亦无规定时，则由同盟国组织委员会另行拟具惩罚法令。（见十九条）

十五、战事犯判决之执行如下：

（一）战事犯由我国法院单独判决者，由我国执行之。

（二）战事犯由两国之联合法院判决者，由两国委托一国执行。

（三）战事犯由三国以上联合法院判决者，由各关系国决定执行之国家。

（四）华侨在外被敌伤害，敌人罪行系由被害所在国判决（见第十四条第二款），其判决仍由被害所在国执行。

丙、关于引渡战事犯

十六、停战协定内应载明逮捕或引渡罪犯，不得待诸和约缔结后。

十七、严防罪犯逃庇中立国，其有逃庇中立国者，中立国不得庇护或拒绝引渡。

丁、关于其他事项

十八、关于惩治敌人罪行，我国除应自有其态度与立场外，并应与盟国采取密切联系，于必要时得从大多数意见。

十九、为惩治战事犯起见，同盟国应于停战委员会下设一惩治战事罪行委员会，以协助各盟国解决惩治有关罪行之事宜,如制定关于尚无明文规定各种战罪之处罚法令及其他事项等。①

1945 年 5 月 30 日,《中央日报》发表题为《彻底惩罚战争罪犯》的社论,其背景是德国战败和联合国筹组,该社论要点如下:

> 联合国大会的使命,不独是创造国际和平机构,并且是再建国际法与国际正义,使全世界爱好和平的国家重享法律与正义范围之内的自由。在国际法与国际正义再建的过程之中,首先要彻底的惩罚战争的罪犯。第二次世界大战的战争罪犯,最大的罪责固然是掀起全球性的全面战争,尤其是处心积虑而创及履及的破毁国际的法律与正义。这些罪犯必须受最严厉的惩罚,才可以满足全世界爱好和平的人类的期望,保证国际政治暴力哲学从此敛迹。
>
> 在抗战之前及抗战的初期,我们中国政府与人民都知道国际联盟之没有充分能力,也都知道九国公约和凯洛格非战公约之没有具体制裁,但是我们身受国际法律与正义毁灭的痛苦,我们惟有坚决拥护国际联盟与国际和平公约,表示我们抗战目的是在于维护和平再建和平,表示我们抗战目的是在于反对国际紊乱的状态与非法的行动。因此我们坚决主张联合国彻底惩罚这些破坏国际法律与正义的战争罪犯,毫不容赦其中任何一人。
>
> 我们今日还须指出日本军阀之摧毁国际法与国际公约,更比希特勒、墨索里尼为先。我们中国在为了跟国际法律正义的维护与再建的奋斗之中,坚决主张彻底惩罚战争罪犯特

---

① 高生和:《惩治日寇罪行方案》(1944 年 5 月 11 日),台北:"国史馆"藏,国民政府外交部档案,020/010117/0055/0065x。

别是日本军阀及其一切爪牙,一切正凶和帮凶,毫不容赦其中任何一人。我们还希望联合国十分的警惕,日本军阀的性格是横蛮而投机,他们的横蛮有如希特勒,他们的投机亦好像墨索里尼。他们今日的死战死守,充分表现他们的横蛮。然而他们横蛮的困斗,却正是为了他们乘柏林陷落而联合国共庆欧陆和平的机会,作锐利的和平攻势,以施逞其挑战联合国友谊而松弛联合国共同作战努力之阴谋。我们中国政府及人民因此更坚决主张彻底惩罚日寇一切战争罪犯,包括凶狂作战与毒辣阴谋的两类。①

该社论表明中国政府及人民对于战后国际法与国际正义重建的期待,而重建国际秩序的前提是惩处战犯,并且特别提请联合国注意日本战争罪犯,明确日本战争罪犯包括凶狂作战与毒辣阴谋两类。

1945年7月26日,中美英三国发表促令日本投降的《波茨坦公告》,共同表明了惩罚日本战犯的立场,指出:"我们无意奴役日本民族或消灭其国家,但对于战犯,包括虐待吾人俘虏者在内,将处以法律之严厉制裁。"②1945年8月15日,蒋介石发表的"以德报怨"讲话,清楚地表明国民政府审判日本战犯的基本方针,即"战后对日政策本仁爱宽大,采取不报复不姑息态度,以建立中日两国永久和平之基础。惟对日本一切军事设施及组织必须从严处置,使其不再成为战争祸源"。③ 由此确立了国民政府对日本战犯处置宽大政策的基调。

---

① 《彻底惩罚战争罪犯》,重庆《中央日报》,1945年5月30日,第1版。
② 《波茨坦公告》(1945年7月26日),《国际条约集(1945—1947)》,北京:世界知识出版社1959年版,第77页。
③ 《战犯处理工作报告书》(1947年),中国第二历史档案馆藏,国民政府行政院档案,十八/2602。

战犯处理委员会成立后，国民政府并没有迅速制定明确的处理日本战争罪犯政策，直至各军事法庭成立，审判战犯工作初步展开后，才于1946年10月25日召开对日战犯处理政策会议，制定了"宽而不纵"的处置战犯政策。①

1946年10月25日，战犯处理委员会举行对日战犯处理政策会议，确定处置日本战犯的基本精神，"我国处理战犯系秉承主席仁爱宽大之政策，拟订含有教育意义之惩处条例，实施战犯之审理，并改变其错误观念与思想，对其感导要点如下：（1）日本军阀穷兵黩武之错误；（2）日本军阀对此次战争应负之责任；（3）盟国为正义和平作战之意义；（4）三民主义之伟大；（5）联合国宪章及民主政治思想；（6）揭破日本伪造之神权历史，而授以实在史实，不枉不纵，在正义公理与民族情谊兼顾下，建立中日两国及世界之永久和平基础"。② 基于上述精神，国民政府主张"对日应高瞻远瞩，处理战犯宜从大处着眼，不必计较小节，并迅速结束战犯处理业务"。在此原则下，会议决定：（1）对日本普通战犯之处理，应以宽大迅速为主眼。已拘战犯，限1946年底审理，若无重大罪证者，予以不起诉处分，释放遣送返日；业经判刑之战犯，移交日本内地执行（后因盟军总部持异议，改在上海战犯监狱服刑）；其余战犯审查应于1947年底结束。（2）日本战犯案件，送经联合国战罪调查委员会远东及太平洋分会审查通过者，应即行逮捕，其已回日本者，应与盟军总部接洽引渡之。（3）与南京及其各地之大屠杀案有关之重要战犯应从严处理。（4）在远东国际军事法庭审判之战犯，其与我

---

① 参见刘萍《从"宽而不纵"到彻底放弃——国民政府处置日本战犯政策再检讨》，《民国档案》2020年第1期。
②《战争罪犯处理委员会1947年度工作报告》，秦孝仪主编：《革命文献》第109辑《日军在华暴行：南京大屠杀（下）》，国民党党史委员会编印，1987年，第284页。

国有关者暂不要求引渡。(5) 对于此次受降,日军负责执行之尽职人员而有战罪者之处理,待东京审判告一段落后再行决定。(6) 战争嫌疑犯中无罪证者,应尽速遣送回国。①

1948年1月22日,战犯处理委员会在其业务报告中,总结国民政府处理战犯的两个原则,即"(一) 罪行重大,(二) 罪证确凿"。关于此二原则之解释,战犯处理委员会决定:"(一) 直接犯罪而行为残酷者,可不必顾及数量;(二) 应负间接责任之战犯,罪行数必须斟酌"。②

1948年2月6日,国民政府委员会第21次国务会议决议,"日本战犯除罪大恶极者外,应停止引渡,汉奸案应停止检举,已检举者应尽速办结。查引渡战犯暂应告一段落,而其罪行不重大,或罪证欠缺者,免予追究一案。(一) 在我国监禁中尚未审结之日本战犯于本年六月卅日前全部审结,(二) 现由东京国际军事法庭审讯之甲级战犯对于日本侵华负有特殊显著责任者,如土肥原贤二、桥本欣五郎、板垣征四郎、畑俊六、东条英机、梅津美治郎、松井石根、岛田繁太郎及铃木贞一等九名,应饬我国驻该法庭检察官尽力检举主张从严惩治,(三) 其他日本战犯,除业经盟军总部要求引渡者外,不续请引渡战犯"。③ 驻美大使顾维钧在3月3日致外交部的电文中,称"前奉447号电以次要日犯我亦宜不再追究,是否现可不必向美方接洽。据探悉东京国际首席检察官KEENAN(季南)

---

① 《战争罪犯处理委员会对日战犯处理政策会议记录》(1946年10月25日),中国第二历史档案馆藏,战争罪犯处理委员会档案,22/162。
② 骆人骏:《战犯业务报告》(1948年1月22日),台北:"国史馆"藏,国民政府外交部档案,020/010117/0011。
③ 《行政院训令》,台北:"国史馆"藏,国民政府外交部档案,020/010117/0039/0085x。

建议释放战犯事先已得美国政府核准"。① 1949年3月31日,远东委员会第147次大会通过决议,建议各会员国"对乙级及丙级日本战罪嫌疑犯应尽可能在本年六月三十日以前检举完竣,本年九月三十日以前结束审判"。②

截至1947年12月20日,国民政府累计逮捕日本战犯嫌疑人2 435人,审结人数共计1 292人,其中判处死刑者共计110人,判处无期徒刑41人,有期徒刑167人,无罪283人,不起诉661人,不受理30人。③ 1949年4月,延续时间最长的国防部上海军事法庭宣布解散,至此,国民政府共审理战犯案件605件,涉案被告883人,其中判处死刑149人、无期徒刑83人、有期徒刑272人、无罪及其他379人。④

第三节　战犯审判的立法工作

二战结束后,盟国分别成立了纽伦堡国际军事法庭和东京国际军事法庭,分别审判德国和日本的战争罪犯。根据《纽伦堡国际军事法庭宪章》的规定,战争犯罪包括三种,即破坏和平罪、普通战争罪和反人道罪。远东国际军事法庭基本遵循纽伦堡法庭宪章确

---

① 《顾维钧致外交部电》(1948年3月3日),台北:"国史馆"藏,国民政府外交部档案,020/010117/0039/0092a。
② 《驻美大使馆代电》(1949年5月17日),台北:"国史馆"藏,国民政府外交部档案,020/010117/0038/0134a。
③ 《各军事法庭战犯审理情况表》(1947年12月20日),中国第二历史档案馆藏,国民政府行政院档案,十八/2602。
④ 『戦争犯罪裁判概史要』、法務大臣官房司法法制調査部1973年編刊、266—269頁。

立的原则,但是也有很多改进。①

传统的战争犯罪(conventional war crimes)是指违反战争法规及惯例的行为,当时的战争法规及惯例主要是指 1907 年的海牙公约和 1929 年的日内瓦公约,二者将针对俘虏和平民的伤害界定为违法行为,但这些条约没有规定如何处罚这些违法行为。二战后,"战争犯罪"的范围明显扩大,在传统的"战争犯罪"之外又新增了"反人道罪"和"破坏和平罪"。"反人道罪"弥补了传统交战法的缺失,其存在的理由则在于把对包括本国国民在内的"一般居民"所施行的行为也作为处罚对象。②

远东国际军事法庭审判的主要对象是甲级战犯,即犯有"破坏和平罪"的战犯,而在各盟国国内进行的审判,其对象主要是乙级或丙级战犯,其所犯罪行分别对应"普通战争罪"和"反人道罪"。实际上,国民政府的战犯审判过程中,并未严格区分甲乙丙级罪行。孟宪章对盟国处理战犯的检讨中也提到:"我国受理之战犯虽无甲乙丙三级之分,唯亦有主要战犯如南京大屠杀之主角谷寿夫、酒井隆、及港督矶谷廉介、师团长内田银之助等已受法律裁判。此外,病死狱中者,有华中派遣军司令官冈村直三郎大将。"③在实际战犯审判涉及法条解释的部分,判决书也曾对法庭管辖权有过详细的说明,如战犯米村春喜的判决书中特别提到:"按违反人道之

---

① 有关国际法详细的回溯以及《纽伦堡国际军事法庭宪章》与《远东国际军事法庭宪章》的关系,可参见何勤华等《纽伦堡审判与现代国际法的发展》,《江海学刊》,2006 年第 4 期;梅汝璈:《远东国际军事法庭》第一章第五节"国际军事法庭的管辖权",北京:法律出版社 2005 年版。
② [日]日暮吉延著,翟新、彭一帆译:《东京审判的国际关系——国际政治中的权力和规范》,上海:上海交通大学出版社 2016 年版,第 23 页。
③ 孟宪章:《盟国处理日本战犯之全面检讨》,《中国建设》第 7 卷第 1 期,1948 年,第 14 页。

行为,早为战争法规所禁止,我条例列为战争罪犯,严予处罚,实出人类正义所要求。外国军人于作战期间之犯罪,未经其本国军事审判,于战事结束,遣散集中后,即不能适用属人主义,而应适用世界主义、属地主义。故对于在我国之战争罪犯,适用我条例而为审判,自属公平。"①

国民政府审判日本战犯有一些案件涉及破坏和平罪的范畴。据统计,战后国民政府所属法庭对日本战犯嫌疑人起诉的案件中,包括助长侵略战争的案件28件,侵害主权、破坏内政、扰乱经济的案件13件,思想奴化、破坏文化的案件29件。② 其中,对战犯高桥坦的判决主因即华北事变的策划与实施,"被告在我华北参与策划并预备侵略战争之行为显系触犯九国公约及非战公约之规定,自应构成破坏和平罪,惟念被告身为副武官辅佐官,与主谋发动侵略战争之情形有别,量刑允宜酌减,原判处无期徒刑似无不合"。③ 对战犯福田良三的判决主因则是其勾结汪伪政府实施对华南的政治、经济、文化控制,"依法以违反国际公约支持对中华民国之侵略战争之罪,并以其任职期短,犯行尚轻,姑予从轻减处有期徒刑十五年"。④ 上述案件的起诉理由和判决已经超越一般意义上的常规战争犯罪的范畴,实际上是对破坏和平罪的追究,这是亚太地区其他乙丙级战犯审判法庭鲜少涉及的。

---

① BC级(中華民國裁判関係)上海裁判・第3号事件、『戰争犯罪裁判関係資料』、日本国立公文書館、平11-法務04271100。
② 『戰争犯罪裁判概史要』、法務大臣官房司法法制調查部1973年編刊、267—268頁。
③ 《顾祝同呈蒋中正日本战犯高桥坦依法判处无期徒刑》(1948年6月15日),台北:"国史馆"藏,蒋中正"总统"文物档案,002/020400/0005/2137。
④ 《顾祝同呈蒋中正日本战犯福田良三案处以有期徒刑十五年》(1948年8月10日),台北"国史馆"藏,蒋中正"总统"文物档案,002/020400/0005/2141。

第三章　国民政府战犯处理的政策与法规　　　　　　　　　　　　　　119

原则上，对于远东国际军事法庭审判的战犯，如果中国政府认为不满意，且提出犯罪事实证据，也可以提请引渡至国内审判。据驻日代表团朱世明的电文，"闻东京国际法庭起诉战罪犯范围仅限于：(1) 违反和约、(2) 违反战争规约、(3) 违反人道等三种，我方对于东条英机、畑俊六、板垣征四郎、土肥原贤二及桥本欣五郎等在国际法庭审判之结果认为有不满意之处时，得提出上项三种犯罪以外之事实及理由有请求引渡我方另行审判之权"。①当然这是一种理论上的可能，实际并未付诸实践。

审判日本战犯对国民政府而言，可谓既无先例可援，又乏成法可依。日本投降后，国民政府考虑到，"我国对战犯之处理系属创举，对国际法等有研究之法官为数甚少，故对战犯处理程序及一切措施，多不熟练，处置稍有不当，反予国际不良之批评，为使今后各法庭处理战犯一致起见，须有确定对处理战犯之方针，俾使各级法庭有所准据"。②故国民政府国防部军法处"经搜集有关国际战争各种法规、条约及此次大战同盟处理战犯之协定、文告、规章等有关文献，分别予以整理、翻译、汇编两辑，印发各军事法庭，以为引用国际法之依据，并作审理时之参考"。③同时，"特请国内法律专家名流会同拟订战争罪犯审判条例呈奉国民政府核准公布施行，俾各地军事法庭有所准据而划一量刑"。④

---

① 《朱世明电蒋中正》(1946年4月25日)，台北："国史馆"藏，蒋中正"总统"文物档案，002/090300/00152/210。
② 《战争罪犯处理委员会对日战犯处理政策会议记录》(1946年10月25日)，中国第二历史档案馆藏，战争罪犯处理委员会档案，22/162。
③ 《国防部军法处处理战犯工作报告》(1946年12月)，中国第二历史档案馆藏，国民政府行政院档案，十八/2602。
④ 《战犯处理工作报告书》(1947年)，中国第二历史档案馆藏，国民政府行政院档案，十八/2602。

国民政府于1945年12月通过《战争罪犯处理办法》，同时制定了《战争罪犯审判办法》，但上述两项办法均比较简略。1946年1月，国民政府又通过了《战争罪犯审判办法实施细则》，以确保各地军事法庭的审判工作在法定程序上有所凭借。由于中国自身经验不足，且可借鉴的国际成例有限，加之时间仓促，制订的各项法规在各地军事法庭执行时出现了一些问题。主要表现为原则性较强，但是对操作上具体的程序与规范仍欠明确，这给审判工作带来了一定的困难。为此，国防部迅速与司法行政部、外交部、行政院秘书处协商，对相关法规进行修订，于1946年8月制定了《战争罪犯审判办法修正草案》，该草案是由司法行政部刑事司司长杨兆龙①负责，倪征㊄协助，后经法律专家审议后，提交国防最高委员会、立法院审议通过。② 该草案经修正后定名为《战争罪犯审判条例》，于10月23日以国民政府令的形式发表并于公布之日起生

---

① 杨兆龙(1904—1979)，字一飞，毕业于燕京大学和东吴大学，后赴美留学，获哈佛大学法学博士学位，通晓英、法、德、意等多国外语，对大陆、英美两大法系均有精深造诣，回国后历任推事、律师、宪法起草委员会和资源委员会专员、代理最高检察长等职，曾草拟《国家总动员法》《战争罪犯审判条例》等法律，曾当选为中国比较法学会会长、刑法学会会长、国际刑法学会副会长等职，被荷兰海牙国际法学院评选为世界范围内50位杰出法学家之一。参见陈夏红《政法往事：你可能不知道的人与事》，北京：北京大学出版社2011年版，第179页。
② 据国防部军法处报告，"审判办法"及其"实施细则"施行以来，其中亦不无应加补充修正之处，当经该处会同有关机关依据当前情形察酌实际需要，将战争罪犯审判办法及其施行细则合而为一，并予补充修正拟定"战争罪犯审判条例"，送立法院审议通过。参见《国防部军法处处理战犯工作报告》(1946年12月)，杜继东主编：《中华民国时期外交文献汇编(1911—1949)》第9卷(上)，北京：中华书局2015年版，第441页。

效。① 据杨兆龙1947年访问联合国战罪委员会的报告称："该会对于我国去年公布施行之《战争罪犯审判条例》甚为满意，认为与该会政策及国际法之最近发展不谋而合。"②

国民政府制定战犯审判法规经历了一个探索的过程，尤其是早期审判实践中遇到的问题，在此后的修订中都做了完善。1946年8月15日，记者采访司法行政部部长谢冠生及刑事司司长杨兆龙，得悉当时各地军事法庭已开始侦讯，"但此项问题之最大困难，在缺乏成法可资引用遵循，故已由本部汇集各项资料，并依国际法之原则草就'战争罪犯审判办法'，作为审讯战犯之根据，并已经该委会数次开会讨论，不日即可定稿。"③当时各地已经开始审判战犯，但《战争罪犯审判条例》在1946年的10月、1947年7月又进行过修订，可见审判实践有助于法规的修订完善。

关于国民政府对于战犯审判立法工作的过程，武汉军事法庭审判官高啸云曾缕述如下："1945年底，国民政府组织制定《战争罪犯处理办法》十五条，于1946年1月颁行，作为处理执行之规程。又订有《战争罪犯审判办法》十二要点，以明确战犯之范围、罪行之种类、审判之规则及应适用刑事法令，而为组织审判之依据。嗣将该审判办法修正为战争罪犯审判条例，计三十五条，于1946年10月24日公布施行。又鉴于各地战犯案件之侦查、处分、审判及报

---

① 本节以下内容参考资料全部来自《战争罪犯审判办法》(1945年12月)、《战争罪犯审判办法施行细则》(1946年1月)、《战争罪犯审判条例》(1946年10月23日)，王建朗主编：《中华民国时期外交文献汇编(1911—1949)》第9卷，北京：中华书局2015年版，第415—424页。
② 郝铁川、陆锦碧编：《杨兆龙法学文选》，北京：中国政法大学出版社2000年版，第345页。
③ 《我审判战犯办法司法行政已草就即定稿》，《申报》，1946年8月16日，第2版。

核尚无规章可资遵守,复于1947年3月颁发《战犯案件处理期限规则》十六条,从此战争罪犯之审判,不致茫无头绪,漫无限制,而有所准绳,有期结束,且一切进行,皆须与普通司法之程序法,无稍差意,有条不紊矣"。①

关于国民政府审判战犯的适用法律,《战争罪犯审判条例》中规定:"战争罪犯之审判及处罚,除使用国际公法外,使用本条例之规定。本条例无规定者,适用中华民国刑事法规之规定。适用中华民国刑事法规时,不论犯罪者身份,优先适用特别法(特别法无规定再适用普通法)。"②国内法主要是刑法,审判适用的国际法主要包括:《海牙陆战法规及惯例条规》、《战时海军轰击条约》、1922年《潜水艇条约》、《日内瓦红十字会条约》、《战时俘虏待遇条约》、《国际禁烟公约》等国际法。③ 此外,还有国际上关于违反和平罪的相关条约,主要是国际公法及惯例、国际联盟盟约、九国公约、凯洛格非战公约、1907年在海牙签订的解决国际争议之和平方法约章、1907年在海牙签订之海牙和约第三章关于敌对状态开始的规定等。④ 上述法律都在审判条例的援引之列。

《战争罪犯审判条例》详细规定了法庭的管辖权、法庭的组成、审判程序、适用法律等,从而形成兼具严密性与可操作性的审判条例。法规的主要内容及特点如下:

---

① 高啸云:《审判战犯工作之检论》,汉口《和平日报》,1948年3月16日,第2版。
②《国民政府关于战犯审判条例》,胡菊蓉编:《南京大屠杀史料集 南京审判》,南京:江苏人民出版社、凤凰出版社2006年版,第30页。
③《国民政府关于战犯与国际战争法》,胡菊蓉编:《南京大屠杀史料集 南京审判》,南京:江苏人民出版社、凤凰出版社2006年版,第12—15页。
④《国民政府对日主要战犯土肥原贤二等三十名的起诉书节录》,胡菊蓉编:《南京大屠杀史料集 南京审判》,南京:江苏人民出版社、凤凰出版社2006年版,第15—18页。

第一,明确了战犯的概念。条例规定具有下列情形之一者为战争罪犯。

　　1. 外国军人或非军人,于战前或战时违反国际条约、国际公约或国际保证,计划、阴谋、预备发动或支持对中华民国之侵略,或其他非法战争者。

　　2. 外国军人或非军人,在对中华民国作战或有敌对行为之期间,违反战争法规及惯例直接或间接实施暴行者。

　　3. 外国军人或非军人,在对中华民国作战或有敌对行为之期间,或在该项事态发生前,意图奴化摧残或消灭中华民族而:(1)加以杀害、饥饿、歼灭、奴役、放逐。(2)麻醉或统制思想。(3)推行、散布、强用或强种毒品。(4)强迫服用或注射毒药,或消灭其生殖能力,或以政治种族或宗教之原因而加以压迫虐待,或有其他不人道之行为者。①

战犯概念的明确化,使战犯审判机关在确定战犯时有法可依,易于操作,既提高了效率,也保证了办案的准确性。

第二,对普通战争罪即违反战争法规及惯例,直接或间接实施暴行的犯罪行为做了详细规定。国民政府在1944年1月伦敦会议制订并通过的战争罪行34项的基础上,结合日军在华战争罪行的特点重新做了调整和修订,列入了施放毒气、发行伪钞等罪行,增加了对中国文化财产的破坏和掠夺。具体行为包括:"1. 有计划之屠杀谋杀或其他恐怖行为。2. 将人质处死。3. 恶意饿死非军人。4. 强奸。5. 掳掠儿童。6. 施行集体刑罚。7. 故意轰炸不设防地区。8. 未发警告,且不顾乘客与船员之安全而击毁商船或客船。

---

① 《战争罪犯审判条例》(1946年10月23日),中国第二历史档案馆藏,国民政府行政院档案,十八/2773。

9. 击毁渔船或救济船。10. 故意轰炸医院。11. 攻击或击毁医院船。12. 使用毒气或散布毒菌。13. 使用非人道之武器。14. 发布尽杀伤无赦之命令。15. 在饮水或食物中置毒。16. 对非军人施以酷刑。17. 诱拐妇女,强迫为娼。18. 放逐非军人。19. 拘留非军人加以不人道之待遇。20. 强迫非军人从事有关敌人军事行动之工作。21. 军事占领期间有僭夺主权之行为。22. 强迫占领区之居民服兵役。23. 企图奴化占领区居民或剥夺其固有之国民地位权利。24. 抢劫。25. 勒索非法或过度之捐款与征用。26. 贬抑货币价值或发行伪钞。27. 肆意破坏财产。28. 违反其他有关红十字会之规则。29. 虐待俘虏或受伤人员。30. 征用俘虏从事不合规定之工作。31. 滥用休战旗。32. 滥用集体拘捕。33. 没收财产。34. 毁坏宗教、慈善、教育、历史建筑物及纪念物。35. 恶意侮辱。36. 强占或勒索财物。37. 夺取历史艺术或其他文化珍品。38. 其他违反战争法规或惯例之行为,或超过军事上必要程度之残暴,或破坏行为,或强迫为无义务之事,或妨害行使合法权利。"[①]

  第三,对审判战犯法庭的组成与设置、法庭军法官和军法检察官的推荐与任命、军法检察官的权限、被告的辩护权和法庭搜查权的行使以及审判公开等做了具体的规定。(1)日本战犯,除应由东京特设法庭审判者之外,依本办法审判;(2)日本战犯由陆军总司令部或战区司令长官部等设置军事法庭进行审判;(3)军事法庭之军法审判官(五人)和军法检察官(一人),分别由所属军事机关和省区高等法院遴选,分别报请军政部、司法行政部,提请战争罪犯处理委员会,呈请军事委员会委员长任命;(4)军事法庭所属之军

[①]《敌人罪行种类统计对照表》,中国第二历史档案馆藏,战争罪犯处理委员会档案,22/246。

事机关及所在省区高等法院,准备适当人选,在军法审判官或军法检察官因故缺席时补充之;(5)军事检察官执行职务时,适用刑事诉讼法中关于检察职权的规定;(6)被告须依照中国律师法选任律师为辩护人出庭辩护,其未选任者,应由法庭所在地法院公设辩护人为之辩护,无公设辩护人设置时,由审判长指定律师充之;①(7)战犯案件概由军法检察官提起公诉;(8)法庭的辩论和宣判,应公开进行;(9)机关团体或地方人民,可于审判时推派代表到庭陈述意见;(10)军事法庭必要时可派军法审判官三人及军法检察官一人,赴犯罪地就地审判。

第四,对战犯审判一般程序的规定。法庭接受案件以后,由主任书记官将案件分给承办的检察官进行侦查;检察官侦查后,认为有战犯嫌疑的,经起诉后,再由主任书记官分给承办的审判官,经审判官调查后呈交审判长,再作定期公审;如检察官认定被告不予起诉,则将被告开释,交港口司令部集中,遣送回国。被告无论判有罪、无罪或不起诉,都要经国防部核准后,或送战犯监狱执行,或遣送回国,要案更须经国民政府主席核准、批复。所有案件最终决定权在国防部,法庭只是依照战犯审判条例和刑事诉讼法所规定的程序办理案件。

上海军事法庭庭长刘世芳曾对媒体详细报告审判程序:"普通军事法庭系采用国际公法、陆海空军审判法、特别刑诉法、刑法等,

---

① 在实践中,国民政府不断完善审判条例,尤其是对被告权益的保障。具体到法庭审判过程中的翻译配置,战犯处理委员会曾有讨论,军法庭审判时常有审判长与战犯间翻译者未能达意,可否由战犯自带翻译? 常会决议:军事法庭审判战犯时经审判长许可并依法具结得由战犯自带翻译。参见《战犯处理委员会第四十六次常会会议记录》(1946年10月15日),王建朗主编:《中华民国时期外交文献汇编(1911—1949)》第9卷,第428页。

惟本法庭审判程序，为陆海空军审判法、刑事诉讼法。故必须先由检察官开庭侦查，查有相当犯罪证据，提起公诉，再行公开审判。侦查时不公开，审判时，各被告可依法延请律师或由军事法庭指定义务律师为之辩护，一切辩论宣判完全公开。审理中，凡是人民团体均可派代表陈述意见，此为刑诉法所无，特为民众发表意见而创设。战犯受判决后，即呈报军事委员会核定，再加以执行"。①

第五，对犯罪行为的追诉期限做了明确规定。《战争罪犯审判条例》规定普通战争罪的发生时间为1931年9月18日以后至1945年9月2日以前。但关于战犯规定的第二条（类似于破坏和平罪）中的第一款及第三款（类似于反人道罪）的行为，虽发生在1931年9月18日以前，亦可追诉。

第六，犯罪责任不可免除事项的规定。《战争罪犯审判条例》规定，战犯不因下列事由而免除其责任：(1)犯罪之实施系奉其长官之命令；(2)犯罪之实施系执行其职务之结果；(3)犯罪之实施系推行其政府既定之国策；(4)犯罪之实施系政治性之行为。此项规定十分重要，否则，战犯就会以所犯罪行并非主观意志，而是奉命行事等为由，将责任层层上推，最后不了了之。相比于审判对象主要为高职级战犯的东京审判，该原则对审判对象主要为下级军官和宪兵的乙丙级别战犯审判意义更大。同样，对于指挥者责任，《战争罪犯审判条例》规定，处于监督指挥地位的战犯，"就其犯罪未尽防范制止之能事者，以战争罪犯之共犯论"。②

第七，对各项罪行具体量刑的规定。对犯有破坏和平罪和反

---

① 《审讯日战犯　上海方面今日开始侦查　审判时人民可陈述意见》，上海《大公报》，1946年3月20日，第4版。
② 《战争罪犯审判条例》(1946年10月23日)，中国第二历史档案馆藏，国民政府行政院档案，十八/2773。

人道罪的战犯,处死刑或无期徒刑。对犯有普通战争罪具体罪行"第一款至第十五款之行为者,处死刑或无期徒刑";"第十六款至第二十四款之行为者,处死刑、无期徒刑或十年以上有期徒刑";"第二十五款至第三十七款之行为者,处无期徒刑或七年以上有期徒刑";"第三十八款之行为者,处无期徒刑或七年以上有期徒刑,情节重大者处死刑";"第四款之规定者,依各该刑事法规所定之刑罚处断"。①

第八,加强对各军事法庭判决结果的审核。《战争罪犯审判条例》规定,各地法庭有罪判决之案件,须报请国防部核准后执行,但处死刑或无期徒刑者,要由国防部呈请国民政府主席核准后执行。国民政府主席或国防部认为原判决违法或不当者,得发回复审;认为处刑过重者,得减轻其刑。② 孟宪章在1948年撰文检讨盟国对日本战犯的处理,曾特别提到:"我当局对于战犯审判,对证据之搜集,及审判程序,务求审慎,每一判决,必须检同全部案件送国防部复核,如有证据不足,程序不合者,均发还复审。"③

复审对于规范地方法庭的战犯审判具有重要意义。1947年5月8日,战争罪犯处理委员会第65次常会讨论复审程序,"查国府或国防部对于各审判战犯军事法庭判决,如认为有违法或不当者,依战争罪犯审判条例第33条第2项之规定,得发回复审。又依本会第62次常会议决案,凡发回更改判决之案件,应遵照核示意旨依复审程序办理。以致国府及国防部之权力大受限制,不能直接

---

① 《战争罪犯审判条例》(1946年10月23日),中国第二历史档案馆藏,国民政府行政院档案,十八/2773。
② 《修正战犯审判条例》,《法声》第115期,1947年,第2页。
③ 孟宪章:《盟国处理日本战犯之全面检讨》,《中国建设》第7卷第1期,1948年,第14页。

更改判决，流弊殊多：1. 在法定范围内量刑过重，不能发还复审。2. 发回复审案件如法庭仍固执己见，不遵照核示办理，事实上不易处置。3. 最高统帅部对战犯案件不能权宜处决，以配合政策。4. 无重大变更之案件皆须经复审程序，似多浪费且无必要。现已由国防部代电立法院，请将上述有关条文予以修正，并得减轻或变更判决主文，但不得加重之。"①10月17日，战争罪犯处理委员会第76次常会决议，赋予国防部复审直接改判的权力："查各军事法庭判决呈核之战犯案件，凡事实未明或论罪不当之判决，向系发还复审。兹因各法庭撤销在即，嗣后关于论罪失当之轻刑案件，如事实已明者，拟迳予改判，以免往返辗转费时。"②国防部有复审的权力，但没有改判的权力，意味着国防部有监督职能，但不能直接介入各军事法庭的司法审判。但到审判后期，为提高效率，战犯处理委员会赋予国防部直接改判的权力。

　　严格的审判程序保证了审判的有序进行，但是也应该看到国民政府处理战犯条例中存在的一些缺失。1946年1月19日，盟军最高统帅部先后公布《远东国际军事法庭组织法》《远东国际军事法庭诉讼规则》，对法庭的审判程序、证据采纳及司法认定等技术性细节均有详细的规定。与远东军事法庭相比，国民政府审判战犯条例的法庭组织及审判程序较为清晰，但是技术性细节没有严格的规定，予法庭以相当的自主权。

---

① 《战犯处理委员会第六十五次常会记录》（1947年5月8日），中国第二历史档案馆藏，战争罪犯处理委员会档案，22/167。
② 《战争罪犯处理委员会第七十六次常会记录》（1947年10月17日），台北："国史馆"藏，国民政府外交部档案，020/010117/0045/0092。

第四章 战后对日审判的相关工作

以往关于乙丙级战犯审判的研究大多将眼光局限于法庭审判,未能将罪行调查、战犯检举、战犯的逮捕和引渡、审判与执行等战犯惩处的各个环节视为一个有机联系且相互影响的整体加以考察,亦未能真正回到国民政府对日本战犯惩处的历史场景中去,故而对国民政府惩处日本战犯的特殊性缺乏充分的认识,在此基础上所做的评价难免有"隔阂肤廓之论"。确定战犯嫌疑人并抓捕到案是审判得以进行的前提条件。本章意在重建战后审判日本战犯的前期准备及配套工作,主要包括战犯名单的确定、战犯的检举、战犯的逮捕与引渡、战犯的拘留与移解。

第一节 战犯名单的确定

战犯名单的确定是战犯惩处过程中的重要环节。司法行政部刑事司司长杨兆龙曾详细介绍战事罪犯案处理的程序:"盖每个嫌疑战犯,第一步经人具结告发,战罪室即发出罪行调查表一份,由原告发人负责填报(如已附陈罪行则不必重填),第二步为并案,即嫌疑犯如有前案时,则予并案,无则另案登记。第三步为初审,以法律观点判断其触犯之法条,第四步为呈请通过,重者需经外交部译送联合国战罪委员会远东分会,轻者则送国防部,转战争罪犯处理委员会审查通过。第五步已通过之案件送还,全卷存司法行政部中编列名单,请政府通令逮捕,于必要时,请盟军军事机关协助逮捕,并予引渡。第六步逮捕到案,即将部存案卷寄出,依卷审理。"[①]另据司法行政部的报告,战犯名单的整理程序是"依例于作成审查表后连同证据送由外交部译转远东分会审查通过成立,再由该会印发英文战犯名册送交前军令部,现国防部第二厅校译中文印送各军事机关按名逮捕"。[②] 战犯名单的确定是战犯逮捕和审判的前提条件,而战犯名单的确定与战罪证据调查又密不可分。

国民政府的战犯名单前后有多个版本,随着国民政府对战犯惩处认识的变化而不断变化。大致而言,战犯名单前后有三次变化:最早是向联合国战罪委员会提交的战犯名单;战后开始拟定提交远东国际军事法庭审判的战犯名单;最后逐步成型的是战后提供给各地军事机关作为逮捕战犯依据的名单。

虽然国民政府高层及外交部在 1943 年就已经意识到战后要分别组织国际及国内军事法庭审判日本战犯,但是作为前期工作的不同级别战犯名单的制定工作却没有得到有效推进,直到抗战胜利后,国民政府才意识到这项工作的紧迫性。

1945 年 6 月 7 日,关于拟定日本主要战事罪犯名单事,敌人罪行调查委员会决议,"由司法行政部负责拟定主要战争犯名单,由

[①]《处理战犯案程序》,《益世报》,1946 年 10 月 7 日,第 1 版。
[②]《引渡日本战犯审查报告》(1946 年 10 月),台北:"国史馆"藏,国民政府外交部档案,020/010117/0046/0117x。

各机关协助搜集资料"。后司法行政部召集有关机关商讨,决定依照军令部所编名单,就陆军方面先编定百名,并派司法行政部秘书王建今负责编拟,交由外交部译成英文,提送远东分会。① 但此后该项工作进展不大,外交部在催促司法行政部加快战犯名单拟定工作的电文中提到:"联合国战罪审查委员会八月一日例会,主席提出惩治日本战争罪犯问题,认为我国办理迟缓,呈请我方迅速提出日本主要战罪犯名单,并谓拟于两周内开会检讨整个局势等情。查对日战事结束之日为期不远,惩治战罪问题极形迫切,而我国尚未提出日本主要战罪犯名单,经总会一再催询,前经本部于七月二十日函达查照在案。该项名单拟请迅速拟定并盼能将提送日期函复。"②

为尽快确定日本战犯名单,国民政府召开了多次会议,就此前调查所获的初步名单进行讨论。抗战胜利之初,国民政府对确定主要战犯的标准仍未明确,负责编译战犯名单的部门嘱外交部向驻英大使探询,该电文称:"查联合国战罪总会历次会议记录及报告类皆依据法律说明主谋战争或命令部下犯罪之主要战罪犯必须另列名单,并未论及编列之标准及范围。查主要战罪犯编列名单,系一九四四年九月二十六日联合国战罪总会第卅三次常会一致决定。此决议案中有云,依据一九四三年十一月一日莫斯科宣言,主要战罪犯系所犯之罪行无一定地域性者,均应列入战罪犯名册,并迳由委员会编列,无须等候任何国家之发起。又该类罪犯之罪行,系举世昭著者足以确定其为罪犯资格,无须一一详列云。似此编

---

① 《拟定日本主要战事罪犯名单会议》,台北:"国史馆"藏,国民政府外交部档案,020/010117/0003/0081x。
② 《外交部亚东司函司法行政部》(1945年8月11日),台北:"国史馆"藏,国民政府外交部档案,020/010117/0003/0009x。

列主要战罪犯名单之办法及范围,或系各国自订。"①该电文显示,国民政府此前的工作缺乏主动性,被动依赖总会的指示,直到此时才意识到战犯名单之拟定办法或许应该由本国自订。

1945年9月11日上午,由国民党中央党部秘书处、司法行政部、军令部、中宣部、政治部、国际问题研究所联合发出通知,在外交部会议室召开讨论战犯名单会议,会议由外交部次长刘锴主持,参加者有中央党部秘书处郑彦棻、中宣部罗克典、军令部蒋硕英、政治部梁容浔、司法行政部汤宗舜、国际问题研究所潘世宪,以及外交部王化成、林定平、杨觉勇。会议商讨之问题如下:

　　一、关于日本主要战事犯之政治罪犯部分,因其有关各同盟国家,且亦有关我国对日政策,不能不特别慎重,由司法行政部谢部长负责请示委员长,委员长复交由本部核议,故特约请各有关机关派代表审慎商讨决定以便呈复委座核定。

　　二、对于如何决定政治罪犯现在似应先决定原则,兹拟定原则三项请各位代表详加研讨发表意见:(1)凡发动主谋并领导侵略战争之责任者;(2)在经济外交及政治方面协助侵略战争者;(3)主张并鼓动侵略思想者。

　　三、原则决定后,照谢部长编拟呈请委座核示之政治罪犯名单及本部补充名单,按名提出讨论,是否合乎原则,然后分别决定取舍,由本部录案呈复委座。

---

① 《关于主要战罪犯名单之编订办法及其范围项》(1945年9月4日),台北:"国史馆"藏,国民政府外交部档案,020/010117/0003/0078x。

四、委座核定发下后，请司法行政部迅速编定送交本部翻译，以便提送远东分会。①

会议提出的名单包括日本陆军罪犯、海军罪犯、政治罪犯等类别，第一批陆军罪犯96名，第二批海军罪犯34名，第三批政治罪犯48名。其中政治类共48名，包括近卫文麿、杉山元、板垣征四郎、米内光政、广田弘毅、有田八郎、贺屋兴宣、池田成彬、荒木贞夫、中岛知久平、平沼骐一郎、石渡庄太郎、阿部信行、青木一男、畑俊六、樱内幸雄、松冈洋右、东条英机、丰田贞次郎、小仓正恒、东乡茂德、野村吉三郎、谷正之、小矶国昭、中岛寿一、天羽英二、十河信二、河田烈、白鸟敏夫、广濑久志、星野直树、大谷光瑞、鲇川义介、川越茂、西田税、南次郎、林铣十郎、芳泽谦吉、驹井德三、岸信介、中西毓宪、田中国重、菊池武夫、早泽玉成、吉冈文六、高石真五郎、笹川良一、甘粕正彦。② 9月11日会议上确定的政治犯名单大致上相当于后来的甲级战犯。因为伦敦会议明确"针对和平的犯罪"这一概念是在1945年9月初，故而中国政府在拟定战犯名单时并未使用甲级战犯与乙丙级战犯的概念。

9月20日下午，各机关再次召开讨论战犯名单的会议，会议由行政院秘书长蒋梦麟主持，决定日本政治罪犯选列办法："1. 九一八之军政负责人及促成伪满者。2. 七七之军政负责人及促成伪宁伪蒙者。3. 在新闻杂志界一向主张侵略主义者。4. 注意政治上之关系斟酌决定。"9月11日所提名单决定列入者计32名，另外补

---

① 《拟定日本主要战事罪犯名单会议》，台北："国史馆"藏，国民政府外交部档案，020/010117/0003/0081x。
② 《日本主要战争罪犯名单》，台北："国史馆"藏，国民政府外交部档案，020/010117/0003/0011。

充者计南次郎等16名,共计48名。会议做出两点决定:其一,将已译送战罪会远东分会两批战罪犯134名之名单呈委员长阅;其二,将外交部召集有关机关及专家研议决定之日本政治罪犯48名之名单呈委员长核。① 9月25日,蒋介石电国防最高委员会秘书长王宠惠,要求一周内提交拟具的战犯名单,同日,还对军委会副参谋总长程潜、行政院秘书长蒋梦麟发出了同样的手令。②

10月1日,各机关召开决定战犯名单的会议,根据9月29日讨论日本战争罪犯名单会议议决的军令部第二厅拟定的主要日本战犯37名,提出本日会议逐名检讨决定以便呈核。陶希圣来函提出意见三项:"1. 第一批战犯名单人数宜少,以包括九一八以来军政经文等方面之主要者,不可多列,至在华作战战犯宜从缓提出,以免影响受降之进行。2. 近卫文麿等刻主持投降不宜列于名单之前茅。3. 宜列政治内幕及文化界数人以当宣传作用而对日本思想上予以打击。"本次会议决定第一批名单37人,第二批名单58人。③ 10月5日,又拟具三批日本战犯名单。

10月14日,蒋介石手定第一批重要战犯名单,仅圈定12人。据蒋介石手稿,先列出了20人,然后又用笔按顺序标出12人,12人名单具体如下:① 土肥原贤二,② 本庄繁,③ 谷寿夫,④ 桥本欣五郎,⑤ 板垣征四郎,⑥ 矶谷廉介,⑦ 东条英机,⑧ 和知鹰二,⑨ 影佐祯昭,⑩ 酒井隆,⑪ 喜多诚一,⑫ 畑俊六。20人名单中未

---

① 《拟定日本主要战事罪犯名单第二次会议记录》(1945年9月20日),中国第二历史档案馆藏,战争罪犯处理委员会档案,22/158。
② 汪正华编:《蒋中正"总统"档案·事略稿本》(62),台北:"国史馆"2011年版,第665—669页。
③ 《决定日本战争罪犯名单会议记录》(1945年10月1日),中国第二历史档案馆藏,战争罪犯处理委员会档案,22/158。

列入的其余 8 人为：梅津美治郎、多田骏、秦彦三郎、小矶国昭、大谷光瑞、阿部信行、南次郎、甘粕正彦。①

10 月 27 日，蒋介石电令外交部次长甘乃光，指示日本侵华主要战犯应将上述 12 人提出，"其余即将联合国审查委员会远东分会第一号日本战犯名册提出，并与行政院会商办理可也"。② 由此函可知，蒋介石确立的首批主要战犯名单是 12 人，但并不限于这 12 人。据讨论日本战争罪犯名单第三次会议，"委座批示第一批首要战争罪犯，其余由军令部、军政部、外交部、司法行政部、远东分会五机关讨论决定提出。另加行政院秘书处"。③

不久，国民政府又向美方提交了第二批战犯名单，对此，外交部在 12 月 18 日做了一个说明："此名单系战犯处理委员会议决作为第二批主要战犯呈请委员长核准后，即由本部通知美方代为逮捕。"名单上有：南次郎、荒木贞夫、近卫文麿、平沼骐一郎、阿部信行、米内光政、小矶国昭、岛田繁太郎、广田弘毅、松冈洋右、东乡茂德、梅津美治郎、松井石根、寺内寿一、牟田口廉也、河边正三、谷正之、山田乙三、有田八郎、青木一男、末次信正、西尾寿造 22 名，其中因近卫已自杀，实为 21 名。④1946 年 1 月 9 日，蒋介石电令王世杰将第二批名单交予美方。国民政府第一批提交的战犯名单是 12 人，第二批是 21 人，故通过正式渠道提交的两批名单计 33 人。在

---

① 《蒋委员长条示日本军阀侵华主犯名单手稿》，秦孝仪主编：《中华民国重要史料初编——对日抗战时期》第 2 编"作战经过"(4)，台北：中国国民党中央委员会党史委员会 1981 年 9 月编印，第 417 页。

②④ 《日本主要战争罪犯名单》，台北："国史馆"藏，国民政府外交部档案，020/010117/0003/0011。

③ 《讨论日本战争罪犯名单第三次会议记录》，中国第二历史档案馆藏，战争罪犯处理委员会档案，22/158。

1946年10月的战犯处理委员会政策会议上,白崇禧称其"在渝参加中枢对重要战犯审查会议时,主管机关各提名单百余,而奉主席批准核列者仅三十余名"。① 此处30余名战犯即提交盟军总部的甲级战犯名单。

另据外交部亚东司杨觉勇1946年1月7日的一份电文,"查一九四三年十一月一日,莫斯科宣言规定,主要战犯应由国际法庭审判。其罪行并无特殊地域之区分。重要战犯则显然不同,系由犯罪所在地国家处理。我方此次拟提之第二批主要战犯名单,与第一批主要战犯本庄繁等十二名名单性质相同,而与第一批重要战犯名单不同。(查第一批重要战犯经远东分会通过者九十六名,系重要战犯名单,当时误译为主要战犯)是故我方前所提之重要战犯再列为主要战犯提出实非重复。(例如梅津美治郎已列在第一批重要战犯名单中)理合将梅津美治郎等列为主要战犯情形签请"。② 国民政府从最初的重要战犯名单中分两批选出33人作为主要战犯,主要战犯名单由驻日代表团转递盟军总部,所以主要战犯名单33人可以理解为国民政府提请远东国际军事法庭审判的甲级战犯嫌疑人。

除第一批和第二批列入主要战犯名单者以外,国民政府公布的重要战争罪犯名单还有百余人。1945年10月4日由行政院院长宋子文签发的《关于审查日本主要战犯名单案》列出第一批军事部分100名,第二批军事部分34名,并说明"关于军事部分之主要战罪犯尚有三十余名(内包括空军罪犯)正由外交、军令、司法三部

---

① 《战争罪犯处理委员会对日战犯处理政策会议记录》(1946年10月25日),中国第二历史档案馆藏,战争罪犯处理委员会档案,22/162。
② 《杨觉勇电》(1946年1月7日),台北:"国史馆"藏,国民政府外交部档案,020/010117/0003/0191x。

详查犯罪事实后再行提出；嗣后如有陆续发现战罪犯即随时提出；以上均系日本之主要战罪犯名单，至普通战罪犯由司法行政部陆续审查移送外交部译送联合国战罪审查委员会远东太平洋分会审查"。① 可见国内法庭审判的普通战罪犯不在上述重要战犯名单中，而是另由司法行政部提交联合国战罪委员会审查通过后，交军事机关实施逮捕。

1946年3月29日战犯处理委员会的一份统计显示："主要战犯名单第一批计十二名，第二批计廿一名，系循外交途径，由美政府转致麦克阿瑟总部，除板垣征四郎在马来被美监禁，喜多诚一在东北被苏缉获，酒井隆在北平就逮，与本庄繁自杀外，其余均在日本国内分班逮捕及拘审中。普通战犯名单已经军事委员会通令颁发者八批，计第一批127名，第二批129名，第三批67名，第四批37名，第五批84名，第六批88名，第七批186名，第八批47名，合计765名。战犯处理委员会积极审校即待颁发者计第九批107名，其余尚在提列战犯名单中。"②这份统计资料是将主要战犯与普通战犯分别开列的。1946年5月2日，军委会副总参谋长程潜致电蒋介石，称："战犯范围尚无明文规定，主张以国际法庭日本战犯罪证调查小组搜集战罪证据标准所列举者为范围。"③可见此时军方对战犯范围仍未最终划定。1946年6月25日，战犯处理委员会第31次常会报告，截至该日，国民政府已发布10批战犯名单，共计

---

① 《日本主要战争罪犯名单》，台北："国史馆"藏，国民政府外交部档案，020/010117/0003/0011。
② 《战争罪犯处理现况表》(1946年3月29日)，台北："国史馆"藏，国民政府外交部档案，020/010117/0042/0120x。
③ 《程潜电蒋中正》(1946年5月2日)，台北："国史馆"藏，蒋中正"总统"文物档案，002/090105/00015/235。

935名,已被逮捕者仅53名;经人民检举并被逮捕者共1480名,其中仅153人被列为正式战犯,而徐州、郑州、广州、东北等地被民众检举的日俘日侨中尚无一人被列为正式战犯。①

据司法行政部1947年10月的报告,战犯名单整理的具体情况如下:原有的战犯名单共有两大类。另一类是提交联合国战罪委员会远东分会通过的重要战犯名单。远东分会于1947年3月31日正式解散,分会存在期间,总共举行了38次会议,通过战犯名单26批,罗列3 228名战犯。另一类是由战犯处理委员会通过的次要战犯名单,该类名单又分两类:一是该会通过的"京"字名册共30批计战犯4 140名,二是在受降期间,各地自行受理而逮捕之战犯,由军事法庭报经国防部军法处转知司法行政部补列名单,此项名册则注以"京补"字样,共13批计战犯968名。上述各类战犯名单,由国防部第二厅重新整理,将所有姓名重复、有姓无名及职阶或番号不全者全予剔除,分别列为"将校尉兵民"字战犯名单,汇编一册共计2 033名。②

所有战犯名单中,争议最大的是国民政府主席蒋介石亲自确定的首批12名战犯,一般认为过于偏重军事,且人数较少,部分战犯层级较低。该名单是蒋介石于1945年10月14日在外交部提出的第一批日本首要战犯名单的基础上确定的,"将政治负责部份如近卫文麿等四十一人一律除外,其军事负责者如小矶国昭、南次郎、梅津美治郎、松井石根等一律除外,仅以本庄繁、土肥原贤二、板垣征四郎、谷寿夫、东条英机、桥本欣五郎、和知鹰二、畑俊六、影

---

① 《战犯处理委员会第三十一次常会记录》(1946年6月25日),中国第二历史档案馆藏,战争罪犯处理委员会档案,五九三/00164。
② 司法行政部编制:《引渡日本战犯审查报告》(1947年10月),台北:"国史馆"藏,国民政府外交部档案,020/010117/0046/0117x。

佐祯昭、矶谷廉介、酒井隆、喜多诚一等十二名，皆以特务工作之恶贯满盈者为主也"。① 蒋介石还特别提出："喜多诚一为侵华主犯，与和知、影佐二人无异，应将其人罪恶由军令部查明列入为要。"② 12 人中，土肥原贤二、本庄繁、板垣征四郎、矶谷廉介、和知鹰二、影佐祯昭、酒井隆、喜多诚一 8 人是所谓的"中国通"。③ 蒋介石确定的战犯基本是在中国长期从事侵略活动，尤其是"以特务工作之恶贯满盈者"，是日本侵略中国诸多所谓"事变"的始作俑者，其共同特征即在不同时期试图动摇蒋介石主导的国民政府的合法性，通过扶植伪政权以瓦解国民政府，这对于蒋介石这样一个有着强烈的民族主义认同的领袖来说是一种屈辱，故而这些战犯在战后成为重点追究的对象。④

此外，蒋介石所定名单不注重政治方面负责的战犯嫌疑人，而仅列军事负责部分。1945 年 12 月 17 日，蒋介石得知日本前首相近卫文麿畏罪自杀的消息，在日记中称："阅报得悉日本战犯七七时之首相近卫文麿，曾扬言非打至蒋某屈膝不休者，昨已自杀……近卫实为侵华战争之祸首，余以其非武人，故未将其列入战犯名单之内，而美国则仍列其为战犯，因之不能幸免，是诚所谓天网恢恢者矣！"⑤可见蒋介石对侵华战争责任人的追究主要侧重于武人。与日本发动所谓大东亚战争有内阁决议不同，侵略中国的诸多"事

---

① 《蒋中正日记》（手稿本），1945 年 10 月 14 日，斯坦福大学胡佛研究院档案馆藏。
② 《蒋委员长条示日本军阀侵华主犯名单手稿》，秦孝仪主编：《中华民国重要史料初编——对日抗战时期》第 2 编"作战经过"(4)，第 417 页。
③ [日]户部良一著，郑羽译：《日本陆军与中国——"支那通"折射的梦想和挫折》，北京：社会科学文献出版社 2015 年版，第 266 页。
④ 参见汪朝光《抗战胜利的喜悦与对日处置的纠结——由蒋介石日记观其战后对日处置的双面性》，《抗日战争研究》2013 年第 3 期，第 12—13 页。
⑤ 《蒋中正日记》（手稿本），1945 年 12 月 17 日，斯坦福大学胡佛研究院档案馆藏。

变"基本上是军部或在华的现地军队的主动行为，故而从国民政府的角度出发，侵华战争的首要责任人应该是军事方面的负责人及诸多事变的策划者。该名单中有些战犯虽层级不高，但均实际从事对华侵略的谋划和实施，其中那些未被列为甲级战犯的，后来都成为国民政府所设法庭追究的重点嫌犯。名单中的谷寿夫、矶谷廉介、酒井隆都是在国民政府国防部审判战犯军事法庭受审的，除此之外，国民政府亦曾积极要求引渡喜多诚一、桥本欣五郎、和知鹰二、影佐祯昭。

战犯名单确认过程中，由于战后国际形势及国内现实需要的变化，国民政府对日本战争责任的追究对象也出现变化，体现出高度的选择性和实用性。其中突出的例子是日本天皇和冈村宁次。战争结束之前，中方有关机构所列战犯名单中，天皇裕仁和冈村宁次都位列其中，但战后二人均从战犯名单中消失了。

外交部亚东太平洋司的高生和在日本战败之前制定的《处置日寇罪行方案》中对战争元凶的处置部分，提到："战争元凶是直接导致战争爆发的日本首脑分子，即日本天皇、东条英机、各大臣、其他政府要员。"明确将天皇列为战犯，并且提出"对元凶不容宽大，需进行严惩"的方针。[①] 1945年6月，军令部第二厅第一处制定的《侵战以来敌国主要罪犯调查表》，第一名就是"日皇裕仁"，"经历—现任"一栏为"陆海空军大元帅"，"罪行"为"侵战罪魁"。[②] 不过到8月11日蒋介石与美国总统杜鲁门会谈的时候，蒋表示支持美国对天皇及天皇制的处理办法，并认为日本的国体应由日本人

[①] 高生和：《惩治日寇罪行方案》(1944年5月11日)，台北："国史馆"藏，国民政府外交部档案，020/010117/0055/0065x。
[②]《日本军事犯》，台北："国史馆"藏，国民政府外交部档案，020/010117/0004/0015。

民的自由意志所决定。① 国民政府最终确定的战犯名单中没有日本天皇,这期间舆论不乏追究天皇责任的呼声,但都被国民政府明确否定。

同样在上述军令部第二厅第一处制定的《侵战以来敌国主要罪犯调查表》中,第三名是"冈村宁次",阶级为"大将","经历—曾任"一栏为"华北方面军司令官","经历—现任"一栏为"中国派遣军总司令官","罪行"为"塘沽协定时为日方之代表,热河之战多由其策划,八一三事件后更力持全力侵略征服",自是侵华首恶之一。② 由于国民政府要在受降与接收问题上借重于冈村宁次,故战后冈村宁次从战犯名单中消失了。在各机关开会商议此事时,1945年9月13日,何应钦就致电国防会议秘书长王宠惠、外交部部长王世杰,特别提出不能将冈村宁次列入,该电称:"远东日本战争罪犯名单核定发表前请先示知,俾可略供意见。例如现在我国境内当有日军一百零九万人,如骤将冈村列入罪犯公开发表,对于缴械事宜恐有影响也。"次日,外交部次长甘乃光复电何应钦,表示将事先征求他的意见。③ 后来迫于舆论的压力,尤其是中国共产党要求审判冈村宁次的主张引起的舆论呼应,冈村宁次被列入第七批战犯名单,并接受审判。

---

① 对于是否将日本天皇列入战犯名单,国民政府选择与美国取同一立场,但日本侵华战争与太平洋战争的构造和责任体系不同,《军人敕谕》确定的天皇与军人的特殊关系使得天皇成为日本军队战争暴行意识形态层面的最高责任主体,故而日本天皇不能免责。参见[日]户部良一著,韦平和、孙维珍译《日本陆军史——近代化的异化》,北京:社会科学文献出版社2016年版,第64—65页。
② 《日本军事犯》,台北:"国史馆"藏,国民政府外交部档案,020/010117/0004/0015。
③ 《日本主要战争罪犯名单》,台北:"国史馆"藏,国民政府外交部档案,020/010117/0003/0179a。

第二节　战犯的检举与逮捕

　　战犯名单是后续逮捕和引渡战犯的依据,但由于战犯名单拟定工作的滞后及其存在的各种问题,各地军事机关实际抓捕战犯的工作大多不是按照既定的战犯名单按图索骥,而是由检举确定的。据外交部专员杨觉勇的报告,战犯的产生主要有三种途径:一是由人民检举、中央确定,此类一般是"普通战犯";二是中央选定,这一类大部分是"重要战犯";三是经地方当局检举后移送中央的战犯。①

　　在实践中,虽然各地军事机关大规模的战犯抓捕是在各地受降日军中进行的,但主要并非依据中央下发的战犯名单进行。1946年6月,司法行政部关于战罪调查工作的报告中提到:"战犯名单提出太迟,名单到时,战犯多已回日";"战犯名单抓捕之战犯甚少";"战犯名单所列之战犯及军事法庭所审判战犯仅少数业已列入名单,大部分系经人民直接检举或依据战犯处理办法第四条规定迳行逮捕者"。②

　　根据杨觉勇的报告,上海方面人民检举案件有36 038件,但是其中被告方姓名完整的只有2 000件,犯罪行为导致房屋损坏案件有130 400起,财产受损的有27 054起,人民对财产损失索赔抱有很大的期望,故而检举的积极性比较高。广州方面的人民检举有1万多件,广州当局为了便于人民控诉,将392名日军宪兵照片贴在

---

① 杨觉勇:《战犯罪证调查工作报告》(1946年6月13日),台北:"国史馆"藏,国民政府外交部档案,020/010117/0005/0051a。
② 《司法行政部战争罪行调查报告》(1946年6月6日),中国第二历史档案馆藏,战争罪犯处理委员会档案,22/12。

公园内待指认。桂林方面除了向司法行政部提交报告中所列的无数案件外,人民检举共459件。但是如上述报告所示,虽然受到了战争的严重伤害,检举的案件数量非常之多,但是对战犯的圈定工作却很困难。杨觉勇认为:"战犯名单制作速度缓慢,港口司令部与俘虏管理处态度消极,相关单位对战犯嫌疑人缺乏足够警惕,造成误扣押非战犯人员或受到贿赂后释放了战犯。地方法院、地方当局缺乏应对控诉案件的处理能力,地方当局对战犯问题缺乏正确的认识。"对此,杨提出了整改意见:"简化检举战犯的手续(原本需要经过司法行政部→战犯处理委员会→外交部→远东分会→军令部,简化成司法行政部→战犯处理委员会→军令部)。加快对人民告发战犯的检举工作(日军俘虏计划在6月底遣返完毕,在此之前尽快完成司法行政部积压的14万件案件的被告姓名登记工作)。催促港口司令部及敌侨管理处等各单位积极进行调查工作,并严惩违纪行为。"①

关于战犯的逮捕,据何应钦的报告,"在中国战区之日本战犯之逮捕,悉依照战犯处理委员会所审定之名单,由军委会分送各地军政机关及港口司令部实施逮捕,逮捕后送交各地军事法庭审理,其经当地军民检举或告发者,各行营,各战区长官,亦得迳行下令逮捕,其已返回日本本国者,则转请外交部照会美国政府,转请美占领军统帅部,逮捕交付"。②

1946年10月27日,国民政府通过《日本战犯之逮捕与审判办法纲要》,对于战犯的逮捕做了细致的规定。

---

① 杨觉勇:《战犯罪证调查工作报告》(1946年6月13日),台北:"国史馆"藏,国民政府外交部档案,020/010117/0005/0051a。

② 何应钦:《八年抗战之经过》,浙江省中国国民党历史研究组编:《抗日战争时期国民党战场史料选编》第1册,内部出版物1985年版,第204页。

甲、逮捕

一、开始时间

A 原则：全国受降区（含越南北纬十六度，东北除外）日军缴械集中完毕而该集中区域（包括日俘——日军官兵及特务人员。日侨——日工商业及浪人两者之管理所）附近驻有我军（包括野战军宪兵队军统局）且能控制该区时即行开始。

B 步骤：

1. 较重要之战犯（如敌师旅团长）必须经其办理投降命令者自缴械开始至着手逮捕前应先予以注意之监视。

2. 主要战犯：经过战犯处理委员会审查并签呈核定之战犯编印成册逐次通知各受降区即行开始。

3. 全国各受降区日俘日侨自缴械完毕开始集中起，该主管机关（各管理所所长）迅须依照颁发之日军官佐士兵雇员经历表各项造四份分呈战犯处理委员会陆军总部各战区司令长官部，经战犯处理委员会审查或印证并确定战罪时，再行分别下令逮捕。

二、逮捕实施

A 隶属于日军官兵善后总联络部之战犯

1. 已列名于上述 B 项内第 2 之名册者：各战区（方面军）司令长官部奉命后即转饬辖区内驻军并宪兵队等协同各该区之日俘（侨）管理所（所长）将所要之战犯逮捕之。

2. 未经列入上述名册战犯，俟填报前述罪行调查单位经审定后下令逮捕之。

各战区（方面军）确知战犯罪行之事实或经辖区人民指名控告证据确定者亦可逮捕。

B 属于日本政府及其大本营或经调遣回国之战犯

由战犯处理委员会会同外交部照会美国政府转饬日本占领军最高统帅代为逮捕引渡之。

C 属于东北方面之战犯

由战犯处理委员会会同外交部照会苏联政府转饬远东红军总部引渡之。

D 属于盟国之战犯

盟国认为战犯在中国战区内对于盟俘或其他方面有罪行事实时获得盟方通知后亦可代为逮捕。

三、战犯拘禁

A 经核定为我国之主要战犯并涉及其他国家之战犯由各战区司令长官部暨英苏盟军递解者,拘禁于直辖于战犯处理委员会之主要战犯拘留所(国际性战犯)。

B 未经核定为主要战犯但所犯战罪条款之事迹确已充分业经决定者,即拘禁于各该战区司令长官部之战犯拘留所(普通战犯)。

四、未获战犯之处理

A 未经捕获之战犯本区之各该负责逮捕机构应即互相通报,并分别呈报长官部陆军总部及战犯处理委员会。

B 上述呈报之未获战犯由战犯处理委员会另行列册分别命饬各出海港口交通要点之驻军海关地方政府等协力缉捕之。

C 确悉战犯逃逸已归还日本本土者按前节二之 B 项追捕之。①

虽有上述办法详细规定战犯逮捕的各项程序,但实际成效不

---

① 《日本战犯之逮捕与审判办法纲要》(1945 年 10 月 27 日),台北:"国史馆"藏,国民政府外交部档案,020/010117/0041/0009x。

彰。武汉军事法庭检察官高啸云曾感叹："凡应属中国军事法庭审判之战犯，均当捕送中国政府转交各战犯犯罪地所隶属之军事法庭施行审判，但按诸实际，执行逮捕者，均未尽到应尽之能事，以致漏网未归案者不知凡几，有良法而未实行殊为遗憾。"①

实际战犯逮捕开始的时间大大延后，主要受制于受降的进程。据战犯处理政策会议的决议，"其在我国境内者究宜何时逮捕尚须考虑，如逮捕过早则恐影响缴械及地方秩序，过迟又恐其漏网。目前我国境内之日军其武装尚未完全扫除，似可仿照美军当局在日本本土办法，于受降缴械完毕，在各地区具有相当实力能控制局势后即行开始逮捕"。②

实际执行过程中，战犯逮捕工作存在不少问题。据杨觉勇的报告，"战犯名单中多有重名重姓者或者姓名不详者，全国范围内逮捕的日本战犯人数仅仅 2 000 人之少。此外，有很多战犯使用假名潜逃，军事机关缺乏逮捕能力，各单位相互协作能力不强"。杨提出："特定单位逮捕战犯嫌疑人后与中央进行联系，列入战犯名单。详细记录战犯名单中的姓名、出生地等信息，加强内部排查的力度（阻止日军俘虏中的匿名逃亡者）。"③战时日军在中国往往流动作战，即使有犯罪行为，民众在战后也不可能知道犯罪日军之所在。加上日军犯罪时，受害者往往不太可能知道此日本人的姓名，更无从查找。更兼日军中重名者极多，即使知道此日本人的名姓，逮捕战犯也有一定的困难。

---

① 高啸云：《审判战犯工作之检论》，汉口《和平日报》，1948 年 3 月 17 日，第 2 版。
② 《战争罪犯处理委员会对日战犯处理政策会议记录》(1946 年 12 月 25 日)，中国第二历史档案馆藏，战争罪犯处理委员会档案，22/162。
③ 杨觉勇：《战犯罪证调查工作报告》(1946 年 6 月 13 日)，台北："国史馆"藏，国民政府外交部档案，020/010117/0005/0051a。

战犯名单在实际战犯逮捕工作中的运用非常有限,主要依靠人民机关的检举和对宪兵嫌疑犯的审查。据上海法庭1946年3月初的报告,"京沪地区战犯列入全国战争罪犯调查委员会战犯名册者,前共九十四人,此系根据其隶属番号调查。然日军人事变更甚大,截至现在为止,仅查得一两人。此外港口司令部遣送日俘时,曾扣留嫌疑犯二十余人,原在上海管理集中营之日军官及日使馆人员亦二十余人,合计不足五十人"。①据1946年10月11日各地区战犯拘押及宪兵嫌疑犯人数统计表,15个战犯拘留所拘押的战犯共计3477名,其中正式战犯仅85名,人民检举的战犯嫌疑人1313名,其中上海435名、广州295名、北平130名,而上海、汉口、广州三地拘押的宪兵即达到2079名,其中上海1252名、广州551名、汉口276名。②另据1946年10月25日战争罪犯处理委员会会议记录,"我国除提列主要战犯名单二批,计本庄繁等33名,循外交途径转请麦克阿瑟总部执缉计25名(其中1名于狱中死亡),交由远东国际军事法庭审理外,经战犯处理委员会颁发之战犯名单计十五批,共列战犯1575名,业经逮捕者计已列名单之战犯82名,人民控诉经军事法庭受理之战犯计1029名,战罪嫌疑犯2104名,共计3215名,其中除日籍外,计朝鲜41名,台湾52名,琉球1名,德国2名,意国5名"。③

根据战犯处理委员会1946年12月的工作报告,"中国战区之日本战犯经调查及控诉与检举之案件,截至三十五年十月二十五

---

① 《拘捕日战犯 当局正积极准备 石原勇今日再审》,上海《大公报》,1946年3月6日,第3版。
② 《各地区战犯拘押及宪兵嫌疑犯人数统计表》(1946年10月11日),台北:"国史馆"藏,国民政府外交部档案,020/010117/0041/0158x。
③ 《战争罪犯处理委员会对日战犯处理政策会议记录》(1946年10月25日),中国第二历史档案馆藏,战争罪犯处理委员会档案,22/162。

日止,共171 152宗,分列战犯名单三十二批(远东分会通过战犯名单十六批,共计1 457名,本会审查战犯名单十六批,共计2 247名),共计战犯3 704名。除战犯中因阵亡病故或为盟军逮捕或潜逸返日已改名换姓尚在积极侦查执缉外,计经逮捕之战犯共1 222名,战罪嫌疑犯2 104名"。① 1947年10月16日,战争罪犯停止检举,已经拘押的战犯计千余名。②

国民政府实际惩处的战犯嫌疑人多来自现地的检举,对战犯的检举主要来自中国受害民众及国民政府在敌占区从事地下工作的人员,战时各地负责维持治安的日本宪兵队对平民和国民政府地下工作人员实施非法拘捕、酷刑及各种侵害,且大多为现役,在某地长期驻扎,所以成为检举的重点对象。1946年4月,《民强报》的一篇社论即提议:"鉴于日警务人员和宪兵罪状的普遍性,提议所有日人警务人员和宪兵全部拘捕。"③

国民政府陆军总部专门核定了宪兵本部拟定的《人民检举告发日军宪兵罪行办法》,交各战区执行,其具体规定如下:

  第一条,宪兵南京市区司令部(以下简称本部)遵照中国陆军总司令部拟定日军宪兵处理办法,检举日军宪兵战争罪犯,特订定本办法。

  第二条,凡本国人民于日伪窃据期内,曾被日军宪兵非法侵害者,依本办法向本部告诉,其获悉他人受侵害者,亦得向本部检举告发。

---

① 《战犯处理委员会工作报告》(1946年12月),王建朗主编:《中华民国时期外交文献汇编(1911—1949)》第9卷,北京:中华书局2015年版,第437页。
② 《战犯今起停检举 刻在拘讯中尚有千余》,《中央日报》,1947年10月16日,第4版。
③ 《关于审理战犯》,《民强报》,1946年4月12日,第2版。

第三条，前条之告诉告发，经本部调查属实后，即予依法报请主管机关按战争罪犯办理。

第四条，依本办法而为告诉告发者，应将日军宪兵罪行、部队、番号、官兵职级、姓名、被侵害事实经过、时间、地点详细陈明，并检同证据，具备正式书状，呈递本部听候调查。

第五条，告诉或告发人应于书状内将真实姓名、住址详细注明，其不在市者，并应于状内陈明委托市内代收传唤，及通知书件处所。

第六条，日军宪兵应厉行检举告发之罪行列后：（一）残杀或伤害人民身体及康健者。（二）强奸妇女者。（三）放火或决水者。（四）掳掠妇孺者。（五）强迫婚姻者。（六）抢劫财物者。（七）滥施逮捕羁押非刑拷打。（八）施放毒药者。（九）诈欺取财者。（十）掳人勒索者。（十一）毁损财物者。（十二）强占房舍迫走居民者。（十三）巧立名目横征敛财者。（十四）强拉夫役、牲畜及强封舟车者。（十五）开掘坟墓或毁殒尸体者。（十六）其他有侵害人民各项权益之罪行者。

第七条，日军宪兵对于地方古迹名胜、重要文件、宝物之毁弃损坏，或掠夺窃盗者，得依本办法检举告发。

第八条，告诉或告发人民对日军宪兵之部队番号、官兵职级、姓名未能详知者，仅详叙罪行经过，及时间、地点请求调查。

第九条，日军宪兵犯有罪行尚未集中者，准由告诉或告发人扭送本部或指名拘捕。

第十条，本办法呈奉中国陆军总司令部核准施行。

第十一条，本办法如有未尽事宜，得随时呈准修正之。①

---

① 《日军宪兵在鄂罪行 人民可照颁布规定检举告发》，《武汉日报》，1946年1月5日，第3版。

事实上,各地军事法庭也将警务人员和宪兵作为重点追究对象,据今井武夫回忆:"中国政府在七月初(中国派遣军的最后遣返日期)曾以尚未查明战犯嫌疑为理由,在上海留下了冈部直三郎大将以下将官为主的高级将领和宪兵等一千一百十七人,在汉口、广州、河南等地留下了宪兵一千人,不准乘船。"①

日本宪兵队不像作战部队那样流动性大,一般长期驻扎,受害者对犯有战争暴行的宪兵常能准确指认。经过受害民众及蒙难同志的检举,往往罪证及犯罪事实亦较为清楚。据统计,中国法庭判处死刑的 149 名日本战犯中,有 63 名是日本宪兵,占总数的42.3%,广州法庭起诉的 171 人中有 64 人是宪兵,汉口法庭起诉的 151 人中有 59 人是宪兵,北平法庭起诉的 112 人中有 47 人是宪兵。② 日本宪兵作为战争期间违反国际法实施犯罪的重要主体,且大多是现地投降,所以成为战后国民政府惩处的重点。但从另一角度来看,日本宪兵战犯占到如此大的比例,在一定程度上反映了国民政府所辖军事法庭对日军作战部队在华暴行的惩治力度不够。

1946 年 6 月 27 日,武汉行营军事法庭检察官吴俊就对记者发表谈话,列举了战犯检举与逮捕过程中的问题和困难,其谈话如下:

> 本法庭审讯之日本军事战犯,系日俘于战争期内确在湘、鄂、赣三省内犯有杀人放火及其他罪行者,目前经本人侦讯者计达一百三十二起。其中赣省竟付阙如,湘省亦不过十七起。

---

① [日]今井武夫著,该书翻译组译:《今井武夫回忆录》,上海:上海译文出版社 1978 年版,第 294 页。
② 田中宏巳『BC級戦犯』、筑摩书房、2002 年、199 頁。

现已予起诉者四十二起，其余正在侦讯并调查证据中。惟检举时遭遇最大困难，系无法取得确切之罪证。盖在八年战争期中，政府决未计划战后之战犯审理工作。在毫无准备之情况下，一切自难顺利进行。战时政府于沦陷区内，虽仍设有各级行政及司法机构，惟此类机构并不能随时随地搜集敌人罪行之材料，甚至根本未策动此一工作。故至目前为止，敌人战时所犯罪行根本无法统计。而最明了敌人罪行者多为汉奸，但彼辈皆系叛国罪犯，均受有刑事处分，而不愿说出敌人之罪行，甚至其与彼辈有伙同犯罪之关系。一般遭受敌人蹂躏之平民，多因知识简陋，无法得知敌人之姓名及部队。间或有能知悉者，亦以避免检举出庭之麻烦，故不愿正式检举。竟至现时所能检举之案件，真未达敌人所犯罪行万分之一，且多系地下工作者供给材料。而经本人调查检举者，赣省沦陷七年之久，敌人竟无丝毫罪行，此诚令幼龄之孺子亦未敢予以置信。敌人在湘省疯狂之杀掠，所检举者又岂止十七起而已耶！再有关当局对于日俘之管理，亦有未能尽善之处。如若干战犯在俘虏营集中管理之际，即已改换姓名，而管理当局竟无法知悉，使法庭无从提取人犯。且日俘多狡黠异常，犯罪者多装作病兵，蒙骗军事当局，而被尽先遣送回国，况审讯之战犯，其犯罪多在武汉以外之其他各地。本法庭函请当地军政司法机关协助检举罪证时，例多漠不关心，而使罪证调查工作阻碍难行。再已遣送回国之战犯，又无法缉捕归案，而有经本法庭电请上海港口司令部代为扣押之一部分战犯，以未获行营批示，无法派员提押来汉。至日前拘押未送之日本宪兵军曹以上之四百余人，刻已分函彼等在八年来驻扎地带之各有关当地机构，尽量检举罪行到庭,再予侦讯发落。①

当时就有人感叹:"日本在侵华期间的罪行,真是罄竹难书,凡是到大陆来的浪人,不管他有无军人身分,没有做过一点坏事的实在太少。可是我们在上海这个日侨日俘最多的地方,到现在调查出了几个战犯呢? 即有也真是寥寥可数。京沪地区原有战俘廿七万,上海市就有日侨十万人,经上海转送回国的日侨俘共有八九十万,约占全国二分之一弱,如果在上海找不出几个战犯来,全国其他各地将更找不到日本战犯了。"②至于为何会出现这种情况,时人认为政府有很大的疏失,把精力都放到接收物资上去了。

第三节　战犯的引渡

由于日本侵华战争历时甚久,战后审判距暴行发生当时已过了数年或十数年,一些战犯嫌疑人或在太平洋战争后转战东南亚战场,或早已退役,或已战死亡故,③在华投降的现役官兵只是其中的一部分,因此,相关罪行责任人的搜捕存在现实困难,相当大的比例需要依靠引渡。

除了乙丙级战犯以外,对于东京审判未审的主要战犯,国民政府原打算申请引渡回国审判。据战犯处理委员会第 22 次常会议

---

① 《军事法庭工作繁忙　检举日本战犯困难甚多　审讯工作半年始能完毕》,汉口《和平日报》,1946 年 6 月 28 日,第 3 版。

② 戈衍棣:《战犯那里去了?》,上海《大公报》,1946 年 5 月 24 日,第 4 版。

③ 以南京大屠杀案的主要战犯为例,第十军指挥官柳川平助 1945 年 1 月病亡,第十六师团师团长中岛今朝吾 1945 年 10 月病亡;如以师团建制来看,参加南京大屠杀的第十六师团在太平洋战争爆发后被调往东南亚战场,到二战结束时,投降的官兵仅剩下 620 名。

决:"凡未经东京军事法庭审判而经中国政府提列之主要战犯,应循外交途径引渡,由中国政府自行审判;第二批列入名单的南次郎等21名主要战犯亦应办理。"①国民政府最初拟定的引渡战犯标准为:"(1)官阶较高——似以联队长以上或将官级为准,(2)罪行较普遍残酷,(3)证据确凿——以证明应负直接责任者为限。"②

据1948年1月司法行政部部长谢冠生关于引渡日本战犯业务的报告,"查远东分会及战争罪犯处理委员会通过之战犯约计达八千名之多,嗣经国防部第二厅重新整理,将姓名番号阶级不全及重复者予以剔除外,尚余2033名,除已在国内逮捕之928名外,尚有1105名不在国内,势须解送来华受审"。③ 可见中国拟追究的战犯嫌疑人有一半以上是需要引渡的。如此众多的战犯需要引渡,对于国民政府而言,存在诸多困难,故而一再核减拟引渡战犯人数。

1947年10月1日,由国防部邀集参加战争罪犯处理委员会各机关首长会商,讨论对日战犯引渡政策。据国防部次长秦德纯报告:"现国内之日俘,业已遣返完毕,所有应逮捕审讯之战犯,均须向东京盟军总部申请引渡,盟军总部代英法澳各国逮捕之战犯,彼等均于逮捕后,即提解回国审讯,我国因交通工具缺乏,致有我国要求引渡之战犯,押于巢鸭监狱,达九月之久,而我方迄无法提解回国审讯,盟方对此,曾啧有烦言,现盟军总部,为解决本身困难计,刻正将在押嫌疑犯,陆续释放,其中亦有我国要求引渡者,此项

---

① 《国民政府军事委员会军令部致外交部公函》(1946年4月13日),台北:"国史馆"藏,国民政府外交部档案藏,020/010117/00030。
② 《引渡战犯之标准》,中国第二历史档案馆藏,战争罪犯处理委员会档案,22/158。
③ 《司法行政部部长谢冠生关于引渡日本战犯应先会同审查转报核定一案函请查照由》(1948年1月30日),台北:"国史馆"藏,国民政府外交部档案,020/010117/0039/0070x。

战犯,如不早日引渡,俟其释放后,再引渡,当更增困难矣。"①会议决议引渡战犯以罪行重大罪证确凿为标准,由战争罪犯处理委员会审核。嗣经国防部军事法庭会同战犯处理委员会重新审查,确定应即行引渡者计 59 名,可稍缓引渡者 15 名,共计 74 名。到 11 月,政策又发生变化,根据战犯处理委员会第 77 次常会的决议:"我国已申请引渡之五十一名战犯,除已死亡三名,已执行死刑二名,及引渡返国途中之四名外,现在国际法庭受审及做证之神田正种、田边盛武、柴山兼四郎、影佐祯昭等四名罪证完备,拟请向盟军总部要求引渡,旅费即以前请之一千五百美元应用,其余三十八名,电驻日代表团通知盟总,不必追捕,俾过去引渡手续告一段落。"②

1948 年 2 月 6 日,经国民政府委员会第 21 次国务会议决议,"查引渡战犯暂应告一段落,而其罪行不重大,或罪证欠缺者,免予追究",实际上要求停止任何引渡请求。对于该决议,3 月 17 日国防部、外交部、司法行政部向行政院呈文:

> 战争罪犯处理委员会第八十二次常会决议,应行引渡甲字日本战犯五十九名,均系罪行重大,证据确凿,其罪证无所轩轾。如就其中再加以选择,则取舍殊感困难。按此次国际惩罚战犯原在确定国际公法之原则,并寓教育示范之意义,与纯粹着眼有罪必罚之国内刑法不同。我国军事法庭受理战犯案件共达壹仟余起,已足显示范之作用,再事大批引渡衡诸我

---

① 《战争罪犯处理委员会对日战犯引渡政策会议记录》(1947 年 10 月 1 日),中国第二历史档案馆藏,战争罪犯处理委员会档案,22/158。
② 《关于已申请引渡之日战犯如何处置案录决议案电请查照办理由》(1947 年 11 月 10 日),台北:"国史馆"藏,国民政府外交部档案,020/010117/0016/0190a。

国对日宽大政策似无必要。又各国审判战犯业务已成尾声,本国防部所属之审判战犯军事法庭预定于本年六月结束,如再行引渡则盟军总部能于何时逮捕解送殊难逆料,旷时旷日,久悬不结,似亦未尽妥善。次查五十九名战犯中,内有神田正种、田边盛武、柴山兼四郎、影佐祯昭等四名业经本外交部电饬驻日代表团盟军总部提出引渡在案,其余五十五名拟请转呈国民政府免于追究。①

从结果来看,最终成功引渡到中国的战犯十分有限。据负责引渡战犯的中国驻日代表团工作报告,截至1947年9月,各国已引渡之战罪嫌疑犯之人数为英国290人、法国120人、荷兰64人、澳大利亚19人,而中国只有9人。② 1948年1月国民政府战争罪犯处理委员会处理战犯业务报告记载:"经本部(国防部)申请业已引渡来华之日战犯计十三名,经本部申请尚未引渡来华者计四名,拟申请引渡者计七[十]一名,非经本部申请引渡者计八名,国防部径自向盟军引渡来华者计六[十]四名。"③无论是相对原拟的战犯名单,还是与盟国其他法庭相比,国民政府实际引渡至中国审判的战犯人数都相对较少。

引渡工作的低效直接影响到后续的审判。1948年6月,原日

---

① 《国防部、外交部、司法行政部呈行政院文》(1948年3月17日),台北:"国史馆"藏,国民政府外交部档案,020/010117/0039/0116x。
② 《中国驻日代表团关于东京处理日本战犯概况报告》(1947年9月22日),中国第二历史档案馆编:《中华民国史档案资料汇编》第5辑第3编"外交",南京:江苏古籍出版社2000年版,第362页。
③ 《战争罪犯处理委员会处理战犯业务报告》(1948年1月23日),秦孝仪主编:《中华民国重要史料初编——对日抗战时期》第2编"作战经过"(4),台北:中国国民党中央委员会党史委员会1981年9月编印,第457—458页。

本陆军部次官柴山兼四郎和神田正种，将由日本引渡来中国。经办此事的盟军总部法务处中国课课长童维纲上校对记者说：柴山当年在南京，是汪伪政权的幕后策划者；神田战时任河南日军司令，都要引渡回国内受审。柴山在巢鸭监狱中自称有病，不能远行，还要求带日本辩护律师，均被中方拒绝。还有两名重要战犯，一个是影佐祯昭，一个是田边盛武，中方也要求引渡。但影佐确实病重，田边关在荷属东印度群岛受审，遗憾没有引渡成功。①

从具体要案的处理亦可见国民政府引渡战犯的实际成效。以南京大屠杀案为例，在日军南京大屠杀暴行立案时，国民政府司法行政部提出的战犯名单有83人，确定被告姓名、官阶、隶属单位的战犯59名，仅师团长以上的战犯就有12名，②但是在审判和结案时，所列12名重要战犯中只有原日军第六师团师团长谷寿夫一人到华受审，其余则无一被引渡，这样的结果与南京大屠杀暴行罪责的重大程度是不相符的。

之所以引渡成功率如此低，除因中国受日本侵略时间长，名单所列战犯由于各种原因亡故者较多以外，下列几方面的因素亦是非常重要的。

首先，美国战后在东亚居于主导地位，盟国在其他国家和地区设立的法庭，大多由美英主导。因此，由美英主导的法庭在引渡战犯时自然较为便利，而像中国这样完全由受害国自主设立的法庭实属少数，在战犯的逮捕、拘押、引渡等问题上受制于盟军总部。孟宪章1948年说："如影佐祯昭，为汪逆精卫由河内挟至南京，导

---

① 《协助引渡战犯工作盟总并不热心》，上海《益世报》，1948年5月16日，第2版。
② 《司法行政部关于南京大屠杀案战犯名单》，胡菊蓉编：《南京大屠杀史料集 南京审判》，南京：江苏人民出版社、凤凰出版社2006年版，第54—57页。

演伪组织之主角,且为上海'梅'特务机关之主持人,杀我爱国志士无算。乃我国屡次要求引渡,盟总借口有病,拒不办理。但对在菲律宾与美直接作战之'马来之虎'山下奉文,及菲律宾司令官本间雅晴,早已处决。"①

1948年5月,盟总法务处中国课课长童维纲上校接受采访时称:"自日本投降以来,过去两年半引渡的日战犯还不到十五名",而"同时期内,引渡与英法荷印受区域审判之日战犯,英国的二百名,法国共一百廿名,荷印共六十四名",其中"仅战时日守军将在大琉球岛捕获之美飞行员三人杀害一案,最近被判处刑者即达四十一名"。童批评盟总对于中国所要求协助抓捕日战犯,并引渡交于中国审讯之工作,并不十分热心。②

另据时任远东国际军事法庭法官的梅汝璈回忆,在国民政府向盟军总部要求引渡日本战犯谷寿夫时,当时的盟军总部法务处处长卡本德就提出疑问:"中国法庭能否给谷寿夫一个公平审判,至少做出一个公平审判的样子?"③这是一种典型的大国心态的表现,是对中国这样一个后进国家自主能力的怀疑。

其次,战犯引渡的困难还在于战罪调查的不充分。虽然根据盟国间互相引渡战犯之国际公约,被请求国不得借口政治罪行而拒绝引渡,但请求引渡战犯的国家,必须提出相关战犯的罪证。据时为中国驻日代表团成员的廖季威回忆:"当初我们中国能提出确

---

① 孟宪章:《盟国处理日本战犯之全面检讨》,《中国建设》第7卷第1期,1948年,第14页。
② 《蒋府引渡日战犯至今不到十五名》,《华商报》,1948年5月16日,国家图书馆选编:《二战后审判日本战犯报刊资料选编》第4册,北京:国家图书馆2014年版,第410页。
③ 梅汝璈:《远东国际军事法庭》,北京:法律出版社2005年版,第301页。

切的战犯及具体犯罪事实的人不多。因为有许多虽有具体事实而提不出其具体人名,这样不知放过了多少战犯。"①国民政府外交部也对美国大批释放战犯嫌疑人做出解释:"盟总释放战犯是因为监狱里人满了,而我国又因难找确实罪证很久没有要求引渡的原故。盟总迭次催询,我国主管机关久无回答,所以只好暂予释放,但关的是嫌疑犯,并不是已经判罪的战犯,即是等于普通的拘留,虽经释放,将来我〔找〕到罪证,仍可随时要求逮捕并加引渡。"②

据司法行政部1947年底的业务报告,"查战犯既经远东分会或本会审查成立均应归案侦查或审判,原无一再事先审查之必要,唯我国在抗战期中对于敌人罪行调查事宜未予全力注意,而战争结束之期又较预料者为速,事后补为调查已有时过境迁之感,而在此敌人部队之异动亦大,益以复员还都及审查翻译等必不可少之步骤,致未能与遣俘计划配合进行,故得漏网返国者不在少数,唯人民告发之敌罪案件,其罪行人多属不明。第二厅对于某一时期某一地点之敌人部队仅能根据不完全之资料判断其最高级长官之姓名职位(例如某师旅团长),故罪行人是否正确尚属疑问而直接罪行人更属无从查考,其罪迹昭著之人犯则又感缺乏证据资料,故纵可引渡回国,审判上必无法定谳。"③

当然国民政府还面临一些的现实困难,比如经费的紧张和交

---

① 廖季威:《参加盟国对日管制委员会中国驻日代表团见闻》,成都市政协文史学习委员会编:《成都文史资料选编》"抗日战争卷"(中)《血肉长城》,成都:四川人民出版社2007年版,第591页。
② 《外交部对日和约审议会谈话会记录》(1947年9月4—30日),中国第二历史档案馆编:《中华民国史档案资料汇编》第5辑第3编"外交",南京:江苏古籍出版社2000年版,第379页。
③ 司法行政部编制:《引渡日本战犯审查报告》(1947年),台北:"国史馆"藏,国民政府外交部档案,020/010117/0046/0117x。

通工具的缺乏,这也会影响到战犯引渡的效率。司法行政部的报告就提到:"惟战犯如此之多,我国受外汇及交通工具之限制,全部引渡似有困难。"①

首先是经费问题,根据战争罪犯处理委员会核定的两种预算方案,如果引渡日本战犯74名,所需旅费和运费为3.12亿元,约合美金2.6万元;如果引渡日本战犯59名,所需旅费和运费为2.42亿元,约合美金2.02万。② 上述两种预算方案提请行政院外汇审核委员会审核,经审核,国防部1947年引渡战犯预算,引渡名额仅4人,加上押运人员往返旅费,预算为1 500美元。③ 其次是交通工具问题,战后国民政府遣返日俘侨均依赖美军提供交通运输保障,自身没有能力开通中日之间的航线。1946年2月,为了引渡被澳大利亚逮捕的战犯影佐祯昭、神田正种,战犯处理委员会决议通过外交途径向澳大利亚提出请求,希望利用澳大利亚运送日俘回日本之轮船,将上述两战犯顺道运送到中国。④ 战罪处理委员会第58次常会曾经通过由空军派飞机赴日押运拟引渡战犯奈良晃等17人一案,国防部饬令空军总司令办理,但最终也未见执行。⑤

---

① 《司法行政部部长谢冠生关于引渡日本战犯应先会同审查转报核定一案函请查照由》(1948年1月30日),外交部档案,台北:"国史馆"藏,020/010117/0039/0070x。
② 《战犯处理委员会36年度引渡日本战犯临经费甲种预算表》《战犯处理委员会36年度引渡日本战犯临经费乙种预算表》,转引自刘萍:《从"宽而不纵"到彻底放弃——国民政府处置日本战犯政策再检讨》,《民国档案》2020年第1期,第140页。
③ 《行政院科员张大钟签注》(1947年12月16日),国民政府行政院档案,转引自刘萍:《从"宽而不纵"到彻底放弃——国民政府处置日本战犯政策再检讨》,《民国档案》2020年第1期,第140页。
④ 《战犯处理委员会第十五次常会记录》(1946年2月19日),中国第二历史档案馆藏,战争罪犯处理委员会档案,22/163。
⑤ 《战犯处理委员会三十五年工作检讨会议记录》(1947年2月1日),中国第二历史档案馆藏,战争罪犯处理委员会档案,22/166。

因交通及经费问题而影响引渡的具体案例在驻日代表团的报告中也可看到,比如驻日代表团1947年8月的一份电文中,提及"日籍战犯原田清一、近田芳夫等羁押巢鸭监狱,长者超九个月以上,暂者亦逾四个月有奇。美方曾数度催解,因本团无交通工具,终无法送回国内审讯,虽欲利用我方接收之船,然既无定期又不便于押运。今后引渡战犯迅速起见,拟请钧部设法派机来日接解或由本团派员分批将战犯搭乘票机解运返国,惟该项费用应如何支领恳请核示"。① 1948年1月16日,驻日代表团电国防部,关于引渡日战犯神田正种等4名并由"海南"轮押运来华案,以"海南"号已于1947年12月25日拖离日本回国,"关于引渡日战犯四名事,将来需另行设法押运"。② 可见引渡所需外汇和交通工具问题,对于国民政府都是不易解决的。

此外,负责战犯逮捕的当局工作上的疏失,亦无形中增加了引渡工作的负担。比如因审查不严,甚至出现已列入战犯名单的战犯嫌疑人被遣送回国,而重新要求引渡的情况。按照战犯之逮捕与处理之程序,在中国战区日本战犯之逮捕,悉依照战犯处理委员会所审定之名单,由军委会分送各地军政机关及港口司令实施,逮捕后送交各地军事法庭审理。其经当地军民检举或告发者,各行营,各战区长官,亦得径行下令逮捕,其已返回日本本国者,则转请外交部照会美国政府,转请美占领军统帅部,逮捕交付。③ 但实际

---

① 《函引渡战犯由》(1947年8月28日),台北:"国史馆"藏,国民政府外交部档案,020/010117/0033/0143x。
② 《国防部代电》(1948年1月16日),台北:"国史馆"藏,国民政府外交部档案,020/010117/0016/0197x。
③ 《日本战犯之逮捕与审判办法纲要》(1946年10月27日),台北:"国史馆"藏,国民政府外交部档案,020/010117/0041/0009x。

上各机关配合不够,特别是负责遣返工作的港口司令部疏于筛查,造成很多战犯被遣返回国。如据1946年6月连云港港口司令电报,"日宪兵高桥英臣系静冈县磐田郡三卅村苞谷人,前伪溧阳县顾问,坂本二三四系大阪市东定川区东丁人,现经调查及被告发均有罪行。惟该战犯等也已登轮回日。战犯处理委员会第二十五次常会列为战犯,转请美方逮捕引渡"。① 日本驻厦门海军根据地中将司令官原田清一本来投降时即在中国,但因审查不严,被作为一般战俘遣送回国,到1946年7月,国民政府又重新申请盟军总部提拘,并引渡至中国。②

从战罪惩处最初的拟议可以发现,战罪审查和战犯引渡是确保审判的国际标准与各国自主性平衡的关键因素,但从盟国在远东地区审判日本战犯的实践来看,原本拟议中的以引渡保障各国审判战犯的权力并未得到有效实施。从中国法庭的审判来看,基本是对现地受降部队中的日本战犯的审判,而日军长达十余年侵华战争中发生的战争犯罪责任问题,实际未能得到切实的追究。

第四节 战犯的拘留与移交

国民政府对日本乙丙级战犯的审判原计划是自主实现对判处无期及有期徒刑战犯的拘留改造,故而对各地战犯拘留所尤其是国防部战犯监狱的建设非常重视,但后来随着局势的演变,国民政府将所有战犯移交驻日盟军实施关押,从而丧失了惩治战犯的主

---

① 《为战犯高桥英臣坂本二三四等二名转请美方逮捕引渡由》(1946年6月11日),台北:"国史馆"藏,国民政府外交部档案,020/010117/0016/0030x。
② 《为战犯原田清一希申请引渡由》(1946年7月8日),台北:"国史馆"藏,国民政府外交部档案,020/010117/0033/0134x。

导权,严重制约了战犯审判政治影响的发挥。

  国民政府在各地设立战犯拘留所,用于关押未审的战犯嫌疑人和已经判决的战犯,待各地法庭结束后,则全部移交国防部战犯监狱监督执行。举例言之,据徐州战犯拘留所所长张鹏飞介绍,徐州战犯拘留所是 1946 年 4 月成立的,5 月 1 日开始收押战犯。拘留所与军事法庭同时成立,法庭负责审理侦查,战犯拘留所负责战犯的拘留和管理,拘留所在业务上受法庭的监督和指导。拘留所的战犯主要来自原战俘管理处,徐州拘留所的战犯是从接管的战俘管理处的 200 多名战俘中筛选出来的,经过军事法庭的侦讯,并接受人民的指认和告发,凡有罪嫌的都送所管押,先后收押及陆续移解的共 73 名。①

  抗战胜利后,位于提篮桥的司法行政部直辖上海监狱将一幢六层的监舍临时辟为上海战犯拘留所,由提篮桥监狱典狱长江公亮兼任拘留所首任所长,从 1945 年 12 月起陆续关押日本战犯。1947 年 1 月,国防部在上海江湾高境庙正式成立上海战犯拘留所。自 1 月 16 日起,新成立的战犯拘留所从提篮桥监狱接收在押日本战犯及嫌疑人计 189 名,除去接收前已经法庭交保在外的 1 名和因病住院的 2 名人员以外,实际接收人数为 186 名。②

  1946 年 7 月 16 日,国防部战犯管理处正式成立,该机构前身是战俘管理委员会,战俘遣返工作结束后,改隶国防部,工作范围扩大,成为一个管理战犯的全国性机构,地址设在江湾高境庙,由邹任之少将任该战犯管理处处长。③ 1947 年 9 月 1 日,上海战犯拘

---

① 《在徐州看战犯》,《新闻报》,1946 年 11 月 29 日,第 13 版。
② 徐家骏:《提篮桥监狱对日本战犯的关押、审判与执行》,《上海地方志》2005 年第 4 期。
③ 《战犯管理处成立》,《申报》,1946 年 7 月 16 日,第 4 版。

留所升格为"国防部战犯监狱",作为各地军事法庭已判处徒刑战犯集中执行的专门机构。据战犯处理委员会的报告,"关于判决徒刑之战犯,前部长会议议决,移交日本内地执行。嗣经本会研讨结果,以我国无派遣军在日,无法监督,且于侧方探悉,盟军总部亦未表同意。同时,鉴于战犯言语性质之不同,似应专设监狱,集中监禁。经本会第六十七次常会决议,就原上海拘留所址改设国防部战犯监狱,业经签请部长白核准,于九月一日成立。刻正将各地判决徒刑战犯陆续解赴上海集中执行"。[①] 国防部战犯监狱的设立,"不特予好战者以刑罚制裁,使其凛于法律尊严,尤应于管理、教诲之中,使之认识我国家宽大和平而怀德欣服"。即目的不仅在于惩罚,同时亦予以教育改造。国防部战犯监狱是接收上海战犯拘留所改造而成,位于江湾高境庙附近,原系日本人的洗衣场,主要有5幢监舍(均为平房),实际投入使用的有4幢,分别称"博"字监、"爱"字监、"和"字监、"平"字监。监狱内设有印刷、缝补、翻译、工艺、建筑等作业,还有一座日文图书馆。

据1947年国防部战犯监狱工作报告,关于业务部分如下:

  1.警卫事项 在前拘留所时期,人少事繁,内外警卫均由青年军派兵出任,乃更动频繁,任务甫经明了,即又他调,服勤时内,或始勤而终倦,恐致疏失,或矫枉而过正,易起纠纷,故急于招取看守,积极训练,短期内使内围戒护纯由本监看守员兵专负其责,而与外围警卫划分区域,分工合作,俾有专司而终周密。

  2.训练看守 为健全本监基层干部,已暂行招考看守若干名,乃报名踊跃,素质较优,故关于能力、操行、思想、体格

---

① 《战争罪犯处理委员会三十六年度工作报告》,《民国档案》2020年第4期,第43页。

等,录取较为严密,对将来之看守服务当能胜任愉快。惟在应考之资格中,止〔只〕限于稍受军训,而各种服务法规必须予以较长时期之专业训练,始能□悉职守,应付裕如,现已在经济许可范围(不再造看守训练班预算)编订课程,由任之等及各科所长主讲,开始训练,预计三周以后,各类法令均多明了,即行正式服务,未完课程仍退勤后择时讲授,并拟设日语讲习会,以利执务。

3.战犯管理 查本监战犯水准较高,服从性尚佳,管理亦较便利,但因监房犹待请款改建,故现时不得不采杂居制,分别身份、刑期,予以隔别监禁,依法执行。正拟实施者,如监房搜检与财物保管等。至钉制门签,便与人犯识别及行状检察(因语言隔阂,员兵口头查问不易),规定作息时间,使战犯工作起居均有定时,并实行晨操,以保持战犯体格之健全等,亦均在办理中。

4.加强戒护 本监监舍改建、添筑围墙等计划,早经呈请核拨款项,迄未奉发。查现在监地僻处城郊,面临荒野,监舍固已无殊于普通住屋,而恃以为建筑戒护者,止〔只〕有四周电网。夜间开通电流,昼间与外界几无隔离。长此以往,遇有疏脱或暴动情事,实属危险。除随时注意督饬内外围警备外,为求戒护巩固,拟请迅赐核拨款项,俾得早日兴工。再者,数月以来,物价波动甚巨,日久即蒙按照预算发款,亦恐不敷兴建之用。此为加强戒护之唯一困难也。

5.举办作业 战监编制并无作业规定,然以数百余战犯监居坐食,徒耗国帑,人力物力浪费,实为可惜,已经着手调查战犯技能,将来拟即利用本监空旷土地,全部垦为农场,并拟酌设小型工场,成立修理、畜牧、种植、裁缝、轻手工业等课目,选犯服役，准照军监作业规划，依法支给赏与金。惟工作器具、垦殖农具、畜牧饲料以及原料、种子，暨添用额外专任人员以及指导技师，在在需用资本，现正拟具计划呈核，并拟请准借拨作业基金，以资筹备，将来纯益收入，自可陆续缴还国库，于监狱本身及战犯，又同受益，当非浅尠。

6. 积极教诲　战犯徒刑之执行，本刑期无刑之旨，必使战犯有反省过去凶残非是之机会，而对我国家宽大与民族之爱好和平、不念旧恶有一新的认识。故教诲宣导至关重要，除集合、个别等教诲已随时施行外，并拟编印书刊，以资宣扬主义，兼收感化实效，使其思想有所改造，并拟指导战犯自编报刊，更使之有文字发表机会，使其相互传阅，或邮赠其家属，用以表示后悔，且利用以考察其思想而作行状良否之参考。正在拟具计划呈核中。

7. 宗教教诲　向青年会、佛教会等洽商，请其择期来监施行布道或讲佛经。现已举行一次，将来拟每周均有举行，以事宣扬教义，而使战犯精神有所寄托，并改变其过去崇拜天皇思想。①

国民政府战犯监狱的配置要求较高，战犯及嫌疑犯之待遇，其饮食系照本国士兵待遇，医药卫生条件较其他囚犯为优，因为关押对象的特殊性，所以要顾及国际影响和人道主义原则。记者探访北平战犯拘留所后，曾感叹："所谓'宽大'也者，真要比看守所里羁押的囚犯，以及某些地方羁押的政治犯，还要舒适得多。"②另据记者探访上海战犯监狱所得，"国防部战犯监狱，其生活之优裕自由，

---

① 《国防部战犯监狱工作报告》(1947年)，《民国档案》2020年第4期，第41—42页。
② 《北平战犯拘留所参观记》，上海《和平日报》，1946年4月15日，第2版。

较任何国人罪犯所居之监狱为佳,狱室之设置,宛如学校宿舍,战犯等在指定时间内,作制造飞机战车等儿童玩具作乐,及感化训练外其余之时间,阅书下棋散步赏花,极为自如。每日并规定入浴时间,饮食方面由战犯自制日本式饭菜,加以该处环境清幽,管理清洁,故一般战犯,俱各面润体肥,较当日作战时滋润矣。故凡经宣判无罪遣送返国之战犯,俱各来信监狱当局,表示万分感激"。①

战后留在中国担任善后联络工作的今井武夫曾提到,因日本联络班的要求,国民政府国防部逐步改善了拘留所的给养、设备和待遇等,并准许在拘留所内实行自治,"由于准许搞自治生活的方式,在宽阔的大院内,不用说伙食和娱乐,就连农耕也可以自由搞,栽培花卉、青菜,还可以将一部分拿到外面去出售换钱,用以购买调味品和甜食,来改善伙食"。② 日军官兵善后联络班还曾专门致谢。1947年5月30日,日联络班呈文称:"上海战犯拘留所在押人员约二百名,最近本班员为联络业务趋访该所时,全员异口同音鸣谢现所长以至所员之德政,衷心感激,终身勿忘,实该所长以至所员全员极富仁慈之心,对吾等日常起居律以严明正确之道,且对给养卫生十分注重,并赐予慈祥爱护,实全员皆深感铭。最近由日本国内巢鸭美军拘留所解押来所同人,同人等亦均称拘押在中国较为欣幸,加之渐次设法自活之道,全员都以勤劳为至乐,似此情形特请本班员转呈国防部,并恳请将现所长以下全员赐予继续管理以安全员之愿等情,实中无虚言,兹特敬表谢忱。"③

---

① 《战犯监狱生活优裕》,《前线日报》,1948年4月16日,第4版。
② [日]今井武夫著,该书翻译组译:《今井武夫回忆录》,上海:上海译文出版社1978年版,第271页。
③ 《谨转呈上海战犯全员鸣谢该拘留所之管理由》(1947年5月30日),台北:"国史馆"藏,国民政府外交部档案,020/010117/0014/0021x。

第四章 战后对日审判的相关工作 167

记者曾专门探访上海战犯拘留所,详细介绍战犯的日常生活:"每日两餐,上午九点早餐,下午三时晚餐,同时尽量供给开水,每日有三次之多,各犯规定温水洗浴两次,如欲冷水浴者,有盆池,随时可洗,各犯衣服两天一换,另有洗衣间,平时各犯均有洗涤以为劳作,另有理发间之设备,每两周理发一次,修面一次,这些清洁的事情,均由白家祺中校随时检查,各犯活动时间,清晨六时半起床,七时由看守分别开门,即令洗面,整理内务,饮水各事,九时开饭,食毕,即由看守率领登楼顶散步、跑步,或各人自己运动,十时半回寝室,饮水,或办零星杂事,十一时半锁门休息,下午一时半开门,作饮水洗面等事,三时开饭,四时半锁门。"①徐州战犯拘留所的情况也大体类似。生活待遇与中国士兵相仿,每天上下午有一小时的运动,每日两餐,定期检查体格,战犯的生活"是异常有规律有秩序"。② 因粮食的短缺,战犯的饮食供应还是比较紧张的,但并无劳动改造,战犯日常起居较为有序,注重清洁和秩序。

另据武汉军事法庭检察官吴俊回忆,"(武汉军事法庭)开始逮捕战犯不多,羁押于汉口统一街军法看守所,后来成立战犯看守所,附设军人监狱,始将所捕战犯关押于内,地点在汉口利济路口,所长朱衣(前在汉口清芬路剧院工作),我所视查的是一西式楼舍,是为军人监狱的一部分,战犯们住在楼上,卧双层单铺,衣服是由俘管处统发,都十分干净,除不能下楼外,行为极为自由,平时又阅书下棋,每周末还可以进行文娱活动,绝无手镣足铐的。所用饭

---

① 《参观日战犯拘留所 与江阴之虎下田次郎谈话》,上海《和平日报》,1946年11月23日,第4版。
② 《在徐州看日战犯》,《新闻报》,1946年11月29日,第13版。

菜，均属上乘，饭为白米饭，菜有定量，除新鲜蔬菜外，还不时有猪肉、鲜鱼款待。同其他罪犯有着天壤之别。据说这种款待是国际法规定的"。① 可见各地法庭对于战犯大多取"优待"政策，除饮食外，其他待遇大同小异。

由于国民政府对战犯审判的经费投入不足，战犯监狱的管理上存在比较严重的问题。战犯监狱管理人员不足，经费短缺的问题一直存在，各地关押战犯的监狱和拘留所的设施简陋，看守不严，甚至出现过战犯越狱事件。

1946年7月24日北平战犯监狱发生越狱事件。据报载："北平羁押之日战犯，经军事法庭审理有多人因杀人如麻而被判处死刑。现羁押于西安门监狱内，俟接到国防部命令批核后即可执行。彼等因自知已无生理，上周北平市曾竟日豪雨，街道水深四尺，房屋倒毁者甚多，电线杆亦因之被水冲毁。于是西城一带无电，成为黑暗世界。彼等乃藉此豪雨之夜，看守疏忽之便，以手镣打开狱门，图谋越狱。当由看守人鸣枪示威，枪声响后，一日战犯被击伤腿部，倒于水中。其他三四名越狱逃出。现当局对被羁押之日战犯，增加守卫，加紧防备。"②1947年2月3日，徐州拘留所发生战犯越狱事件，在押之战犯堤嘉辛、荒川治善二人越狱，沿街狂奔，经看

---

① 吴俊：《我所经办的检察汉奸、战犯案》，《武汉文史资料》总第22辑，中国人民政治协商会议武汉市委员会文史资料委员会1985年编印，第66页。
② 《羁平日重要战犯五名　暴风雨中越狱》，汉口《和平日报》，1946年8月5日，第4版。

守士兵发觉,即前往追赶,两战犯逃入人群顷刻不见,法庭通缉抓捕。① 此后,徐州战犯拘留所加强了警备,"此前拘留所还有一定程度的自由,此后就戒备森严了,增强了警力,四方望楼架起了机枪,运动时有手枪对着,一举手一投足间有严密监视"。②

1947年12月24日,上海江湾战犯监狱也发生一起越狱事件。据江湾战犯监狱监狱长邹任之报告:"该犯系于去年十二月廿四日深夜逃逸。拘留所中规例每晚九时熄灯,是日适为星期,该犯于熄灯后托词小便,潜赴北首电网边,以木板压越后逃走。其后驻所看守营长以该犯久久不归,迨至厕所查视,则已不知去向,乃急派人四出追索,仅于电网边发现脱下之军呢大衣一件,该犯则已潜逃无踪。"③邹任之将此次事故的原因归结为警卫力量太薄弱,"战犯拘留所占地数十亩,而警卫力量极为薄弱,在四周电网范围以内,由该所派员十余人看守管理,电网以外则由青年军协助警戒,因非专职,难免有疏忽之处。邹氏前曾呈请国防部准由监狱当局自募守卫兵丁,未能如愿。至建筑围墙成立监狱之计划,于四月前呈核,最近始获批准。因物价上涨,原来预算已不敷,故只能将围墙缩小范围,包围监舍五座,已于十日前开工兴建。本年起各地军事法庭

---

① 《徐州拘留所内战犯越狱》,上海《大公报》,1947年2月14日,第9版。据知情者回忆,两人越狱成功后,在异地又被国民党的军队逮捕,因不知道他俩是从徐州逃出的战犯,两人在服苦役时又出逃成功,后又被解放军逮捕,从济南送往威海卫,后又送往东北,在东北的学校和病院工作,因成绩极优秀,1954年被送回日本。参见房建昌《徐州对日、朝籍战犯的审判》,中国人民政治协商会议江苏省徐州市委员会文史资料委员会1999年编:《徐州文史资料》第19辑,第317页。
② 参见房建昌《徐州对日、朝籍战犯的审判》,中国人民政治协商会议江苏省徐州市委员会文史资料委员会编:《徐州文史资料》第19辑,1999年,第317页。
③ 《日战犯越狱 月余无踪迹 拘留所长谈经过 警卫力量太薄弱》,《申报》,1948年1月28日,第4版。

结束,战犯集中上海监禁,已达三百余名,在监狱尚未建筑完成时,除饬令看守人员轮班值日加强警戒外,邹氏并将晋京再向国防部请求增强警卫力量"。① 上述解释虽不无推卸责任之嫌,但也客观反映了经费困难造成设施简陋和管理松懈的问题。1948年2月26日,战犯处理委员会第83次常会报告调查详情,认为主要原因如下:"1. 监狱设备简陋,四周无墙,仅赖电网防范,且电流时有时无,不能充分发生作用。2. 看守兵过少,不敷充任看守勤务,日久疲劳,以致疏忽。3. 担任该监狱警卫之202师卫兵吴华荣疏忽职守,现该监狱长邹任之已撤职交军法局核办中,至逃犯中野久男24日接本部军法局徐局长电话,谓据闻已捕获,当经电沪询问,得悉该犯业经北四川路警察局捕获,行将移解战犯监狱。"②

鉴于此次重大越狱事件是上海江湾战犯监狱设施过于简陋造成的。1947年12月29日战犯处理委员会第79次常会上,国防部二厅的曹士徵提出:"据本部战犯监狱代电:前呈请之修建费三十四亿元已奉核准,即将发下。惟三月来物价工资高涨,此数不敷甚巨。拟请依照原拟计划,将监舍及围墙工程分为两部,个别招标,并拟尽数先修监舍。如有余裕而不足修建围墙时,变通改建竹篱(大小依经费多寡而定)。另外加强电网设备,以防万一。此次工程浩大,拟请本会派员监察,支持以后经费等情,提请公决。"常会决议:"将变更情形具报行政院并通知审计处招标手续,由部监狱

---

① 《日战犯越狱　月余无踪迹　拘留所长谈经过　警卫力量太薄弱》,《申报》,1948年1月28日,第4版。
② 《战争罪犯处理委员会第八十三次常会会议记录》(1948年2月26日),台北:"国史馆"藏,国民政府外交部档案,020/010117/0046/0144。

长负责办理,并由军法处派员监督。"①实际上仍是因陋就简,仅在过去铁丝网外添筑围墙一层。因战犯越狱事件,监狱长邹任之被撤职,由原国防部战犯管理处计划管制训练组组长孙介君继任监狱长,王成荃任副监狱长。孙介君上任后,努力加强管理,最要之工作计划拟定为:"(1)加强管理,防止意外事故,(2)积极推行教诲教育,安定战犯心理,并改造其理想,(3)修缮房舍,美化监狱环境,(4)充实设备,展开犯人作业。"②

自1947年底开始,各地法庭先后结束审判工作,将已判决的战犯全部移送上海国防部战犯监狱集中。③ 1949年1月,国民政府对日本战犯的审判全部结束,鉴于内战的形势,国民政府要求将所有已判决的战犯移交日本东京的巢鸭监狱。1949年2月,上海国防部战犯监狱撤销。

1947年1月归国的原日本在华官兵善后联络组的今井武夫到日本复员局,报告了一年来的工作情况,特别提及在中国的日本战犯的情况,请求政府尽力使被判决战犯尽快能回到日本国内服刑。据今井武夫回忆,对于移送日本战犯到国内服刑,"中国政府的善意未能立即付诸实现。参与占领日本的同盟国军中,只有中国对日本处理特别宽大,它虽然对各国的观点有所影响,但不起决定作用"。但"中国大陆逐渐为中共所控制,国民政府的势力范围日益缩小,势必迫使转移服刑的战犯,因此,他们全部在上海集中后,于一九四九年二月,连冈村大将也一起被释放返回日本"。对此,今井武夫赞赏有加,"这些战犯在国内服刑和获释,刺激了其他各国,

---

① 《战争罪犯委员会第七十九次常会会议记录》(1947年12月29日),台北:"国史馆"藏:国民政府外交部档案,020/010117/0046/0116。
② 《战犯监狱生活优裕》,《前线日报》,1948年4月16日,第4版。
③ 沈阳因交通中断,已判决的战犯从沈阳运到葫芦岛,再登船直接回日本。

使之逐渐仿效。但全部释放的壮举是其他各国长期以来难以做到的"。①

据日本共同社的报道,中国战犯法庭审判长石美瑜于1949年2月3日发言称:"关于最近被释放的原中国派遣军总司令官冈村宁次大将的最终决定,中国陆军最高当局仍在考虑过程中。"他表示:"冈村大将和其他日本人战犯共260名一道回国的理由是为了确保其人身安全。这只不过是暂时移送到日本。如若被判定为裁决不当的话,还将会被送回中国。"②另据中国驻日代表团副团长沈觐鼎事后发表谈话,"日本人战犯的送返是应日本政府和战犯家属们对中国政府的要求实施的。去年一年就有632名战犯家属恳请蒋介石总统将他们送返日本。送返船按照总司令部的安排预定于1月28日抵达上海,2月4日返回横滨。这次被送返的大部分人都已在中国服完了五分之二的刑期"。③ 记者曾询问盟军总部法务处处长卡本德:"此次将日本战犯由中国交与美国之手,系根据何种法律理由?"卡本德答称:"此事系由麦克阿瑟本人决定,其理由谅系出于人道及政治原因,渠称如日战犯落入中共手中,则中共可能对渠等处置不当,或为宣传目的而不加管束等种种不良手段发生。"④美国与国民政府因同一阵营,自然取同一立场。

根据国民政府的决定,作为战犯服刑的151人及9名无罪释放

———————
① [日]今井武夫著,该书翻译组译:《今井武夫回忆录》,上海译文出版社1978年版,第296—297页。
② 曹大臣编:《南京大屠杀史料集　东京审判日方文献及报道》,南京:江苏人民出版社2010年版,第156页。
③ 曹大臣编:《南京大屠杀史料集　东京审判日方文献及报道》,南京:江苏人民出版社,2010年版,第154页。
④ 《在华日本战犯　将移东京监狱》,《申报》,1949年2月1日,第2版。

的日本人乘坐美国运输船"约翰·W.威克斯号"于1949年2月3日下午9时从上海抵达横滨市神奈川区中央市场内的山内栈桥二号壁岸。乘船者全员都在该船住宿一夜后于4日下午1时30分开始下船,在与从上午8时左右开始在市场前聚集前来迎接的约300名家属会面后,分别乘美军为押送战犯用的10余辆汽车,驶向东京的巢鸭监狱,在该处各自服满剩余的刑期。

出于扶植日本成为美苏冷战盟友的考虑,在麦克阿瑟的主导下,1950年驻日美军开始逐步释放日本战犯。1950年,中国移解的日本战犯纷纷向麦克阿瑟提交申诉书,战犯家属则呈递请愿书,请求批准释放战犯。日本原军人协会和亚洲各法庭受审战犯的家属组织了"南光互助协会",对从亚洲各地返回日本的战犯的关押、生活情况进行通报,组织营救。麦克阿瑟宣布实行"宣誓释放制度",在两个月的时间内,先后释放了4批战犯。1951年9月8日,在美国倡议下,包括日本在内的49个国家在美国旧金山签订了对日和平条约,并于1952年4月28日正式生效。和约第11条规定:"日本接受远东国际军事法庭与其他在日本境内或境外之盟国战罪法庭之判决,并将执行各该法庭所科予现被监视于日本境内之日本国民之处刑。对此等人犯赦免、减刑与假释之权,除由每一案件科刑之一个政府或数个政府之决定并由日本之建议外,不得行使。如该项人犯系由远东国际军事法庭所判决,该项权利除由参加该法庭之多数政府之决定并由日本之建议外,不得行使。"[①]日本恢复主权后,日本政府司法当局于1952年制定对战犯执行刑罚及赦免的法律,其中关于战犯释放的问题,具体规定了临时释放、短

---

① 《旧金山对日和约》(1951年9月8日),翟新:《战后日本的对外观》,上海:上海交通大学出版社2012年版,第280页。

期释放、赦免、减刑4种形式。根据《旧金山和约》的规定,日本政府对赦免和完全释放战犯其实只有"劝告"的权利,而决定权则在于科刑的相关各国政府之手,亦即赦免和释放乙丙级战犯需经一至两国政府的认可。① 台湾"国民党政权"对于日本政府的请求表示理解和同意,在各政府中态度较为宽大。1952年4月,台湾当局与日本政府签订《对日和约》,蒋介石单方面决定赦免剩余在押的原国民政府判决的91名日本战犯。到1953年3月27日,巢鸭监狱释放了第83批的14名战犯,至此,在巢鸭监狱关押的日本战犯全部被释放。

---

① 翟新:《战后日本的对外观》,上海:上海交通大学出版社2012年版,第8页。

第五章　国防部南京军事法庭对日本战犯的审判

国防部审判战犯军事法庭成立于1946年2月15日，原隶属于中国陆军总司令部，1946年6月中国陆军总司令部裁撤，军事法庭改隶新组建的国防部。① 陆军总司令部审判战犯军事法庭成立后，江苏省高院刑庭庭长石美瑜奉令兼任庭长，并"赴沪至盟军日战犯法庭参观"，据石美瑜对记者表示："首都为最高军事法庭，审判少将以上战犯及委员长交办案件。"② 该庭由国防部军法局会同司法行政部分别派员组成，负责审判各地解送及引渡的重要战犯。1946年10月，"为改进庭务，以期增加工作效能起见，将法官人事加以调整，改派专任。"自11月起，检察官人员也已增加，对于案件的侦查和审判的工作效率均大大提高。③ 1947年8月15日，该庭接收上海审判战犯军事法庭，至1949年1月26日结束审判工作。上海法庭从设立之初便为国防部南京军事法庭分担工作，在此过

---

① 《我审理战犯法庭　直辖国防部》，《申报》，1946年7月3日，第2版。
② 《战犯法庭在京成立》，《申报》，1946年3月8日，第2版。
③ 《国防部审判战犯收集证据工作报告》(1946年12月)，王建朗主编：《中华民国时期外交文献汇编(1911—1949)》第9卷，北京：中华书局2015年版，第444页。

程中,两者的职能不断趋近,最终合而为一。① 该庭从成立至结束,共审理案件 100 余起,其中包括对酒井隆、谷寿夫、矶谷廉介、高桥坦、冈村宁次等重要战犯的审判。本章主要讨论南京时期国防部审判战犯军事法庭的情况。

第一节 南京大屠杀相关战犯的审判

1937 年 12 月 13 日,日军攻占南京,在此后长达 6 周的时间里,大肆地烧杀淫掠,制造了惨绝人寰的南京大屠杀。"南京大屠杀无疑地是第二次世界大战日军暴行中最突出的一件,它的残酷程度在整个第二次世界大战法西斯暴行中或许仅次于纳粹德军在奥斯威辛对犹太人的大屠杀。"②正因为此,战后对侵华日军战争暴行的清算最重要的一部分就是对南京大屠杀案的审判,该案受到国民政府和广大民众以及国际社会的广泛关注。

一、立案与审判的前期工作

战后,国民政府对南京大屠杀案的处理非常重视,战犯处理委员会要求对南京大屠杀的首要战犯从严处理,并且切实地加强对日军南京大屠杀暴行的调查工作,为南京大屠杀的立案和审判打下了坚实的基础。

早在 1946 年 1 月 29 日,战犯处理委员会就对搜集到的侵华日军南京大屠杀资料的处理做出决议:"由军令部有关单位搜集侵华

---

① 曹鲁晓:《国民政府审判日本战犯法庭的置废与变更》,《日本侵华南京大屠杀研究》2021 年第 2 期,第 55—64 页。
② 梅汝璈:《远东国际军事法庭》,北京:法律出版社 2005 年版,第 302 页。

日军南京大屠杀案犯及屠城资料提供给司法行政部；并电陆军总部设法详查日军在南京屠城时，日本战犯的姓名；外交部搜集南京大屠杀的案卷，移交司法行政部办理。"①在南京大屠杀罪行调查的基础上，战犯处理委员会于1946年10月25日的常会决定将南京大屠杀案作为要案处理。根据相关罪行统计，公布了南京大屠杀案战犯名单，共计83名，确定被告姓名、官阶、隶属单位的战犯59名，其中师团长以上的战犯12名，其他均为基层部队指挥官。②

随后南京军事法庭开始接洽逮捕或引渡相关战犯，先后逮捕并引渡的主要战犯有谷寿夫、田中军吉、向井敏明、野田毅等人。从战犯名单来看，逮捕和引渡的仍属少数。国民政府一直在积极要求引渡与南京大屠杀相关的战犯。早在1946年7月，国防部审判战犯军事法庭庭长石美瑜就表示："将来主要战犯，恐将自日本引渡来华，如南京大屠杀之主犯松井石根，我政府向东京远东军事法庭要求引渡；其他在远东军事法庭受审之侵略中国战犯，如判决后，我政府认为不满，均可要求引渡来华审讯。"③在审判战犯谷寿夫的过程中，战犯处理委员会要求盟军总部将南京大屠杀相关战犯引渡来华，"名单中将包括当时进攻南京日军最高统帅松井石根，司令官柳川、中岛，及谷寿夫于历次申辩书中所要求引渡之共犯如下野、田边等人"。④但由于需要盟军配合，以及实际操作的困

---

① 《战犯处理委员会讨论南京暴行资料如何办理的第七次常会记录摘要处理》，胡菊蓉编：《南京大屠杀史料集　南京审判》，南京：江苏人民出版社、凤凰出版社2006年版，第50页。
② 《司法行政部关于南京大屠杀案战犯名单》，胡菊蓉编：《南京大屠杀史料集　南京审判》，南京：江苏人民出版社、凤凰出版社2006年版，第54—57页。
③ 《战犯审讯即恢复　主要战犯将引渡来华》，《中央日报》，1946年7月3日，第4版。
④ 《京屠杀案有关战犯将请盟总解华讯办》，《中央日报》，1947年5月4日，第5版。

难,所以引渡来华的战犯只是很少一部分。

国防部南京军事法庭对南京大屠杀案战犯嫌疑人的审判,区别于对酒井隆、矶谷廉介、高桥坦等其他日本战犯的审判,有更多在受害地审判的意义。在南京审判与南京大屠杀有关的战犯,不但可以贯彻"犯罪属地"的刑法原则,而且对证据的搜集、证人的传唤以及现场的调查取证等均较为便利。同时,在受害地南京对南京大屠杀相关战犯进行审判,必然引起广泛的社会关注。民众积极参与到审判的各个环节中,这样既提高了审判工作的效率,又扩大了审判的社会影响。

侵华日军罪行的调查作为南京大屠杀案审判的重要准备工作,对于战犯罪行的确定以及法庭的判决有着至关重要的作用。抗战胜利后,围绕侵华日军南京大屠杀暴行,先后有首都地方法院、南京市参议会等机构主导的调查委员会从不同角度进行的调查取证。① 调查过程中,民众以及社会团体对证据搜集和战犯检举的参与度是相当高的。

早在战时国民政府就成立了抗战损失调查和日军罪行调查的专门机构,战后由于审判战犯的需要更是加大了调查的工作力度。战后最早的证据搜集工作是在南京市敌人罪行调查委员会的主导下进行的。该委员会成立于 1945 年 11 月 7 日,由南京市政府、首都警察厅、国民党南京市党部、宪兵南京市区司令部、军事委员会调查统计局、国民党中央调查统计局、三青团南京支部、南京市工会、农会、红十字会、商会、首都地方法院、首都医师公会、律师公会

---

① 参见张连红《国民政府对南京大屠杀案的社会调查(1945—1947)》,《江海学刊》2010年第1期。

14个机关团体组成,首都地方法院的首席检察官陈光虞为召集人。[①] 从调查委员会的构成可见其社会涵盖面之广,其目的在于最大限度地调动政府各部门和社会团体的参与。调查委员会成立后,依照各机关团体的性质,分别调查侵华日军在南京的罪行。例如,工会以工厂为调查范围,商会则以商界为调查对象。所有材料经过各机关团体汇总整理后,一律送该委员会进行初步审核,再由首都地方法院依法处理。关于侵华日军南京大屠杀案,该委员会作为专题进行了证据的调查、整理和研究。

1946年6月23日,为配合远东国际军事法庭和国防部南京军事法庭审判日本战犯的工作,南京市临时参议会发起成立了南京大屠杀案敌人罪行调查委员会,由议长陈裕光任主任,全体参议员为当然委员。这个委员会的组织构成社会涵盖面更广,聘请了宪兵司令部、红十字会、国际问题研究所、南京回民总会、金陵大学、难民救济所等单位的代表及大屠杀时留在南京的部分人士为委员,聘请相关部门负责人和知名人士为顾问。委员会设正副主任各一名,总揽日常工作;另设总干事一人,处理日常事务。此外还设有调查、审计、编撰三组。该会成立后,专门向市民发布公告,希望全市市民对战犯罪行调查予以最大限度的支持和配合。[②] 调查内容主要包括南京大屠杀的罪行人、被害人、罪行事实、证据等,这既便于调查人员工作,也便于被害人家属回忆,符合军事法庭对战

[①]《首都地方法院检察处奉令调查敌人罪行报告书》,郭必强、姜良芹等编:《南京大屠杀史料集 日军罪行调查委员会调查统计》下,南京:江苏人民出版社、凤凰出版社2006年版,第1722页。

[②]《国防部审判战犯军事法庭关于调查战犯谷寿夫罪证的布告》,中国第二历史档案馆、南京历史档案馆等编:《侵华日军南京大屠杀档案》,南京:江苏古籍出版社1981年版,第550页。

争罪行调查的规定。委员会在各区设立调查小组,由全体委员分组或分行业对侵华日军制造南京大屠杀罪行的证据进行搜集,经审查组审查后提请该会全体会议审定,然后移交首都地方法院检察官转报司法行政部办理。委员会编制了《南京大屠杀案敌人罪行种类调查表》《南京大屠杀案可提供做证被害人姓名、住址表》《南京大屠杀案男女死伤统计表》,并搜集到大量日军暴行的照片、报纸、实物等证据资料。1946年11月11日,南京大屠杀案敌人罪行调查委员会的工作移交给南京市参议会继续办理。从委员会设立到移交,该会调查敌人罪行案件总数为2 784件,为远东国际军事法庭和国防部南京军事法庭对侵华日军南京大屠杀案的审判,提供了大量的原始资料和有力证据。①

在南京大屠杀案的调查工作中,由南京大屠杀案敌人罪行调查委员会组织,南京市政府负责推动各区、乡、镇、坊、保、甲开展调查工作,警察局推动所辖各区、局、所各级基层单位配合调查工作。调查委员会在南京13个区设置区调查委员会,全面负责侵华日军各项罪行之搜集、调查、统计与汇报工作,各区区长负实际指挥之责,调查委员会派督导员督导。可以说,这是一次大规模的科学规范、具有法律意义、全民参与的调查工作。

在这一过程中,一些受害严重区乡的调查工作社会参与程度较高,比如位于中华门外一带的南京市第十一区,这里是战犯谷寿夫部队战时的驻地,国防部军事法庭非常重视这一地区受害情况的调查。该区调查委员会由区长吴筱卿负责常务工作,南京大屠

---

① 《南京市临时参议会副议长陈耀东在军事法庭陈述南京大屠杀案调查经过》,胡菊蓉编:《南京大屠杀史料集 南京审判》,南京:江苏人民出版社、凤凰出版社2006年版,第372页。

杀案敌人罪行调查委员会派驻的督导员是沈九香。区调查委员会共有27名委员,这些委员包括第十一区各乡镇的正副乡镇长、区民代表、区警察局局长、区党部主委、区三青团主任、宪兵队队长等,分组负责实地调查。经过一个多月的调查,第十一区雨花、西街、通济、海新、凤台、善德六个乡镇调查各类暴行受害人名单800多人,可见当时调查的深入以及社会参与的程度之高。① 由于各个区乡的情况不同,即人口变动幅度以及受害程度的不同,社会参与的热情与调查的效果也不同,比如位于浦口的第八区调查所获材料就很少,汤山和位于下关的第七区的调查所获材料就很多,这也说明调查的情况和社会参与的情况大致能客观地反映一个地区的受害程度。

与证据搜集同时进行的是战犯检举工作。国民政府相关机构曾多次呼吁市民检举战犯,如1945年12月21日蒋介石以国民政府主席行辕的名义发布公告称:"凡我同胞,其有身经当日大屠杀惨祸暨在敌伪暴力压迫之下,受有各种枉曲者,余均愿详知其事实及屠杀压迫者之主谋,其目击事实基于正义感而作负责之检举者,余尤乐于接受。"②据《申报》1946年1月6日报道,当时仅蒋介石巡视南京收到的市民呈文就达1 036件,"其中六十七件系检举南京大屠杀案中之日寇暴行,所陈敌军奸杀掳掠种种非常残酷行为,令人惊心触目,想见当年面目狰狞之兽军与惨极人寰之呼声,陈诉者

---

① 《南京市第十一区区公所大屠杀案调查小组委员名册呈》,郭必强、姜良芹等编:《南京大屠杀史料集　日军罪行委员会调查统计》,南京:江苏人民出版社、凤凰出版社2006年版,第1683—1685页。
② 《国民政府主席行辕秘书处接受南京市民陈述大屠杀冤愤公告》,张建宁等编:《南京大屠杀史料集　南京大屠杀案市民呈文》,南京:江苏人民出版社、凤凰出版社2006年版,第2页。

多属身历其境,颇多极为真切与极为珍贵之资料"。①

除了前期的证据收集和检举战犯以外,在审判过程中,军事法庭还在受害较为严重的地区设置调查庭,就地征集证人证据。1947年1月19日,军事法庭在中华门外区公所内设立调查庭,为了让民众配合法庭调查战时谷寿夫部队在中华门一带的犯罪事实和证据,要求所有在上述地区及时期内,曾遭日军烧杀奸掠及其他加害行为者,或各被害人或遗族,或在场目睹之人,将详细情形报告法庭,以便侦查,确定其罪责。这一方式的社会影响较大,仅1947年1月28日一天就接待检举人180余人,总共传讯证人600多人,为法庭搜集到更多有力的证据。②

综上所述,审判的前期工作中,特别是检举罪犯和搜集证据的过程中,社会团体及民众的积极参与配合了军事法庭的审判工作,提高了法庭审判前期工作的效率。社会的积极参与也表达了社会对南京大屠杀案的高度关注,反映了审判在社会层面的广泛影响。更为重要的是,对日军罪行的调查取证唤起了受害者家属及幸存者对于日军暴行的记忆,使南京市民得以有机会控诉侵华日军南京大屠杀暴行,从而得到情感上的安慰和对正义实现的满足。

二、对战犯谷寿夫的审判

南京大屠杀案立案后,国防部审判战犯军事法庭审理的与此案相关的首要战犯就是攻占南京时任侵华日军第六师团师团长的谷寿夫。

战犯处理委员会所列南京大屠杀案的主要战犯中师团长以上的高级指挥官,实际引渡到南京接受审判的只有谷寿夫一人。当

---

① 《首都人民陈述函件加紧分类整理中》,《申报》,1946年1月6日,第1版。
② 《百余证人在中华门临时庭检举谷犯罪行》,《中央日报》,1947年1月25日,第6版。

时任侵华日军上海派遣军司令的朝香宫鸠彦作为皇室成员免予追究其战争责任,时任华中方面军司令的松井石根作为甲级战犯在东京接受国际军事法庭的审判,时任第十军司令官的柳川平助和时任南京警备司令的第十六师团师团长中岛今朝吾分别于1945年1月和10月病逝。所以谷寿夫成为引渡来华的南京大屠杀案级别最高的战犯,对谷寿夫的审判成为南京大屠杀定案的重要依据。

战犯谷寿夫,日本东京人,1882年出生,毕业于日本陆军士官学校和陆军大学。1928年参与济南惨案,屠杀中国外交人员。1937年8月,率领第六师团入侵中国华北等地。因侵略上海、南京的需要,第六师团被调至华东,一路杀向南京,谷寿夫是制造南京大屠杀的罪魁祸首之一。1946年2月2日,谷寿夫被盟军总部逮捕,关入东京巢鸭监狱。1946年8月被引渡到中国,关押在上海。国防部审判战犯军事法庭认为,谷寿夫"系侵华最力之重要战犯","尤为南京大屠杀之要犯,为便利侦讯起见",须移交国防部军事法庭审判。[①] 第一绥靖区司令部军事法庭接到命令,特派该法庭副官刘珊率特务营班长和6名士兵,将谷寿夫从上海押解到南京,关进国防部南京小营战犯拘留所。1947年2月6日至8日,南京审判战犯军事法庭在励志社大礼堂对谷寿夫进行了公审。

南京大屠杀相关战犯的审判以对谷寿夫的审判历时最长、最为详细,同时因为谷寿夫是南京大屠杀案唯一到案的重要战犯,对他的审判也最为重要。

[①]《战犯处理委员会关于战犯谷寿夫等应解来京受审第三十八次常会记录摘要》,胡菊蓉编:《南京大屠杀史料集 南京审判》,南京:江苏人民出版社、凤凰出版社2006年版,第61页。

(一) 对战犯谷寿夫罪行的调查及起诉

南京大屠杀的首恶之一、曾任日军第六师团中将师团长的谷寿夫于战后在东京被驻日盟军总部逮捕,经中国方面要求,被引渡到中国,最初是在上海军事法庭拘押,1946年10月3日被押解到南京由国防部审判战犯军事法庭审理。

1946年10月19日,国防部审判战犯军事法庭检察官陈光虞在小营战犯拘留所首次开庭侦讯,到庭做证的有市参议会提供的证人柏鸿恩、殷有余、陆李秀英3人。"又有前军政部卫生担架队队长梁廷芳及看护长白增荣等二人,均曾留京,目睹敌寇罪行,自愿出庭做证。"①

在此后一个多月时间里,法庭多次提审谷寿夫,但是谷寿夫极力否认在南京进行过大屠杀,在接受记者采访时也绝口不提南京大屠杀,并表示自己对南京发生的暴行一无所知。

12月18日,关押在战犯拘留所的谷寿夫提交了《关于我部在昭和12年末南京战役中情况的陈述》,为自己辩解。谷寿夫辩称:(1)第六师团主力驻扎中华门外一带,当时附近已无居民,"南京不幸事件的中心点是在城内中央部以北,下关方面的扬子江沿岸及紫金山方面,在此等地方的主力为第十六、九、十一、一百一十、十三、三等各师团及重藤支队(旅团)等兵团之行政区,与我第六师团无关"。(2)第六师团在1937年12月21日已基本移驻芜湖,故与南京城内的屠杀没有关系;(3)谷寿夫自称对部下要求严格,绝不会容忍部下有犯罪行为,确信部下绝无犯罪行为。在这份陈述中,谷寿夫承认有南京大屠杀的事实,但是与自己统率的第六师团没

---

① 《南京屠夫谷寿夫十九日开庭提讯》,《中央日报》,1946年10月17日,第4版。

有关系,应该是其他部队所为。①

1946年12月31日,国防部审判战犯军事法庭检察官起诉谷寿夫,提请法庭审理,起诉书主要包括被告人主要情况、犯罪事实、起诉理由、证据及所犯法条、提请量刑,以及根据罪行总表列举具体暴行证据的附件,附件分为杀人、强奸、抢劫及肆意破坏财产三个部分详细列举。② 对谷寿夫起诉的理由,一是提出谷寿夫是日本侵略运动中的激进分子,参与侵略中国之阴谋,支持和推行侵略行动;二是谷寿夫所部在河北保定驻扎时期有抢劫中国平民财物的行为;三是在日军攻占南京后,谷寿夫部队参与屠杀、强奸及抢劫等罪行。

针对检察官的起诉,谷寿夫于1947年1月15日向法庭提交申辩书,在这份申辩书中,谷寿夫首先否认自己部队有任何暴行的存在,谷寿夫表示:"既不曾看见或听说过,也不曾默许或默认过,更不曾下过相关命令或接到过相关报告。此外,对于上述两项指控,也不曾接到过居民等的申诉或控告。"并且指出第六师团行为严正,绝无违纪之行为存在。对起诉书中提到的罪行,谷寿夫逐一进行申辩:(1)其本人所率第六师团攻入南京城后驻扎中华门,并于1937年12月21日全部开赴芜湖。当时中华门一带正值激战,居民迁徙一空,所以无屠杀对象;且被害人均未能指证施暴日军部队的番号,所以屠杀事件应由日军"中岛"部队、"末松"部队及其他部队负责;法庭所出示的日军罪行调查表亦多标有"中岛"等字样,可见与其本人无涉。(2)其本人所属部队驻扎南京的时间和地点都

---

① 《关于我部在昭和12年末南京战役中情况的陈述》,胡菊蓉编:《南京大屠杀史料集 南京审判》,南京:江苏人民出版社、凤凰出版社2006年版,第461—462页。
② 《军事法庭检察官对战犯谷寿夫的起诉书及附件》,胡菊蓉编:《南京大屠杀史料集 南京审判》,南京:江苏人民出版社、凤凰出版社2006年版,第324—346页。

与南京暴行的时间和范围不同,而且所部军纪严肃,可保证未曾杀害一人,得知南京暴行事件是在战争结束之后,可见其本人对南京暴行毫不知情,并确信所部无犯罪行为,所以不承担任何责任。(3) 其本人向来主张中日亲善,思想一向稳健,向来主张"对兄弟国中国的宗旨是,对居民要以骨肉之情待之,非战斗需要以外,应极力爱抚之,对俘虏要善待之,严戒掠夺和暴行的错误",绝非激进派军人。①

针对谷寿夫的申辩,国防部军事法庭为加强对谷寿夫部队相关罪行证据的搜集,特于1月18日起,在中华门外开临时调查庭,调查谷寿夫罪行。该临时庭开至28日,接受检举罪行者达600余人。

根据调查所得线索,世界红卍字会南京分会掩埋队在该区分组掩埋之尸体,计4万余具,分别掩埋在雨花台附近。第十一区区公所后一大冢,即埋有尸体2 000余具,其由被害者家属自行收殓,或如兵工厂内被害5 000余人,先行屠杀,继用火焚,无尸可殓者,尚不在内。石美瑜庭长于28日下午,会同市民及前红会经手掩埋被害者之负责人,前往第十一区区公所后山发掘被害人尸体,仅历一刻钟,即见骷髅十余具。据附近居民称:"该义冢内有尸骨四百余具,均系日寇进城时未及躲避之无辜平民。"该冢分上下两层,均系被害人被杀后,由红卍字会掩埋者。② 1月29日,石美瑜庭长率同审判官宋书同、李元庆、叶在增、葛召棠,会同世界红卍字会南京分会工作人员,首都地院首席检察官陈光虞,第十一区区长张富庚

---

① 《申辩书》,胡菊蓉编:《南京大屠杀史料集 南京审判》,南京:江苏人民出版社、凤凰出版社2006年版,第463—472页。
② 《谷寿夫案调查证人竣事 发掘被害人尸身》,《申报》,1947年1月29日,第2版。

等,至前战犯谷寿夫在南京施行大屠杀后掩埋之尸冢,继续发掘被害人尸骨。"根据世界红卍字会京分会卷宗所载,在民廿六年十二月十三日起之一周内,由该会负责掩埋者共达四万三千零七十一人。"当日在雨花台左侧山丘挖掘,捡出一部分,以备检验。"在各检〔捡〕出之骷髅上,可分别为砍伤、烧死、枪毙之迹象"。据石美瑜向媒体报告:"今日所掘出尸骨,多数属女性,足证非为战斗而死。"①此外还挖掘兵工厂部分等三四处,"前往发掘被害人尸首丛葬处所,检验尸骨,并约请中国电影制片厂及中宣部中央摄影场暨国际宣传处,派员到场摄制影片,作为该犯纵容部属杀害我无辜民众之铁证。闻将发掘地方,共达三四处之多"。② 对于发掘的被害人遗骸,军事法庭派检察官检验,并出具鉴定书,确定被害人都是死于刀砍、枪击或焚烧等外力加害。

中华门外兵工厂之小山上,掘出被屠杀的受害者遗骨
资料来源:傅润华主编:《抗战建国大画史》,中国文化信托服务社,1948年4月,第171页。

① 《南京大屠杀案中被害人多属女性 昨续发掘雨花台下尸塚》,《申报》,1947年1月30日,第2版。
② 《检举谷寿夫罪行 六百余人到庭陈诉》,《中央日报》,1947年1月29日,第4版。

法官检视发掘的被害者遗骸
资料来源:《春秋画报》总第 4 期,1947 年 3 月,第 3 页。

(二)审判谷寿夫

1947 年 2 月 6 日,国防部审判战犯军事法庭在励志社大礼堂对谷寿夫开庭公审。公审预定 3 天,前两日主要是传讯证人,8 日始开辩论庭。庭长兼审判长石美瑜,审判官宋书同、李元庆、葛召棠、叶在增,书记官张体坤,检察官陈光虞,辩护律师梅祖芳、张仁德全部到庭,此外还有主要证人以及日语、英语翻译。

公审开庭,首先由庭长石美瑜宣布开庭,询问被告姓名、年龄、籍贯。然后由检察官陈光虞严正地宣读起诉书,再由翻译官转译日文。检察官做补充说明如下:"(一)此案就时间言,屠杀期延长达数月之久,起诉书仅列八九日。(二)就地域言,屠杀范围广至城内外,起诉书仅述及中华门一隅。(三)就数量言,大屠杀被害人达四十万人以上,起诉书中仅四万余,其罪行尚有一、破坏财产,

二、抢劫,三、强奸。"①由于谷寿夫此前曾提出抗辩,称所部驻区仅限中华门一带,所以公审时起诉书中仅提及中华门地区的暴行证据。

起诉书中关于日军残暴行为,分为四类:(1)破坏平民财产,放火焚烧。(2)随时随地,任意抢劫民产。(3)强奸妇女。有被轮奸达30余次之多,其不服抗拒者,则遭刺杀。(4)屠杀。日军在下关及汉中门等地,对无辜平民,施行集体杀戮,先以机枪扫射,刺刀戮杀,继复火烧。统计在此次大屠杀中,南京受害人数,最低估计在40万人以上。②

审判谷寿夫法庭内景
资料来源:秦风编著《民国南京 1927—1949》,上海:文汇出版社2005年版,第121页。

检察官报告完毕,庭长石美瑜宣布,根据起诉书中所述事实与证据,"被告参加侵略战争,参加大屠杀,实犯海牙会议所定法条第

---

① 《谷寿夫在京受审 对大屠杀案竟规避责任 放映惨影观众气愤填膺》,《申报》,1947年2月7日,第2版。
② 《军事法庭检察官陈光虞对战犯谷寿夫的公诉词》,胡菊蓉编:《南京大屠杀史料集 南京审判》,南京:江苏人民出版社、凤凰出版社2006年版,第375—376页。

廿三条、第四十六条、第四十七条之战争罪，违反人道罪、违反和平罪"。① 然后审判官开始讯问被告有关南京大屠杀案的问题，并就谷寿夫的主要罪行一一举证。

审判官询问谷寿夫过去经历及所担任职务，谷寿夫称："毕业于日本士官学校，曾任陆军大学教职、参谋本部部员、驻英国日大使馆武官、第三师团参谋长，曾参加日俄战争，当时任小队长。一生任职军界，晋至陆军中将官阶。"审判官继问："被告身为高级军官，担任军事教育要职，对于侵略战争，依被告所知，应由何人负责？"谷寿夫回答："说起侵略运动，与我全没关系。任职参谋本部时，专门负责调查欧洲方面事情。在陆大教官任内，则专心日俄战史研究，对于国策及侵略计划，完全不曾参加。余对中国，抱有中日应亲善信念，两次至华，均系奉命而来，身为军人只有服从命令。民十七年，领兵至山东护侨。我认为中日乃兄弟之邦，出兵为不必要，在激烈战争进行下，平民遭害自为难免之事。"审判官继续问："被告何能保证其部属没有屠杀平民举动？"谷寿夫回答："我断言没有。"审判长将南京市参议会掩埋尸体统计表交被告翻阅，并将于雨花台所发掘之遗骸，经法医检查断定为妇孺并留有弹穿刀斫及殴击残痕者，排列于审判台上，一共8副。谷寿夫表示，"在剧烈之战争中，平民伤亡乃难以幸免，红卍字会表上所载，均为余部队离京后之事，且无确实证据，被告不能承认"。②

当日证人做证情形，据当时新闻报道：由红卍字会副会长许传音证明当时情形，并称表列廿二日并非杀害日期，而为掩埋填表日

---

① 《谷寿夫在京受审 对大屠杀案竟规避责任 放映惨影观众气愤填膺》，《申报》，1947年2月7日，第2版。
② 《战犯法庭公审刽子手谷寿夫》，《中央日报》，1947年2月7日，第2版。

期,旋说明当时城内各地陈尸及小火瓦巷戚友被害情形。继由美籍证人史密斯及贝德士两人说明当年在南京目击各惨状,被害人家属姚家隆陈述当时敌兵杀害伊妻儿女三人,其本人亦受枪伤。续传被害人陈二姑娘,庭讯:"你是不是当年被日本人强奸的?"陈愤然高声答:"是。"问:"几个人?"陈答:"二人。"问:"两个人都强奸吗?"答:"是。"并称:日人用枪威吓,无法抗拒。至6时讯问完毕,庭长宣布7日续审,休息片刻,放映有关大屠杀影片,谷寿夫也在庭内观看,观众目睹惨影,莫不气愤填膺。①

2月7日,法庭继续审判谷寿夫。审判长石美瑜讯问被告,问及:"何日率部入城,大肆屠杀是否因中国军队剧烈抵抗之故,而图报复?"谷寿夫回答:"余之部队十三日正式进城,惟十五、十六、十七三日即相继分批离京,二十一日被告亦率剩余之少数部队至芜湖。在十二、十三两日中,城郊一带,战事猛烈,雨花台、中华门等区均无人烟,所云进城之际,大肆屠杀,实不可能及不能有。"谷寿夫继续陈述:"余率部驻南京一周,十七日参加入城式,十八日参加慰灵祭,所至之区,确不曾见有尸体,所言确非撒谎,有当日参加之其他部队官长可证明。"法官问:"被告曾承认,谓在南京之欧美人士曾向松井司令官提出抗议,被告既不承认有屠杀行为,当日欧美人士提出之抗议,究系何事?"谷寿夫答称:"此乃余被捕囚禁巢鸭监狱时之事,松井司令官固曾语余,言及欧美人士不满日军行为而抗议,但未言及余之部队所为。"②

随后,法庭请前南京市临时参议会副议长陈耀东,报告调查大

---

① 《谷寿夫在京受审 对大屠杀案竟规避责任 放映惨影观众气愤填膺》,《申报》,1947年2月7日,第2版。
② 《昨续审谷寿夫 证人陈述暴行历历如绘》,《中央日报》,1947年2月8日,第4版。

屠杀案经过。报告称:"南京临参会于去年成立后,即接获人民报告南京大屠杀案件,计被害者约四十万人……而中华门一带约占全数三分之一,即有十余万人被害,该区系被告部队驻在区,该惨案系被告部队所造成,故由本会代表被害人民要求政府将被告引渡我方明正典刑。"①

其后,法庭传讯证人。计有刘诚中、谢立三、胡扣之、卢殷发、张孙氏、李陈氏、顾颜氏等 30 余人。其中受害者柯荣富,身遭七刀两枪。证人皆死里逃生,都是侵华日军南京暴行的直接受害者。当日到庭的证人还有当年服务于鼓楼医院之程洁女士,亦于庭上对所见日军暴行进行陈述。据报载,证人中案情较重要者附志如次:

(一)赵荣生系本人被害,彼当庭描绘与敌人搏斗情形甚详,述及如何用拳术击退敌人,惟因无武器,故终被枪刀刺伤甚重,迄今伤痕犹历历在目,计头部刀伤十一处,颈间两枪疤,左手腕枪伤,并致手腕变形,左手中指被折断。赵申述时有声有色,木立一旁之谷犯,亦为之动容。

(二)张孙氏丈夫被杀,庭长询以伤在何处,张谓:"那里还能看呢?旋续称:"我与日本鬼子仇多呢!要说三天都说不完,我受的害太大了。"愤懑之气,溢于言表。继称:彼本身亦被敌人强奸,同时见到其小姑与一邻人均被奸而致病等等,语调沉痛,听者发指。

(三)郁毕文称:是日连彼共六人,为敌人包围,五人均被刺死,郁当时亦被刺晕去,醒来复为日警以枪柄打击,再度晕去,至当

---

① 《南京市临时参议会副议长陈耀东在军事法庭陈述南京大屠杀案调查经过》,胡菊蓉编:《南京大屠杀史料集　南京审判》,南京:江苏人民出版社、凤凰出版社 2006 年版,第 372 页。

日午夜又苏醒,当即以伤痕示众,计刀伤七处,枪伤两处。

（四）刘毛遂述伊母被害情形,谓当日伊母在一防空壕内藏避,洞内共三十余人,全部被日人关闷洞内而死。

（五）陈文龙之兄被杀,计伤十一处。

（六）孔韩氏母舅、婆婆、妹妹共六人被枪杀。

（七）朱郭氏父与兄弟二人,亲见被杀,其父被杀后,且置于房内,再用火焚烧。

以上各证人陈述后,谷寿夫随时狡辩,其所持理由,大要为：(1)发生事件不在彼防区之内;(2)在战争激烈时,不可能有平民藏留民房;(3)以上各情形不可能发生,亦不可能有;(4)做作之谈不能承认;(5)在战争时或有伤害之事,本人仅可同情,不能负责。最后,法庭宣布8日续审,即行退庭。①

审判谷寿夫时出庭的被害人家属
资料来源：傅润华主编：《抗战建国大画史》,
中国文化信托服务社,1948年4月,第171页。

① 《南京大屠杀案真相　各证人愤慨陈词》,《申报》,1947年2月8日,第2版。

2月8日，国防部审判战犯军事法庭继续开庭审判谷寿夫。开庭后，谷寿夫要求发言，称：两日来根据证人所述，罪行大多发生于中华门一带，实际上十二、十三两日战争进行猛烈，该区已无平民，假使有居民留住，被告亦绝对不允许有杀害行为。在调查文件中，被告发现许多罪行都为中岛部队所为，不在其防区内发生。以上陈述，请庭上加以注意。

随后审判长列举三件集体屠杀事件：(1) 廿六年12月16日，被俘麇集慕府山下之中国军队及难民5.7万人，被日军驱至下关江边，用机枪扫射及刺刀戮杀，弃尸江中，为被屠杀事件中人数最多之一次。(2) 25日，难民9 000余，亦于下关被屠杀。(3) 16日晚上，难民5 000余从华侨招待所被押至下关中山码头，机枪扫射，弃尸江中。以上三次，均有死里逃生之受害者出庭具结做证。法庭另附述南京会战时，《东京日日新闻》所登载关于两日兵作杀人竞赛之新闻，三天之内一杀105人，一杀106人，问被告对上述诸事有闻否？谷寿夫称：法官所述，被告尚属初次听见，下关集体屠杀乃海军或其他部队所为，与被告无关。余防区内，有如无人之境，诉诸神明，全没此事。法庭认为被告为大屠杀主犯，实属错误，倘能将当日最高指挥官传讯至庭，则屠杀暴行，当能明了。

法庭续传证人出庭。被害人梁庭芳、白增云、陈福保、殷有余、朱光荣等证人，出庭陈述日军暴行及受害经历。其中梁庭芳和陈福保证词如下：

梁庭芳：二十六年十二月十六日上午十一时，日军七八人，至五条巷难民区，提难民数百人，押至华侨招待所，时已有数百人等候所内，至午后五时，已从各方聚集五千多人，四人一排，押至下关江边，大批日军已在等候，架好机枪，俟一高级军官坐小包车前来，向全体日军训话后，开始惨无人道屠杀。

自九时起,分批连射一小时后,复用刺刀刺杀气未绝者。渠本人与白增云两人投江,日军即向江内扫射,渠中一弹未死,后逃出,数日后入城。

陈福保:十二月十四日晨十时,亲见三七位同胞被扫射,十四日下午,见三日军于阴阳营一小学内,轮奸一女子。十六日见太平路环球饭店及生生木器行,被日军纵火焚烧,又见邻人孕妇被日军轮奸流产。二十七年一月五日至八日,中岛部队诱我同胞七百余人,集体予以屠杀。①

崇善堂负责人周一渔证明其负责掩埋平民尸体19万余人,另有马吴氏等9人出庭,控诉亲属被杀,谷犯照例一概否认,推诿干净。法庭提及被告在石家庄、保定等地纵容部属抢劫居民陈嗣哲衣服、古玩及强迫妇女做肉体慰劳时,谷寿夫表示:"当时在香月司令官指挥下,忙于准备南下进军之际,抢劫实无可能,亦不会有。被害者或于战斗期间,或系华军便衣及汉奸抢劫,不会有强征妇女成立慰安所作肉体慰劳。"②

完成法庭调查和讯问后,辩论庭开始。首先由检察官陈光虞起立,陈述法庭起诉谷寿夫的犯罪事实。陈光虞称:"本检察官曾经说明在南京大屠杀案中,杀、奸、烧、劫在调查中已经中外人民证明,种种暴行多在被告防区之内……至于被告驻扎中华门,虽短短一周间,其据临参会调查确实者即达二千七百八十四案。南京大屠杀是日军有计划之行为,因南京系我国首都,抗战情绪最高之所,实行大屠杀乃日本军企图降低我民族精神。南京大屠杀虽系整个的,但被告亦系参加者之一,应负责任。尤其是屠杀以十二、十三两天为最烈,其时南京只有被告之部队,并无其他部队,故被

①②《谷寿夫罪无可逭 第三天受审的一幕》,《申报》,1947年2月14日,第9版。

告实为屠杀之罪魁,决不容诿卸责任。至于被告提出证据问题,据临参会调查均系具结证明,红卍字会及崇善堂所收埋尸体统计表以及照片、影片等等,均系确证,毫无疑义,可谓众证确凿,无可诿饰。应请庭上依法处以极刑。"①

继而谷寿夫开始答辩,谷寿夫首先提出:检察官论断完全错误,因为渠以被告担负中华门一带罪行责任为出发观点,假造没有事实根据的记录,故意造作,认被告为大屠杀罪行者,马马虎虎,作不正确及单方面之调查,被告对此,绝不能承认。谷寿夫提出:许多平民,因曾受其他日军部队之残害,所以利用这个不容易得的机会报仇,将罪行都放在被告身上。两天来,在庭上做证的证人所陈述的都非被告部队所为。谷寿夫认为:法庭以揣测作根据,不能构成犯罪条件,如此审判,可说是世界审判史上无前例。犯罪事实,应将加害者与被害者同时传讯到庭,才能决定犯罪有无,单方陈述,不能成为犯罪事实。被告希望能获得公正没有错误的判决。②

国防部军事法庭对谷寿夫的审判在9号结束后,暂时休庭,针对法庭审判过程中出现的问题,继续进行证据的收集和调查。至2月25日,重开辩论庭,继续审判谷寿夫。

2月25日,开庭后,法庭补充证据多项,并请亲历侵华日军暴行的军官郭岐和负责埋尸的红卍字会的欧阳长麟出庭做证。另外根据谷寿夫的要求,请中国战区日本官兵善后联络班的小笠原清作为被告方证人出庭。但对于谷寿夫要求传讯其旧部下野参谋长和坂井旅团长一节,法庭认为此二人本身也是共犯及嫌疑犯,故根

---

① 《军事法庭检察官陈光虞对战犯谷寿夫的公诉词》,胡菊蓉编:《南京大屠杀史料集 南京审判》,南京:江苏人民出版社、凤凰出版社2006年版,第375—376页。
② 《审讯战犯谷寿夫 昨日开辩论庭》,《中央日报》,1947年2月9日,第4版。

据刑事诉讼法第 27 条予以驳回。

法庭上,被告证人小笠原清出庭做证。审判官询问其会攻南京时是否参加作战,小笠原清答称:未曾参加。审判官问:会攻南京时证人担任何职?小笠原清答:陆大学生。审判官问:如何知道南京战役之情形?小笠原清答:在陆大时曾研究攻取南京之战史,到中国任参谋后,更多知道些。审判官问:谷寿夫部队是否 12 日入城?小笠原清答:12 日午城头激战,13 日入城。审判官问:谷寿夫部队是否先入城?小笠原清答:个人研究,中山门外之部队于 12 日先攻破中山门。

至此,谷寿夫自我辩护:"攻城部队有一一四及十八师团之一部,直属及特加部队,何能专指被告部队有犯罪行为,同时庭上所召集之被害人,全以对日人之怨恨,集施于被告一身,既不能置信,更不能作为有力之罪证,而加害人之番号及姓名,亦无具实供叙,在地点而言,又非被告部队所辖,在时间上,亦多在被告部队调遣之后,或在激战之中,在实况而言当时战地实处于无人之境,故此种证人,实属一种假想,也是伪造者,根据此种呈述而判决实非公平之事,请庭上根据事实,秉公处理。"①谷寿夫还请求:"被告以往所述是否真实,同时参加作战者自能证明。中国证人虽曾列举事实,但未说明加害人是谁,如此焉能有公正裁判?故希望能从东京传证人来。"审判长驳称:"被告自引渡数月以来,未提有利证据,所要求传讯之证人皆系共犯及嫌疑犯,不足做证。"②

针对谷寿夫的辩护,庭长石美瑜驳斥:"被告上级司令官或部

---

① 《四审谷寿夫》,《申报》,1947 年 3 月 2 日,第 7 版。
② 《某报关于战犯谷寿夫在续审中继续狡辩的报导》,胡菊蓉编:《南京大屠杀史料集 南京审判》,南京:江苏人民出版社、凤凰出版社 2006 年版,第 382 页。

下，既不能出庭做证，本庭仍需秉公处断，几十万惨杀的人民，既不能作被告之罪证，当然需要调查，并非立即判决，被告为何能先知其不公，此足可证明杀人者心虚，从新发现证据上，被告所统驭的军队，在中华门一带，屠杀数字约有七千余人，二十八年一月南京伪督办高冠吾所书立之孤魂石碑，可资佐证。"①

法庭随后传讯证人郭岐，郭岐陈述当时在南京目击之日军暴行，并将其所作《陷都血泪录》陈列堂上。谷寿夫认为郭氏所述悉系捏造事实，不足置信。

随后，法庭提供另一件有力证据，即南京安全区国际委员会曾向日大使馆提出之抗议书及日军暴行之照片，抗议书对日军当时的罪行有详细的记载，单是杀人强奸罪行的案件，就有425件之多。此外，还有日军自己拍摄的照片一组，照片上是日军杀人取乐的记录。谷寿夫仍辩称无法确证上述暴行系中华门一带发生。

谷寿夫随后在法庭宣读个人手书之答辩书，略谓：

> 当时驻中华门日军最高指挥官为柳川，此外且有一一四师团及十八师团，所谓暴行必非被告部队所为，因被告一向以严明之军纪约束部下，在芜湖时无任何事件发生，军民感情至为融洽。到庭之中国证人因对日本怀有怨恨，故将所有事件悉数加诸被告身上。被告仅为部队长之一，自不应负所有事件之责。且证据不明，又无具体事实，甚有将安全区内发生之事件移至中华门，殊不足信，仍盼庭上能传讯加害者，相信日本军人必能忠实陈述，如不加精细调查，益以不合法之一方面资料，则此次公审之不公正可见，亦是世界上绝无仅有不合理

---

① 《四审谷寿夫》，《申报》，1947年3月2日，第7版。

之裁判。至于证人所述之事件,多半发生于被告防区范围之外。在防区内者,又悉系捏造事实。调查证据时,庭上对各证人匆匆草率调查,亦即庭上与被害人间之互相问答而已。若是实开世界裁判之前例,被告衷心不服,唯有在宣判前将证人传到,方能有公正之裁判。至于检察官以被告负大屠杀之全责,实为不当,因被告仅系部队长之一,何能负若大责任。①

谷寿夫答辩完毕后,法庭让被告暂行休息。后由被告辩护律师梅祖芳进行辩护。辩护律师称:"就起诉书而论,检察官似以破坏和平及违反人道之罪嫌起诉,但被告仅系一中将,是否有资格参加侵略计划,至于来华作战军人,首重服从命令,此点不能构成破坏和平罪。南京大屠杀固系铁的事实,目前问题为追究凶手,法律裁判不应侧重民族情感,故实应传讯下野、坂井及一一四师团之部队长,彻底调查,以明责任。"②

检察官陈光虞对被告及辩护律师的辩护逐条加以反驳,并谓被告虽自称主张中日亲善,但从未有反侵略之言论著作及行动。出兵济南时,且曾杀害蔡公时。至于被告自诩军纪严明,试问"皇军"之罪行何人不知,事实不容否认。所谓军人不得不服从命令,但错误之命令自不应接受。认为被告之辩解毫无理由,故仍以破坏和平违反人道及战争罪论,并请法庭处以极刑。最后法庭宣布暂时休庭,3月3日下午2时继续开庭辩论。

---

① 《某报关于战犯谷寿夫在续审中继续狡辩的报导》,胡菊蓉编:《南京大屠杀史料集 南京审判》,南京:江苏人民出版社、凤凰出版社2006年版,第382—383页。
② 《某报关于战犯谷寿夫在续审中继续狡辩的报导》,胡菊蓉编:《南京大屠杀史料集 南京审判》,南京:江苏人民出版社、凤凰出版社2006年版,第383页。

3月3日,法庭继续开辩论庭。谷寿夫仍然否认一切罪行。辩称:"当时目击南京住民逃难事实;谓雨花台中华门一带,经两天激战,居民均已至安全区避难,留下未逃者乃小偷密探及与日军有关工作人员。被告率部自杭州湾登陆,沿途均十室九空,部属宿营地,均选择无平民居住之房屋及公共建筑物如学校、机关等为处所。在抵达南京后,17号入城式及18号慰灵祭二日中,被告曾至各处巡视,未见有任何居民;所云集体屠杀、强奸妇女、焚烧房屋者事实,全属捏造。且被告在京时未接到维持治安命令,只有出发至芜湖之命令。故暴行之责任,在道义上及刑法上,应由当日负责维持城内外治安之警备司令负责。中国方面以错误事实作审判根据,被告绝不承认。请庭上将被告所提之日籍证人,最高司令官柳川,被告属下参谋长、旅团长及其他部队长官传庭讯问,然后再作公正审判,并撤回错误之起诉书。"①

又表示:"片面裁判,被告不能心服,希望能有公正裁判,勿为审判战犯神圣责任留下污点,否则被告为无根据之事实而牺牲,将来真正责任者查出时,已懊悔莫及,中日亲善前途将加上一层阴影。"继又称:"服从命令乃军人天职,两度至华非心愿,出兵山东,未妨害中国统一,杀蔡公时非被告,加以不顾人道之裁判,乃忽略人道之举动,将暴行及非暴行同样看待,世界司法史上无此先例。"②

5时半,检察官陈光虞起立,对谷寿夫辩词加以驳斥,谓被告以空洞言词,重复述说图规避责任,生平既主张中日亲善,何以以退役之年龄,仍领兵至华作侵略战争?至谓部属军纪严明,何以无一

---

①②《谷寿夫案十日宣判 昨日五次审讯辩论终结》,《中央日报》,1947年3月4日,第4版。

纸命令或公告做证据？谓庭上所提证据全属捏造，难道京市参议会调查，国际人士所主持安全区档案暨《东京日日新闻》所载两日本兵杀人竞赛新闻，及日军进城时所摄之暴行电影照片，亦属捏造吗？被告犯罪证据确凿，毫无辩解余地，蛮横无理，罪大恶极，侮辱中华民国法庭，应判处死刑。至所求引渡日籍证人事，所提人犯皆有共犯嫌疑，自应加以拒绝。①

被告辩护律师发言，就起诉书及检察官论断，从积极及消极犯罪行为上，为被告辩护，请求庭上慎重调查处理。辩护律师张仁德称："被告犯罪事实为参与侵略预谋及纵属屠杀、强奸、抢劫，唯望庭上慎为斟酌，并调查清楚，当时进入中华门时是否尚有其他部队。如不调查最高负责者及共同负责者，而以被告首当其冲，则殊不妥。故仍望庭上力秉大公，不偏不倚，以昭慎重。"检察官对辩护律师陈述各点一一加以反驳，谓支持侵略已构成罪名，且被告历变口供，足见心虚，且断定只有被告部队进中华门。

最后谷寿夫仍自行辩护，强调说明：(1) 职务上不能违抗命令。(2) 中岛部队与本人部队绝不相同，实未共同行凶。(3) 中华门有计划屠杀之论断不确。(4) 人民被害皆系其他部队之行为。

至此庭长石美瑜宣布本案辩论终结，定 3 月 10 日下午 3 时宣判。谷寿夫聆庭谕后，抗议称：如此迅速宣判，不传讯证人以真正的事实作基础，实难心服。②

对谷寿夫的审判前后历时近 5 个月，先后进行五次公审，法庭

---

① 《谷寿夫案十日宣判　昨日五次审讯辩论终结》，《中央日报》，1947 年 3 月 4 日，第 4 版。
② 《某报关于军事法庭检察官陈光虞驳斥战犯谷寿夫的狡辩的报导》，胡菊蓉编：《南京大屠杀史料集　南京审判》，南京：江苏人民出版社、凤凰出版社 2006 年版，第 387 页。

收集的证据达四五千件之多，证人多达 500 余人，公审出庭的证人有 80 余人，包括中国的受害者和亲历者，如中央军校教导总队辎重营中校营长郭岐、红十字会南京分会会长许传音、受害者陆李秀英、见证人鼓楼医院的程洁、幸存者赵永顺等人，外籍的见证者，如战时南京国际安全区的史密斯、贝德士、时任日本联络班联络员的被告证人小笠原清。提交的证据有南京市临时参议会的罪行调查表、红十字会的埋尸统计表、中华门附近挖到的经过法医鉴定的受害人头颅、美国牧师马吉拍摄的日军暴行及中国民众受害情形的纪录片、日军为炫耀武功而自己拍摄的日军新街口屠杀现场的纪录片等。

重要证人证据举要，如被列为"京审"第一号证据的日军暴行图片。该照片为吴旋保存。吴旋 1922 年生，南京人，1940 年参加汪伪政府交通通讯集训队，住在毗卢寺，其间发现同在集训队学习的罗瑾保存的日军暴行照片。1938 年 1 月，在南京华东照相馆当徒工的罗瑾，利用日本兵在该馆冲洗照片之机，冒着生命危险，将日军自摄的屠杀中国人的 16 幅照片冲洗出来，装订成册保存，藏匿在毗卢寺附近的厕所墙缝中，后为其同学吴旋发现，并继续保存。抗战胜利后，吴旋将相册呈送南京市临时参议会并转交南京审判战犯军事法庭，作为日军罪证之一。①

（三）对战犯谷寿夫的判决与行刑

1947 年 3 月 10 日，法庭对战犯谷寿夫正式宣判。判决如下：

谷寿夫在作战期间，共同纵兵屠杀俘虏及非战斗人员，并

---

① 关于吴旋所存日军暴行照片，详见张国松：《国家公祭与申遗视域下的南京大屠杀罪证照片之检证》，《档案与建设》2014 年第 12 期。

强奸、抢劫、破坏财产,处死刑。①

判决书格式和内容与起诉书基本一致,但事实更加清楚,特别是加强了对谷寿夫部队所辖中华门地区受害事实及证据的陈述。判决书要点主要包括:(1)战争犯罪事实:认定南京大屠杀为有计划之屠杀;列举侵华日军主要集体屠杀的时间、地点及屠杀人数;主要列举谷寿夫部队辖区中华门一带零散暴行的主要事实。(2)判决理由:详细列举了战争犯罪的事实及法庭判定的依据;认定法庭有充分证据证明,被告谷寿夫及会攻南京各将领共同实施暴行。在列举事实与证据的基础上,法庭依据相关法条对谷寿夫做出判决。

根据军事法庭对战犯谷寿夫的审理过程中以及判决书中提供的证据,可以发现,检察官及法庭所提供的证据大部分为证明侵华日军南京大屠杀事实,另外法庭提供了较多在中华门范围内发生战争犯罪的证据,从证据来看,可以证明当时中华门区域发生了严重的暴行。但从整个证据链来看,法庭提供的证据也有一定的问题,比如中华门一带发生的暴行是否确实是发生在谷寿夫部队驻扎时期,判决书附件中列举的证据有部分不能直接证明暴行是由谷寿夫部队所为的。当然从提供的证据可以确定,谷寿夫所言从不知晓南京大屠杀是在说谎,其严令属下不允许有犯罪行为的说法也是不成立的。谷寿夫作为当时会攻南京城的日军将领之一,对日军的暴行负有不可推卸的责任。

根据《战争罪犯审判条例》规定,审判战犯军事法庭判决有罪之战争犯罪案件,由所配属之军事机关连同卷证报请国防部核准

---

① 《军事法庭对战犯谷寿夫的判决书及其附件》,胡菊蓉编:《南京大屠杀史料集 南京审判》,南京:江苏人民出版社、凤凰出版社2006年版,第388页。

后执行。但处死刑或无期徒刑者，应由国防部呈请国民政府主席核准后执行。国民政府主席或国防部认为原判决违法或不当者，得发回复审。战争犯罪案件经判决后，除具有陆海空军审判法第45条各款情形之一者，得为复审之呈诉外，如对原判有所申辩时，得于判决送达后10日内提出申辩书呈由原军事法庭转呈国防部核办。①

南京军事法庭判决后，谷寿夫不服判决，随后分别于3月18日和3月24日又提出"上诉书"和"追加上诉书"，提出不服理由和复审的请求，其中特别提到对他的判决"会给将来的东洋和平至为重要的中日亲善投下重大的阴影"。②

4月25日，南京军事法庭接到国民政府主席批复："查被告谷寿夫在作战期间，共同纵兵屠杀俘虏及非战斗人员，并强奸、抢劫、破坏财产，既据讯明确，原判依法从重处以死刑，尚无不当，应予照准。至被告申请复审之理由，核于陆海空军审判法第四十五[条]之规定不合，应予驳回，希即遵照执行。"③随后，南京军事法庭张贴布告："遵于本月26日上午10时由本庭检察官将该犯谷寿夫壹名提案，验明正身，押赴雨花台刑场，依法执行死刑。除呈报外，合亟布告周知。此布。"④4月26日，谷寿夫被从南京国防部战犯拘留所提出，押往雨花台刑场。

---

① 《国民政府关于战犯审判条例》，胡菊蓉编：《南京大屠杀史料集 南京审判》，南京：江苏人民出版社、凤凰出版社2006年版，第35页。
② 《追加上诉书》，胡菊蓉编：《南京大屠杀史料集 南京审判》，南京：江苏人民出版社、凤凰出版社2006年版，第481页。
③ 《国民政府主席批准判决战犯谷寿夫死刑代电》，胡菊蓉编：《南京大屠杀史料集 南京审判》，南京：江苏人民出版社、凤凰出版社2006年版，第455页。
④ 《军事法庭判处谷寿夫死刑的布告》，胡菊蓉编：《南京大屠杀史料集 南京审判》，南京：江苏人民出版社、凤凰出版社2006年版，第456页。

4月26日上午9时45分,检察官陈光虞到战犯拘留所提谷寿夫。检察官讯问其年龄、籍贯后,宣读国民政府主席最后判决核准代电,谷寿夫仍作最后狡辩,检察官称:"本人除执行外,无任何权限,你对家属及身后有何嘱咐?"谷寿夫强称:"对于此案,被告是无关的,被告现在相信将来一定会弄明白的。此次裁判,在未来的中日关系上,盼能不生影响才好,并盼今后审判,对被告之证人能注意。"最后,谷寿夫要求写遗书与其妻子,并整理遗物。遗物分为三份,"一份是托联络班转回日本,交给他的家属,另一包破衣,是分赠在押的各同僚,其中有一件六成新的羊毛裤子和一双袜子,特别指定赠予战犯高桥中将,另外有一支黑杆钢笔,是要还给联络班的日人小笠原者"。①

谷寿夫致其妻梅子遗书译文如下:

昭和二十三年四月二十六日,我的死执行了!在未知执行以前,我曾给你另外一封信,和这封遗书,一并作为永别的纪念罢。未能偕老的梅子,你尽到了内助的责任,这里我要深深感谢你,在中国方面错误的判定下,现在我被执行死刑了,实在是遗憾的。我是否犯了国际的罪行,确信有一天会给大白的。但是我一个人没有关系,我终于死于雨花台,总算是最后的报国,我并无情意的挣扎,分已近存两君,也请多多帮助他们,清子秀子都要抚育他们成为有用的人,我身虽化异域,但魂终仍返君前。现在是四月二十六日的正午,我向你致诀后,便将永别,愿各位都能幸福,现在我还能站着向各位叙别,但没有一会儿,我便要长倒下去,这是不幸的,但也是命运。我是一个男人,为国而死,是值得满足的,走完了人生的旅途

---

① 丁匡华:《雨花台畔看谷寿夫行刑》,《申报》,1947年5月6日,第7版。

了,我最后的形状,高桥中将和小笠原参谋都亲见,他们可以告诉你,什么事都是命运,六十六岁成了我生命上最后的一年,一直到死,我都认为没有错,努力到最后的最后,但终被枪毙了,实在遗憾。最亲爱的梅子,永远的再会罢,请将我的遗骸火葬后,骨灰拿回去,我不害怕,愿护家幸福,我的想法和梅子的想法是完全一致的,愿上苍祝梅子长寿,永远的再见!①

遗书中没有任何悔意,既不承认犯罪,又坚持认为自己是报国。谷寿夫的这份遗书寄回国内后,在第六师团的旧部属中有很大影响。

10时10分,谷寿夫被押上刑车,庭长、检察官等均亲赴刑场。自战犯拘留所出发,经过珠江路、碑亭巷、大行宫、太平路、建康路、中华路,至中华门出城,沿途市民获悉枪决谷犯,均随车前往,沿途人群夹道,至中华门外雨花台刑场,则满山满谷,一片呼声。11时45分,车抵刑场,谷寿夫被押下车。11时50分行刑,由检察官陈光虞发令,宪兵班长洪二根执行枪决。

三、对战犯向井敏明、野田毅和田中军吉的审判

向井敏明、野田毅和田中军吉三人都是在南京大屠杀中直接屠杀大量俘虏及非战斗人员的日军中下级军官,由于情节相似,故被并案处理。

1937年,在从上海向南京进攻的途中,两名日本军官展开了一场"杀人竞赛",以先杀满百人者为胜。到攻入南京时,两人一个杀了105人,另一个则杀了106人。这两个杀人者,一个叫向井敏明,一个叫野田毅。当时的日本媒体对这场"竞赛"给予了连续的大幅报道,以宣传日本军人的"勇武"。《东京日日新闻》在12月31日的

---

① 《九载血债而今获偿 谷寿夫执行枪决》,《申报》,1947年4月27日,第2版。

报道中还配发了二人手持军刀的合影。1938年1月1日,上海租界的英文报纸《密勒氏评论报》转载了《东京日日新闻》刊载的向井敏明、野田毅二人杀人竞赛的消息,随后其他外国媒体也做了转载报道。1938年1月25日,《申报》(汉口版)也以《紫金山下杀人竞赛 敌兵惨绝人寰》为题,转载了《密勒氏评论报》对"百人斩"的报道。同日,武汉《新华日报》也刊发了题为《南京紫金山下杀人竞赛,寇军暴行惨绝人寰》的报道。①

1942年10月19日,国民政府驻荷兰公使金问泗在参加盟国惩处战争犯罪的拟议过程中,特别提出:"似只须择情节重大、证据确凿、众所切齿者三五人,例如南京之役日军官二人以先杀华人一百人为比赛之类。"此处所谓"日军官二人"即向井敏明和野田毅。②

1946年1月19日,远东国际军事法庭成立,代表中国出席的法官是梅汝璈,检察官是向哲濬,此外,还有杨寿林、方福枢、裘劭恒、刘子健等数位法学家担任助手。刚从东吴大学毕业的高文彬经东吴大学教授刘世芳的推荐,成为远东国际军事法庭中国检察官向哲濬的翻译和助手,其主要工作就是协助向哲濬搜集整理证据材料。高文彬在搜集资料的过程中偶然发现了1937年12月的《东京日日新闻》对向井敏明和野田毅杀人比赛的报道。

当时远东国际军事法庭对南京大屠杀的举证程序已经结束,这份证据不能再呈送。根据向哲濬的建议,这份罪证被转送中国国内的军事法庭,作为立案和起诉的依据。国防部审判战犯军事法庭庭长石美瑜马上呈报战犯处理委员会,要求引渡向井敏明和

---

① 经盛鸿:《西方新闻传媒视野中的南京大屠杀》下册,南京:南京出版社2009年版,第662、673页。
② 相关研究可参见刘萍《谁最早提出将"百人斩"凶手送上审判台》,《日本侵华南京大屠杀研究》2019年第1期。

野田毅来中国接受审判。1947年5月8日,国民政府战争罪犯处理委员会第65次常会在讨论引渡战犯案时,决议"杀人比赛之凶犯可先行引渡"。① 国民政府电告中国驻日代表团,向盟军总部提出抓捕向井敏明和野田毅。

向井敏明,日本山口县人,1937年任日军第十六师团片桐联队富山营炮兵小队长。野田毅,日本鹿儿岛人,1937年任日军第十六师团片桐联队富山营副官。1941年,太平洋战争爆发,两战犯所在的日军第十六师团成为进攻菲律宾的第十四军主力。后来,第十六师团驻守菲律宾莱特岛。1944年,莱特湾海战之中,美军登陆莱特岛,第十六师团被歼灭。根据日本厚生省资料,莱特湾一战,日军第十六师团被歼灭13 158人,被俘620人,而向井敏明和野田毅二人的名字出现在了战俘名单之中,二人后被美军遣返回日本。1947年8月20日,野田毅在日本埼玉县被抓获。通过对野田毅的审讯,向井敏明随后落网。10月25日,战犯向井敏明和野田毅乘日本海轮"和顺"号被押解到中国,11月6日,向井敏明和野田毅被移送南京小营战犯拘留所。

与审判谷寿夫要对侵华日军南京大屠杀暴行做完整的证据梳理不同,对向井敏明和野田毅的审判相较而言较为简便。日军中下级军官往往是直接实施暴行的行为人,其罪行事实清楚,罪证确凿。但是站到被告席上的向井敏明和野田毅,还是对他们所犯的罪行百般抵赖。

向井敏明、野田毅两人因在南京犯下的杀人比赛暴行被起诉,由军法检察官李璿于1947年12月4日向国防部审判战犯军事法

---

① 《战犯处理委员会第六十五次常会记录》(1947年5月8日),中国第二历史档案馆藏,战争罪犯处理委员会档案,22/167。

庭提起公诉。军事法庭在起诉书中称：两战犯进行杀人比赛的事实，"业经敌随军特派员浅海、光本及浅海、铃木等，先后将目睹情形，电达东京各报纸连篇登载，万口争传，誉为勇壮。并经远东国际军事法庭中国检察官办事处获之《东京日日新闻》可资考察核对。该报所登载被告之照片，亦属相符，证据确凿"。①

1947年12月18日，南京军事法庭对野田毅、向井敏明、田中军吉进行公审，审判长石美瑜，审判官李元庆、孙建忠、龙钟煌、张体坤，检察官李璿，主任书记官施泳，被告辩护律师崔培均、薛诵齐、陈嗣庆。审判长讯问向井敏明，审判长首先问："民国二十六年十二月十二日攻南京城时，被告是否在中岛部队任少尉队长之职？"向井答："当时是中岛部队少尉炮兵队长。"审判长续问："被告在紫金山麓与野田毅作杀人比赛，被告杀一百零六人，野田毅一百零五，有没有这回事？"向井答："不是事实。"审判长问："《东京日日新闻》上登有以杀人作娱乐的新闻，并刊有照片，此项证据东京国际军事法庭获得寄到本庭，被告还能强辩吗？"向井看过法庭提供的此项证据后，即翻开自带地图，辩称："被告不曾到南京，也不曾到句容，当时只到达无锡，旋即于丹阳作战时负伤。在无锡时遇见随军记者，以开玩笑态度对被告说，将描写渠等之英雄行为于报端为其征婚。根据去年东京此一记载，国际军事法庭亦曾传讯，但认为无事实根据，三天后即行释放，日日新闻记载全系虚构，不是事实。"庭上旋即以当年英国记者田伯烈所著《日军暴行纪实》中记载有关杀人比赛部分念给被告听。被告答曰："日日新闻上记载，被告半年后才知道。"随后法庭传讯野田毅，野田否认曾到过南京及句容，称其在丹阳时即与向井敏明分别，此后

---

① 《军事法庭检察官关于战犯向井敏明等的起诉书》，胡菊蓉编：《南京大屠杀史料集 南京审判》，南京：江苏人民出版社2006年版，第491页。

便不曾见面,《东京日日新闻》所载均非事实。①

　　法庭讯问完毕后,检察官起立列举两战犯残杀平民的事实,要求法庭依照起诉书判决。随后法庭开始辩论,野田毅和向井敏明辩称:《东京日日新闻》系虚伪登载,记者浅海专为颂扬武力,以博日本女界之羡慕,希望能早日获得佳偶,因此毫不足信。随后审判官龙钟煌又出示了1937年12月《日本公告报》和1937年12月英文《大美晚报》关于百人斩的报道。龙钟煌据理驳斥说:"在作战期间,日本当局对于军事新闻之统制检查本极注重,而《东京日日新闻》系日本重要媒体,如果该被告等并无此杀人竞赛之事实,绝无故为虚构以巨大篇幅专为该两被告等宣传之理。况该项新闻之登载,既经本庭引用上述各项确凿证据予以证实,即非通常传闻者可比,自得据为判决之基础。至谓以杀人为竞赛之凶残兽行,可作征婚广告,以博女性欢心,更为现代人类史上前所未闻。其抗辩各节,均属无可采取[信]。"②被告辩护律师请求法庭准被告要求,传讯随军记者,做公正判决。

　　战犯田中军吉,日本东京人,1905年出生,毕业于日本陆军士官学校。1937年8月随侵华日军入侵华北,时任日军第六师团第四十五联队中队长。在南京大屠杀期间,任日军谷寿夫师团大尉,携"助广"军刀砍杀平民逾300人。田中军吉最初并未被列入南京大屠杀案的战犯名单,到1947年4月,战犯处理委员会接到中国驻日代表团搜集到的罪证后,将田中军吉列为战犯并引渡到中国受审,于5月14日将其并入南京大屠杀案内审理。5月18日,田中

---

① 《军事法庭审日战犯　三杀人元凶判死刑》,《中央日报》,1947年12月19日,第5版。
② 《军事法庭关于战犯向井敏明等判决书》(1947年12月18日),胡菊蓉编:《南京大屠杀史料集　南京审判》,南京:江苏人民出版社、凤凰出版社2006年版,第496—497页。

军吉被引渡至中国上海,关押在战犯管理所,5月22日押解至南京。① 审判战犯南京军事法庭原定于12月12日对田中军吉进行了公审。12月18日,国防部军事法庭将田中军吉与"百人斩"的两名战犯并案审判。

1947年9月20日,南京军事法庭决定对田中军吉提起公诉。理由是田中军吉1937年七七事变后来华充任侵华日军第六师团中队长,在谷寿夫率领下参与南京大屠杀。他在作战期间,违反战争法规及惯例,肆意杀戮中国平民,并持刀砍杀绑跪不知姓名之中国人一名,查获其斩杀300人之队长军刀"助广"之照片一张为证,因而必须作为战犯予以严惩。②

1947年12月18日,法庭审判当日,审判长问:"民国二十六年在南京作战时,是否为谷寿夫部队?"田中答:"是。"审判长续问:"十月二十八日开调查庭时,被告曾承认在南京西郊作战,当时是否带此号称'助广'的军刀作战?(庭上示以该军刀照片)"田中答:"是年十二月十二日攻南京战时,被告曾带此刀在南京西南四公里处作战。"审判长问:"在山中峰太郎所写《皇兵》一书里,作者称被告曾以所携'爱刀助广'砍杀三百余人,书上并有被告十年前在南京照片一张,另有被告持军刀将一平民砍首照片,这三百余人是在城里抑城外被害的?"田中辩称:"《皇兵》一书是宣传被告在战场上英勇作战情形,其中所言杀三百余人事,是作者所想象,不是事实。至于刚才所看的照片,赤足,衬衣,草帽,可说明是夏天,与攻南京战时无关。当时被告虽为谷寿夫部队,但质诸天地神明,与南京大

---

① 《日战犯田中军吉自东京押解来沪》,《中华时报》,1947年5月20日,第4版。
② 《军事法庭检察官对战犯田中军吉的起诉书》(1947年9月20日),胡菊蓉编:《南京大屠杀史料集 南京审判》,南京:江苏人民出版社、凤凰出版社2006年版,第486页。

屠杀毫无关系。"审判长问："该被害者是在甚么地方杀的呢?"答："地点是在湖北通城,被告奉联队长之命执行。被杀者曾屡破坏日军设备,经逮捕后依法审判处以死刑。"①

从检察官提供的证据来看,对田中军吉、向井敏明、野田毅三名战犯的审判,在立案时即已掌握主要证据,且所列核心证据均来自日方文献,三名战犯虽一再否认证据的客观性,但未能提出有效的证据和反驳理由,无法否认基本事实的存在。

法庭最后判决:"被告向井敏明、野田毅、田中军吉,系南京大屠杀之共犯,按被告等连续屠杀俘虏及非战斗人员,系违反海牙陆战规则及战时俘虏待遇公约,应构成战争罪及违反人道罪。其以屠戮平民,以为武功,并以杀人作竞赛娱乐,可谓穷凶极恶,蛮悍无与伦比,实为人类蟊贼、文明公敌,非予尽法严惩,将何以肃纪纲而维正义。"②

南京军事法庭对战犯田中军吉、向井敏明、野田毅做出判决后,将判决书和战犯的申辩书一并报送国民政府审批。1948年1月26日,国民政府主席批复:"被告向井敏明、野田毅、田中军吉于战争期间,共同连续屠杀,既据审讯明确,原判依法处死刑,核无不合,应予照准。至被告等请复审理由,核与陆海[空]军审判法第四十五条各款之规定不合,应予驳回,希饬知照。"③

1948年1月27日,南京各大通衢路口张贴大型布告:"查战犯向井敏明、野田毅(即野田岩)、田中军吉等(即南京大屠杀案共犯),在作战期间共同连续屠杀俘虏及非战斗人员,罪证确凿,业经本庭依法判决,各处死刑,并呈报国防部参谋总长陈转奉国民政府

---

① 《军事法庭审日战犯 三杀人元凶判死刑》,《中央日报》,1947年12月19日,第5版。
② 《杀人竞赛三战犯向井野田田中判决书全文》,《申报》,1947年12月22日,第2版。
③ 《国民政府主席批准判决战犯向井敏明等人死刑致石美瑜电》,胡菊蓉编:《南京大屠杀史料集 南京审判》,南京:江苏人民出版社、凤凰出版社2006年版,第502页。

主席核准,饬即执行具报等因。遂于本月 28 日正午 12 时,由检察官将战犯向井敏明、野田毅(即野田岩)、田中军吉等 3 名提案,验明正身,押赴雨花台刑场执行死刑,以昭炯戒。除呈报外,合亟布告周知。此布。"①1948 年 1 月 28 日,战犯向井敏明、野田毅、田中军吉被押赴南京雨花台刑场,执行枪决。

第二节 高级别战犯的审判

国民政府原本拟定的战犯名单主要是针对高级别战犯的,基本上是旅团长及以上的战罪嫌疑人。战后实际抓捕战犯则主要依靠各地的检举告诉,大部分审判的战犯系现地投降的日军。战犯构成大部分系直接实施暴行的中下层官兵,军阶最高者基本上是现地投降的最高指挥官。国民政府原本拟定的高级别战犯名单中大部分战犯因不在中国境内而需要引渡,但实际成功引渡的案例也不多,故原本主要负责审判"主要战犯"的国防部南京军事法庭实际审判的案件数量并不多。② 因引渡的效率较低,后期引渡至中国的高级别战犯大多在国防部上海法庭进行审判。国防部南京军事法庭审判的高级别战犯,除谷寿夫以外,还有酒井隆、矶谷廉介、高桥坦三人,酒井隆、高桥坦是在中国被抓捕后解送至国防部军事法庭审判的,矶谷廉介是与谷寿夫一起从日本引渡至南京审判的。

---

① 《军事法庭关于战犯向井敏明等执行死刑的布告》,胡菊蓉编:《南京大屠杀史料集 南京审判》,南京:江苏人民出版社、凤凰出版社 2006 年版,第 503 页。
② 国防部审判战犯军事法庭原本拟定是审判两类主要战犯:一类是少将阶级以上的战犯,一类是特别重要的由东京引渡或不属其他各地战犯法庭转送者。参见曹鲁晓《国民政府审判日本战犯法庭的置废与变更》,《日本侵华南京大屠杀研究》2021 年第 2 期,第 62 页。

一、审判酒井隆

酒井隆是南京军事法庭审判的第一个战犯,在当时备受关注。1945 年 10 月 10 日,国民政府在北平接受日军投降,随后开始逮捕日本战犯嫌疑人。酒井隆是蒋介石亲手圈定的 12 名主要战犯中的一个。12 月 25 日,酒井隆在北平被捕,随即被押解到南京。1946 年 7 月,战犯处理委员会编制的《日本重要战犯名单》中酒井隆的罪行说明一栏为:"塘沽协定时,任梅津美治郎参谋长,主使特务人员破坏我国统一,积极侵略华北,企图僭夺我国主权,一九四一年任攻香港司令官,一九四二年任华南方面军司令官,所犯各地,强奸抢劫,肆意破坏财产,无所不为。"①

酒井隆,1887 年生,日本广岛人,1908 年毕业于日本陆军士官学校,1916 年毕业于日本陆军大学,后被派任日本驻华使馆副武官,1924 年晋升少佐,调任日本驻济南领事馆武官。此后,迭任天津驻屯军步兵队长及参谋长、步兵第二十八旅团旅团长、驻张家口兴亚院联络部长官、驻广东第二十三军司令官等职。酒井隆是日本陆军中的少壮派,是有名的中国通,曾参与济南事变、华北事变、攻占香港,是济南惨案、《何梅协定》和日军香港暴行的责任人之一。

酒井隆之所以被列为战犯,主要是因为其是华北事变中强迫国民政府签订一系列侵害中国主权和领土完整的秘密协定的当事人。为了调查酒井隆参与迫签《塘沽协定》《何梅协定》的具体事实,1946 年 5 月 2 日,国防部军事法庭检察官陈光虞致函外交部,

---

① 《日本重要战犯名单》(1946 年 7 月),中国第二历史档案馆藏,战争罪犯处理委员会档案,22/1049。

请求协助调查,函称:"据战犯酒井隆供称,曾任梅津美治郎参谋长,并参加塘沽及梅津两次协定。惟有关协约内容及当时日本之原始要求与目的何在,均与该犯将来判罪科刑有关。为特电请查照,迅予函复,俾便侦察为荷。"①外交部随后向军事法庭提供了《塘沽协定》《何梅协定》的抄件,并对日方侵犯中国主权之处及酒井隆在其中扮演的角色做了说明。外交部的复函全文如下:

> 查塘沽协定中日规定双方停战区域,纯为一军事协定,未含有政治性质。然自该协定成立以后,日机不法飞行,以及华北走私等事件相继发生。非只违反协定,侵害我方主权,并藉此机会测量地势,以利将来扩大作战。廿二年十一月七日,日方以该协定未了事项说词,由关东军副参谋长冈村宁次等又提出停战协定善后办法之无理要求,该办法虽谓为停战协定之善后,其内容却超越军事停战协定之范围,成为政治性之要求。又查梅津协定并非双方所协议,乃是天津日本驻屯军参谋长酒井隆等于廿四年五月二十九日向何代委员长应钦提出之口头通知,强迫我方实行者,与塘沽协定互为表里,而在地理上则由冀东进逼我华北一带。尤有甚者,勾结失意军阀为其傀儡,弄其政治阴谋,以使冀东特殊化,俾与中央脱离关系。此与由万宝山事件产出伪满组织,二者步骤相同,为日本实施大陆政策之奸诈手段。是以梅津与塘沽协定,其终究目的上,日方侵蚀我主权,并吞我国土。②

---

① 《陈光虞致外交部函》(1946 年 5 月 2 日),台北:"国史馆"藏,国民政府外交部档案,020/010117/0033/0011。
② 《外交部复陈光虞函》(1946 年 5 月 14 日),台北:"国史馆"藏,国民政府外交部档案,020/010117/0033/0012。

5月29日，南京军事法庭检察官陈光虞对酒井隆提起公诉，在审判前，起诉书即公布于报端。起诉书中犯罪事实与证据部分如下：

犯罪事实：酒井隆系日本军人之少壮派，由少尉晋升至中将，以其毕生精力，从事于侵略我国之运动，于民国八年间，奉派来华，历任北京日公使馆武官、辅佐官，日本参谋本部部员，岳村中佐武官辅佐官，汉口驻在武官，天津驻屯军步兵队长，中国驻屯军参谋长，驻蒙军司令部附，兴亚院连络部长官，第廿三军司令官，与土肥原贤二及梅津美治郎诸人，同为实行日本侵略政策之主要人物。在政治方面，压迫或诱使地方长官，排斥我中央政府，在华北内蒙一带之政治力量，意图造成受其操纵指使的傀儡政府，窃据我国土。在经济方面，干涉我有关行政，大量武装走私，并利用军事、政治上种种便利，大量贩运毒物，毒化我人民，以消灭其抵抗能力，而以军事为主干，事前以军力相威胁，未造成借口，临时以军力胁迫我军政当局接受其种种苛酷之条件，事后复以军力强迫励行，并继续造成新事实，步步侵逼，促成七七事变。及此大规模之侵略战争，则又充任旅团长、军司令、驻蒙军司令部附，从事于侵略战争，转战于我国南北，民国卅年十二月八日，乘我盟邦香港英军准备不及之际，袭陷香港，在此侵略战争中，唆纵部属违反国际条约与惯例，实施种种暴行，（一）大量惨杀无辜之中英人民，（二）对于平民施以酷刑，（三）强奸，（四）对占领区人民施以奴化或剥夺其公民权，（五）肆意破坏财产，更于香港大学冯平山图书馆之图书三百箱，国立中央图书馆善本图书一百十一箱及存香港永安货仓之西文图书二十箱，分运东京参谋本部及上海两处。此外，又在广州方面制造伪政权，编组伪和平军,实行以华制华之毒辣政策,意图颠覆我国政府,唆使汉奸之流,窃据国土,并消灭我抵抗能力,以期吞灭我国进而制霸世界,其一贯实施侵华政策之整个行动,直至日本投降之后为止。

犯罪证据:(一)被告从事特务工作,(二)从事于军事、政治、经济等各方面之侵略,(三)发动侵略战争,(四)主持各种暴行,均有证据及侦查期间被告自供之笔录可资证明。该被告与日本整个侵略政策与侵略行为不能分割,不特对其本身相接之暴行应负其刑事罪责,即对于一切因此侵略政策下所产生,而不违反其本意之罪行,亦应负其责任。损坏和平,灭绝人道,违反国际条约与法例,实属罪大恶极,罪证确凿,绝无诿卸余地。①

5月30日,国防部审判战犯军事法庭公审酒井隆。法庭设在陆军总部工字厅,审判长石美瑜,陪审法官孟传大、高其迈、包启黄、朱膺三,检察官陈光虞,书记官张体坤。到庭旁听的中外人士及新闻记者共300余人。酒井隆在宪兵监视下入场,在被告席坐下。庭长石美瑜宣布开庭后,首先由检察官陈光虞宣读起诉书,宣读时间长达25分之久,继由翻译译为日语,然后由庭长开始讯问。对于庭长的讯问,酒井隆辩称:"关于田中奏折事,我为一研究中国问题多年之人,我从未见有此种事实,亦不可信。"对讯问关于强迫何应钦撤换华北军政首长等情,酒井隆则一味狡赖,并称无其事。对参与作战事称:"我身为军人,只知服从并无责任"。并说,"此仅

---

① 《日主要战犯酒井隆 陆总部军事法庭提起公诉》,《申报》,1946年5月29日,第1版。起诉书全文参见《战犯酒井隆起诉书》(1946年5月23日),中国第二历史档案馆藏,战争罪犯处理委员会档案,22/1515。

为一个事件,不是侵略,七七事件并不是战争,日本人是不愿意战争,且日本人亦是为了生存"。上午讯问至此,由庭长石美瑜宣布下午续审。下午续审,首先由检察官陈光虞陈述酒井隆犯罪事实四部分,要求"谨代表千万被害同胞要求判死刑,为民族生存之威胁者判死刑"。随后酒井隆起立辩论,并盼延长宣判日期,经庭长石美瑜告以证据确凿并驳斥其延期之申请。此后由法庭指定辩护律师王龙,就事实及法律两点,代为申辩,庭长认为理由不足,由检察官再提请判处死刑,最后由庭长宣布明日下午5时宣判。①

5月31日,军事法庭并未如期宣判。据庭长石美瑜对报界称:"以该案之证件未能调齐,并依据战争罪犯审判办法第一条,和平诉讼法第二百八十四条裁定,认为有再开辩论之必要。至再开辩论庭之时间,约在六月中旬。"②第一次审判中主要针对酒井隆在中国内地的犯罪事实,未涉及酒井隆在香港暴行的犯罪事实,而且首次公审主要是检察官的陈述,尚缺少有力的证人和证据,为此法庭在两次公审的间隙,继续加强搜证工作。

为了搜集罪证,国民政府外交部与港英当局联系,请协助调查罪证。石美瑜在接受记者采访时称:"酒井隆未审讯前,英国大使馆曾数度要求让予英当局以香港战犯身份受英国法律制裁,惟本人以酒井隆侵华元凶之一,较在香港之罪行尤为重大,故未允让渡,结果遂由英当局供给罪证,由我军事法庭并案办理,是以酒井隆实系一国际性之战犯也。"③港英当局委托东南亚盟军统帅部派

---

① 《侵华战争重要战犯酒井隆罪证确实 昨在京审结定今日宣判》,《申报》,1946年5月31日,第1版。
② 《酒井隆未宣判 定期再开辩论》,《申报》,1946年6月1日,第2版。
③ 《日战犯酒井隆死刑呈主席最后裁定 石庭长称俟核准即执行》,《申报》,1946年8月31日,第2版。

遣战罪调查员杨德仪负责调查整理相关暴行材料。6月19日,驻港英军司令费斯少将宣布:"一九四一年攻占香港之日第廿三军司令酒井隆在港暴行之证据已饬专门代表送往南京,但港方并无证人赴南京做证。"①另据8月16日报载:"关于该案之重要证据,已搜集有五百余件,将由审判长石美瑜主审,并已分函邀请军参院于副院长学忠,中委邹鲁氏之夫人及中统局职员高兴亚出庭做证。"②

国防部南京军事法庭定于8月20日再次公审酒井隆。在第一次审判后,"庭长石美瑜多日努力结果,对该案证据已搜集齐全,故此次公审,可能为最后一次之审判"。开庭前,"日联络班班员冈田清,十八日下午一时邀请辩护律师王龙至珠江路战犯拘留所,研谈辩论要点"。③

8月20日,国防部审判战犯军事法庭在励志社再度公审酒井隆,仍由石美瑜主审。首先由检察官宣读起诉书,其罪行要点如次:(1)战前被告即负一般计划阴谋责任,(2)在华北之破坏和平罪,(3)在不宣而战中被告带军队攻香港且屠杀并强奸我平民,应负违反人道罪。旋即由证人分别报告目击情形。该犯始而站立听审,旋以医师说明其病情,准其坐审。当天有重要证人到庭做证,"证人邹鲁夫人报告目击其子为酒井隆杀害详情。当其起立发言做证时,听众均感切肤之痛。旋有人证明酒井隆图暗杀马占山将军及天津记者朱晓芙等经过。酒井隆均矢口抵赖,认为其侵略行为系服从其政府命令,且彼以一军人,应服从命令,故一切责任应

---

① 《战犯小笠原及高桥罪行已侦讯完毕 酒井隆证据港府已送京》,《申报》,1946年6月20日,第2版。
② 《我审判战犯办法司法行政已草就即定稿 酒井隆定二十日公审》,《申报》,1946年8月16日,第2版。
③ 《日战犯酒井隆明日在京公审》,《申报》,1946年8月19日,第2版。

由政府负担,未并强词称,愿至东京与田中对质,唯当即为庭长驳斥"。① 最后经庭长宣布,定 27 日下午 3 时宣判。

8 月 27 日,国防部南京军事法庭判处酒井隆死刑,判决主文如下:"酒井隆参预侵略战争,纵兵屠杀俘虏、伤兵,及非战斗人员,并强奸,抢劫,流放平民,滥施酷刑,破坏财产,处死刑。"判决书列举的犯罪事实主要包括华北部分罪行、广东部分罪行、香港部分罪行 3 部分。判决书后附件,有关华北部分罪行 4 件、广东部分罪行 59 件、香港部分罪行 22 件,共 85 件,包括证人证词、罪行调查表、田中隆吉和陈璧君等战犯及汉奸的讯问记录、国民政府外交档案等。②

对于法庭所列事实,酒井隆提出抗辩,其要点如下:"(一)谓要求撤退河北驻军罢免河北行政首长,系根据辛丑条约。(二)谓参加作战,系奉日本政府之命令。(三)谓本人对于部属之暴行,并不知情,焉能负责。"法庭一一进行驳斥:"关于第一点,查辛丑条约并无禁止我国在河北省驻扎军队以及日本有权要求罢免河北省行政首长之规定,至该约所附天津换文第四段,亦仅为避免中日军队冲突起见,而就双方在天津驻扎地点设有二十华里距离之限制。乃被告竟以该项条约执为日本有权要求我国撤退河北驻军及罢免河北行政首长之主张,显属故为曲解。关于第二点,按侵略战争系破坏国际和平之行为,纵令被告奉命参加,原已不能诿卸罪责,况在作战期间,纵兵肆虐,更属违反国际战争法规。奚容藉口政府命令,希图解免。关于第三点,揆诸国际惯例,作战长官对于部属之行为,有严格监督及管束之责任。被告怠于监督部属之行动,并忽

---

① 《酒井隆再度公审　所犯罪行实罄竹难书　审讯终结廿七日宣判》,《申报》,1946 年 8 月 21 日,第 2 版。
② 《酒井隆判决书》,台北:"国史馆"藏,国民政府外交部档案,002/010117/0033/0040x。

其管束职责,已难辞咎。况在港粤督战,阅时将及二载,其部队之暴行遍及东南,谓为毫无所闻,更属不近情理。"①

基于证据和法条,法庭认为:

> 按尊重中国主权之独立及领土与行政之完整,为华盛顿九国公约第一条所明定。又斥责以战争为施行国家政策之工具,在巴黎非战公约第一条并揭有明文。乃被告初则唆使奸党扰乱平津,以武力迫我撤退驻军罢免行政长官,并主张华北五省独立,迫率部转战徐州广东后,又扶植伪军,助长伪政府之势力,始终参预侵略战争,僭窃我国主权,破坏我国领土与行政之完整,显属违背上开国际公约各规定。自应成立破坏和平罪。爰予比照我国刑法第一百零一条第一项关于以暴动方法窃据国土僭夺主权罪所定之刑科处。至其在作战期内,纵兵屠杀俘虏、伤兵、红十字会医师护士、及其他非战斗人员,并肆施强奸、抢劫、流放平民、滥用酷刑,及破坏财产等暴行,系分别违反海牙陆战规例第四条到第七条、第二十三条第三项第七项,第二十八条,第四十六条,第四十七条,及日内瓦公约第一条至第六条,第九条,第十条各规定,应构成战争罪及违反人道罪。虽前开各种暴行,在我国刑法上均有相当条文可资比照,然查被告对于部属之暴行,一再知情故纵,无非企图恃虐立威,征服人民,以达其侵略战争之目的,其系基于一个概括之犯意,极为明显。所有纵兵杀戮奸掠等暴行,不过为其整个肆虐行为之态样,亦即其概括犯意之实现。根据法条竞合及特别法优于普通法之原理原则,自应归纳各种暴行而

---

① 《酒井隆判决书》,台北:"国史馆"藏,国民政府外交部档案,002/0101117/0033/0040x。

比照陆海空军刑法第三十四条关于纵兵肆虐罪之规定处刑。又查被告破坏和平参预侵略战争,因而违反人道及战争法规,其罪行具有方法结果之关系,应从一重处断。按被告处心积虑,从事侵略工作,迭以阴鸷手段,勾结挑拨,引起卢沟桥七七事变,为此次世界大战之导线,致演成历史上空前之浩劫,已属违反国际正义,破坏世界和平。且于作战期内,蹂躏港粤,锋镝所至,生灵涂炭,村里为墟。尤以剖腹、抉目、凌迟、刹尸之残酷手段,加诸迎降俘虏、残废士兵、救伤人员,以及无辜平民,更属惨绝尘寰。实为人类之蟊贼,文明之公敌。穷凶极恶,无可宽贷。应予科处极刑,以昭炯戒。"①

国防部军事法庭对酒井隆宣判后,将判决书呈最高统帅核准,一俟核准,即行执行。在此期间,东京盟军总部曾于1946年9月4日致电国民政府驻日代表团,要求引渡酒井隆到东京法庭做证。盟军总部系应日本战罪犯辩护律师之请求,请中方暂缓执行死刑。驻日代表团致电外交部:"酒井出庭做证于我自属不利,似可以电报迟到为借口,拒绝解送来日,并将该酒井即日执行死刑。"②9月10日,战争罪犯处理委员会第41次常会讨论此事,决议签呈国民政府主席蒋介石核夺。据司法行政部电外交部文:"按诸最近国际间处理战犯解送事例,似难拒绝。贵部主张准予解送,本部自表赞同,惟闻国防部有相反之意见,并已签请主席核夺。"③9月11日,外交部签呈蒋介石:"查此事经本部研究,并获司法行政部及战争

---

① 《酒井隆判决书》,台北:"国史馆"藏,国民政府外交部档案,002/010117/0033/0040x。
② 《驻日代表团致外交部》(1946年9月5日),台北:"国史馆"藏,国民政府外交部档案,020/010117/0033/0031a。
③ 《司法行政部致外交部》(1946年9月11日),台北:"国史馆"藏,国民政府外交部档案,020/010117/0033/0038。

罪犯处理委员会同意,认为不宜提前执行,并可令其赴日出席做证,再予解回执行。纵不准其赴日做证,亦不必提前执行,理由如次:一、出席做证并不妨碍我对酒井隆之判决及执行;二、盟军总部系9月4日向驻日代表团提出做证请求,现已历时周余,故以电报迟到为借口,即日执行死刑,实不易令人置信,且此事内幕如何,如将来泄露,亦有损国家威信。三、酒井隆出席做证,亦难遽断其对我国不利。"①外交部的意见是同意解送,但军方反对,最终军方的意见占了上风。

9月13日,蒋介石批准了对酒井隆的死刑判决。由参谋总长陈诚代电军事法庭:"查被告酒井隆参与侵略战争,破坏和平,并纵兵肆虐,违犯战时法规,既据审讯确实,原判依法科处死刑,尚无不当。经呈奉国民政府主席电令指覆照准,希即遵照尅日执行具报为要。"②电令到达当天下午,军事法庭即将酒井隆押赴雨花台执行枪决。

行刑时,国防部军法审判官高启黄、军事法庭首席检察官陈光虞、书记官张体坤三人监刑。下午2时半,陈光虞到拘留所提票传讯酒井隆,酒井隆当场留下遗书两份,一份给"冈村阁下",另一份给家属酒井菊枝。遗书写毕,酒井隆被押上国防部的卡车驰赴刑场。刑车从黄浦路经国府路、中山北路,到达中华门,沿途成千上万的群众在道旁注视。出了中华门,4时整到达雨花台刑场。据报载,"满山满谷拥塞的是人,他们正以复仇的心情,期待着……四点五分,他魂归地下,群众的鼓掌声在山谷里响起,谁都是这么痛快,如像为自己的父母子女复了仇一样。事后,雨花台的地保,命当地

---

① 《外交部签呈》(1946年9月11日),台北:"国史馆"藏,国民政府外交部档案,020/010117/0033/0042。
② 《军事法庭判处日本战犯酒井隆死刑》(1946年9月13日),台北:"国史馆"藏,蒋中正"总统"文物档案,002/060100/00216/013。

警局掩埋了他。这深埋在千万人心底的仇恨,今天在第一个枪决的战犯上,总算消除了一些"。①

酒井隆被执行死刑后,国民政府战犯处理委员会致电驻日代表团朱世明,以"申微(5日)电请日战犯酒井隆移日做证一案,本部始于昨日(16日)收到,但该犯执行一节,因奉主席蒋申佳(9日)电令翘日执行,9月13日午后4时在京枪决,未便照办"为由,请向盟方解释说明,以免误会。

国防部审判战犯军事法庭审判的第一个战犯酒井隆的判决书正本共印制300多份,并译成英文,分送纽伦堡国际军事法庭、东京国际军事法庭及各国使馆。据该庭庭长石美瑜称:"各方对该案之审判咸表满意,酒井隆一案实际等于百案,因牵涉甚广,调查证据侦察等,曾煞费苦心,然吾人对日本之侵略罪行,并非报复,而系杀一儆百,对违反人道之战犯予以处理,至为慎重,此为我法庭精神所在云。"②

二、审判矶谷廉介

在国民政府公布的日本战犯名单中,矶谷廉介被列为第一批28号,罪行说明栏称:"该犯为日本陆军中著名之中国通,平素主张侵略主义最力,于一九三七年参加津浦沿线战役。一九三八年四月参加台儿庄、徐州会战,任意强奸抢劫,杀害无辜平民。"③

---

① 《第一个处死的日战犯 酒井隆执行枪决 雨花台畔万人争看行刑》,《申报》,1946年9月14日,第2版。
② 《酒井隆判决书译成英文分送国际军事法庭》,《申报》,1946年10月18日,第2版。
③ 《日本重要战犯名单》(1946年7月),中国第二历史档案馆藏,战争罪犯处理委员会档案,22/1049。

矶谷廉介,1886年生,日本兵库县人,1904年毕业于陆军士官学校,与冈村宁次、板垣征四郎、土肥原贤二同期。1915年毕业于陆军大学第26期。1916年任陆军参谋本部部员,其后历任上海驻在武官辅佐官、陆军参谋本部部员、广东驻在武官、熊本第十三联队第一大队长、东京第一师团参谋、步兵第七联队长、东京第一师团参谋长、教育总监部课长、陆军省补任科长、参谋本部第二部部长。1933年晋升少将,1935年任日本驻中国使馆武官,是日军中的"中国通"。1936年晋升陆军中将。七七事变后,矶谷廉介率第十师团入侵华北。1938年任关东军参谋长,1939年,诺门坎事件后调任陆军参谋本部附。1942年2月,矶谷廉介被任命为香港总督,在任期间,强制推行奴化教育,强迫大量香港居民疏散到内地。

1946年8月1日,矶谷廉介从东京巢鸭监狱提出,由美军移交国民政府军事代表团,国民政府派专机解送来沪,随后收押在上海江湾高境庙的国防部战犯管理处。矶谷廉介在上海拘押期间,曾与记者谈话,率直承认其所部侵华罪行。谈话内容如下:

> 太平洋事变后,渠虽位尊至香港总督,煊赫一时,今春乃以战罪嫌疑被捕,刻转解来华,渠深信与香港总督之职务无关,故其罪行,应属于在津浦线一带作战时事,如其所属在津浦线作战时有违反人道之行为,渠为部队长,当应负完全责任,愿判以应得之罪,盖中日八年战事中,中国损失太大,日本实应负责,渠虽系以战罪押解来华,而极愿向中国友人谢罪云。至此,矶谷又转而作丑表功,谓其任香港总督之初,即释放遭日军逮捕华人,令其各自离去,内中多数系至重庆及上海者云。矶谷又谓:当张鼓峰事件后,日苏冲突之"诺门罕事件",渠亦参加,时任关东军参谋长,并详述战败免职,三联队

长切腹自杀之事迹，不胜感慨系之。①

10月2日下午，第一绥靖区军事法庭派员至上海将矶谷廉介提出，搭夜车押解到南京。② 12月16日，国防部军事法庭决定起诉矶谷廉介。起诉书在列举犯罪事实及证据与法条的基础上，认为"该被告自始即具有战罪之故意，基于此种故意进而为各种犯罪之实施。盖自其具有犯罪故意之时起以至战争结束之日止，一切计划与阴谋皆已入于既遂之阶段，换言之即：（一）意图侵略不惜违反国际条约国际惯例甘为戎首。（二）意图侵略不惜违反战争法规从事战争中之各种暴行。（三）意图侵略不惜违反人道，以实施各种极残酷之行为。核其所为，实有构成战争罪犯审判条例第二条第一款第二款第三款之三，及第三条第一、三、四、廿四、廿七各款之罪之更大嫌疑，合依同条例第一条第一项第廿六条刑事诉讼法第二百三十条第一项起诉"。③ 12月30日上午，国防部审判战犯军事法庭审判官李元庆开调查庭，对矶谷廉介在港督任内，公开贩卖鸦片，及纵属屠杀奸淫抢劫各罪行，逐一详加鞫讯，达五小时之久，认为尚有调查证据必要，一俟证据调查完毕，再行定期公审。④

战后英国在香港也设立法庭审判日军占领香港期间的暴行，对日军在港暴行调查较为充分。英国提出派检察官参与对矶谷廉介的审判，战犯处理委员会认为审判战犯是中国司法主权，不宜有

---

① 《矶谷谷寿夫两罪魁　今日移解军事法庭　谷寿夫对南京大屠杀力图推诿　矶谷率直承认侵华罪行》，《申报》，1946年8月3日，第4版。
② 《矶谷廉介谷寿夫昨夜车解京》，《申报》，1946年10月3日，第5版。
③ BC级（中華民国裁判関係）南京裁判・第19号事件、戦争犯罪裁判関係資料、日本国立公文書館、平11法務05625100。
④ 《日战犯矶谷受审　对所犯罪行详加鞫讯历五小时　候证据调查完毕再行定期公审》，《申报》，1946年12月31日，第2版。

外国介入。经战犯处理委员会第 9 次常会议决:"可接受其人证、物证及资料,必要时亦可准其出席陈述意见,但不得干预我军事法庭侦察及审判。"①

国防部军事法庭检察官在第一次起诉时,对矶谷廉介任香港总督期间对民众的暴行尚未掌握充分证据,此后通过外交途径获得了港英政府调查的相关证据。1947 年 1 月 2 日英国驻华大使蒲立安致函外交部王化成:"顷收到香港寄来关于矶谷廉介中将之罪状及有关证件各两份,特随函附上。本案内容系关于香港大量驱逐华人事件,数千中国平民即因此丧失生命。矶谷廉介实应负其责任。兹已请香港战罪当局检送关于日宪兵队暴行方面矶谷廉介之补充罪状,依前法上之见解,对此项暴行是否亦应由彼负责,虽不无疑问,然一俟收到,仍当检奉,以便交中国司法当局备用。"②外交部收到港英方面转来的罪证后,立即转给司法行政部,然后再转送国防部审判战犯军事法庭。据报载,"日籍战犯矶谷廉介之罪状,将因战犯法庭之追加起诉而增加,下月初即将公审。矶谷前经该庭起诉,近因香港中外人士提出新证据,指陈矶谷在港督任内之罪行,该庭将予追诉"。③ 相较于矶谷廉介在香港的罪行调查取得的成效,其在大陆的罪行调查没有突破性进展。国防部法庭以"矶谷廉介案因罪证不足,仅有英方提出之罪证,对审判方针如何,提请(战犯处理委员会)公决",战犯处理委员会常会决议:"依

---

① 《战犯处理委员会第九次常会会议记录》(1946 年 1 月 8 日),台北:"国史馆"藏,国民政府外交部档案,020/010117/0043/0051x。
② 《战犯个案》,台北:"国史馆"藏,国民政府外交部档案,020/010117/0034/0025。
③ 《矶谷下月初公审法庭将追加罪状》,《申报》,1947 年 4 月 17 日,第 2 版。

法审判"。①

矶谷廉介于1947年4月7日提交申辩书,为其罪行开脱。矶谷廉介申辩的要点是:(1)起诉书所列第十师团在山东的罪行不应由其负责,因当时其统率第十师团之行动地域在汉口。(2)香港人口减少系其他原因,并非追放政策造成的。其所实施的追放政策,乃为保护良民,维持治安,被追放者确实是非法之徒。且追放由民治部指导实施,"因总督不能亲自在场,故对其实施之详细情形,无从得知"。②

6月10日,国防部审判战犯军事法庭上午9时开调查庭,调查矶谷廉介罪行,对被告在港督任内纵属非法逮捕杀害非军人一节,详加询问。"据调查所得,当时宪兵队在香港即设有拘禁所十二处,前后三年,计非法杀害达数百人之多,经被害人及亲眼目睹之人宣誓证明,并为四十四件。按该犯系日本东京人,现年六十六岁,曾任关东军参谋长、第十师团师团长及香港总督,战争期间杀人无算,经该处于去年十二月提起公诉,最近复以接获英政府提出被告于香港总督任内所犯罪行各节,特又追加起诉,今为最后一次调查庭,不日即可公审。"③

根据新补充的证据材料,1947年6月,国防部军事法庭检察官李璿提交对矶谷廉介的追加起诉书,犯罪事实及证据部分全文如下:

------

① 《战犯处理委员会第六十五次常会》(1947年5月8日),台北:"国史馆"藏,国民政府外交部档案,020/010117/0045/0033x。
② BC級(中華民国裁判関係)南京裁判・第19号事件、戦争犯罪裁判関係資料、日本国立公文書館、平11法務05625100。
③ 《国防部战犯军法庭调查矶谷廉介罪行》,《申报》,1947年6月11日,第2版。

（一）犯罪事实

缘被告矶谷廉介于一九四二年二月二十日至一九四五年十二月充任香港总督时，以粮食供给不足为由，大量放逐在香港居住之我国平民。派遣宪兵在街头滥捕行人，即素有职业及领有食粮配购证者，亦同遭拘捕。后拘禁于北溪集中营，然后在宪兵严密监视之下，以板船载往大鹏湾登陆。计连续多次，因饥饿及受非刑虐待枪杀死于营内，死于被逐途中，或死于大鹏湾登陆之后，平均每日三人至十余人。经华人代表会主席罗旭龢、维持会副主席李宝春等先后向被告提出抗议，该被告迄未采纳改善。时于任职期间，纵容宪兵队长野间贤之助等在港市滥捕中外无辜市民，分别拘禁于宪兵司令部、中央警察所、维多利亚监狱、大浦警察分局、跑马地东区宪兵司令部、深水埗分局、沙田分局、九龙宪兵司令部、油麻地警察局、旺角分局、九龙区域分局、沙头角分局等处。被捕者计有腓特立克丁道、Ragbhir、Singh、Ruly、Choy、爱米尔、蓝蒲太、太亚伦、藺淘程、奎格华林、乔律、香斯岭、福尔嘉纳、维克特拉德、梁康陈小姐及不知姓名者多人。除被非法处死无从质对外，在拘禁中备受非人道之待遇，如吊打、灌水、坐飞机、犬咬等刑，因而致死或重伤不计其数。胜利后经东亚联军总司令部调查罪证，转送本庭侦查。

（二）证据暨所犯法条

右列事实业经香港各区役所所长简文、郭显宏、谭礼贤、李颂清，华人维持会副主席李宝春、代表会主席罗旭龢等指证确凿，并经被放逐人曾茂廷夫人欧莲、彭任胜及被捕而尚生存之腓特立克丁道、爱米尔、蓝蒲太、太亚伦、藺淘程、奎格林华等多人痛陈当时被虐待情形，历历如绘。即在该宪兵队各拘留所供职之何树、凌广华、鲍达、吉源、尧勋、程伯夫、谭村、黎中耀等,亦陈述日宪兵队种种不人道行为。与各该受害人所供,悉相吻合,并各宣誓具结在卷。洵属众证确凿,无可掩饰。虽据被告辩称:(一)未闻宪兵有不法情事,如有即依法严惩,决不稍宽。(二)宪兵执行命令,容有未当,被告应受行政处分,决不负刑责各等语。关于第一点,放逐平民措置,种种违反人道,业据罗旭龢等当面提出抗议。被告于聆悉此项情形后,并未有所改善。其为明知故昧,毫无可疑。宪兵队长野间贤之助每天必进谒总督数次,每次进谒前必先从各宪兵站长官处搜集报告。见其滥捕平民之事实,被告岂得谓毫无所知?又被告充任香港总督,时逾三年。而日宪兵各种暴行连续发生,迄于被告去职,从未间断。被告既非聋聩,对于此不断发生之事实,谓为绝无闻问,亦非情理所有。关于第二点,查对于战争罪犯处于监督指挥之地位,而就其犯罪未尽防范制止之能事者,以战争罪犯之共犯论,为战争罪犯审判条例第九条所明定。被告身为香港总督,为驻港宪兵队之直接指挥长官,该宪兵队所为之犯罪行为,纵非被告所指使,而怠于防范制止,依前开法条,自应同负其责。何得以仅受行政处分,巧为避就。

核其所为,实违背海牙陆战规例违反人道罪之规定。应依刑法第二十八条,战争罪犯审判条例第三条第三、十六、十八、十九各款所定之刑科处。又该被告以概括之犯意,连续而为同一之行为,依刑法第五十六条应从一断处。特追加起诉,请并案公判。①

---

① BC級(中華民国裁判関係)南京裁判・第 19 号事件、戦争犯罪裁判関係資料、日本国立公文書館、平 11 法務 05625100。

7月8日，矶谷廉介第一次出庭。此次庭讯主要侧重矶谷廉介在港罪行，包括在港纵容部属奸杀、放逐在港平民，毒化香港等罪行。矶谷对法庭指控一概推托不知。法庭讯问环节，法官列举日本宪兵在香港酷刑虐待平民，矶谷辩称"完全不知，宪兵队长非总督府内人物，非遇有重要事务亦无直接报告必要，且每月仅报告一次，甚至二月一次，故其所做非法行为，本人完全不知"。对放逐平民一事，矶谷也予以否认，称"为保障大多数人民秩序起见，曾放逐过三次罪民"。法官问："你曾供称因香港粮食缺乏，故出此策，今何自相矛盾？"矶谷答："此为疏散自愿还乡之四十万平民，放逐与疏散不能一概而论。"法庭出示英国人欧门司证词："民国三十年六月至十二月间，大鹏湾每月死亡被放逐之良民多至五百至七百人。"法庭又出示华籍代表罗旭和及其他9人之证据，矶谷对上述证据概不予承认。①

7月9日，矶谷廉介再次提交长篇申诉书，对受指控的罪行提出申辩：

1. 起诉书所谓被告田中内阁当时直接间接与日本之对华政策似有侵略中国之意图，但当时被告仅一少佐之阶级，于参谋本部充当下僚，不得关与内阁之政策。又尔后于中国及中国北方所举行称为此种会议一起毫无关系，绝无参与之事。其后自尊重国际各条约等，期中日真实之提携，并愿念其实现。被告于参谋本部或陆军省在此中日关系并无任何之特别事件发生。

2. 九一八事件当时被告在教育总监部课长之职，专掌学校教育之事，势绝无关于对外政策。因之对本事件全无关系。

3. 七七事变、八一三事件，当时第十师团长在勤于姬路，

---

① 《日战犯矶谷受审》，《申报》，1947年7月9日，第2版。

专事统率军队,亦无参加其计划等情事。

事件爆发后,师团奉命出动。昭和十二年八月引卒,师团由大沽上陆以后,沿津浦铁路沿线地区南下,由临城附近东进到鲁西南兰陵镇,然后转渡微山湖,由徐州西侧地区经河南永城到柘城。六月上旬于同地被免师团长,单独回国。此期间约十个月,被告始终冀恢复中日两国之友交亲善,对民众欲减少战祸,在作战指导等极力避离市街地区,严格监督部属以违反国际间各种条约或法规之行动。

被告在中国时,事件之发生主要在北方地区。被告系驻在上海、广东方面,担任与国民政府之联络。此间对我政府,特对军部,向来主张事件之解决者,应尊重国民政府,以诚意之友好亲善,互相是即是、非即非之交涉,必能得到满意之解决。并戒其武力之行使及表面上之卑屈辞令,对日本官民亦如此主张。又未尝在中国就特务机关等之特殊任务,常基条约之正当立场而努力,与中国官长之交际联络始终一贯,无背自己之信念。事变后为师团长出勤中,及为总督于香港任职中,对此思想并无何等之变化。现如所谓之违反和平罪,实无何等根据,可谓据想象而推断而已。①

矶谷廉介辩称,在九一八事变、七七事变过程中,他只是一个低阶僚属,不能对战争决策产生影响,因而不能认定为犯有破坏和平罪。至于普通战争罪,他担任师团长仅 10 个月,且因台儿庄战役失败被撤职,在任期间也不存在纵兵害民的事情。在香港总督任上发生的驱逐民众事件,是下属宪兵处置不当,其本意是维护香

---

① BC級(中華民國裁判關係)南京裁判・第 19 号事件、戦争犯罪裁判関係資料、日本国立公文書館、平 11 法務 05625100。

港的安全与稳定。

7月15日,矶谷廉介在国防部审判战犯军事法庭再度受鞫,法庭辩论自9时15分始,直至12时许。辩护律师王淑贞、陈汉清提出两点意见,王称:"被告于十二日曾提呈申辩书,说明被告尚有证件多种在日,已在寄京途中,庭上对此是否有再予侦查之必要,而对辩论日期予以更改?"陈称:"根据被告所称,渠乃我先总理之忠实信徒,力倡中日亲善,对于中国革命亦有所贡献,是否可请戴季陶先生出为证人?"石美瑜答称:"所述两点,经评议结果,第一点所称申辩书,本庭至今尚未收到;第二点对于被告之违反人道罪等部份,吾人根据其平日道德行为,即可断定,不必传戴先生等做证。至于申辩书未到期间,吾人可延长其辩论时间,而不能更改日期。"①此次庭审,冈村宁次本来要到庭做证,因病未到,但出具了一份书面材料为矶谷廉介做证。据报载,应矶谷廉介向军事法庭请求,传冈村宁次到庭做证,"经该庭批准,惟冈村患病,不能到案,庭长石美瑜六日晨十一时特亲赴连络班就讯,历一小时许始毕"。②

1947年1月15日,冈村宁次出具一份书面证明,主要说明矶谷廉介与国民党的历史关系。冈村宁次意在证明矶谷廉介由壮年时代以来一直是亲中国国民党及中华民国的,为此冈村提出两种确证:(1)"矶谷廉介之对于中国国民党亲爱感,由其岳父故陆军中将青木宣纯以来之传统也。"青木宣纯常驻上海,对孙中山的国民革命有很多援助,孙中山在日流亡时,曾寄住于青木的私邸,青木为其在日从事革命准备活动提供协助。青木的长女嫁给矶谷,故

---

① 《矶谷昨再度受鞫　辩论终结　定廿二日宣判》,《申报》,1947年7月16日,第2版。
② 《战犯矶谷廉介今起在京公审　冈村宁次受讯做证》,《申报》,1947年7月8日,第2版。

而矶谷是继承了青木的宿志。青木宜纯在黎元洪就任大总统时，被聘为大总统最高顾问职，矶谷同时来华，"驻在上海而专交结国民党人士"。（2）"矶谷以往不爱东北、华北两地，然爱惜华中、华南。又不爱北方军阀，好爱国民党。"矶谷廉介"屡次服务上海、广东两地，未从一次在华北、东北两地服务"，表明矶谷在国民革命时期是支持国民党而反对北方军阀的。①

冈村宁次想要说明的是矶谷廉介岳父对孙中山革命曾予以援助，因为这种特殊关系，矶谷廉介才来华担任外交官，而且矶谷廉介是日本陆军中亲国民党的，同情中国革命，对于九一八事变、华北事变、七七事变均非当事的主谋者。冈村宁次1915年2月被日军参谋本部派赴青岛搜集资料不久，即被时任黎元洪大总统顾问的日本陆军中将青木宣纯调至北京做助手，至1919年7月回国，历时4年多，青木对冈村有栽培之功。冈村宁次与矶谷廉介关系也不一般，两人同为陆军士官学校第16期的毕业生，也是陆军中坚将校团体二叶会和一夕会的成员。冈村宁次1948年11月25日记，"据悉昨日甲级战犯土肥原、板垣于东京终审宣判死刑，而今我与矶谷亦囚禁于大陆监狱之中。青年时代我等四人均为志在大陆之同窗好友。与矶谷促膝共话我等的命运，无限感慨"。② 鉴于冈村宁次的特殊身份，他的说情或许起到了作用，法庭最终对矶谷廉介从轻处理。

1947年7月22日，南京军事法庭判处矶谷廉介无期徒刑，判决书主文如下："矶谷廉介在军事占领期间，连续放逐非军人，处无期徒刑，其余部份无罪。"犯罪事实部分，矶谷廉介参与谋划侵略中

---

① BC級(中華民國裁判関係)南京裁判・第19号事件、戦争犯罪裁判関係資料、日本国立公文書館、平11法務05625100。
② ［日］稻叶正夫编，天津市政协编译委员会译：《冈村宁次回忆录》，北京：中华书局1981年版，第225页。

国的罪行和侵华战争中部属害民事件均不再提及，仅简略列举日本占领香港时期的若干暴行。理由部分几乎是在替矶谷廉介辩护，其全文如下：

本件起诉要旨计分五点：（一）以被告历任军职并参与作战，认为应构成发动及支持侵略战争之罪。（二）以被告部属在山东河南等地作战时，有烧杀淫掠情事，认被告应负纵部肆虐之罪责。（三）以被告在香港总督任内，公卖鸦片，认系实施毒化政策。（四）以驻港日本宪兵任意拘禁中外居民，施以酷刑，应由被告负共同罪责。（五）以被告在香港军事占领期间，放逐非军人，应成立战争罪。

关于第一点，本庭按发动及支持侵略战争之罪，系指居于首要领导地位之军阀财阀，倡议以战争方法夺取他国领土主权或以相当财力人力支持此项侵略战争者而言。本案被告所任军职，均系居于幕僚地位，并非军阀或财阀之首脑人物，自不能仅以其身为军人奉命作战，遽以发动及支持侵略战争之罪相绳。

关于第二点，查被告之部属窜扰鲁境，转战豫冀等地，在泰安县奸杀二人，在孟县杀害二人，焚屋五栋，在博爱县决水抢劫，饿毙三人，在济宁及涿县各杀害一人等情，均系在不同地点不同时间之偶发事件，与有计划之大规模烧杀淫掠情形有间。既无相当证据足以证明被告系属知情故纵，于法即不得以此未能预为防止之偶发事件，使被告负共同罪责。

关于第三点，查被告在香港总督任内，对鸦片系采取渐禁方策，管制公卖，减少烟民吸量，原期逐渐肃清烟毒，此有当时香港华侨日报刊登"总督令取缔阿片规则十条"香港日报刊登"总督昭告民众清除烟毒"等记载，及侨民胡文虎对被告当时禁烟政策表示赞同之文告，可资证明。（见证据乙）此项报纸及文告，远在日本投降以前即已存在，绝非临讼所能捏造，自有相当之信凭力。虽被告对港岛烟毒仅采渐禁手段，而不予断然禁绝，在行政措施上，尚不无非议之处，然究与蓄意毒化贻害民族者情形迥异，自亦不能构成犯罪。

关于第四点，查驻港日本宪兵在作战期间，对居民崔罗地等固有施以拘禁虐待情事，然宪兵在军队组织上系另成一系统，各有其直接负责长官。被告身居总督，综揽全港行政，对于个别宪兵之偶发暴行，自难一一预为防止。既不能证明被告对此类暴行，有意思之联络，即亦不能使负共犯之责。

惟关于第五点，查被告在香港放逐非军人之事实，已据在侦查中自白不讳。（见侦查卷第二宗第九页及第十页）核与证人简文、郭显宏、李颂清、谭礼贤、李冠春、罗旭苏、欧莲（即曾茂廷之妻）、彭任胜、庄娣、何孟斯（D. R Holmes）等，所述被告如何连续流放大批港民于大鹏湾，以致惨遭淹毙及饿死者甚众各情，悉相吻合。并有香港华人维持会，为港民横遭放逐，对被告提出抗议之会议录可资印证。（见证据丁）事实极臻明确。乃被告在审判中，忽翻前供，谓系驱逐盗匪疏散港民还乡，执为免责之辩解。惟论空言掩饰，无可置信，且据被告于本年四月二十一日庭讯时供称："放逐中国人的命令，是用总督名义发出的，把中国人放逐于大鹏湾的布告，是用我名义，我当然不能推为不知，但大鹏湾并不是不可居住的地方"，等语，是已明白自承系将港民强迫流放于大鹏湾。所谓驱逐盗匪疏散港民还乡之说，不攻自破，更有何诿卸之余地。被告在军事占领期间，罔顾平民生命安全，实行大量放逐，使老弱妇孺转徙沟壑，无所栖息，致生冻馁死亡之结果，显属违反海牙陆战规例第四十六条之规定,自应构成战争罪。察其犯罪手段,以及所生结果,不得谓非重大。但查被告系因当时港岛粮食不足,故实行放逐平民,此有香港华人代表会第一百三十五次会议纪录可稽。(见证据丁第六八页)是就其犯罪之动机而论,尚非无一线之可原。爰予衡量科处,以昭平允。至其余被诉部份,既不能证明被告应负责任,应予谕知无罪。①

判决书理由部分基本是针对起诉书的辩护,将矶谷廉介谋划侵略战争之罪以其系幕僚身份而一笔抹杀,其所部战争期间的暴行亦属偶发事件,且主要由部下负责,其在香港总督任上发生拘禁和驱逐民众事件,只须负消极的指挥责任,故以无期徒刑定罪。矶谷廉介的审判显然是受到了法庭外因素的影响,从而造成起诉与判决之间的巨大落差。

1947年7月22日,审判长石美瑜宣读判决书全文,最后强调:"此项判决书将由本庭呈报最高统帅蒋主席核准后施行。被告如不服,可于十日内送呈申辩书,本庭如认为申辩意见可供参考,当可发回更审。"②矶谷廉介不服判决,于7月26日正式提出申诉书,称:"对于香港部分逐放平民之罪行,坚不承认,谓被渠放逐者悉系罪人,不能与平民混为一谈。"军事法庭将其申诉书与判决书一并呈送最高当局核定。③ 9月25日,国民政府主席蒋介石核准矶谷廉介无期徒刑。④

---

① BC級(中華民国裁判関係)南京裁判・第19号事件、戦争犯罪裁判関係資料、日本国立公文書館、平11法務05625100。
②《矶谷廉介免一死 昨日宣判处无期徒刑》,《申报》,1947年7月23日,第2版。
③《矶谷廉介提出申辩 将由最高当局核定》,上海《大公报》,1947年7月27日,第2版。
④《矶谷无期徒刑已奉主席核准》,《申报》,1947年9月26日,第2版。

1948年3月20日,矶谷廉介由南京解沪监禁。① 1949年2月,矶谷廉介与关押在上海的其他日本战犯被美军转往东京巢鸭监狱服刑,1952年8月提前获释,1967年6月6日在日本去世。

三、审判高桥坦

1935年的《何梅协定》,是日本对中国华北主权的严重侵犯,虽然《何梅协定》被冠以天津驻屯军司令梅津美治郎的名号,但实际上是天津驻屯军参谋长酒井隆在梅津到"满洲"出差的时候独断专行一手策划的。酒井隆和北平驻在武馆高桥坦对国民政府军委会北平分会代委员长何应钦采取高压式的交涉。《何梅协定》无论是内容还是交涉方式,对于国民政府而言都是屈辱的。战后国民政府对酒井隆和高桥坦的审判反映了华北事变的主权侵犯性质及对国民政府领袖民族自尊的强烈刺激。② 酒井隆的审判涉及的罪行项目较多,而高桥坦的主要罪责就是华北事变,是国民政府审判战犯中涉及准A级罪嫌的典型案件。

高桥坦,1892年生,日本香川县人,先后毕业于陆军士官学校及陆军大学,后被派到中国任日本大使馆驻华武官辅佐官。在国民政府公布的日本战犯名单中,高桥坦列第115位。罪行栏说明为:"该犯为侵华阴谋家之一,主张武力征服中国,发动七七事变,制造华北伪组织,僭夺我国主权,对我平民滥施酷刑,并奴化占领区居民,企图消灭我国人民之国家观念,以为日本之奴隶,阴毒险

---

① 《已判战犯七名 今由京解沪监禁》,《申报》,1948年3月20日,第4版。
② [日]户部良一著,郑羽译:《日本陆军与中国——"支那通"折射的梦想和挫折》,北京:社会科学文献出版社2015年,第213—215页。

恶,残暴无比。"①

日本投降后,高桥坦作为日军华北方面军参谋长,在参加了北平的日军投降仪式后,即被国民政府逮捕,解往南京关押。据中央社南京1946年5月26日电:"日战犯酒井隆、高桥坦,为日军致力侵华最力之分子,民国廿五年至廿六年间,酒井隆任天津日本驻屯军参谋长,高桥坦任日本驻北平武官,当时日本正企图使华北五省脱离中央,酒井高桥两人即为执行此项政策之重要分子,彼等一面包庇贩毒走私,扰乱社会经济及治安秩序,一面用种种毒辣险恶之手段,对我国华北军政当局,压迫威胁,其跋扈骄横无理之态度与行动,实有令人不能忍受者。彼时何总司令应钦任军委会北平分会代委员长,知之极详,芦沟桥事变后,酒井隆累升至廿十三军军长及香港驻屯军司令官,高桥坦累升至华北方面军参谋长,在我国战场指挥作战,其残害中外人民及种种罪行,尤属指不胜屈,酒井隆前已由陆军总部逮捕,交战犯拘留所拘押,高桥坦亦于廿五日由陆总部拘扣解送战犯拘留所,现军事法庭已搜集各种罪证,即将提起公诉,依法审理。"②

1947年3月5日,军事法庭主任检察官陈光虞到拘留所提审高桥坦,对其进行调查侦讯。③ 9月20日,军事法庭检察官李璿提交对高桥坦的起诉书。12月18日下午4时,在审判完向井敏明和野田毅、田中军吉三案犯后,法庭才开始提审高桥坦,因时间仓促,

---

① 《日本重要战犯名单》(1946年7月),中国第二历史档案馆藏,战争罪犯处理委员会档案,22/1049。
② 《日侵华两重要战犯 酒井高桥被拘捕 正搜集罪证即将提公诉》,《申报》,1946年5月27日,第2版。
③ 《高桥坦人证物证调齐 军事法庭昨开庭侦讯》,《中央日报》,1947年3月6日,第4版。

仅由检察官宣读起诉书。① 此后间断性续审。在审讯中,高桥坦辩称,当时他只是一个辅佐官员,不是决策者,递交给何应钦的"觉书"也并非他所为而是执行上级命令。法庭根据审判酒井隆的案卷,确定高桥坦是《何梅协定》交涉的重要参与者之一。从国民政府档案中找到的"觉书"原件,经笔迹鉴定,就是高桥坦的亲笔,证明其确系华北事变的重要执行人之一。据此,军事法庭于1948年4月15日判处高桥坦无期徒刑。判决书全文如下:

  主文:高桥坦违反国际公约,预备对中华民国之侵略战争,处无期徒刑。

  事实:高桥坦于陆军大学校毕业后,任军职二十余年,为日本军人中熟谙我国国情之少壮派,亦系在华北参预日本侵略政策之主要人物。于民国二十四年五月间,借口天津中国记者胡恩溥、白逾恒被刺,竟与天津驻屯参谋长酒井隆、山海关特务机关长仪峨城也等三人,会商于天津。根据日本军阀林陆相、南大将、梅津司令官等在长春会议所指示原则,而加以具体决定。当由酒井隆代表天津驻屯军,高桥坦代表关东军,迭次向我驻平当局大肆威胁。迫至同年六月十日,高桥坦单独持其亲笔起草之"觉书",内载罢免河北省军政首长及撤退我河北驻军等犯我国主权之条款,面交我前军事委员会北平分会何代委员长应钦,胁迫照缮写一份,盖章送交日方,当遭拒绝时,高桥坦即申言如不能照办,今后只有战争再见。其预备继"九一八"以后,对我国作进一步侵略战争之阴谋,已毕露无遗。于日本投降后,经前中国陆军总司令部逮捕,转送本庭检察官侦查起诉。

---

① 《战犯高桥坦昨在京受审》,上海《大公报》,1947年12月19日,第2版。

理由：查本案被告高桥坦与日本天津驻屯军参谋长酒井隆，前在我国平津一带，均策图侵略战争之重要份子。并如民国二十四年间借口天津胡、白事件后，从事阴谋，并预备侵略战争各情，被告皆矢口否认。但该被告如何策划侵略战争，日本军部如何与酒井隆迭向我驻平军政当局交涉，以及"觉书"如何提出各事实，均详载我国前军事委员会情报卷（见本庭抄录卷第一页至第卅九页）。核与何前部长之"俭申""真西"各电所载经过情形悉相吻合（见本庭抄录第七八页），并有被告亲笔草拟之"觉书"内载罢免河北省军政首长及撤退我河北驻军等语，可资印证（见本庭鉴定卷觉书原本）。综上而观，被告在华北阴谋并预备侵略我国之行为，已属众证确凿，无可讳饰。虽其持为抗辩之理由，有下列两点：

（一）谓本人系副武官辅佐官，仅负传达及联络之任务，天津事件系天津驻屯军所为，本人并无任何主张。

（二）谓"觉书"系中国政府之要求而送达，其原本系天津驻屯军当局所草拟并（非）本人亲笔云云。

但关于第一点，查被告当时留驻北平名义上虽为副武官辅佐官，而实际上即系日本军部之代表。与已决犯酒井隆共同阴谋策划，并预备侵略之行为，不仅我政府情报卷系有详尽之记录，即就民国二十四年五月二十九日酒井隆偕被告谒见何代委员长时，面称渠代表天津驻屯军，高桥坦（指被告）代表关东军等语（见本庭抄录卷第一页），次及被告呈递之答辩书载"身为代行武官兼日本陆军代表资格，站在陆军代表之立场上，从中监理行事"（见本庭侦查卷第五十九页）。又"觉书"原本末行签写"日本陆军武官高桥坦"签字样，参互而观，尤足见被告系策划及预备侵略战争之共犯，实无饰词避就之余地。

关于第二点,查"觉书"系出于被告之亲笔。不仅有何前部长附卷之条谕可以证明,且往中央警官学校遣派专家鉴定无异,制成笔迹鉴定书在卷可稽,更属无可否认。是其抗辩各节,无非狡展图卸,毫无可采。按尊重中国主权之独立及领土与行政之完整为华盛顿九国公约第一条所明定,及斥责以战争为施行国家政策之见,在巴黎非战公约第一条并揭有明文。该被告既在我华北参与策划并预备侵略战争之行为,即属违反上开公约各规定,自应构成破坏和平罪。惟查被告身充副武官,因奉行命令致干法纪,与主谋发动侵略之情形有间,爰于法定刑内,酌量科处,以期适合。

据上论结,应依刑事诉讼法第二百九十一条前段,九国公约第一条,非战公约第一条,战争罪犯审判条例第一条,第二条第一款,第十条,第八条,刑法第二十八条,第五十七条,判决如主文。①

高桥坦受审期间,远东国际军事法庭曾要求将高桥坦送往东京,出庭为土肥原贤二做证。战争罪犯处理委员会答复:"该战犯正在侦查阶段,除保证两周内送回南京。"②高桥坦未被解送东京,而是在中国法庭继续受审。因酒井隆审判在前,从严格意义上,对于华北事变的罪行事实,高桥坦与酒井隆是同案犯,因前期罪证调查已经比较充分,故对高桥坦的审判很快审结,但前后拖延时间仍

---

① BC級(中華民国裁判関係)南京裁判・第 27 号事件、戦争犯罪裁判関係資料、日本国立公文書館、平 11 法務 05630100。
②《刘师舜呈盟总请引渡战犯高桥坦赴日做证报请备案等情报提要》(1947 年 10 月 22 日),台北:"国史馆"藏,蒋中正"总统"文物档案,002/080200/00537/059。

较长。1949年2月,高桥坦被押送回东京,转入巢鸭监狱服刑,4年后获准假释。

第三节 其他战犯的审判

国防部军事法庭在南京时期,一共审判案件28件,涉及战犯33人,除了南京大屠杀相关战犯及高级别战犯外,还审判了一些宪兵和台籍、韩籍战犯。整体来看,南京法庭审判的战犯数量在十个法庭中算是比较少的(太原、徐州法庭也较少),其原因大致有两方面:一是因为南京军事法庭直属国防部,审判的战犯并非来自现地受降,而是由日本引渡或者是各地转解送京的;二是各地法庭结束,未审战犯移送国防部军事法庭审判,此时国防部军事法庭移沪,故大部分未审战犯是在上海受审的。

南京军事法庭审判的战犯中,有宪兵三岛光义、鹤丸光吉、小笠原芳正;有台籍战犯朱海间、蔡森、洪飚、杨耀民、吴兴、周霖添、刘丰章等;还有韩籍战犯崔秉斗、金英华、李炳仙等人。

一、对宪兵战犯的审判

1. 三岛光义,日本岐阜县人,原系日军第三师团列兵,于1938年5月间,随军来华,转战皖鄂等地,1940年10月调充宪兵,旋升军曹,派驻无锡。抗战胜利后,畏罪潜逃,乔装化名,匿迹于沪锡之间,后被国民政府驻锡宪警缉获,解送南京军事法庭,由检察官侦查起诉。为搜集证据,国防部审判战犯军事法庭特派审判官李元庆在无锡开临时调查庭,调查日战犯三岛光义、小西正明、寺冈孝三人罪行,"被害人黄良佐当庭痛述三岛罪行及被害经过,廿六廿七两天继续调查。寺冈孝驻守东北塘时曾杀害廉光新兄弟等二十余人"。① 经过前期侦讯，法庭以杀人、不法逮捕平民起诉三岛光义，法庭认定三岛的犯罪事实主要是"派驻无锡时，有我方平民一名，被日军疑为间谍，三岛光义乃受日宪特高班班长松浦之命，在太湖边将该平民杀死"。在审判过程中，就上述事实被告与检察官曾有辩论，其详情如下：

  查本案被告如何奉日特高班班长松浦之命，在太湖边将我国平民杀死等情，已于获案之初，在无锡宪兵队侦查庭自白不讳，即在首都宪兵司令部军法处审讯时亦供承曾杀死一个中国人是实，核与宪兵司令部调查情形相符，事实极为明瞭。乃于本庭审讯中，忽翻前供，谓该平民系由松浦亲自带往太湖杀死，并谓前供各节，系记录错误各等语。无论空言诿饰，毫无可采，且查该被告于战事结束后，即乔装化名，匿迹于沪锡之间，其畏罪情虚，尤可概见。虽又据辩称，被杀者为我方间谍。然纵令属实，而按海牙陆战规例第三十条规定，对捕获之间谍，亦应先行审判，始得予以处罚，乃被告竟不践行审判程序，遽以杀害，仍即无解于战争罪之成立。核其所为，系触犯海牙陆战规例第四十六条第一款之规定。爰依战争罪犯审判条例第三条第一款即第十一条拟处。揆诸同条例第八条第一款之规定，战争罪犯固不得以犯罪之实施系奉长官命令而主张免责，但被告身充宪兵，因奉行日宪特高班班长之命令，致触战规，究与恣意肆虐之情形有间。在量刑上，即不无审酌之余地。爰于法定刑内，量处以无期徒刑，以期适合。至其在作战期内捕获俘虏，既无相当证据，足以证明其有非法拘禁或虐

---

① 《羁縻四十八天几蒙不白之冤》，《申报》，1947年9月26日，第5版。

第五章　国防部南京军事法庭对日本战犯的审判　　245

待情事,依法自应免予置议。①

法庭于1946年11月20日做出判决:"三岛光义在作战期间非法杀人,处无期徒刑。"②1948年4月19日复审改判死刑,于1948年4月21日执行。③

2. 鹤丸光吉,日本福冈县人,原系日本九州小仓宪兵队员,于1943年7月随军来华,派驻无锡长安桥日本宪兵分队充当军曹,旋升曹长。1944年,日本发动清乡,鹤丸光吉部属抓捕拘禁国民党三青团职员,并施以酷刑。日本投降后,国民政府无锡宪兵队第十五团特务连将鹤丸光吉缉获,解送南京军事法庭,由检察官侦查起诉。经审理,法庭于1946年12月18日做出判决:"鹤丸光吉在作战期间,对非军人肆施酷刑,处死刑。"判决理由如下:

> 本案被告如何在作战期间,伙同其部属佐藤等非法拘禁我国非战斗人员,并施以毒打,灌水,狗咬之酷刑各情,已据被害人陈颂彦、华达善、金海宝、徐月英、高鸿勋等到案历数如绘,并当庭指认被告确为当时行凶之人。质之被告,亦供承曾伙同佐藤、松本等,前往逮捕华达善、陈颂彦、金海宝、徐月英等是实,并在本庭检察官侦讯时,供认当时曾施以灌水狗咬之刑不讳。核与我宪兵第十五团特务连侦查笔录,暨本庭派员前往无锡实地调查之情形,悉相吻合,罪证极臻明确。被告饰词避就,毫无可采。按在作战期间,对非战斗人员滥施酷刑,

---

① 《三岛光义战犯审判案》,中国第二历史档案馆藏,战争罪犯处理委员会档案,22/01097。
② 《战犯三岛光义判处无期徒刑》,《申报》,1946年11月21日,第2版。
③ 《三岛光义战犯复审案》,中国第二历史档案馆藏,战争罪犯处理委员会档案,22/01101。

早在国际公法悬为厉禁。被告竟对我无辜人士，肆施酷刑，自应构成战争罪，及违反人道罪。爰依海牙陆战规例第四十六条第一项，我国战争罪犯审判条例第三条第十六款，及第十一条拟处。虽其先后犯行不止一次，但系基于概括之犯意，应依连续犯之例论科。查被告身充宪兵曹长，乃甘破坏战时军纪，对我非战斗人员横加拘禁刑虐，已属无可宽贷，且在严寒之际，令人露体，灌以冷水，并嗾使狼犬猛噬，其手段之残酷，心术之毒辣，实为文明人类所不容。应予科处极刑，以昭炯戒。①

3. 松本洁，日本奈良人，1939年应征来华，在南京日本宪兵学校受训6个月毕业后，任嘉兴日本宪兵队思想班班员，派驻嘉善。日本投降后，松本洁潜匿上海，经国民政府宪兵第二十三团捕获，解送南京军事法庭，由检察官侦查起诉。经过前期侦讯，检察官以对非军人施以酷刑起诉松本洁。法庭审判确认的事实和证人证据如下：

> 查本案被告松本洁于民国三十三、三十四两年间，在任嘉兴日本宪兵队思想班班员派驻嘉善期中，对我无辜平民，横加杀害，并滥行拘禁拷打，肆施酷刑，暨抢劫与勒索我陷区人民之粮食财物各节，均分别经各生存之被害人，及其家属证人到庭供证明确，关于杀害商民陶季生、卢敏、陶文通、吴林昌一节，已据被害人家属及证人陶朱氏、卢惠民、滕阿登、方浩然、方锦华到庭具结指证属实，其余宪兵队内杀死朱金龙、小张、及自卫队士三人，亦有证人方浩然、陶朱氏、滕阿登之证言可据。其将韩子根逮捕杀毙复经孙颂樛到庭证明。又在杨家浜捕杀农民姚琴忠、王琴甫及不知姓名二人，亦经证人张栋山结

---

① 《鹤丸光吉判决书》，国际刑事法院法律工具数据库（The ICC Legal Tools Database），http://www.casematrixnetwork.org/cn/icclegaltoolsdatabase/，2019年12月20日。

证明确。其因敲诈未遂,杀毙沈祖桐之母沈盛氏,并据证人沈柳初、方浩然指证历历。其后因抢米当场枪杀农民许彩歧,亦经证人高及人指证是实。至被告对非军人施用灌水、刀刺、火烧、拷打等酷刑,被害者有方锦华、方浩然、卢惠民、张子虎、孙颂樛、滕阿登、姚掌生、屠慎己、焦连生、钱耀珍等多人,除焦连生被害部分,系由证人高及人证明外,余均亲自到庭证明。而卢惠民、姚掌生、孙颂樛、钱耀珍并经当庭验明受刑成伤,孙颂樛、钱耀珍伤势尤重,孙颂樛已成残废,钱耀珍因伤疯癫。审讯之际,复经本庭出示被告照片,经被害人等一致指明,确系当日行凶之人无讹。(以上均见本庭卅六年四月九日调查笔录)关于被告带同宪兵及密探陆希龄,在俞家汇抢米两千余石一节,匪特已据证人孙颂樛供明在卷,且有上海高等法院判处汉奸陆希龄罪刑之判决书足资印证。其于丁栅镇将镇公所职员五人逮捕,并勒索食米五十石,又将嘉善县政府税务主任汪翔凤捕捉,并勒索食米一百石各情,均经证人许尧封、张子虎结证是实。是被告于驻嘉善期间,任意杀人,滥行拘捕,肆施酷刑,及抢劫勒索各事实,已属众证确凿,无可掩饰。①

对此,松本洁辩称:"(一)被告系嘉善日军宪兵队思想班班员,并未在嘉善服务,故在嘉善发生之暴行,与被告无关。(二)被告职务为思想班班员,职司会集有关思想文献,防止流言,办理保甲事务,无其他工作,且阶级仅为下士,上面尚有长官,纵有此种暴行,亦不应由被告负责。(三)起诉书对被告起诉之罪行仅有五起,而

---

① 《松本洁判决书》,国际刑事法院法律工具数据库(The ICC Legal Tools Database),http://www.casematrixnetwork.org/cn/icclegaltool sdatabase/,2019年12月20日。

庭上调查竟有十七起之多,显有未合各等语。"①

法庭认为:"关于第一点,查被告于任嘉兴日军宪兵队思想班班员期内,系派驻嘉善一层,在嘉兴县政府致本庭代电所载[松本洁系在嘉善宪兵队服务]等语已可证明,即嘉善县西塘警察所,丁栅镇公所,及嘉善县农会等机关来文,与上海高等法院对汉奸陆希龄处刑之判决书所载各节,亦均可为被告在嘉善服务之确证,被告漫谓系在嘉善服务,显与事实不符。关于第二点,被告虽仅充任日军宪兵队思想班下士班员,然据本庭调查所得种种暴行,皆由被告亲手实施,经目睹之证人,指认明确,自应由被告负其罪责,何得以官阶低微为借口,希图避就。关于第三点,按连续犯罪或牵连案件,其一部起诉者以全部起诉论,本件被告前后犯行,既有连续及牵连之关系,本庭就已起诉及未起诉之各部分,并予审理,于法并无不合,被告就此断断置辩,殊属无谓。综上各点抗辩,无非狡展图卸,均无可采。"最后,法庭得出结论:"查被告在作战期间,以凶残手段对我平民横加杀戮,并肆施酷刑,抢劫勒索,显属违背海牙陆战规例,自应成立战争罪,及违反人道罪。其前后杀害平民又接连对非军人肆施酷刑,并先后抢劫勒索,系各基于概括之犯意,应各依连续犯罪之例科处。于分别量处其刑后,再依并合论科之例,定其应执行之刑。按被告身充宪兵,责在维护法纪,乃甘冒不韪,肆意杀人越货,察其心术之险恶,手段之毒辣,实属无可矜全,爰处极刑,以昭炯戒。"②

1947年5月28日,法庭判决:"松木洁在作战期间,连续杀害平民,处死刑。连续对非军人施以酷刑,处死刑。又连续抢劫并勒

---

①②《松本洁判决书》,国际刑事法院法律工具数据库(The ICC Legal Tools Database),http://www.casematrixnetwork.org/cn/icclegaltool sdatabase/,2019年12月20日。

索财物,处无期徒刑,应执行死刑。"7月11日执行。

4. 小笠原芳正,日本长野县人,九江宪兵分队曹长,因非法没收财产被起诉,于1947年12月19日被判处10年有期徒刑。①

二、对台籍战犯的审判

在审判日本战犯的过程中,有很多台籍战犯,因协助日军加害中国平民及俘虏而受到追究。国防部南京军事法庭受理的台湾籍战犯较多,其详情如下:

1. 蔡森、朱海间、洪飚,三人均为台湾人,同为浦口俘虏营监视员,因虐待俘虏被起诉,于1946年11月13一审,均被判处4年有期徒刑,其中洪飚经复审改判无罪。

蔡森、朱海间均为日籍台湾人,1942年间,被日军征调来华,蔡森派驻浦口日军俘虏营充当看守,1943年4月,调上海南站,仍服前役。朱海间初在上海原组服务,后并入俘虏营,遂被派充该营现场员,担任管理俘虏工作。在服务期间,对俘虏迭施虐待,强迫被俘中国士兵从事过度之劳役,并时加痛殴。抗战胜利后,经被害人李自等指认,扭送淞沪警备司令部特务团,押解至南京军事法庭,由检察官侦查起诉。法庭经审理,认为:"查本案被告蔡森充任日军俘虏营看守员,被告朱海间充任日军俘虏营现场员,在服务期间内,虐待俘虏之事实,已据各该被告供承无异。(见军统局战犯卷讯问笔录及本庭案卷)核与被害人李自等陈诉情形悉相吻合。(见淞沪警备司令部特务团报告及淞沪警备司令部军法处讯问笔录)罪证明确,无可诿卸。按对俘虏应以博爱之心处理,久为国际公法

---

① 《日籍小笠原芳正战犯案》,中国第二历史档案馆藏,战争罪犯处理委员会档案,22/1139。

确定之原则，即海牙陆战规例第四条及第六条，亦有明文规定，该被告等虐待俘虏，显系违反上开战争规例，爰依战争罪犯审判条例第三条第二十九款前段及第十一条科处，再其先后虐待俘虏，系基于概括之犯意，应论以连续一罪。惟查被告等隶属台籍，被日军强迫服役，致触战规，核其犯情尚非重大，且系奉行日军命令，究与恣意肆虐之情形有间，应予从轻减处，以劝自新。"①

2. 黄廷梁，台湾人，1938年7月间来沪，经人介绍在云裳及高士满舞厅充当稽查，与日人渡边准尉等来往甚密，旋即被任命为贝当路及竞马场日宪兵队翻译。1944年8月11日与翻译刘宾向日军宪兵队告密，抓捕国民党军统局沪站工作人员，押送日军宪兵队看管。日本投降后，经军统局查获，解送南京军事法庭，由检察官侦查起诉。经过审理，法庭认为："本案被告如何奉日人渡边准尉之命，偕同日宪兵到ABC咖啡馆将须荆戊等逮捕等情，已在其自白书中历述如绘，核与军统局驻沪办事处行动组毛森报告，所述被告如何于敌宣布投降后，怂恿敌宪拘捕须荆戊等情形相符，罪证已极明确，殊属无可讳饰，虽被害人须荆戊等拘押日军宪兵队后被日军凌虐，因被告未曾参与，不能使负共同凌虐之罪责，然既会同日军非法逮捕非战斗人员，即属违反战争法规及国际惯例。爰依战争罪犯审判条例第二条第四款，第十二条，及刑法第三百零二条第一项论处，惟其同时逮捕数人，系一行为而犯数罪，应从一重处断。"最终于1946年11月27日判决"黄廷梁在作战期间，非法逮捕

---

① 《朱海间、蔡森判决书》，国际刑事法院法律工具数据库（The ICC Legal Tools Database），http://www.casematrixnetwork.org/cn/icclegaltoolsdatabase/，2019年12月20日。

人民，处有期徒刑三年"。①

3. 杨耀民，又名山田不二雄，台湾人，征调来华，任职于南京伪华中铁道公司南京站，对工人滥施酷刑。抗战胜利后，化名匿迹，投八卦州观音庵为僧，被首都警察厅侦获，因对非军人加以不人道行为被起诉，于1946年12月4日被判处15年有期徒刑。②

4. 吴兴，台湾人，溧阳县台湾自治会会长，因僭夺中国主权、不法征用人民被起诉，于1946年12月4日被判处10年有期徒刑，后复审改判4年有期徒刑。

5. 周霖添，台湾人，三井物产洋行社员，因虐待俘虏被起诉，于1946年12月4日被判处7年有期徒刑，后复审，于1947年4月9日改判为3年6个月有期徒刑。

6. 刘丰章，台湾人，苏州青年团秘书长，因破坏中国人之爱国行动，麻醉思想被起诉，经审判，于1947年4月9日被判处无罪。

7. 黄继礼，台湾人，高邮警察队队员，因破坏中国人之爱国行动，麻醉思想被起诉，经审判，于1947年4月9日被判处无罪。

8. 叶仁惠，台湾人，浦口俘虏营监视员，因虐待俘虏被起诉，经审判，于1947年4月9日判处3年6月有期徒刑，后经复审，改判无罪。

9. 吴勇春，台湾人，1937年应征来华，任南京日本派遣军南通伪绥靖队副官，启东伪清乡大队、海门日宪兵队及警备队翻译。1945年6月串通海门日警备队密探陆成率特击组组员十余人，借口海门文成镇施祥茂店内有出卖白报纸及匿藏新四军等事，将店

---

① 《黄廷梁判决书》，国际刑事法院法律工具数据库（The ICC Legal Tools Database），http://www.casematrixnetwork.org/cn/icclegaltool sdatabase/，2019年12月20日。
② 《战犯七名押解抵沪》，《申报》，1948年3月21日，第4版。

主施汉章捕送至警备队勒索巨款。战后，因不法监禁被起诉，于1946年11月判处3年6月有期徒刑。①

10. 谢则诚，台湾人，1938年来华，1942年征派昆山陆家浜警备队任翻译，抢劫居民白米。战后，因不法刑禁被起诉，于1947年5月7日被判处4年有期徒刑。

11. 陈杏村，台湾人，南华实业公司经理，因对敌国供与飞机及政治资金被起诉，于1947年5月14日被判处无罪。

12. 陈□龙，台湾人，台湾台东厅警察官，因共同连续对非军人施以酷刑，于1948年5月13日被判处15年有期徒刑。

13. 洪文忠，台湾人，厦门贸易商，被判10年有期徒刑。

抗战结束后，台湾光复，由此前日本殖民地回归祖国，台湾人的身份也发生了根本变化，因此出现对台籍战犯身份的争议。②1947年5月13日，广州《中山日报》发表评论文章，指出："战时台湾籍人为敌人服务，倚敌人势力，危害我国及民众的犯罪者，现时概作战犯罪。"依据是行政院1946年1月12日的通令："台湾籍人民于卅四年11月25日始复国籍。"故于此日以前认台湾人非本国籍，一概俱作敌人。"台湾人犯作为战犯论，实有不当。因敌人始称战犯，台湾人根本是我国同胞，不是敌人。台湾人在战时若有为敌人做爪牙，倚其势力加害民众的行为，即应作汉奸论罪，不当作战犯论，其中界限不可不分清。"③

国民政府筹备国民大会期间，台湾籍代表致函国防部，请求不要将台湾人与日本战犯相提并论。国防部将此意见转给战犯处理

---

① 《战犯七名押解抵沪》，《申报》，1948年3月21日，第4版。
② 参见张雅倩《从汉奸到战犯：二战后国民政府处置"台籍汉奸"的法律转换及争议》，上海《近代中国》第三十二辑，2020年第1期。
③ 崔龙文：《战时台籍人犯不应作战犯论》，广州《中山日报》，1947年5月13日，第2版。

委员会第59次会议讨论。委员会将信函转发各军事法庭参考,信中说:"日人素欲以华制华,武装侵略(台湾)之后,更禁台省良民内渡。而专庇护众犯,归祖国沿海,作奸犯科,使国人以为台人均为汉奸。七七事变后,敌更强征台人做间谍、通译、俘虏卫兵等,胁诱随军作恶,使国人仇视台人。国人不察离间奸计,往往认台胞较日寇尤为恶毒,严惩战罪。幸政府明察,今春通令台人不能成立汉奸罪,仅有敌降前战犯罪。"信中要求"各军法司法机构审理台籍战事人犯时,应同情处境,勿与日犯同等处分"。①

三、其他战犯的审判

1. 崔秉斗,日籍朝鲜人,被日军征调来华,于1944年1月,派在上海南站服务,兼监督俘虏工作,期间对中国被俘士兵施以虐待。抗战胜利后,经被害人陈明道等扭获,送由淞沪警备司令部特务团,后转解南京军事法庭,由检察官侦查起诉。经审理,法庭认为:"查本案被告殴打我被俘士兵之事实,已在获案之初,自白不讳。核与被害人陈明道,盛子钧,指述被告如何实施虐待之情形相符。(见淞沪警备司令部军法庭笔录及该部特务团团长陈守成之报告书)罪证极臻明确。虽据辩称:并无军人身份,且非直接管理俘房,不构成战犯等语,执为免责之辩解。然按捕获国军民,对于被俘官民,应加保护,以博爱之心处理之,此在海牙陆战规例第四条第二项揭有明文。被告既对我被俘士兵横加殴辱,显属违反上开战争规例,应即构成战争罪及违反人道罪,并不因其是否为军人,以及其实施之手段系直接或间接,致有所差异。是其辩解,自属不能成立。"法庭于1946年11月13日,判决:"崔秉斗虐待俘房,

---

① 《台籍国大代表要求原情处理台战犯》,汉口《和平日报》,1947年3月7日,第3版。

处有期徒刑七年。"①

2. 中山九三,日本群马县人,于1943年1月间应征来华,同年8月至1945年2月,充任浦口日军俘虏营事务员,其间对被俘中国士兵肆施虐待,强迫从事过度之劳役,稍有不遂,即协同宪兵,横加毒打。抗战胜利后,经受害人刘文占等扭送淞沪警备司令部,解送南京军事法庭,由检察官侦查起诉。经审理,法庭认为:"本案被告如何强迫我被俘士兵刘文占、李建芳、吕五娃、岳富成、孟山发等,从事过度之劳役,以及如何施以毒打各情,匪特已据被害人孟山发、岳富成等,指诉历历,即被告获案之处亦供承:'充任日军俘虏营事务员时,曾押国军搬运木炭,如搬运不好,即报由宪兵队处置'。等情是实。(见淞沪警备司令部军法庭笔录及本庭案卷)罪证已臻明确。乃于本庭审理中,忽翻前供,否认有肆虐情事,空言狡展,自属无可采取。按虐待俘虏,在国际公法上早已悬为厉禁,凡属捕获国军民,对于俘虏之处理,均应崇尚博爱之精神。该被告竟对俘虏肆加凌虐,显属违反海牙陆战规例第四条及第六条之规定,律以战争罪及违反人道罪,尚复奚辞。至各该罪之构成主体,并不限于军人,即非军人如有违反战争规例之行为,亦在处罚之列,此观于国际公法及我国战争罪犯审判条例第二条之规定自明。该被告犹斤斤以无军人身分,执为免责之辩解,殊属无谓。核其所被诉非法杀人部分,因无相当证据足以证明,应免予置议。"②法庭于1946年11月13日判处中山九三有期徒刑7年。

3. 久保寺德次,日本山梨县人,于1939年在上海充任日本海

---

① 《崔秉斗判决书》,国际刑事法院法律工具数据库(The ICC Legal Tools Database),http://www.casematrixnetwork.org/cn/icclegaltoolsdatabase/,2019年12月20日。
② 《战犯中山九三审判案》,中国第二历史档案馆藏,战争罪犯处理委员会档案,22/1180。

军嘱托，兼日本海军警备区域保甲事务所所长，在1944年夏秋之间，凭借势力，向上海居民非法征收铜铁及献机捐款，订购飞机贡献与日本政府，并连续向居民强征保甲经费。日本投降之后，经第三方面军捕获，解押南京军事法庭，由检察官侦查起诉。经审判法庭认定："本案被告如何在驻沪日军海军嘱托，及日本海军警备区域保甲事务所所长任内，向上海居民征用铜铁四吨，勒索献机捐款一千一百十四万元，购买飞机贡献日本政府，并连续征收保甲经费，每月截留二十五万元，充作其个人交际费用各情，已俱在侦查中自白不讳。（见军统局卷及本庭侦查笔录）核与前军统局调查情形相符，事实极为明了，虽据辩称系民众自动捐款等语，然按在沦陷区之人民，因慑于日军之暴力，原无意思自由之可言。被告身充日本海军军属，凭借权势，向人民征用物资，勒索捐款，何能谓系人民自动捐款，其辩解自属不能成立。按私人所有之废铜铁，并非海牙陆战规例第五十三条第二项所定之军用品，依同规例第四十六条之规定，占领军原无征用之权利，至飞机捐款，既非法定赋税，依同规例第四十九条之规定，占领区居民更无负担之义务，且被告并未奉占领地司令官之命令，竟擅自借势征用及勒索，显属违反同规例第五十二条第二项之规定，应构成战争罪。"法庭于1947年4月2日判处久保寺德次7年有期徒刑，后经复审，改判为9年。①

4. 佐藤玄一，日籍平民，1937年被征来华，先在日军第一〇八师团服役，办理给养事宜，后调河南焦作，组织河南皇协民团及兴亚巡抚军，担任保护矿区工作。抗战胜利后，佐藤玄一被人告发，

---

① 《久保寺德次判决书》，国际刑事法院法律工具数据库（The ICC Legal Tools Database），http：//www.casematrixnetwork.org/cn/icclegaltool sdatabase/，2019年12月20日。

称其曾在此时期内创立焦作、新乡两铁工厂,制造手榴弹、迫击炮、掷弹筒等武器,运送徐州一带供中国伪军使用,以助长侵略行为。法庭以助长侵略罪起诉,嗣经新乡县政府调查后,函复未云及被告有制造武器供伪军使用情事,同时法庭认为:"被告开设之铁工厂既系被日军征用,由日军自行派员监制武器,在被告原无罪责之可言,况按发动及支持战争之罪系指居于首要领导地位之军阀财阀,倡议以战争方法夺取他国领土主权或以相当财力物力支持此项侵略战争者而言,本案被告系日籍平民,在作战期间奉调来华,纵使于其私人开设之铁工厂内曾为日军制造武器,亦与上述支持侵略战争罪之构成要件迥不相侔,依法自应为无罪之论知。"法庭最终于1947年9月10日宣判佐藤玄一无罪。[1]

5. 李炳仙,韩国人,翻译,因曾在敌军执役被起诉,经审判,于1946年12月15日被判处无罪。

6. 小年田群,日本鹿儿岛人,台湾台东厅警察官,因共同连续对非军人施以酷刑被起诉,于1948年5月13日被判处15年有期徒刑。

7. 金英华,韩国人,中国派遣军总司令部军属,被判12年有期徒刑。

8. 中岛信一,日本东京人,十三军司令部(梅机关)大尉,因参与侵略战争扶植占领地政权及窃收密电掠夺资源被起诉,于1946年10月被判处15年有期徒刑。后中岛一再上书申辩,其辩护律师也提出辩护意旨书,认为"惟因事关军事及特务工作内容极端隐秘,颇难寻其确据,且其军职仅为尉官,不过奉行上级命令,殊无发

---

[1]《佐藤玄一判决书》,国际刑事法院法律工具数据库(The ICC Legal Tools Database), http://www.casematrixnetwork.org/cn/icclegaltool sdatabase/,2019年12月20日。

动及指挥之权,情节不无可原"。松井太久郎、小笠原清等人也为其做证,说明梅机关的指挥体系及被告的角色,后在上海经复审,改判无罪。①

9. 鹿野进,徐州领事馆警察官,因滥捕平民杀人被起诉,经审理,判无罪。

南京大屠杀案的审判具有属地审判和民族战争创伤象征性清算的双重性,一方面南京是暴行发生地,另一方面南京之所以发生大屠杀与其首都的身份相关,故战后由直属中央的法庭审判,适皆相埒。同样在南京法庭审判涉嫌策划及参与侵华主要事变的责任人,也是南京法庭作为中央直属法庭审判的特别之处。至于少量的宪兵、台籍战犯的审判,则大多因暴行发生地在江苏尤其是南京本地,同样是贯彻犯罪属地原则,便利法庭的前期调查。

---

① 《中岛信一审判案》,中国第二历史档案馆藏,战争罪犯处理委员会档案,22/1186。

第六章　各地军事法庭对日本战犯的审判

国内学界在相当普遍的情况下，使用"南京审判"来指代国民政府对日本乙丙级战犯的审判，以区别于东京法庭对日本甲级战犯进行的国际审判，但实际在战后国民政府设立的十个法庭中，南京法庭对日本战犯的审判并不具有典型性，其所受理案件和审判的战犯具有相当的特殊性。既有研究对南京审判战犯军事法庭以外的其他法庭的研究较为薄弱，导致我们对于国民政府审判日本战犯的认识实际上建立在对少数法庭有限个案的基础上。本章希望通过对国民政府设立在各地的军事法庭审判日本战犯的研究，摆脱学界已经形成的"南京审判"的认识框架，以深化我们对战后国民政府审判日本战犯若干特质的认识。

第一节　北平审判

1945年12月16日，第十一战区司令长官部在北平成立审判战犯军事法庭，负责战区所辖的平津冀等地的战犯处理工作。法庭庭长先后由余彬、张丁扬担任，首席检察官任钟垿上校，检察官陈庆元上校，审判官姜念伯上校、蔡砚农中校、石继周中校，书记官余国源,通译官贺一谔,后又增加了方宏绪、刘慰先、潘瑜、李啸楼等人员。1946年1月22日,北平军事法庭正式起诉第一批日本战犯34名,是国内最早开始审判日本战犯的法庭。1947年3月,国民政府第十一战区更名为保定绥靖公署,北平军事法庭随之更名为保定绥靖公署审判日本战犯军事法庭。

  北平军事机关自1946年1月开始抓捕日本战犯,至4月大规模的抓捕始告一段落。对日本战犯大规模抓捕的完成时间,主要取决于各地遣返日侨俘工作的进展,一旦日侨俘移送转运地集中,战犯抓捕工作即告一段落。第十一战区遣送日俘侨共有管理所5处,因遣送工作在1946年6月底完成,故各地抓捕的战犯在5月前基本集中到北平羁押候审。① 据1946年10月的统计,北平军事法庭共拘捕战犯136名,其中正式战犯6名,人民检举战犯130名,这一统计尚不包括宪兵嫌疑犯。② 另据第十一战区司令长官部当年4月的统计,包括日本宪兵嫌疑犯在内,拘留之战犯有167名。③

  从实际逮捕的战犯构成来看,经战犯处理委员会审查并签呈核定的正式战犯捕获者较少。据1946年2月初报载的消息,"平拘捕日本战犯工作,进展极缓,截至今日为止,仅拘捕五十余人,押于十一战区战犯拘留所。战区主管当局称:由军委会指令拘捕之战犯,原为170余人,现因交通问题,不克拘齐"。④ 实际上不能拘齐的原因是正式战犯名单是依据战时战罪调查结果而拟定的,由于

---

① 《日战犯昨由津解平　日俘侨集中管理所行将结束》,《华北日报》,1946年5月10日,第3版。
② 《各地区战犯拘押及宪兵嫌疑犯人数统计表》(1946年10月11日),台北:"国史馆"藏,国民政府外交部档案,020/010117/0041/0158x。
③ 《日俘日侨泰半遣返　拘留战犯即将开审》,上海《益世报》,1946年4月6日,第4版。
④ 《平拘捕日战犯工作进展极缓》,《申报》,1946年2月2日,第1版。

日军侵华时间跨度大,退役转任的情况较多,且限于条件战时对沦陷区的敌军罪行调查不能深入,故所得战犯名单并不适用。

逮捕的一般程序,在受降初期是"在检举告发战犯之后,第十一战区司令长官部便根据所检举的事实,向华北官兵善后联络部提出名单。他们便把所提出的战犯,迅速的送交战犯拘留所,听候审讯"。① 到大规模遣返日侨俘开始以后,一般需负责遣返的机关(主要是各港口司令部)协同进行。据1946年4月报载的信息,"日昨经天津警备司令部稽查处解送北平之日本战犯,计有十四名,系于三月十八日由塘沽港口司令部及日本徒手官兵管理所分别于南货厂、海光寺两管理所予以逮捕者"。②

除战区军法机关负责进行的战犯抓捕外,驻华北的宪兵十九团对日本宪兵中的战罪嫌疑人也进行了抓捕。据报载,宪兵十九团"以日本宪兵在我沦陷区域,谋害我工作人员,损坏我人民权益,罪恶滔天,不容漏网……宪兵团,全体官兵对检举逮捕工作甚为紧张,迄今相继拘获两批,计达七十余人,均经侦查竣事,已呈请军事最高主管机关,依法处理,至第三批战犯,该团仍可能在逮捕中"。③ 另据北平西苑战俘管理所报告:"该队前石家庄于三十四年八月日本投降以后,宪兵上尉松本营一等二十六名先后出队,即与日侨混同一起,拟乘机回国等情。当令其将出队人数、姓名、离队日期造具清册前来,查该松本营一等不俟与日俘一同回国,改变装饰,显系企图逃匿。日前虽无从证明其犯罪事实,按其行动已涉及重大

---

① 《日战犯拘留所一瞥》,《世界日报》,1946年2月3日,第5版。
② 《解平日战犯名单》,上海《益世报》,1946年4月1日,第4版。
③ 《平津日战犯已捕获七十余人》,《大公报》,1946年3月1日,第3版。

嫌疑,理合检同名册二份,备文呈报钧处鉴核。"①

由于华北沦陷时间长,日军的流转范围较大,故实际拘捕的战犯嫌疑人大多是现地受降的日军现役人员。战犯嫌疑人的确定基本依靠民众检举,因日军统治暴虐,民众受祸颇烈,故检举相当踊跃。战时地方百姓受害主要来自负责治安工作的宪兵队,所以战后检举的嫌疑人中有很大一部分来自宪兵队。

北平法庭自 1946 年 4 月初开庭,至 1948 年 1 月底结束,共审判案件 87 件,涉及战犯 112 人,其中判处死刑(均为枪决)28 人,无期徒刑 11 人,有期徒刑 34 人,无罪及其他 39 人。限于篇幅本节不拟对每一案件及案犯一一做描述,仅就战犯所属、起诉理由、判决情形做一整体分析,另选取二三特殊个案做深入分析。所依据文献主要包括下列三种:一是茶园义男所编《北京裁判一览表》;②二是房建昌依据日文文献所编的北平军事法庭对日、朝、台籍战犯审判资料;③三是国家图书馆整理出版的《二战后审判日本战犯报刊资料选编》。

从涉案的 112 名战犯嫌疑人的所属来看,其中明确是宪兵的战犯有 51 人之多,此外还有作为宪兵队翻译的战犯 6 人,宪兵所属占受审战犯总数的一半以上。除各地宪兵队以外,有 27 名来自华北派遣军特别警备队。④ 其次是警察和警务所属的战犯有 15 人,

---

① 《西苑管理所平字第一四七号呈》,台北:"国家档案管理局"藏,"国防部史政编译局"档案,B5018230601/0035/013.81/3023/001/001/0014。
② 茶園義男『BC級戦犯関係資料集』、不二出版、1992 年、第 130—139 頁。
③ 房建昌:《日文原始档案中的 1946—1948 年北平军事法庭对日、朝、台籍战犯审判》,北京档案馆编:《北京档案史料》1999 年第 2 期,北京:新华出版社 1999 年版,第 229—246 页。
④ "北支那派遣特别警备队",是依据昭和 18 年(1943 年)军令陆甲第 81 号而设立的特别部队,其司令部设在唐山,下辖 10 个大队和 1 个教育队,从事特殊秘密作战任务。参见徐平主编《侵华日军通览(1931—1945)》,北京:解放出版社 2012 版,第 131 页。

除各警察局外,其中有11人来自华北交通株式会社警务段。从事特务和情报工作的战犯16人,除各地特务机关长以外,还有以其他各种身份从事特务工作的战犯嫌疑人。此外,还有民间人,其中包括从事各种经营性事业的战犯嫌疑人10人。

战时日本宪兵在占领区成为实施各种暴行的军事机器。据1939年4月20日日军华北方面军司令部的《治安肃正要纲》,对宪兵职权范围的规定如下:"宪兵关于保安警察业务方面,主要是警防弹压反逆行为和为维持军的占领地区的一般安宁秩序方面,执行必要的警察业务。宪兵关于军事警察业务方面,担任军机保护、防谍和军纪的维持,以及其他侵害军事上的利益,和给军以不利影响的各种阴谋与策动等的预防和镇压。"①可见宪兵队是日本负责占领区统治的重要机关,也是对沦陷区民众实行暴力统治的主体之一。

从北平军事法庭的审判来看,战时华北的宪兵存在较为普遍的针对平民的暴行。如特警第六大队宪兵准尉高贝胜,1940年任林西宪兵分队队长时将河北卢龙县一个村子的17位村民杀害,1942年春杀害王文祉等2人,1942年9月拷问4名国民党沦陷区地下工作人员,战后高贝胜被判处死刑。北平宪兵队宪兵中尉藤本忠雄,1944年冬在北平宪兵分队任职时以经济问题拘押两名商人3个月,战后藤本被判刑1年。特警第四大队宪兵曹长小谷野正七,1943年6月在丁家庄杀害平民4人,9月在陈家口村逮捕杀害8人,战后被判处死刑。宪兵一般都有杀人的罪行事实,故战后多被判处死刑。在北平法庭审判的战犯中,判处死刑的战犯有一半以上来自宪兵队。

---

① 中央档案馆、中国第二历史档案馆、吉林省社会科学院合编:《华北大"扫荡"》,北京:中华书局1998年版,第17—18页。

北平法庭审判日本宪兵情况一览表

战犯姓名	所属单位	阶级	原籍	罪名	判决（一审）	判决（复审）	备注
高贝胜	华北特警六大队	宪准尉	秋田	连续杀人	死刑		1947.12.4 执行
黑泽嘉隆	华北特警七大队	宪兵曹长	长野	杀人	死刑		1946.7.24 逃亡
白天瑞	阳泉宪兵分队	翻译	韩国	连续共同杀人	死刑		1946.9.12 执行
石川正一	北京宪兵队	准尉	山口	拘禁平民加以不人道之待遇	7年		
佐佐木熏	北京宪兵队	军曹		谋杀平民	死刑		1946.2.7 病死
白井松夫	华北独立一大队	宪兵曹长	香川	滥用职权，对非军人施以酷刑	2年	1年6月	1946.1.23 执行
佐藤太郎	华北特警二大队	宪兵曹长	爱知	拘留平民加以不人道之待遇，对平民施以酷刑	10年	无罪	
高桥守市	石家庄宪兵队分遣队	准尉	岐阜	共同杀人	4年		
内山秀雄	石家庄宪兵队分遣队	军曹	爱媛	共同杀人	死刑		1947.1.21 执行
井上政雄	华北特务四大队	宪兵曹长	兵库	诱拐妇女	10年		
宫迫忠久	天津宪兵队	曹长	广岛	连续共同对非军人施以酷刑	10年	无期	
宫原常次郎	华北特警司令部	宪兵军曹	秋田	对非军人施以酷刑	2年	10年	

续表

战犯姓名	所属单位	阶级	原籍	罪名	判决（一审）	判决（复审）	备注
中川正雄	华北特警司令部	宪准尉	京都	杀人	死刑	死刑	1947.6.10 执行
荒木和夫	北京宪兵教习队	大尉	茨城	谋杀平民	死刑	无期	
安达宏	北京宪兵队	少尉	兵库	拘留平民加以不人道之待遇	5年		
横西春吉	天津宪兵队	曹长	广岛	共同谋杀平民拘留非军人加以不人道之待遇	死刑	死刑	1947.1.17 执行
石川孝三郎	天津宪兵队	曹长	新潟	意图通供而施强暴协迫	1年6月		
西村平八郎	北京宪兵队	少佐	福冈	对非军人施以酷刑共同谋杀平民	无罪	死刑	
林田富士雄	华北特警四大队	宪曹长	熊本	对非军人施以酷刑共同谋杀平民	死刑	死刑	1947.9.29 执行
菅原吉郎	北京宪兵队	少尉	宫崎	共同拘留平民施以非人道之待遇	5年		
石上保	华北特警四大队	宪曹长	北海道	共同连续屠杀平民	死刑	死刑	1947.3.21 执行
石尾清	华北特警十大队	宪曹长	北海道	谋杀平民	死刑		1947.2.6 执行
田中道雄	北京宪兵分队	伍长	山口	对平民连续恶意侮辱，连续没收财产	6年	10年	
横山贞荣	华北特警四大队	宪兵曹长	宫崎	连续杀人，逮捕人民输送劳工烧毁民屋	无罪		

续表

战犯姓名	所属单位	阶级	原籍	罪名	判决 一审	判决 复审	备注
门马才记	华北特警四大队	军曹	福岛	连续杀人,强迫人民充当使役	无罪		
藤本忠雄	北京宪兵队	中尉	兵库	拘禁平民加以不人道之待遇,共同没收财产	7年		
高桥雷二	华北特警二大队	宪曹长	福冈	共同谋杀平民	死刑	死刑	1947.11.1 执行
小谷野正七	华北特警四大队	宪曹长	埼玉	连续共同屠杀平民	死刑		1947.3.22 执行
汐海茂	北京宪兵队	准尉	富山	连续共同对非军人施以酷刑	死刑		1947.6.12 执行
馆野孙市	华北特警四大队	宪曹长	栃木	连续施行逮捕	同	3年	
小林良一	华北特警四大队	军曹	长野	连续放逐非军人	10年	无罪	
西村平人郎	北京宪兵队	少佐	福冈	连续共同对非军人施以酷刑	死刑		1947.8.2 执行
久保内重则（杨永志）	易县宪兵队	翻译	大阪	非因战争上之必要无故纵火,连续利用职务上之机会诈取财物	死刑		1947.9.22 执行
清水丰绪	华北特警司令部	宪兵少佐	奈良	对非军人施以酷刑	死刑		1947.6.23 执行
钟国秀	北京宪兵队	军属	台湾	对非军人施以酷刑	10年		

续表

战犯姓名	所属单位	阶级	原籍	罪名	判决 一审	判决 复审	备注
渡部利正	天津宪兵队	通译	福岛	连续对非军人施以酷刑	12年		
井部重郎	北京宪兵队司令部	大佐	新潟	共同连续没收财产	死刑	16年	
小泉清一郎	太原宪兵分队	少佐	长野	帮助没收财产	死刑	7年	
林田富士雄	华北特警四大队	宪曹长	熊本	谋杀平民	无罪		
高桥虎鹿	太原宪兵队	中佐	福冈	参与侵略战争	无期		
三好俊良	华北特警四大队	宪大佐	香川	对平民连续子以酷刑	无期		
功刀一男	华北特警保安中队	中队长 宪大尉	山梨	滥捕平民施以酷刑	无罪		
草雄阿里平	华北特警四大队	宪兵少尉	香川	连续共同对非军人施以酷刑，连续共同滥用职权速捕拘禁	11年		
町田利夫	华北特警四大队	宪兵军曹	长野	同	11年		
渡部利二	天津宪兵队	翻译	福岛	同	10年	12年	
寺门宣夫	华北特警四大队	宪兵准尉	茨城	意图取供而施强暴协迫	5年		
村井茂明	华北特警四大队	宪兵大尉	香川	连续滥行逮捕拘禁	3年		
木场清三	华北特警四大队	宪兵准尉	鹿儿岛	连续滥行逮捕拘禁	无罪		
三轮清泉	华北特警四大队	宪兵曹长	新潟	连续滥行逮捕拘禁	无罪		

续表

战犯姓名	所属单位	阶级	原籍	罪名	判决 一审	判决 复审	备注
池田又一	华北特警四大队	宪兵军曹	长野	连续滥行逮捕拘禁	无罪		
西村正宗	郑州宪兵队	中尉	长野	不明	10年	无罪	于上海改判无罪
野泽武夫	天津宪兵队	翻译	静冈	同	3年	无罪	
赤穗津正气	北京宪兵队	大佐	秋田	连续共同对非军人施以酷刑，连续共同没收财产	无期		
西村祥三	北京宪兵队	曹长	山口	连续共同对非军人施以酷刑，连续共同没收财产	12年		
先祖矶松	北京宪兵队	曹长	富山	连续共同对非军人施以酷刑，连续共同没收财产	12年		
林美智	华北特警一大队	宪兵曹长	同	滥用职权逮捕平民	无罪		
加藤辰年	华北特警四大队	宪兵曹长	埼玉	杀人	同		
白藤松郎	华北特警一大队	宪兵曹长	香川	对非军人施以酷刑	2年	1年6个月	1947.4.30释放

资料来源：《中国国民政府审判日本战犯统计表》，刘统：《大审判——国民政府处置日本战犯实录》，上海：上海人民出版社2021年版，第937—947页；茶园义男：「BC级裁载关系资料集」，不二出版年，1992，第130—139页；房建昌：《日文原始档案中的1946—1948年北平军事法庭对日、朝、台籍战犯审判》1999年第2期，北京：新华出版社1999年版，第229—246页。

另外一个值得注意的现象是从事特务和情报工作的战犯嫌疑人成为无罪判决比例最高的一类。如特务机关茂川机关的机关长茂川秀和1947年7月15日被判处死刑,罪名是七七事变以来在平津地区进行特务活动,同年11月22日改判无期,1949年被解送日本巢鸭监狱关押,1952年8月释放。因从事特务和情报工作受审的战犯嫌疑人共计16人,除各地的特务机关长以外,大部分以其他身份从事特务工作嫌疑者均被判无罪,且有相当一部分是最终经过改判后的结果。如通县特务机关的石原崇光,以某公司河南支部长名义为日军购买物资,搜集和提供情报,1946年5月2日被判处死刑,同年12月1日改判无罪;原东华贸易社的持原武彦,早年有从事情报搜集的嫌疑,1946年5月15日被判死判后,转往上海再审,1947年4月12日改判无期,三审改判无罪;从事汽车修理业的中岛六郎,因有间谍嫌疑,1946年5月15日被判10年,翌年4月12日减为7年,后转往上海再审,被改判无罪。从改判的情况来看,除对部分民间人从事情报搜集工作依法不予追究以外,其余改判案件应该与证据不足以支撑起诉罪嫌有关。

从北平法庭审判案件的诉因和判决主因来看,其中比例最高的是被告杀人、伤害、滥施酷刑、不当拘禁等罪行,一般为宪兵和警务人员,此外是掠夺、破坏财物、物资强制征用和鸦片的贩卖,涉及的嫌疑人除军属以外,也有商人。① 如山万木厂老板山田武夫,1944年9月至1945年4月间,委托华北交通株式会社,以不当价

---

① 据河北方面对敌人罪行之调查的统计,"已查知有罪行人姓名或番号之案件仅220件,计屠杀62,将人质处死44,强迫人民从事军事工作7,对平民施以酷刑61,流放平民13,肆意破坏财产15,没收财产11,拘留人民予以不人道之待遇5,抢劫2,轰炸不设防地点2,轰炸2"。参见杨觉勇《战犯罪证调查工作报告》(1946年6月13日),台北:"国史馆"藏,国民政府外交部档案,020/010117/0005/0053a。

格购买良乡涿州百姓木材,被判处 3 年 6 个月;天津官忠产业社长宫本忠义,以贩卖鸦片罪,被判无期;东亚医院顾问梶原政市,1938 年在职期间卖鸦片,被判 9 年;顺天堂制药所的冈健一,受伪蒙疆政府嘱托,3 次贩卖鸦片,被判无期。

北平法庭审判的案件中,有若干案件比较典型,有助于展现战后国民政府审判乙丙级战犯过程中对证据运用规范的注重,故择要加以考察。

北平法庭审判的战犯中军阶最高的是内田银之助。内田银之助,1915 年 5 月毕业于日本陆军士官学校第 27 期,1919 年 12 月入日本陆军大学第 34 期,1922 年 11 月分配至军务局步兵课。侵华战争期间,先后任第二十师团参谋长、独立混成第五旅团旅团长、第一一八师团中将师团长。1947 年 11 月 8 日,北平法庭经审判判处内田无期,判决主文为:"内田银之助连续共同谋杀平民,处无期徒刑,其余部分无罪。"[1]法庭认为内田主要的犯罪事实是其任独立混成第五旅团旅团长驻屯青岛时,属下逮捕杀害诸城石河口徐氏和赵氏 2 人及杀害青岛查山住民 1 人,内田以不知情为由提出辩护,但仍被认定应负有共同责任。此案在上报国民政府国防部核准后改判。国防部的核准意见认为:"本案情节尚不严重,且犯罪地点距被告驻地遥远,监督困难,原判无期徒刑未免过重,改判十年以上有期徒刑。"[2]

一般而言,审判的日本战犯重要与否往往与受审战犯的军阶高低联系在一起,故而各地对于在押的最高级别战犯的审判往往

---

[1]《内田银之助处无期徒刑》,《世界日报》,1947 年 11 月 9 日,第 5 版。
[2]《陈诚呈蒋中正日本战犯内田银之助处无期徒刑拟改判有期徒刑》(1948 年 2 月 17 日),台北:"国史馆"藏,蒋中正"总统"文物档案,002/020400/00052/127。

高度重视，但高级将领一般不是直接实施暴行者，故最终判决多以纵容属下犯罪而负有消极责任。北平法庭对内田银之助的判决仅以其属下的两起致人死亡的案件即判无期，确有判决过重之嫌。国民政府国防部的复核程序在这一案件中发挥了其预设的核定功能，对地方法庭判决不当的案件进行了改判。

1947年12月，北平法庭对日本商人足立茂进行审判，最终判处无罪释放。足立茂，1936年8月任天津公大实业第七厂厂长和锺渊纺织株式会社天津出张所所长。七七事变爆发后，天津保安队袭击公大七厂，守卫的日军岩井部队和锺纺社员进行了抵抗，双方互有伤亡。记者堀切秀夫在日本人办的《京津日日新闻》上连续报道此事件，后编成名为《公大七厂战斗志》的小册子出版。足立茂在战时先后任天津居留民团民会议长、北支棉花协会会长、天津日本商工会议所常任议员、天津日华经济联盟理事，以及东亚毛皮革株式会社、上海制造绢丝株式会社、锺纺实业、北支矿业各株式会社取缔役。1946年11月，有人以上述小册子为依据，在天津《建国日报》撰文，称足立茂率日军杀害5名被俘的中国兵，足立茂因此被捕。北平法庭检察官以上述小册子作为证据，对足立提起公诉。足立自辩该志仅记载了向日本宪兵队移送了5名俘虏，但并不能证明是他杀的，而且证明在华10年，向以中国人为友，从未打过中国人，更不要说是杀害了；还从日本宪兵队尽力救出过4人，包括1944年7月东亚毛呢公司总经理宋裴卿、副总经理陈锡三。足立茂在狱中用书面陈述了上述事实，同年12月13日被判无罪。[①] 七七事变后公大七厂发生的战事，无论是当时还是战后均具

[①]《足立茂战犯审理案》，台北："国家档案管理局"藏，"国防部史政编译局"档案，B5018230601/0035/013.81/6080。

有重要的象征意义,但在对足立的审判中未出现一边倒的结果,足立的自辩被法庭采信,可见法庭的客观与理性。

北平法庭对战犯西村平八郎的审判,前后进行过两次。西村平八郎,福冈人,北平宪兵队少佐。1946年8月,北平法庭经审讯,对于检察官起诉西村平八郎,于任北平宪兵队代理警务课长期间,逮捕前平市教育局局长英千里及董洗凡等爱国志士的诉因,"因伊对英千里等未曾刑讯,更因逮捕命令亦非其所发,故当堂宣判无罪"。① 1947年3月,因对此前法庭因证据不足判西村无罪不满,经各方抗告,提出证据,复审判处死刑。② 之所以出现上述转变是因为对西村同案犯的审判取得进展。1947年3月,在对北平宪兵队赤穗津正气、西村祥三、先祖几松三人的案件审理过程中,原北平宪兵队队长赤穗称,1945年3月20日北平宪兵队逮捕了20人,由西村平八郎审讯,施以酷刑,强迫招供,其中一人致死。③ 西村因此被改判死刑。西村被判死刑后,国民政府驻日代表团转送日人恒远麟趾等233人请愿书,称被告平时品学兼优等语,请求减刑,最终国防部核准维持原判死刑。④ 从北平法庭对西村的审判,可见法庭审判的规范性与证据中心主义的原则。

1948年1月31日,北平法庭奉令关闭,判处无期及有期徒刑的41名战犯遵照国民政府令全部解往上海江湾国防部监狱继续

---

① 《北平所审日本战犯首次宣判无罪者 西村平八郎候令开释》,《民强报》,1946年8月11日,第4版。
② 《日战犯西村判处死刑》,《中华时报》1947年3月9日,第4版。
③ 《赤穗津正气等战犯审理案》,台北:"国家档案管理局"藏,"国防部史政编译局"档案,B5018230601/0034/013.81/4033。
④ 《陈诚等呈审核战犯西村平八郎案应否仍照原则核准死刑抑或减刑等文电日报表》(1947年7月4日),台北:"国史馆"藏,蒋中正"总统"文物档案,002/080200/00536/063。

服刑,其余未审战犯移交国防部审判战犯军事法庭审理。①

第二节 上海审判

抗战胜利后,国民政府在各地设立军事法庭审判日本战犯,其中上海的情况比较特殊。国民政府在上海对日本战犯的审判分为前后两个阶段:前期为第一绥靖区军事法庭,后期为国防部军事法庭,时人一般称第一绥靖区军事法庭为"上海军事法庭",第一绥靖区军事法庭裁撤,国防部军事法庭接收上海法庭,时人一般称之为"国防部上海军事法庭"。严格意义上讲,两个法庭不能混淆,但后来的研究者一般笼统地称"上海审判"。如果不严格区分两个法庭的审判,则上海审判战犯军事法庭前后持续的时间是最长的,审判的战犯也是最多的。

一、第一绥靖区审判战犯军事法庭

在上海军事法庭成立以前,上海地方法院检察处负责办理日军罪行的调查工作。具体工作的详情,据当时报载:"上海地方法院检察处办理敌人罪行案件,时逾三月,司法行政部已催促结束。盖以罪行清偿战犯审判之组织,即将成立,亟须此项资料,以为根据,故该处日来工作极为忙碌,现已将去年十一、十二两月登记之案件递送由高检处转呈司法部。其中统计分十三类:1.谋害与屠杀,有系统之恐怖行为共一一五五件;2.强奸六件;3.对平民施以酷刑卅七件;4.拘留人民予以不人道之待遇一件;5.勒索非法或过度之捐款一件;6.故意轰炸不设防地区七件;7.毁坏宗教慈善教育历史建筑物及纪念物一件;8.贬抑货币与发行伪钞一件;

―――――――――――――――――

① 《日本战犯将转押上海》,《新民报日刊》,1948年4月14日,第4版。

9. 抢劫廿七件;10. 没收财产一二五件;11. 恣意破坏财产一一八四二件;12. 流放平民一件;13. 强迫平民从事有关敌人军事行动之工作四件;内计毁屋共五九二五〇间半。至本年一二月之登记,在整理中,不日即可呈报。再所有之敌方罪行人,已查明者有日军、日宪、日侨均由该处分别开列清单,函知第三方面军港口运输司令部,日侨管理处暨管制日宪兵俘虏之中央宪兵第廿三团部,将各罪行人扣留,以待审判。"①另据报载,地检处敌人罪行登记截至1946年3月4日止,"已达三万零一百十一件"。②

1946年3月7日,日侨管理处举行记者招待会,该处处长王光汉报告:"上海日侨原有七万九千余人,投降后由外埠来沪者二万四千余人,一月份以来经遣送返国者三万六千余人,现尚存六万七千零四十八人……现战俘经送返国者有十五万九千九百六十八人,尚余十二万人,徐州、安庆、武汉、九江、浙江等地日俘,均须经沪返国。"第一绥靖区司令官汤恩伯补充:"长江流域及徐州各地,经沪返国之日侨俘有九十万人之多,约当全国日侨俘二分之一(全国共两百万人)。"王光汉表示,"日侨俘管理处之主要任务,即为遣送彼等返国,敌产之处理及战犯之拘审,均非其主要任务,该处对此仅处于协助地位",希望即将成立的上海军事法庭能负责处理战犯嫌疑人案件。汤恩伯表示:"军事法庭拘捕战犯,系根据上峰命令及人民控诉,多年来我同胞在敌人压迫下冤深痛巨者,均可向军事法庭呈控,以求伸雪。不过关于处理日侨俘应有一主要原则,即以大国民风度,不存报复心理,使日侨俘心悦诚服,化敌为友。'教

---

① 《清算血债 罪行案件一部已呈报 将组织法庭审判战犯》,上海《大公报》,1946年3月6日,第3版。
② 《拘捕日战犯 当局正积极准备 石原勇今日再审》,上海《大公报》,1946年3月6日,第3版。

导重于责备,感化重于教导',这是我们的民族精神和国策,这也是确保胜利成果的最好方法。"①

第一绥靖区军事法庭于1946年3月15日在上海成立,正式名称为徐州绥靖公署第一绥靖区司令部军事法庭,法庭设在北四川路第三方面军上海指挥所四层。因为水木工人罢工影响及军事机关工作人员未按时到位,3月20日才正式开始侦讯工作。

上海军事法庭庭长由上海高等法院委派刘世芳(中将衔)担任,审判官还有第一绥靖区司令部委派的陆起和蒋保釐两名审判官,另有高检处推荐的瞿会泽审判官,检察官是上海高等法院的林我朋。法庭由军事机关与地方法院合组,受军事机关指挥,法官与检察官均授予军衔,合计官佐18人、士兵11人。法庭在正式办公的前一日,特地举行茶会,招待记者,第三方面军司令部军法处处长徐镇球报告军事法庭之"人事与组织",徐镇球一再声明,外界称"上海军事法庭"实误,应改为"徐州绥靖公署第一绥靖区司令部军事法庭",要求各报更正。另据第三方面军新闻室主任张玉麟语记者:"各军法官系文官职,刘庭长、瞿法官均为军简二阶少将衔,林、蒋、陆各法官暨战争罪犯拘留所长江公亮皆为军简三阶上校衔。至公开审判时,各军法官须穿军服佩剑,以示尊严。"②

由于日战犯案件众多,侦查起诉工作浩繁,检察官林我朋请上海高等法院增派上海地方法院看守所所长顾永泉为上海军事法庭检察官,以加强检察工作。1946年7月,因审判长刘世芳赴美,庭长一职由陆起代理。据报载:"刘世芳辞职出国以后,第一绥靖区

---

① 《全国设十一处战犯军事法庭　上海军事法庭周内成立　办理人民控诉案　汤恩伯昨对记者谈》,上海《大公报》,1946年3月8日,第3版。
② 《审讯日战犯　上海方面今日开始侦查　审判时人民可陈述意见》,上海《大公报》,1946年3月20日,第3版。

军事法庭庭长一职虚悬了将近两月,虽然由陆起法官暂行代理,但是由于困难很多,军事法庭的工作也差不多停顿了两月。新任的庭长早已内定,由高等法院民庭庭长李良兼任,但是李庭长因为民庭的事已经忙不过来,他又兼任着几个大学的教课,所以一直在恳辞中。最近终于因为李司令官的一再催请,他已决定勉为其难的担任这个兼差,将于今日起正式接篆视事了。"①1946年8月27日,上海高等法院民庭庭长李良正式接任上海军事法庭庭长一职,军事法庭的人员也出现一些变动,瞿会泽、蒋保釐辞职,林我朋、陆起留任。上海高等法院推事张世杰兼任军事法庭审判官,李业初调任军事法庭书记官。

上海法庭法官及检察官主要履历如下:

  刘世芳,四十六岁,浙江镇海人,美国耶鲁大学、法国格林诺大学、德国柏林大学毕业,回国后除执行律师职务外,并任东吴大学法科教授,上海高等法院民庭庭长。
  瞿会泽,六十三岁,江苏崇明人,前立法院委员,历任各级法院法官及东吴大学法科教授。
  李良,字次升,云南玉溪人,北京朝阳大学毕业,民法专家,抗日战争前任职上海第二特区法院,抗战胜利后出任上海高等法院民庭庭长,1946年出任上海军事法庭庭长。
  陆起,字东豪,五十八岁,昆山人,日本大学法科毕业,上海名律师,京沪卫戍司令部上校军法官。
  蒋保釐,四十七岁,福建同安人,美国密歇根大学毕业,东吴大学法科教授,上海著名律师。
  林我朋,卅九岁,江苏丹阳人,上海法政学院毕业,1930年

---

① 《军事法庭庭长今日接篆视事　人事方面有调整》,《申报》,1946年8月27日,第4页。

通过法官考试，1932年法官训练所毕业，历任上海高二分院推事及检察官，上海高等法院检察官。①

第一绥靖区军事法庭受理的案件主要分三类。首先，凡日军犯罪案件发生在上海的，不论战犯今在何处，均要解送上海军事法庭受审。"军事法庭之审判程序，系依照我国刑事诉讼法办理，故根据同法第五条规定，即案件由犯罪地之法院管辖，故战犯之犯罪地点，在上海者均应由本市军事法庭侦审，据称凡在本市军事法庭管辖范围内凡有罪行者，该战犯虽已移解他处或移解国外者，亦应经由相当机关或外交部转送来沪受讯。"②其次是犯罪案件发生地在京沪沿线的，也由上海军事法庭审理。第三类是从日本引渡到中国的战犯，一般在上海落地，除部分解送南京受审外，其余大部分仍在上海受审。

随着战罪调查工作的深入，被逮捕的战犯嫌疑人日益增多，且相邻港口及原本拟设法庭而后来未设立的地方将战犯嫌疑人移交给上海法庭处理，造成上海军事法庭巨大的压力。据报载，"第一绥靖区军事法庭，日来工作转趋紧张，因上海对国内外交通便利，关于战犯罪证之调查比较容易，将来衢州、连云港、厦门、青岛等战犯，均将解来上海审理。惟该庭目前所感觉困难者，仍交通工具及通讯设备不够。前战争罪犯调查小组曾飞各地视察，接受人民检举控诉，其中一批案件，亦将移上海军事法庭侦审，故各地战犯嫌疑犯将来集中沪上，可能有千名左右"。③ 实际上，上海法庭已经代

---

① 《上海军事法庭今日起开始侦讯　昨日招待沪新闻界报告成立经过人选》，上海《民国日报》，1946年3月20日，第3版。
② 《上海军事法庭今日第一次侦讯》，《申报》，1946年3月20日，第3版。
③ 《青岛等地战犯均将解沪审理　邹任之将任战犯管理处长》，上海《大公报》，1946年7月11日，第5版。

替国防部南京军事法庭处理大量的移交案件。

早期港口运输司令部负责遣返日俘侨,也协助军事法庭进行战犯嫌疑人的筛查与扣押。据港口运输司令部谢灏龄告记者称:"受害同胞及其所在机关,多呈请本部扣留战犯,本部以情理论,自当照办,惟今军事法庭既已成立,希望以后此种案件,迳向军事法庭控诉,由军事法庭转知本部拘扣。截止昨日止,经上海港口遣送之日侨俘已达三十一万六千零十四人,内日侨六万三千四百八十九人,日俘二十五万二千五百二十五人。杭州日俘二万五千人,日内即将来沪。陇海线有日侨俘十万人,华中长江沿线有三十万人,均将经沪遣返。所有日本宪兵暂时一律扣留,待战犯审讯完毕后,始能遣送。现上海港口每日遣送之最高纪录为一万三千人,以现在遣送情形看,六月底决可遣送完毕。又:三方面军京沪地区战俘管理处于昨日下午将战犯藤田进等五十四名,移解提篮桥战俘拘留所候审。"①上海作为遣返日俘侨的集中地,在遣返前上海港口运输司令部从日俘侨中筛选出大批战犯嫌疑人,这也是上海羁押战犯人数较多的原因之一。

1946年3月底,上海军事法庭布置就绪,准备开始审判战犯。据当时报载探访法庭的情况,"法官席座位五个并列,背后为大幅国旗一面,检察官席在法官右侧,书记官席在台下左侧,辩护律师在木栏内,记者席在木栏外,均设有长桌,最后为旁听席,有长板凳数条。侦查庭布置极为简单,侦查工作虽已开始,但因法官制服迄未制就,为表示郑重庄严,故开审尚无定期"。②上海军事法庭成立后,上海地方法院将所收到人民登记控诉材料移交该庭,该庭曾组

---

①②《日宪兵将暂缓遣送　静待军事法庭审讯　三方面军移解战犯候审》,上海《大公报》,1946年3月27日,第3版。

织被害人和蒙难同志会会员前去日俘营指认，并扣留数人。同时，又由辖区内其他省市和日本移送引渡案犯数十人到庭。

上海受降后，原驻上海及周边地区的日本宪兵全部被拘押，暂不得遣返。"若辈在盘踞沪上期间，虐杀同胞，奸淫掳掠，无恶不作，罪行擢发难数，市民对之衔恨入骨。受害者现已纷向地方检察处、战俘管理处、宪兵二十三团，控诉其暴行。"截至1946年1月29日，上述各机关已接得诉状百余件，其中详述敌宪兵在占领期内之种种不法行为，闻之令人发指。宪兵23团，已指派负责人员，提调此等万恶之罪犯，开始初步侦讯，以便日后提交特种法庭审判。据统计，前驻沪日宪兵共有1028名，其中佐4人，尉47人，士340人，兵553人，军属83人（内女21人，男62人），"现羁押于沪西日华纱厂，由宪兵23团指派该团第一营，负责监视看管。"①1946年7月4日，日本官兵遣返的最后一班轮船准备从上海港启航，原驻华东各地的日本宪兵准备回国。国防部战犯管理处下令停止登船，将全体日本宪兵押回进行审查。9月20日，上海抗战蒙难同志会来到战犯管理处对日本宪兵战犯嫌疑人进行指认，管理处进行现场逮捕。据《申报》报道："前日蒙难同志王微君，罗协华等百余人，前往江湾战犯处指认。战俘日宪兵三百余人，均静立广场，听候蒙难同志指认，经当场指认者，计有恶魔二十六个，已于昨日战俘处理处派员押送解往第一绥靖司令部军事法庭，经军事法庭调查处侦讯后押送提篮桥监狱核审。"②

---

① 《日宪兵罪行昭彰　已开始初步侦讯　将提交特种法庭审讯》，《申报》，1946年1月30日，第4版。
② 《敌宪恶魔　二十六名罪犯　侦讯后送监狱》，《申报》，1946年9月22日，第4版。

上海抗战蒙难同志会检举指认现场
资料来源:《和平日报》,1946年9月21日,第4版。

1946年12月21日,上海司法机关在报端刊登了部分关押在提篮桥监狱的战犯嫌疑人名单和罪行,这些战犯主要涉嫌经济侵略。

本市日本主要战犯七十二人,业由国防部开具名单,咨文司法行政部,并由司法行政部训令本市司法机关,负责侦查其确实罪行。司法机关方面为集思广益起见,已将各战犯名单,连同其职级及罪行,抄发社会各法团机关,共同协力检举,并希各界提供有力证据,俾战犯得早日受审,而定应得之罪。七十二战犯大部业已就逮,拘押于提篮桥上海监狱。其中尚有若干,至今尚未拘获,现正严缉中。兹择其中著名及罪行最大者刊录如后:

大使馆参事官冈崎嘉太平,曾协助敌军部破坏我经济,并计划非法搜刮我华中各种物资。

总领事矢野征记,曾指导日本居留侨民及一般日侨。

总领事丰田肃,曾指导一般日侨。

副领事岩井英一,结交袁履登等,破坏我经济并作情报活动。

司法领事经野良久，唆使馆员非法虐待华人。

大使馆嘱托刈濠久太，利用职务欺压我良民，无恶不作。

宪兵队嘱托佐佐木四郎，以宪兵队及领事馆等嘱托之名义，在沪西包办赌台，从中谋利。并设情报机关，杀害我爱国青年。为浪人中之最凶恶，现拥有资产数亿元，及妾二人。

中华日本贸易联合会常务理事会长三井本松，该会为华中最大规模之军事采购机构，利用军方势力，强制收买米谷、军需、棉布、棉纱、棉花。

中华日本贸易联合会常务理事吉田雄次郎，负责收买生丝、肥料、五金及各种土产，该会为三井洋行所投资。

三井洋行支店长山本正勇，为中华规模最大并最有势力之军事采办所。利用军部势力，强制收买及贩卖米谷。

三井洋行支店次长藤田辰忠，负责收买杂粮、油类、生丝、人造丝、棉纱、棉布、肥料、五金、机器、砂糖、纸张、人参、药品、茶、火柴、水泥。

三井洋行支店长鹤出武，负责收买烟草、啤酒、毛织品、木材石炭、海产品及各种土产物等，并办理水陆运输及保险事宜。（查三井洋行为日本最大财团机关之一，历届大藏大臣均由该行运动推出，在此次中日战争中，首先运动军部及政府，设立兴亚院，以便乘机推行沦陷区经济之掠夺，后以兴亚院上下人员贪污行径暴露，为避免一般人非难计，遂废兴亚院而改为大东亚省，实为换汤不换药，在我国各沦陷区内施行统治政策，以最低价格强制收买各种主要物资，再以高价出售于我国商民，从中谋利，该行高级职员等私蓄皆极富。）

帝国银行上海支店长藤井武夫，副支店长清水健二，该银行为日本三井大财团所经营，前称三井银行，现改为帝国银行，平常操纵日本国内金融，并收买军需，鼓吹战争，以遂经济侵略之野心，实为此次中日战争之罪魁，故麦帅进驻日本时，先将该财团解散。当敌军在华中作战时，曾将军用款项大部分存入上海支店分行，该支店对于侵略中国经济及破坏金融，不遗余力，并向各采办商以便利贷款，使其尽量发展。于敌军投降时，又将敌军所存款项私吞甚多，分赏该支店科长级以上职员，故该支店各上级职员家藏金条甚多。

三菱商业株式会社支店长小林荣三，副支店长笕操。该株式会社为华中规模最大之军事采购商，收买米谷、棉纱、棉布、生丝、人造丝、石灰、木材、机器、钢铁、五金、肥料、砂糖、纸张、毛织物及各种土产物等，并经理仓库水陆运输及造船事业，为日本大财阀之一。

三菱银行上海支店长广田荣一、副支店长村上久米。该银行为日本大财阀三菱事务所经营，在日本国内金融界占有重要地位。上海支店于敌军在华中作战时，除敌存军用款项外，并以低利贷与各采办商充作资金。

此外尚有西村五郎，吉田久太郎，及横山秀吉等，共七十二人。①

因为法庭检察人员承担的工作量较大以及罪证调查存在的问题等原因，上述涉嫌经济犯罪的战犯基本上没有受到审判。

根据战犯处理委员会最初的设计，不属于各地军事法庭管辖的战犯均移送国防部南京军事法庭，但实际上后来这些战犯基本移交给上海法庭处理。1947年6月5日，战犯处理委员会决议：

---

① 《沪日战犯七十二名　罪恶昭著多数就逮　司法机关函请各法团共同协力检举　希望各界提供有力证据》，《申报》，1946年12月21日，第6版。

(1) 将上海法庭并入国防部审判战犯军事法庭；(2) 在上海设置战犯监狱。① 由此，上海法庭与南京法庭合而为一。1947年8月16日，南京法庭庭长石美瑜赴沪办理接收工作，上海法庭正式改隶国防部。

上海审判战犯军事法庭自1946年3月15日成立，至1947年8月15日被国防部军事法庭接收，其间共审判战犯案件78人，判处徒刑者31人。所审战犯主要是执行非战争任务时任意杀人、破坏或者掠夺财物，此外尚有贩毒、强奸等其他罪行者。现列举部分战犯审判详情如下：

1. 米村春喜，日本熊本县人，原常熟宪兵队长。米村春喜驻扎江苏常熟、太仓地区，对平民及国民党地下工作人员进行有计划谋杀，并使用酷刑。战后经民众举报，上海军事法庭于1946年5月30日开庭审理米村春喜。检察官起诉书中列举被告犯罪事实及证人，"被告率部属在太仓搜捕陆啸云等五十余人，带至常熟日宪兵队羁押，在侦讯时以非刑逼供。被捕在押人中有吴雨苍、胡家栋等数人，因不堪非刑，先后在狱毙命。嗣虽该队择释二十余人，惟尚有陆啸云、汪学良、魏光显等十七人由被告妄加罪名，解送上海日十三军军律会议处死。胜利后由被难者家属向第三方面军司令部告诉，将被告拘捕，移送本庭侦查起诉"。②

米村在庭审时不承认上述指控，称陆啸云等17人是上海日军第十三军军律会议处死的，他不能负责。至于吴雨苍等5人，米村一口咬定是在县公立医院里病死的。法庭为搜集证据，派书记官

---

① 《战犯处理委员会第六十七次常会记录》(1947年6月5日)，中国第二历史档案馆藏，战争罪犯处理委员会档案，五九三/00167。
② BC级(中華民国裁判関係)上海裁判・第3号事件、戦争犯罪裁判関係資料、日本国立公文書館、平11法務04271100。

第六章　各地军事法庭对日本战犯的审判　　283

李某到常熟取证。到常熟后,通过县政府找日伪时期县立医院的线索,找到该医院的两位医生。意外得知宪兵队杀人经常在午夜的北门外。调查者来到常熟城北门外,找到当时被宪兵杀害者的遗骸埋葬地,挖掘获得两具尸骨,因尸骨系直立在坑里,推测是被活埋的。调查者取走头骨和部分骸骨,带回法庭。① 在审判期间,米村春喜为了减轻罪罚,争取立功赎罪,向法庭交代他历年掌握的江南地区新四军活动资料,并绘制了六幅草图,但米村的情报并未能使其免予处罚。

1947年1月6日,上海军事法庭判处米村春喜死刑。判决书主文:"米村春喜违反战争法规,为有计划之谋杀,处死刑。纵容部属连续对于非军人施酷刑致死,并加以不人道之待遇,处死刑。应执行死刑。"判决书理由部分对判刑依据、事实证据及被告辩词反驳均有详细说明,其全文如下:

　　本案被告为日本派驻常熟宪兵分队长。于发动拘捕之前,先将队部东邻杨姓民房拆建狱舍,已据自白不讳。及锻炼成狱之后,被告由少尉擢升大尉,并获奖章,亦经陆春华供证属实。其为意图邀功,谋兴大狱,情节至为显然。被告于常熟北门外烈士街纪念塔旁及山脚四周,活埋多人,此项事实,有发掘时之照片及掘出之骸骨,足资证明。虽被害者之姓名多不可考,而本庭派员赴常调查时,曾由当地保长陈林森及附近乡民土工,群来指陈目观情形,众口一词。并指出活埋地点,遍野皆是,当场掘出骸骨两具,均属直立土中,其被活埋,殊为明显。至赵毓生等五人及陆啸云等十七人,为被告罗织罪行,

---

① 《常熟日宪兵队长大肆残杀罪证确凿　虞山下掘出白骨累累　夕阳荒草寻觅忠骸　军事法庭告慰忠魂》,《申报》,1946年10月10日,第5版。

诬指为共产党或土匪,先后解送上海日十三军军部,惨遭杀害一节,被告初犹诿称:"陆啸云等于战争结束后,悉数释放。"比待各被害家属与人证当庭质对,及本庭派员调查,分别审讯当时各关系人,无不言之历历,详述惨状无遗。被告始承认经军律会议处决执行,自足据以明确认定。又被告纵容部属,对于拘捕平民惨施酷刑,如何鞭打、棍夹、用电、灌水,如何悬吊、火烫、狗咬、掷摔,以至死伤多人。有时且令高举重物,矗立数昼夜,不许坐卧,有时锁立露天三昼夜,断绝饮食等不人道待遇,复经被害人张寿臣、陆建章、高炳泉、顾陟高、汪敏初、巩启仁、王兆元、戴蔚英、赵元龙、袁九龄等纷纷到庭,痛陈如绘,质证明确。

综合被告所持之抗辩理由,不外下列九点:

(一)主张传讯大野宪兵司令,军律会议检察官,曾任调查工作之部属及第三者之部队做证。查被告所举人证,或则不知所在,或则未有姓名,均属无从传讯。参以本庭侦查时,曾向美军法庭引渡日十三军军法处官佐三人到案,讯之和光勇精,为该军军法官,并非检察官。讯以常熟宪兵队解送华人十七名一案,如何处理,曾否参与审判,答记不起了。讯以该案卷宗何在,亦称不知。冈田隆平为该军情报官佐,并非军法官佐,更瞠目不知所对。立田外次郎为该军看守所长,讯其案情及如何执行,亦称记不起了,卷宗不悉所在(见三十五年四月十八日侦查笔录)。足见此项人证,即使传唤到庭,亦不足为被告有利之证明。纵为有利于被告之证言,依后说明,仍无解于被告之罪责。

(二)主张奉令拘捕人犯,搜查犯罪行为,将犯人移送军律会议,为宪兵职务上正当行为,不构成犯罪。查犯罪之实施,不因系奉长官之命令而免除责任,乃国际原则(见附件三),为我条例第八条第一款所明定。被害人等既非现行犯,又无告诉告发人。被告滥行拘捕,任意处罚,久不送审,请非实施犯罪而何。要难以根据情报,呈请下令,免其责任。何况被告所借口之奉令执行,绝非事实,有陆春华之供述,可资佐证。

（三）主张犯人解送军部,须经军法检察官侦查,决定起诉与否,宪兵无权左右。查被告意在邀功,图谋杀害,久不送审,罗织罪行,迫经诬指为共产党土匪,扰乱治安,以违犯军律罪名,解送军部,检察官根据宪兵卷宗侦查,何从辨认。

（四）主张胡家栋、俞子范、叶振飞三人,因病送交医院身死,尸由医院转交家属,应予对质,以明真相。查被告此项供述,业经传讯伪常熟县立医院职员医生陈云洲等,均一致供称："宪兵送病人到院,咸伤不成形,无论治愈与否,概由监视宪兵提回队部,亡者尸体无着,医院无权过问"等语,被害人家属以尸体至今不知所在,当庭群向被告追索,被告诬为河野军曹经手,渠概不知情,何得尚欲对质,企图翻异。

（五）主张部下不法行为与长官无涉。长官仅负行政处分,不负刑事责任。查"长官对部下之犯罪行为,亦须负责"（Respondent Superior）乃国际原则,被告身为宪兵分队长官,有监督指挥之权。对其部下不法行为未加管束防范制止,依我条例第九条规定,应以战争罪犯之共犯论。按之国际成例,亦无不合,何况被告于其部下刑讯前,曾对受刑者有"如不肯招认切勿懊悔"之表示,明明纵容部属,滥施酷刑,自无不负刑事罪责之理。

（六）主张陆啸云等二十人之身份行为,究竟如何。查陆啸云等十七人,（被告故意谓二十人将陆续捕解者并算在内）

或属国民党干部，或系教职人员，或为正当商人与平民，早经太仓县府会同太仓党部、法团列表呈复三方面军，转知到庭，不容任意指摘。

（七）主张遗骨为何人，不能证明。查遗骨为保长陈林森与乡民目观宪兵以汽车装运一部分被害人在梅园附近，令挖地洞，刀刺活埋，临死犹见死者挣扎不已。证人虽不能详指死者姓名及遗骨为谁，然犯罪之构成，初无查明被告人姓名之必要。

（八）主张张仰之告诉状声称："长山、河野二人将其非刑逼供"及巩启仁状称："河野、菊角、野口等行凶"，显与被告无涉。查原呈叙述被告主使纵容甚详，何能断章取义，摘拾指呈内一二语为抗辩。且如前述，被告对于部下之犯罪行为，亦不能辞其责。

（九）主张胡佐文、顾仲超、魏敦义、蒋平阶、顾茵千等供称：未受拷打。及常熟县长安蔚南子安容曾具函证明伊父被拘时，从未受被告刑讯，足证被告向不用刑。查被告纵容部属，滥施酷刑，业经前述人证，确切证明。即使有少数人于捕拘后未经刑讯，亦仅能反证此少数人未受刑讯而已，要不能据为被告向不用刑之反证，亦无推翻前述人证证言之效力。

基上说明，被告之抗辩，无一可采。迹其罪行，共分两项：一为有计划之谋杀，一为纵容部属对非军人滥施酷刑致死，或加以不人道之待遇。是二者均属违反人道及战争法规之暴行，特前者为杀人，后者为伤害。罪质既有不同，犯意亦属各别，自应认为并合犯，依我条例论罪。又后者目的，在于取供，尚有连续及牵连关系，应只以一罪论，并从一重处断。惟按其情节，被告但图一己邀功，草菅人命。况复纵容部属大肆淫威,活埋遍野,死伤枕籍。恶性之深,行为之暴,法无可恕。行应从严,爰各处以死刑,并执行死刑,以彰正义,而快人心。①

2. 久保江保治,日本山口县人,前日本浦东宪兵队特高科班长;野间贞二,日本宫崎县人,前日本浦东宪兵队杨思桥支队军曹;片冈晃,日本宫崎县人,前日本浦东宪兵队杨思桥支队伍长;大森满雄,日本广岛县人,前日本浦东宪兵队东昌路分队一等兵;森下宗雄,日本爱知县人,前日本浦东宪兵队东昌路分队一等兵。据起诉书:"查被告久保江保治、野间贞二、片冈晃、大森满雄、森下宗雄,因搜查美籍机师无着,将薛家宅乡民滥施酷刑,轻则重伤,重则毙命。据证人及被害人薛泉东、薛金兴、薛丫头、薛障东、薛林根、薛炳祥等指供,历历证之。该证人等在沪西日宪兵队集中营内当场将被告等一一指认无讹,益证所供是实。"②在审讯过程中,又调查到日本浦东宪兵队东昌路分队警务曹长世谷传造和宪兵军曹早原勋也与此案有关,于是法庭将二人从上海战俘管理处拘押到庭,一并提起公诉。世谷传造,日本石川县人,前日本浦东宪兵队东昌路分队警务曹长;早原勋,日本德岛县人,前日本浦东宪兵队东昌路分队军曹。检察官认为二案犯也参与逮捕和虐待薛和尚。③ 法庭经过审理后,认为片冈晃、大森满雄、森下宗雄三人及世谷传造、早原勋证据不足,遂将审理重点集中在久保江保治、野间贞二两犯。此案经过审判,认为证据确凿,事实清楚。1947年10月27

---

① BC級(中華民國裁判関係)上海裁判・第 3 号事件、戰争犯罪裁判関係資料、日本国立公文書館、平 11 法務 04271100。
② BC級(中華民國裁判関係)上海裁判・第 54 号事件、戰争犯罪裁判関係資料、日本国立公文書館、平 11 法務 05688100。
③ BC級(中華民國裁判関係)上海裁判・第 55 号事件、戰争犯罪裁判関係資料、日本国立公文書館、平 11 法務 05689100。

日，上海军事法庭判处久保江保治、野间贞二死刑，片冈晃、大森满雄、森下宗雄及世谷传造、早原勋5人无罪。久保江保治、野间贞二提出上诉。上海军事法庭转为国防部军事法庭后，石美瑜庭长亲自审理此案，坚持原判，并查明被救的美军飞行员为美军驻华第十四航空队飞行员托勒特。

3. 川添长次郎，日本沪西宪兵队班长。因1945年5月酷刑拷打国民党上海地下情报人员陈凤祥和平民辛志鸿，被受害人检举逮捕。1946年12月14日检察官屠广钧对川添长次郎起诉，前期侦讯中，"被告逮捕辛志鸿并曾辱打人节，业已当庭供认。对于陈凤祥之非刑凌虐，虽诿称事隔已久，记忆不清。但被害人陈凤祥到庭陈述被捕及侦讯时所受非刑等情，历历如绘。而身体上之伤痕又宛然在目，非被告空言所可狡赖"。经过审判，1947年6月20日，上海军事法庭判处川添无期徒刑。①

4. 上山宽，日本鹿儿岛人，前上海沪西宪兵队特高科准尉曹长，因逮捕和酷刑拷打中国抗战地下工作人员金某，被逮捕起诉。1946年7月18日，检察官顾永泉对他提出起诉。审讯过程中，上山宽对拷打金某罪行予以否认，并声称当时遭受美军飞机轰炸受伤，正在住院，并请被逮捕的日军同事为其开具证明。法庭在补充侦察中，发现上山宽在1941年11月还逮捕了宋传骥等3名中国人，进行刑讯拷打。据此，1947年8月2日，上海军事法庭判处上山宽无期徒刑。②

5. 仓拜伯次，日本长野县人，前上海日本宪兵队本部军曹，因

---

① BC級（中華民國裁判関係）上海裁判・第17号事件、戦争犯罪裁判関係資料、日本国立公文書館、平11法務05664100。
② BC級（中華民國裁判関係）上海裁判・第43号事件、戦争犯罪裁判関係資料、日本国立公文書館、平11法務05679100。

迫害爱国学者苏甲荣案被起诉。苏甲荣在抗战期间曾编绘并发行具有抗日思想的《日本帝国侵华图》。1944年7月,日军上海宪兵队思想科以其出版著作未经日军审查许可,派宪兵仓拜伯次等将苏甲荣逮捕。在宪兵队施以酷刑,导致苏甲荣肺部受伤,释放后不治身亡。在军事法庭审判过程中,仓拜伯次辩称他是奉上司命令,先到福州路各书店查封苏甲荣所编地图500多本,然后奉命拘留苏甲荣及其弟媳黄惠群。被禁之初,日宪兵尚予优待,嗣因苏甲荣不从其劝说,自第五日起,逐日由南郎获原讯问,每讯必由仓拜伯次在场施用酷刑,致苏甲荣肺部被浊水灌入而受伤。仓拜辩称,苏甲荣本来就有肺病,他曾见家属送药,死因不全由于用刑,且责任应该由他上司承担,不应只追究他一人。法庭经过审理认为:仓拜伯次逮捕并对苏甲荣用刑,已经证人举证,不容狡辩。1947年5月17日,军事法庭判处仓拜伯次无期徒刑,判决主文如下:"仓拜伯次于作战期间,违反战争规例,对于非军人施酷刑,处无期徒刑。"[①]其后,仓拜伯次一再申诉,声称自己只是一个宪兵,责任应由其上司承担,并申请复审,经国防部审核后驳回。

6. 富田德,日本爱知县人,前日本溧阳宪兵队军曹。富田德在1945年3月逮捕国民党地下工作人员狄维城,将其酷刑后杀害。抗战胜利后经狄维城之妻狄方德贤具呈京沪卫戍总司令部,饬由战俘管理处将被告解送上海军事法庭军法检察官侦查起诉。法庭审理期间,富田德对其罪行予以否认和抵赖,法庭对其案件再次进行侦查,又接到举报,其在1945年4月逮捕曹科、史燮臣,连施酷刑,并加以不人道之待遇。4月10日,法庭对富田德案再次审理,

---

[①] BC級(中華民國裁判関係)上海裁判・第14号事件、戦争犯罪裁判関係資料、日本国立公文書館、平11法務 05661100。

并出示新的证据。4月17日,上海军事法庭判决:"富田德违反战争法规,残酷杀人,处死刑。连续对于非军人施酷刑,并加以不人道之待遇,处无期徒刑。应执行死刑。"①经国防部审核批准,8月14日,富田德在上海提篮桥监狱被执行死刑。

7. 芝原平三郎,德岛县人,在抗战期内,历任日本陆军杭州特务机关情报主任、金华特务机关支部长及政治科长、宁波特务机关治安科科长、宁波特务机关联络部慈谿出张所所长等职。芝原在职时诱逼中国妇女,采取暴力行为实施强奸。因其作恶太多,日军军纪部门对其做了处分。芝原离开杭州,到上海隐居。日本投降后,由第三方面军奉令逮捕,转解送军事法庭究办。② 1946年9月26日,上海法庭对芝原平三郎进行开庭审理。庭审中,宁波的李子瑜、曾良秉、吴小毛妻等三位被害者出庭做证,杭州方面的有关人士也以确凿事实揭露其罪行。1947年7月19日,上海军事法庭经过多次庭审,对芝原平三郎宣判死刑。

8. 汤浅寅吉,原龙华日军上海战俘收容所管理员,因克扣囚粮、虐待俘虏被起诉。1946年4月29日,上海军事法庭开庭审理,检察官起诉书称:1943年初大阳山之战,国军二十七军被日军俘获数百人,后转往上海战俘收容所。汤浅在职期间,酷刑折磨国军战俘,并参与杀害国军上尉钱寿夫、少尉李志忠等军官7人。关于克扣口粮,汤浅寅吉辩称,粮食不归他管,自己吃的比俘虏还少。对于虐杀战俘,他也推诿给收容所警备队。③ 在汤浅寅吉自我辩护完

---

① BC級(中華民國裁判関係)上海裁判・第8号事件、戦争犯罪裁判関係資料、日本国立公文書館、平11法務5655100。
② BC級(中華民國裁判関係)上海裁判・第93号事件、戦争犯罪裁判関係資料、日本国立公文書館、平11法務5712100。
③《军事法庭首次开审　汤浅寅吉俯首受鞫》,《新闻报》,1946年4月30日,第4版。

第六章 各地军事法庭对日本战犯的审判　　291

后,辩护律师起立称:"律师指定后,接见被告人,对打人他没有什么话说,但是杀害战俘要请调查。"审判长随即要求汤浅寅吉写出想要传唤证人的名单,然后宣布:"本案调查,改期发再审,被告人还押。"①后经复审,汤浅宣布被判处4年6个月的有期徒刑。

9. 下田次郎,29岁,日本广岛人,原日本江阴宪兵军曹。下田次郎在江阴宪兵队任职期间,杀害忠义救国军抗日同志12人,法庭通过证人指认,挖掘受害者遗骸,确证其罪行。最终下田次郎因杀人被判处死刑。② 在战犯拘留所接受采访时,记者问其对于以前的残酷行为有没有忏悔,下田答称:"当时是因为两国政治见解不同而争斗,上峰的命令如此,我不能反抗,其实,我与中国人民,无冤无仇,我在狱中,蒙中国官长待遇很厚,非常感愧,以后,我希望世界和平,还希望全世界男女一律平等。"③

10. 黑泽次男,日本栃木县人,东京早稻田大学毕业生,1937年8月23日应征入伍,翌年8月随同军来华,编入日军第二十二师团,1940年8月,任第二十二师团参谋部"嘱托"担任情报工作,同时组织宣抚班,常驻杭州笕桥艮山门一带,先后共计屠杀中国平民千人以上。"仅在艮山门一地,即掘出尸体百余具。胜利以后,被告匿居杭州日侨管理所,经浙江高检处提案侦查,并搜集罪证,移解第一绥靖区司令部审判战犯军事法庭提起公诉,于三月十七日判处死刑,经国防部核准执行。"④

----

① 《汤浅寅吉狡赖　改期再审》,《立报》,1946年4月30日,第4版。
② 《战犯下田次郎审判案》,中国第二历史档案馆藏,战争罪犯处理委员会档案,22/1115。
③ 《参观日战犯拘留所　与江阴之虎下田次郎谈话》,上海《和平日报》,1946年11月23日,第4版。
④ 《日战犯"杭州之狮"黑泽次男昨晨伏法》,《申报》,1947年8月13日,第4版。

二、国防部上海军事法庭

1947年8月16日,上海审判战犯军事法庭撤销,归并到国防部审判战犯军事法庭。国防部审判战犯军事法庭庭长石美瑜8月15日到上海办理接收工作,16日,石美瑜率主任检察官王家楣、主任书记官张体坤、检察官徐乃堃、审判官叶在增等赴江湾路军事法庭正式接收。国防部指定警备司令部军法处处长曾昭贻为监交人。据石美瑜对记者发表谈话称:"该庭于接收后即开始工作。上海方面未起诉之案件,将续行在沪侦查,已起诉者则将移京审理。至战犯在上海犯罪者,如宪兵队之军曹等,为调查证据便利计,仍将在沪审理,沪军事法庭原有工作人员已决定留用者,有陆起、林建鹏两军法官,其余工作人员,如愿继续服务者,当尽量留用云。"[①]

此后,国防部南京军事法庭移到上海,由于工作量增加,编制扩大,组成人员有庭长石美瑜,主任检察官王家楣,检察官李璿、徐乃堃、高硕仁、施泳,审判官陆起、李元庆、林建鹏、叶在增、孙建中、龙钟煌、张体坤,主任书记官丁象庵,书记官王成华、郭镇寰、郭薪夫、黄耀、杜康钊、苏孝斌、方家模、胡民铎、戴焱、宋定亚、余福明、郑子华,翻译王仁明、罗涤、黄文政、宋景秋以及其他工作人员。

1947年2月,司法行政部电令各审判战犯军事法庭,要求加快审判战犯进度。从1947年下半年至1948年,除国防部军事法庭外,其余军事法庭相继结束,未审结案件移送国防部军事法庭。其他各战区军事法庭结束以后,其已判决战犯都移解到上海江湾路高境庙战犯监狱关押,各战区未判决的战犯,则分别关押在南京国

[①]《沪军法庭今起撤销 一部人员已决定留用》,上海《大公报》,1947年8月16日,第4版。

防部战犯监狱和上海江湾路高境庙战犯监狱。各战区军事法庭未审结的案件,则分别在上海和南京受审,统属于国防部军事法庭。1947年10月起,南京国防部决定将各地已判或待判关押的日战犯近800人,全部集中至上海江湾高境庙监狱,实行自治管理,而后因种种困难实际押抵者仅为300余人。国民政府将战犯集中移押上海,主要是为了加快审判进度。当时由于国民党在国共战场上的形势日益恶化,客观上也进一步增加了证据调查的难度,国民政府进一步放宽审判战犯的尺度。国防部审判战犯军事法庭仓促之间进行一系列集体审判,并宣布对一些重要的战犯嫌疑人不予起诉,无罪释放回国,如日第十三军司令官松井太久郎[1]、日第四十三军司令官细川忠康等。

国防部审判战犯军事法庭还面临经费短缺的困难,导致法庭无力进行深入调查。国民党深陷恶性通货膨胀的泥淖,无力也无意再对战犯进行严格的审判。据庭长石美瑜的提案:"本庭奉命于本年八月十六日接办上海军事法庭案件,计一六二件,经督促所属加紧工作,至十二月十日止,计终结案件八十案,尚在进行中者八十二案。惟各案之犯罪地点散处各方往返调查极感困难。为求确实起见,经派员分别前往调查,致不仅稍延时日,抑且增加用费,以致于预算之数溢出甚巨。四月来东挪西借,罗掘俱穷,而物价飞涨,有加无已。现尚在进行之八十案,其所需调查费,每案约以五千万计,共需四亿有零,拟请拨给调查费四亿元,以资办理。"[2]经费缺口之大,可见一斑。

---

[1]《顾祝同呈蒋中正日本战犯松井太久郎案罪嫌不足依法不予起诉》(1948年12月22日),台北:"国史馆"藏,蒋中正"总统"文物档案,002/020400/00052/155。
[2]《战犯处理委员会第七十三次常会记录》,台北:"国史馆"藏,国民政府外交部档案,020/010117/0045/0120。

国防部审判战犯军事法庭后期审判了很多高级别战犯，这些战犯有相当部分是从日本引渡或从各地移押到沪的。最终因各种原因，审判草草收场，受到舆论巨大的批评。以下试列举若干案例的审判详情。

1. 黑濑平一，日本山口县人，原日军第六十八师团第五十七旅团旅团长。1947年11月，武汉军事法庭对日军第六十八师团中将师团长堤三树男进行了审判，以纵兵害民罪行判处堤三树男无期徒刑。黑濑平一系堤三树男的部属，抗战胜利后经陆军总部发交第三方面军司令部，将其拘送第一绥靖区司令部，移交上海军事法庭，予以侦查究办。1947年12月，国防部上海军事法庭起诉该犯，认为其率部参加攻击衡阳，后进军祁阳，烧毁该县流海冲一带的村庄屋宇，并命所部杀害非武装平民，事后复掳去男女数十人，肆意奸淫毒打。上海法庭提出的证据基本是武汉法庭转来的。审判堤三树男时，武汉法庭出具了大量湖南、江西地区民众举报的日军第六十八师团在衡阳、长沙会战期间途经各地犯下的杀人、抢劫、纵火等罪行。因为没有指明具体的犯罪人，于是由指挥官承担责任。黑濑平一作为堤三树男部下，其旅团所到之处犯下的罪行，当然也应由他承担责任。黑濑平一向法庭提交了申辩书，并画出作战地图，并要第六十八师团参谋长等写证明书，申辩他的部队当时在耒阳地区，没有到过祁阳，但法庭不予采信。1948年2月15日，法庭判决："黑濑平一在作战期间，连续纵兵屠杀平民，处无期徒刑。肆意破坏财产，处有期徒刑十年，应执行无期徒刑。"[①]

2. 内田孝行，日本山梨县人，毕业于日本陆军大学，历任军职，

[①] BC級（中華民國裁判関係）上海裁判・第91号事件、戦争犯罪裁判関係資料、日本国立公文書館、平11法務5717100。

由步兵大佐晋升至陆军中将。1937年12月间,率领所属第十六联队开始侵华,参加太原会战。其后转战浙赣一带。战争期间,内田孝行所部肆意屠杀,对非军人施以酷刑与恶意饿毙,以及强迫从事有关敌人军事行动之工作。国民政府公布的日本战犯名单中,内田孝行列第158位,其罪行为:"一九四二年五月中旬以主力参加浙赣会战,由奉化上虞进犯东阳。一九四三年十月初,犯安吉、广德、溧阳。一九四四年六月,以主力攻陷衢县,八月下旬一部窜犯丽水,九月上旬陷温州。该师迭次窜犯浙赣,惨杀无辜平民甚多,并纵兵到处强奸抢劫,肆意破坏财产。"日本投降后,内田在南京被宪兵司令部逮捕,移送国防部军事法庭审判。1947年6月国防部军事法庭与上海军事法庭合并后,内田被转移到上海审讯。1947年4月,国防部审判战犯军事法庭检察官李璿对内田孝行提起公诉,起诉书列举其犯罪事实,都是浙江民众提供的罪行证据。由于内田的第七十师团一直驻扎浙江,所以法庭认定内田应负指挥责任。1947年6月30日,法庭判决:"内田孝行于战争期间纵容部下连续破坏平民财产,判处无期徒刑。连续掠夺,判处有期徒刑十五年。执行无期徒刑。"①

3. 柴山兼四郎,日本东京人,前日本陆军第二十六师团中将师团长。柴山兼四郎毕业于日本士官学校及陆军大学,于1938年10月来华,1943年4月至1944年8月间任南京伪政府最高军事顾问,一手筹划伪军之各种军需补给、教育编制、武器配备等业务,借以支持日本对我国之侵略战争。日本投降时,柴山兼四郎已调回日本,任陆军部次官。战后,柴山被列入战犯名单,由国民政府驻

---

① BC級(中華民国裁判関係)上海裁判・第125号事件、戦争犯罪裁判関係資料、日本国立公文書館、平11法務5733100。

日代表团向盟军总部申请逮捕引渡。1948年7月15日,柴山兼四郎被押送到上海,由国防部军事法庭进行审判。11月9日,法庭检察官起诉柴山兼四郎,经审理,法庭做出判决:"以在战时违反国际公约,支持对中华民国之侵略战争,处有期徒刑七年。"判决理由如下:"按对于中国主权之独立及行政之完整应予尊重,此为九国公约第一条所明定,本案被告柴山兼四郎分属军人,奉命来华作战,而竟卸责任其原有军职,出任我国伪政府之最高军事顾问,筹划编组训练伪军,旨在扶植伪政权干预我国主权,并破坏行政之完整,以支持侵略战争冀图加速灭亡我国,此项事实既经被告在本案审讯时自承不讳,(见审判笔录)迹其所为,显系违反九国公约第一条之规定,自应依法论科,并依刑法第五十九条,予以从轻减处,以示宽宏。"①接获判决书后,柴山兼四郎提出申诉。关于担任汪伪南京政府顾问事,柴山称:"担任南京伪政府军事顾问,不过从大体的、抽象的外廓进行指导,军事顾问系咨询机关,而非实行机关,对伪政权不论任何机关绝无指挥命令之权,执行与筹划概由伪军组织军事当局和派遣军总司令部中之关系部门(参谋部与兵器部)。"关于支持发动侵略战争指控,柴山称:"在既已发生战争,因军人之服从而奉上官命令,继承前任人业务,而就交战国一般军人所从事之军事咨询一局部者,自非所谓策划者也。"②为了说明自己的角色和责任,柴山兼四郎绘制了两幅草图。一是南京伪政权组织关系图,说明伪军组织与日军派遣军总司令部的关系,借以证明军事顾问不是决策机构。另一幅图是其担任日军二十六师团师团长期间在山西北部驻军和担任警戒的区域,借以证明他的部队只是驻守,到

---

①② BC級(中華民国裁判関係)上海裁判・第141号事件、戦争犯罪裁判関係資料、日本国立公文書館、平11法務5748100。

战争结束都没有作战。因为审判已到收尾阶段,国防部军事法庭没有受理柴山兼四郎的申诉。

4. 八名高级别战犯的集体审判

1948年3月,鉴于审判战犯工作已近尾声,各地军事法庭都已结束,已判刑战犯全部转移到上海监狱。国防部军事法庭没有充分的时间对将级战犯进行审讯,于是采取集体起诉、个别审判的方式进行。根据每个战犯任职和在中国作战的经历,结合其所在地群众举报的日军罪行,凡群众举报的罪行发生地点时间与各战犯作战的时间地点相合,即可列为起诉证据。① 1948年3月31日,检察官王家楣对福田良三等8名日军将领集体起诉。8名被告犯罪事实分别叙述如下:

1. 福田良三系日本海军大学毕业,历任日本舰队舰长及青阳号船长,为日本海军界之积极分子,在其侵华国策成熟之际,乃竟违反国际盟约,参与侵华战争,嗣勾结我汉奸首领汪精卫背叛祖国,以破坏我国统一,削弱我抗战力量,迫汪逆伪组织成立后,民国三十五年起,在近卫文麿兼任兴亚院长指挥之下,就任兴亚院厦门联络部长,以控制我华南之伪政权,并训练汉奸间谍,潜入我福建省之漳州泉州等处,大肆活动,以达其奴化与消灭我中华民族之意图。至民国三十二年十一月三十日,调任台湾高雄舰队司令长官,管制飞机千百余架,时飞我后方,无论不设防之城市,莫不滥施轰炸,以杀害我人民,至民国三十四年五月十五日,调至上海中国方面舰队司令长官,曾纵属将华德贸易公司堆存公和祥码头仓库之工字铁水

---

① 刘统:《大审判——国民政府处置日本战犯实录》,上海:上海人民出版社2021年版,第664页。

流铁及盘元丝等钢铁货品四百余吨,抢劫他去。战争结束,潜返日本,经我外交部电请盟军总部引渡押解至台,由台湾警备司令部转解本庭侦查。

2. 落合甚九郎,日本士官学校、陆军户山学校、陆军飞行侦察及战斗学校、陆军大学等校毕业,曾任士官学校中队队长多年,民国十七年任日本天津驻屯军参谋长,并膺我教授之聘,故于我国军情,甚为熟悉。"八一三"事变后,任一零九师团参谋长,驻军朝鲜,民国二十九年来华,任汉口第十一军副司令兼特务部长,三十年任兴亚院上海联络部调查官,至三十三年六月,长衡会战起,赴湘接任右翼攻击,经平江浏阳茶陵等处,至三十四年一月浙赣战役起,由湘之茶陵而入江西,鼠扰莲花、永新、泰和、遂川、赣县、南康等县,三月中旬入广东之始由曲江,直下惠州等处,然后北返南昌,沿途扫荡,综计其部署在长沙等处,残杀我平民张世铭等五百九十二人,奸淫致死妇女四十八人,抢劫及破坏财产六千八百八十二万元,牲畜四十头,禾谷一百九十石,烧毁房屋九十二座。战争告终,在无锡集中营被俘,经战俘管理处移解本庭侦查。

3. 船引正之系日本士官学校及陆军大学毕业,战前任热河承德独立混成第十一旅参谋,民国三十二年六月十六日来华任新编第六十四师团长,驻防我苏北丹阳一带,三十三年五月,任长沙、湘阴、茶陵、沅江等县警备司令,在其警备区内,杀害我平民三百二十二人,强奸致死妇女十八人,防火烧屋八十四栋,抢劫禾谷二百零九石。战争结束,经战犯管理处移解本庭侦查。

4. 菱田元四郎系日本士官学校毕业,九一八事变时,即来我国任天津驻屯军副官,"八一三"战争开始任满洲独立守备队队长,民国三十三年五月由山西新绛第八十四旅团长,升任第一一六师团长,调驻湖南宝庆,其使命系向湘西进攻,目的在袭取芷江。至白马山等处,被我王耀武部队击败,因而迁怒于平民,在邵阳、安仁、绥宁、武冈、茶陵等县纵属杀害我平民一千六百零八人,强奸我妇女六百余人,因奸致死者八十八人。纵火烧毁房屋一千一百五十八栋,抢劫禾谷五万零七百七十一石,牲畜一万七千一百七十七头,衣被一千六百九十一件,布一千六百三十二丈又三十四疋,毁坏家具一百零一件。强拉我民夫从事军役二千余名。战争结束,经战俘管理处移解本庭侦查。

5. 官川清三系日本士官学校毕业,战前任日本下关要塞参谋及陆军兵器学校校长等职,民国三十一年来华,初任北支方面军及派遣军总司令兵器部长,三十二年八月升任第四十师团长,三十三年八月长衡会战后,即率兵进攻桂林,道经兴安县界者西山溶江等处,纵属惨杀我老弱平民,强奸妇女,抢劫财物,烧毁房屋。迫该师团由桂林之东面,抢先攻入桂林市区,至大墟草坪一带,强奸妇女数十人,在丽泽门外将校厅供其军属奸淫取乐。又在心田村将一秦姓男子施以酷刑割去生殖器。至三十四年二月十四日,由桂转粤,取道始兴纵属抢劫刘镇营福音堂列德(Wonde Locehelt)姑娘等之钟表、饰物、衣服及现金二万元,翌日纵火烧屋,并将南雄拉来之挑夫推入火中,烧烂胸部。再该师团由广西邕宁退却时,经过广东钦县,亦曾纵属抢劫强奸惨杀及破坏财产。战争结束,经战俘管理处移解本庭侦查。

6. 三浦忠次郎系日本士官及陆大毕业,战前曾任天津驻屯军参谋,及朝鲜驻军司令参谋,民国三十三年调任第六十九师团长,驻防我山西临汾运城一带,至同年四月,发动中原会战,该三浦师团南下参战,由山西垣曲渡过黄河,侵犯我渑池、新安、陕县、灵宝等处,在河南灵宝县虢略镇及西章乡两处,即有纵属杀害范宏等十六人,强迫非军人王耀岐等三人从事军事行动,迄今无踪。烧毁房屋二百三十二间,抢劫豆麦二十余石布疋三十一疋,牲畜六百四十六头,衣被三千三百余件,银器四十三付。战争结束,经战俘营管理处移解本庭侦查。

7. 梨冈寿男系日本士官学校毕业,曾任日本第六十四师团第五十五旅团长,及支队长,于民国三十三年间,即驻防浙东沿海一带,其司令部设于永嘉(温州)凡泰顺、玉环、温岭、临海、宁海、奉化、嵊县、鄞县、绍兴等县,或为其防区或为其撤退途径。有小林信男及有富治郎之步兵一大队、工兵一队、支队司令部、支队长等,拨归被告指挥,以做防范美军在东海登陆之用。在其驻防期间,已有违反国际陆战规例情事。至三十四年,自浙江乐清、永嘉等处向奉化、鄞县撤退时,沿途杀人放火,抢劫掳掠,更为残暴。综计在其防区及撤退路线杀害我平民三百四十五人,烧毁房屋四百九十八间,滥施酷刑者八十九人,抢劫财物四亿二千一百四十余万元。另有物资二十余船,无从计值。战事结束,经港口司令部核对战犯名册予以拘留,移解本庭侦查。

8. 大井川八郎系日本陆军学校毕业,民国二十八年四月来华,任二一九联队长,驻河南汲县年余。三十三年八月十日升任一一四师团炮兵第八十三旅团长,驻防山西汾阳、汾水、霍县、平遥、介休、祁县等处。其于三十三年十一月二十三日,率兵至汾阳县东雷堡乡,抢劫该村粮食二百余石,衣被七百余

第六章　各地军事法庭对日本战犯的审判

件,及首饰等物,致使该村人民饥饿冻馁,苦难至深。事经远东分会调查属实,层递发交本庭侦查。①

审判工作是分别进行的,在审判过程中,所有战犯都否认自己的罪行,并提出各种申诉。由于法庭没有时间进行调查取证,也无法传唤知情证人出庭,在一定程度上采信了被告的申诉,判决时根据各战犯不同情况,判处相应的刑罚。1948年6月初,上述8名日本将级战犯陆续宣判,分别处以无期和10年以上不等有期徒刑,大井川八郎判决无罪。②

三、冈村宁次审判

上海审判最受关注的是对侵华日军首犯冈村宁次的审判。冈村宁次,1884年生,1904年陆军士官学校毕业,1913年陆军大学毕业,1914年调任参谋本部战史课参谋。自1925年任北洋军阀孙传芳部的军事顾问以来,先后担任过上海派遣军、关东军副参谋长。七七事变之后,先后任职第十一军华北方面军、第六方面军及至侵华日军总司令,指挥了攻占武汉、华北"治安战"等重大军事行动,对中国人民犯下了严重罪行。

1945年8月日本投降后,冈村宁次奉命指挥除关东军以外的所有在华日本军队,统一向中国政府投降。9月9日,何应钦代表国民政府在南京接受了冈村宁次代表日军的投降。9月10日,何应钦在南京陆军总司令部召见冈村宁次。根据国民政府令,冈村宁次的"支那派遣军总司令"的名义撤销,改任"中国战区日本官兵

---

① BC級(中華民国裁判関係)上海裁判・第132号事件、戦争犯罪裁判関係資料、日本国立公文書館、平11法務5740100。
②《日将级战犯五名　军事法庭作宣判》,《申报》,1948年6月1日,第4版。

善后总联络部长官"。在此后的受降交接过程中,冈村宁次忠实执行国民党政府的命令,不断迟滞和阻止中共的受降,以保证国民党军队的接收。

冈村宁次协助日军投降和国民政府的接收工作有功,且与国军高层有密切关系,自然受到军方的庇护。1945年9月13日,何应钦致电国防委员会秘书长王宠惠、外交部部长王世杰,特别关照不要将冈村宁次列入主要战犯名单,以免影响日军投降和遣返等工作。何应钦电称:"远东日本战争罪犯名单核定发表前,请先示知,俾可略供意见。例如现在我国境内当有日军一百零九万人,如骤将冈村列入罪犯公开发表,对于缴械事宜恐有影响也。"①

1946年7月30日,战争罪犯处理委员会第35次常会,冈村宁次的处理问题被提上日程。有人提出:"对冈村宁次此次投降后办理缴械遣返俘虏,均能恪守中央命令,本次请示主席蒋从轻处分一案,已经批准。惟对于国际及法庭是否仍应办理手续,特提请研究公决。"会议决议:"1. 冈村宁次仍应经军事法庭依法审判后再呈请主席蒋依照中国训政时期约法第六十八条规定,国民政府行大赦、特设及减刑授权,由国防部呈复主席蒋。"②该决议明确了对冈村宁次从轻处分的原则。

除了优待冈村宁次,对其他在投降时予以合作的日军将领,国民政府也予以宽大处理。1946年11月5日,战争罪犯处理委员会第49次常会提出:"处理战犯政策业已决定采宽大教育方式,此次日本投降尽职之主官,各地多请从宽处理,兹为统筹划一起见,拟

---

① 《外交部亚东司电文》,台北:"国史馆"藏,国民政府外交部档案,020/010117/0003/0179。
② 《战争罪犯委员会第三十五次常会记录》(1946年7月30日),中国第二历史档案馆藏,战争罪犯处理委员会档案,22/164。

将各投降尽职之日本部队长集中中央,以便统筹处理。"决议:"日俘侨遣送完毕之日,联络班人员应集中南京统筹处理。"①11月19日战争罪犯处理委员会第51次常会,对于"日本投降后尽职之部队长已由我各地军事当局保请暂缓处分者,前经第49次常会决议案:'可集中南京联络班处理'记录在卷。查冈部直三郎、十川次郎两名现在上海拘留所羁押,可否押京集中联络班办理?"决议:"照四十九次决议案办理。"②

1946年11月21日,中国驻日代表团沈觐鼎发电报给外交部,称"盟军总部请将冈村宁次大将及松井太久郎中将两名解日,为畑俊六做证"③。11月23日,外交部部长王世杰致函国防部部长白崇禧、参谋总长陈诚,表示远东国际军事法庭传讯证人,中美之间有相关规定,不便加以拒绝,希望派人押送上述二人到东京出庭。外交部的意见:"冈村宁次及松井太久郎两名,拟准解日做证。惟应由我方限制做证期限并派员押解往返以期妥慎。"国防部的意见:"冈村宁次一名,拟不予解日,至松井太久郎,拟同意外交部办法。"具体理由如下:

(一)中国战区日本官兵善后事务未了,若任冈村宁次解日不返,势必增加工作上之困难。

(二)遵照钧座意旨,并经日战犯处理政策会议议决对各地投降尽职之主官应宽大处理,关于冈村宁次等有罪部分应

---

① 《战争罪犯委员会第四十九次常会记录》(1946年11月5日),中国第二历史档案馆藏,战争罪犯处理委员会档案,22/165。
② 《战争罪犯委员会第五十一次常会记录》(1946年11月19日),中国第二历史档案馆藏,战争罪犯处理委员会档案,22/165。
③ 《盟军总部要求引渡战犯冈村宁次、松井太久郎》,台北:"国史馆"藏,国民政府外交部档案,020/010117/0023/0005。

俟东京国际军事法庭审理日本主要战犯结束后，我国再定处理办法，以免现时解日，遭受牵连。

（三）畑俊六任对华作战派遣军总司令时，冈村宁次松井太久郎同为其部属，准松井太久郎一名解日做证已足，对于国际军事法庭传讯证人之规定，并无疑难之处。①

最终外交部和国防部的意见呈请蒋介石核示，蒋介石核准了国防部的意见。②

根据蒋介石的指示，国防部拒绝解送冈村宁次去东京做证。1947年3月24日，中国驻日代表团致电国防部称："盟军总部外交组来函通知：希松井太久郎能于5月10日前抵日，并盼冈村宁次亦能同行。"③6月28日国防部致函外交部，"冈村宁次及松井太久郎因病不能赴日，已分电驻日代表团及贵部查照。俟该二犯恢复健康后，当即通知贵部解日做证。"④

冈村宁次与其他配合受降有功的战犯一起在南京关押期间，国民政府最高当局一直考虑如何为冈村开脱。冈村被捕之后，迟迟没有出庭受审，国民政府还一直向冈村通报内部消息。据冈村的回忆，1946年4月22日，"在某次会议上，何应钦将军曾列举许多理由，为冈村免罪。蒋主席虽表同意，但指出要考虑政治方面的

---

① 《陈诚总长签呈》（1946年11月29日），台北："国史馆"藏，蒋中正"总统"文物档案，002/060100/00218/029/001a。

② 《蒋介石核示意见》，台北："国史馆"藏，蒋中正"总统"文物档案，020/010117/0023/0007。

③ 《驻日代表团电国防部》，台北："国史馆"藏，蒋中正"总统"文物档案，020/010117/0023/0016。

④ 《国防部致函外交部》，台北："国史馆"藏，蒋中正"总统"文物档案，020/010117/0023/0022。

策略,研究处理办法"。6月下旬,"参谋总长陈诚曾向蒋主席建议,冈村在战争结束后功绩显著,应予宽大处理。如此对将来中日关系亦属有利。蒋主席默不作声"。① 1947年6月17日,国防部传口信给冈村宁次:"根据国际情况,以暂不回国为安全。为了敷衍舆论,也可能移交军事法庭审理,但审判只是形式而已,毋庸挂虑。至于回国时机,以合约签订后为宜。"1947年10月,联络班宣告结束,冈村宁次因肺结核病发作,但国防部二厅考虑到远东国际军事法庭将于1948年4月暂告一段落,为保险起见,拟定于1948年4月底将冈村宁次转移到上海。1948年3月底,冈村宁次被转移到上海,寄住某私人公馆,等候审判。冈村住处戒备森严,由参谋总长训令淞沪警备司令陈大庆进行监护,外界不知,以为其关在上海战犯监狱。②

为敷衍舆论,国民政府决定于1948年8月23日公审冈村宁次。法庭开审前,庭长石美瑜向国防部提出将冈村宁次收监,经国防部批准,于1948年8月14日预审,石美瑜庭长主持预审,法庭讯问六点,冈村宁次一一答复,要点如下:"(一)担任驻华指挥官系奉令抑自意?(二)以大将地位曾参与大东亚战争最高军事会议几次?(三)担任总司令以前,冈村已在华作战,对于日军屠杀放火等行为是否知悉?(四)作战期间日军二十七师团长落合甚九郎、一一六师团长菱田原四郎、六十四师团五十五旅少将旅团长梨冈寿男、长沙警备司令船引正之等所部杀人放火之罪行,冈村应否负责任?(五)日本投降时散布中国之日军共有多少?(六)日本海空军

---

① 《冈村宁次回忆录》,北京:中华书局1981年版,第144页。
② 潘巡惠:《冈村宁次宣告无罪的内幕》,政协上海市委员会文史资料工作委员会编:《上海文史资料选辑》第52辑,上海:上海人民出版社1986年版,第75—76页。

是否亦由其负责？以上各点冈村供称：（一）担任驻华派遣军最高指挥官系奉政府命令。（二）并未参与大东亚战争最高军事会议。（三）关于日军屠杀等种种事件均不知道，担任总司令官后曾约束部下。（四）落合甚九郎师团等之罪行渠不能负责，因总司令官以下有方面管辖军，方面军之下又有军司令部，师团由司令部管辖，与总司令部相隔两级，故其罪行应由师团长负责。（五）日本投降时在华日军确悉不知，大概在一百万人以下。（六）一部份空军受其指挥，海军及海军陆战队则自有系统。"冈村除口头答复庭上讯问外，并当庭提呈答辩书一份，其内容大致分两点："（一）起诉书内所列日军屠杀中国百姓之罪行，其责任应由直属长官师团长负责。（二）提出渠曾设法防止其部下加害我人民之种种证明。"[①]

实际上，对冈村宁次的审判完全是国民政府一手导演的，在事前都经过策划和研究。据国防部部长陈诚报告，战犯处理委员会第30次常会研讨结果："以为避免国际及国内之误会并顾虑法庭之手续起见，冈村宁次仍须依战犯嫌疑审理程序审理，列举罪行较轻之条款，予以判决，为求处理顺利计，于审理判决前，由本部第二厅军法司军事法庭会同外交部司法行政部等单位缜密研究后，再行发表。"[②]此后审判大致即按照上述意见进行的。

为了能让冈村宁次脱罪，国民政府决定通过形式上的审判，平复舆情。1948年8月20日，石美瑜为冈村宁次案办理程序向外交部提交了报告，请外交部部长王世杰鉴核备查。全文如下：

[①]《头号日战犯冈村 调查庭讯问六点 定廿三日假市参议会公审》，《申报》1948年8月15日，第4版。
[②]《陈诚呈以战犯冈村宁次拟请从宽审处一案经战犯处理委员会研究为仍须依战犯嫌疑审理程序审理》（1946年8月13日），台北："国史馆"藏，蒋中正"总统"文物档案，002/060100/00215/013/002。

一、本庭于本年七月三日奉国防部长何政字第五四四号训令,发交审理战犯冈村宁次一案。

二、本案经本庭军法检察官施泳于七月十二日上午九时开侦查庭,侦查结果,认该被告冈村宁次在中国派遣军总司令官任内,有纵容部属屠杀平民、抢劫及破坏财产之罪嫌,乃于同月二十一日提起公诉,移送审判,所有证据详见起诉书。

三、本案经提起公诉后,由本庭军法审判官张体坤于八月十四日上午九时开庭,调查至十时三十分,复由本庭庭长石美瑜、军法审判官叶在增、张体坤组成合议庭,续行调查。完毕后,定期本月二十三日上午九时三十分至十二时,下午三时至七时公审。

四、本部原有战犯拘留所(南京),业已奉令裁撤。所有战犯均已移送上海本部战犯监狱。为慎重提押被告,及节省开支起见,已定在沪就近审讯。弟以此案为中外人士所重视,而本庭庭址狭小,无法容纳旁听。当经商假上海市参议会内公审。该会礼堂布置庄严,具有法庭规模,且可容纳七百人旁听。

五、关于审判庭之组织:组织五员制之合议庭,除审判长一席由本庭庭长石美瑜担任外,则在本庭军法审判官中遴选资历较深者充之。其检察官部分,由本庭主任检察官王家楣、军法检察官施泳组织检察组,莅庭执行职务。至于记录事项,则由本庭主任书记官丁象庵充任。并依战争罪犯审判条例第27条之规定,指定曾经登记合格之律师江一平、杨鹏、钱龙生等三人,为被告之共同辩护人。关于翻译部分,除函请钧部驻沪办事处遴选精通法学并熟谙英语者一人,担任英文翻译外,其余日语翻译则由本庭通译王仁明、黄文政、罗涤等三员担任。

六、审判庭内外之戒备,已分别函请宪兵第九团及淞沪警备司令部各派武装士兵五十名,到庭担任。

七、旁听证经印就八百张,邀请各有关机关首长观审外,其余则俟备有正式公文申请时,酌予发给。

八、本案如能于本月二十三日辩论终结,则拟定本月三十日上午九时,仍在原庭址宣判。

本案判决书拟就后,当于宣判日期前,面呈钧长核阅后发表。①

8月22日出庭之前,典狱长孙介君又到冈村囚室密嘱:"蒋总统本无意使先生受审,然考虑国内外的影响,不得不如此。但绝不会处以极刑。至于无期也好,十年也好,结果都一样,请安心受审。在受审时,对中国民众所受灾难,要以表示痛心为宜。判决后可根据病情请求保释监外疗养,无论是审理和入狱只是形式而已。"②

1948年8月23日,国防部审判战犯军事法庭在上海塘沽路295号上海市参议会大厅开庭,审判冈村宁次。检察官宣读起诉书,起诉书列举被告犯罪证据及所犯法条,认为冈村宁次纵容部属,到处屠杀肆虐抢劫及破坏财产,事前不加防范,事后又不制止,所以应负共犯责任。起诉书避重就轻,列举的战争罪行,仅限于1945年,且列举的罪行均各有其责任人,例如落合甚九郎、船引正之、菱田原四郎等部队犯下的罪行,这些罪行在此前日军将领集体

---

① 《国防部审判战犯军事法庭呈》(1948年8月20日),台北:"国史馆"藏:国民政府外交部档案,020/010117/0023/0030a。

② [日]稻叶正夫编,天津市政协编译委员会译:《冈村宁次回忆录》,北京:中华书局1981年版,第144页。

审判中都已经定罪，主要责任不再由冈村承担。在法庭讯问中，冈村宁次一方面表示对于高层对华侵略的谋划均未参与和不知情，另一方面表示自己任中国派遣军司令官后就再未作战，在华作战期间部属所有的暴行，他均不知情。随后法庭传唤4名证人出庭，即落合甚九郎、菱田原四郎、船引正之、梨冈寿男，4人在证词中都为冈村宁次开脱。在审判战犯过程中，一次传唤4名日本证人为被告做证，且证人本身即为战犯嫌疑人，这在整个国民政府战犯审判的过程中是仅有的一例，可见法庭对于此次审判的"用心"。

下午2点开庭，庭长石美瑜继续讯问，冈村宁次一方面继续推卸责任，另一方面则向国民政府表功，尤其是战后配合受降和接收。法庭讯问结束后，辩护律师发言。据报载，辩护律师江一平为冈村宁次卸脱罪责，"谓其对部属犯罪确已尽防范之能事，并列举事实以证明之。并谓被告本意欲做一好司令官，奉命执行少壮派军人政策之任务。如少壮派军人现犹存日本国内，而被告反以坐罪，则影响所及，审判战犯之意义尽失，实为不当之举。故请庭上依法判处无罪"。江一平提供的证据是冈村曾在湘鄂作战之初颁布过几条不准杀人放火的戒律，以证明冈村并非监督部属不严，被告应该宣布无罪。辩护律师钱龙生则称："被告起诉状中所举多为偶发之杀人事件，并非系有计划之屠杀，故与所援引法条不合。"辩护律师杨鹏称："最高当局曾一再申述，不向日人采取报复行动，为求永久和平之最好上策。如对战犯采取报复，则纵使政治家、外交家言辞冠冕，亦必种下无限祸根。冈村当时忠诚为我国办理投降工作，若非被告忠诚，则今日中国受祸之烈，将不堪设想。"检察官施泳对江一平的辩护予以反驳："冈村在作战时能贯彻全军作战命令，而不能贯彻防止部下杀中国人，很明显的是他防而未能尽事。他是个最高指挥官，日本军队杀中国人，说他自己事先不知道，简直是欺人之谈。他既然有罪,而我们要判他无罪,怎么能够对得起在抗战中无辜被日军杀死的死难军民?当局认为影响邦交的话,也不会把他送到这里来依法审判。"①最后,石美瑜庭长宣布辩论中止,改期再行审理。

对冈村宁次的第一次公开审判,法庭表现出明显的倾向性。庭长的讯问,名为审判冈村在抗战中的战罪责任,实际上根本未涉及冈村从九一八事变到华北派遣军司令期间的重大罪行,对冈村在华北扫荡共产党抗日根据地的罪行只字不提,而仅仅涉及抗战后期的一些日军将领犯下的罪行。庭审后半部分,庭长有意只讯问冈村在日军投降后协助国民政府的工作,暗示冈村有重大贡献,而辩护律师的辩护,则公开为冈村开脱罪责,并提出冈村无罪。

冈村宁次第一次公审后,决定改期再审。至于原因,据公开表示:"(一)须向各有关方面征集有力之证据,(二)公审经费不足,二十三日公审冈村宁次一次,即中膳一项,即耗国币达十余亿,先后准备布置等全部费用,则达三十亿之巨,而国防部所拨发之公费,则尚不足所耗之半数,故该庭业已再度向国防部呈请拨发经费,俾利迅速审结。"至予外传冈村宁次可能于最近期内,解送东京国际法庭之说,据军事法庭表示:"绝对不确,因冈村并无参加侵华之中央系统组织,其所犯罪行,仅限于中国战场所造成之事实,故无解送东京国际法庭之必要。"②实际上,前两个原因全是托词,之所以在1948年8月进行审判,随后又拖延近半年之久,主要是为了避免冈村宁次被解送东京法庭审判。据冈村回忆,1948年9月11

---

① 《降将冈村初度公审》,《申报》,1948年8月24日,第4版。
② 《审冈村 耗卅亿 再审之期未定 解送东京不确》,《申报》,1948年8月26日,第4版。

日,典狱长向他透露:"东京国际军事法庭将于 10 月以后结束,因此对我的公审势必推迟。"10 月 11 日,典狱长又透露高层的想法:"一般认为,对先生的宣判以等待东京军事法庭结束后再作处理为有利。"①

第一次公审后,对于冈村宁次的量刑,国民政府内部曾有过讨论。据潘巡惠回忆:"这年 11 月间,何应钦、秦德纯、曹士澄、石美瑜以及司法行政部、国防军法局的要人举行会议,讨论对冈村宁次的判决问题。何、曹两人主张无罪开释,但司法行政部代表主张尊重舆论,与远东国际军事法庭量刑一致,判处无期徒刑,双方相持不下,只好请示蒋介石。蒋考虑舆论及国际关系,不便立即宣判冈村无罪,须等待时机,于是,先释放松井太久郎回国。"②

第一次公审后,法庭借口冈村宁次患肺病,二次庭审一再推迟。在此期间,国民党高层酝酿为冈村开脱罪责,作无罪判决。为执行命令,国防部军事法庭费尽心机,起草判决书。1949 年 1 月 26 日上午对冈村进行象征性的重审后,下午即行判决。此次审判是在秘密状态下进行的,除法官、检查官、记录人员外,只有律师 1 人,特邀记者 20 余人。法庭在简单问讯后,当场宣判他无罪释放。石美瑜庭长宣读判决书:

> 按战争罪犯之成立,系以在作战期间,肆施屠杀、强奸、抢劫等暴行。或违反国际公约,计划阴谋发动或支持侵略战争为要件。并非一经参加作战,即应认为战犯。此观于国际公法及我

---

① [日]稻叶正夫编,天津市政协编译委员会译:《冈村宁次回忆录》,北京:中华书局 1981 年版,第 155—156 页。

② 潘巡惠:《冈村宁次宣告无罪的内幕》,上海市政协委员会文史资料研究委员会编:《上海文史资料选辑》第 52 辑,上海:上海人民出版社 1986 年版,第 77 页。

国战争罪犯审判条例第二、第三各条之规定,至为明显。

本案被告于民国三十三年十一月二十六日,受日军统帅之命,充任中国派遣军总司令官。所有长沙、徐州各大会战日军之暴行,以及酒井隆在港粤,松井石根、谷寿夫等在南京之大屠杀,均系发生在被告任期之前,原与被告无涉(酒井隆、谷寿夫业经本庭判处死刑,先后执行在案)。且当时盟军已在诺曼底及太平洋塞班岛先后登陆,轴心既形瓦解,日军陷于孤立。故自被告受命之日,以迄日本投降时止,阅时八月,所有散驻我国各地之日军,多因斗志消沉,鲜有进展。迨日本政府正式宣告投降,该被告乃息戈就范,率百万大军,听命纳降。迹其所为既无上述之屠杀强奸抢劫,或计划阴谋发动或支持侵略战争等罪行,自不能仅因其身份系敌军总司令官,遽以战罪相绳。至于在被告任期内,虽驻扎江西莲化、湖南邵阳、浙江永嘉等县日军,尚有零星暴行发生,然此应由行为人及该辖区之直接监督长官落合甚九郎、菱田原四郎等负责。该落合甚九郎等业经本庭判处罪刑,奉准执行有案。此项散处各地之偶发事件,既不能证明被告有犯意之联络,自亦不能使其负共犯之责。综上论述,被告既无触犯战规,或其他违法国际公法之行为,依法应予论知无罪,以期平允。①

这一宣判不仅使舆论大感意外,也出乎冈村本人意料,据其本人回忆:"石审判长(即石美瑜)曾拟判徒刑7年,我自己也希望如此判处。"②法庭宣判后,冈村宁次曾请晋谒庭长致谢,遭石美瑜拒

---

① 《日本驻华派遣军总司令冈村宁次宣判无罪》,《申报》,1949年1月27日,第4版。
② [日]稻叶正夫编,天津市政协编译委员会编:《冈村宁次回忆录》,北京:中华书局1981年版,第159页。

绝，石嘱翻译官转知："如罪证确凿，当判处死刑。现既无罪证，自应依法宣告无罪，故不必言谢。"后押还监狱，俟报中枢核定。审判结束后，石美瑜接待记者，称："本案之审判绝无政治作用，本庭纯粹根据法律宣判，愿负一切责任。至于对或不对，唯待国内及国际人士公评。"①实则此事非国防部审判战犯军事法庭庭长所能负责，冈村宁次的审判及其结果都是中枢高层决定的。

对冈村的判决，其事实与逻辑是非常牵强的。特别是把冈村的定案，仅仅局限在其1944年11月到1945年8月任中国派遣军总司令这不足一年的时段内。对于冈村在日本陆军中央、关东军、华北派遣军任上的战争罪行责任基本不提。判决书实际是为冈村提供的辩护书，其行文逻辑，都带有明显的倾向性，失去了法庭应有的理性客观的立场。

冈村宁次在军事法庭受审情形
资料来源：《联合画报》第220期，1948年9月1日，封面。

冈村被判无罪，引起国内舆论的强烈不满。1949年1月28

---

① 《日本驻华派遣军总司令冈村宁次宣判无罪》，《申报》，1949年1月27日，第4版。

日,毛泽东代新华社起草了《中共发言人关于命令国民党反动政府重新逮捕前日本侵华军总司令冈村宁次和逮捕国民党内战罪犯的谈话》,谴责国民政府对战犯曲意回护。[①] 1 月 31 日,国民政府发言人对中共 28 日声明,发表答复声明:"据陕北廿八日新华社电,中共发言人对政府所提和平意见发表了一个声明,在该项声明中,他们提出的意见,归纳起来,大致是:(一)对日本战犯冈村宁次宣判无罪,表示不能同意。(二)对他们提出的所谓'战犯',应由政府先行逮捕,才足以表示政府和平的诚意。(三)对于北平的局部和平工作,政府表示的态度不够郑重。对于这一个声明,我们首先感觉到的,也就是态度上似乎不够'郑重',但是我们仍然愿意平心静气来加以解答:关于冈村宁次一案,是一个司法问题,这完全与和谈无关,更不能作为和谈的先决条件。"[②]由此,战犯问题被牵引到国内政治的议题中,由一个司法案件变成一个政治问题。

李宗仁任代总统后,曾下令重新逮捕冈村宁次,但是汤恩伯未执行命令。1 月 30 日,冈村及关押在上海的日本战犯,由美国轮船"约翰维克斯号"运送回国。冈村自述:"事后得知,李宗仁代总统为争取和平,已下令对我重新逮捕。而上海警备司令汤恩伯,将命令扣押不发,而令我乘船回国。日后在东京,中国代表团团长商震亲口告我,李宗仁也曾命令商震将我逮捕归案,经与美军协商结

[①] 毛泽东:《中共发言人关于命令国民党反动政府重新逮捕前日本侵华军总司令冈村宁次和逮捕国民党内战罪犯的谈话》,《毛泽东选集》第 4 卷,北京:人民出版社 1991 年版,第 1394 页。

[②]《政府答复中共声明 盼以最高诚意促成和会早开》,《申报》1949 年 2 月 1 日,第 1 版。

果,予以拒绝。"①

为了平息舆论的抗议,2月2日,石美瑜发表谈话,对冈村及以前判决的矶谷廉介等260名战犯从中国押解到日本东京鸭巢监狱关押一事,石美瑜表示:"本庭奉命审理日本战犯,纯系基于法律之立场,故罪证确凿者如谷寿夫、酒井隆等,均已明正典刑,毫不宽纵,其仅参加作战并无触犯国际公法或我国战争罪犯审判条例所列举之暴行者,依法应予宣告无罪,自不能因其身份关系,故为出入,以示报复。此次受理冈村宁次一案,虽该被告身为敌军总司令官,然系受命于日本行将投降之际,所有南京大屠杀及其他各战区之重大暴行,均系发生于该被告任期以前,原与该被告无涉。至在其任期内,经本庭详细调查,亦未发现其有应负责之暴行,故经会审结果,认为应依法论知无罪。但此项判决须经呈奉核准后始为确定,此点已于该案判决时,明白宣示。至此次该被告连同另案宣判无罪之高桥丰一、片山贞夫、吉田宪明、中山良一、松山丰秋、宫川情三、樱庭子郎等七名,暨已决犯矶谷廉介等二百五十三名,一并暂予押解日本巢鸭监狱,系因京沪毗邻战区,依照疏散监狱办法而为紧急之处置。战犯为盟国共同之战犯,东京系盟国管下之安全区域,故将彼等疏散转押,并非迳予释放遣归。且上开判决无罪各案,现尚未经最高统帅核准,如经发回复审,则各该犯仍应押解回国,重行审理,此点我驻日代表团决可办到云。"②

中共中央于1949年2月4日发表声明,强烈谴责"中国国民党卖国政府和美国麦克阿瑟总部在关于冈村宁次及其他二百六十名

---

① [日]稻叶正夫编,天津市政协编译委员会译:《冈村宁次回忆录》,北京:中华书局1981年版,第234页。
② 《对冈村宣告无罪 石美瑜发表谈话 日战犯押解东京巢鸭监狱系疏散紧急处置并非开释》,《申报》1949年2月3日,第4版。

日本侵华战犯问题上所采取的旨在保护日本侵华势力再起的悖谬行动,是完全违反中国人民意志和中国人民所不能承认的。"并声明:"中国人民解放军保留对于追回冈村宁次予以重行审判,并追回被移交日本的其他二百六十名日本侵华战犯的完全的权利。"①

在华审判的日本战犯被转送回国后,由美国占领军接管,关押在东京鸭巢监狱服刑。1952年4月,台湾当局与日本签订《对日和约》,蒋介石政权单方面决定赦免在押的日本战犯。8月5日日本与台湾签订的中日和约生效,在押的88名中国判决的日本战犯全部出狱。冈村宁次为此事多次与台湾方面斡旋,这些战犯曾给冈村一封感谢信,感谢他"为营救战犯,倾注全力""不屈不挠,与中国当局多方联系,尽力折冲,鞠躬尽瘁,终使我等全部获释"。②

第三节　广州审判

1946年2月15日,国民政府军事委员会委员长广州行营审判战犯军事法庭成立。1947年1月,广州行营改称国民政府主席广州行辕,该庭也随之改称广州行辕审判战犯军事法庭。广东高等法院庭长刘贤年出任广州军事法庭庭长、审判官,广东高等法院主任书记官黄炎球担任主任书记官,主任检察官则由广东高等法院

---

① 《中国共产党中央委员会关于国民党卖国政府将日本侵华战犯遣回日本的声明》(1949年2月4日),中央档案馆编:《中共中央文件选集》第18册,北京:中共中央党校出版社1992年版,第111页。
② [日]稻叶正夫编,天津市政协编译委员会译:《冈村宁次回忆录》,北京:中华书局1981年版,第142页。

检察处的检察官蔡丽金担任。①

1946年5月19日,日本战犯罪行调查联席会议在广州越华路广州行营会议厅举行,行政院军委会日本战争罪犯罪证调查小组组长柴子尚、军事委员会委员长广州行营主任张发奎等人出席。军事委员会委员长广州行营参谋处处长李汉仲报告有关内容,称各地人民检举的战犯已有232人,由于众多原因,举证困难,所以日军犯罪的绝不止这些。法庭审判战犯的规程如下:"依照中央办法,战犯案件原应由军法及各地检察官搜集罪证,呈报中央战犯处理委员会核列为战犯,然后将名单罪证送交军事法庭检察官侦查起诉,乃能公审。该庭成立后,接办各案多未经中央核列战犯手续,因之案件人犯皆远较各地军事法庭为多,原由军事机关审核之工作,亦概由该庭负担。为使案件迅速办理起见,该项案卷概由检察官先事审查。其不成立战犯者,签拟批准移送主管机关办理;其无罪行证据者,签准免列战犯,释放回国;其有罪行者,即予调查起诉,一面呈报,核列战犯起诉后,随即进行公审。"②广州法庭处理的战犯主要来源于两个方面:一是中央拟定之战犯名单分令有关机关按名册查明逮捕的;二为经人民检举审查其罪行应为战犯而饬令逮捕集中关押的。两部分合在一起,共有809名战犯,均关押在战犯拘留所。

据广州法庭庭长刘贤年报告:"广州当地民情舆论对战犯处理均主张从严制裁,故本庭判刑较其他各地为重。惟搜证调查甚为困难,其原因有下列数端:一、日军早将一切文件档案损毁,二、我军事机构之变更致对日军行动难于查考,三、证人远处他地或地址

---

① 黄汉纲:《广州审判战犯军事法庭始末》,广州市政协文史资料委员会等编:《广州文史》第48辑,广州:广东人民出版社1995年版,第506页。
② 《国民政府主席广州行辕审判战犯军事法庭工作概况报告》(1946年4月—1947年2月),《民国档案》2020年第4期,第38页。

变更及缺乏旅费,四、路远交通梗阻,五、历时过久,证据消灭。"①广东法庭审判日本战犯面临诸多困难,最主要是战争罪行调查的问题。据1947年3月28日广东高等法院呈文,法庭面临的困难,主要有:"1.英方解来在泰国之战犯三十六名,各文件系去月始奉发到,须待翻译,事件及被告均较众多,侦讯、公审颇费时日;2.越北战犯尚有九名,仅有第一方面军之调查表,形式内容均甚简略,多数均待调查,而越北近生战事,邮电不通,无从进行,此批或须稍俟越北局面安定,乃能进行;3.黑木正司一案,判决后奉国防部复审,指定须向已回国之小野修调查,已一再电请嘱托东京盟军总部办理,未见指复,恐至稽延。"此外,"各案以前困难乃因人民检举不积极不彻底,各地调查久稽不复,人证屡传不到,以至资料无从获得,而敌人暴行,人所共愤,金不愿轻予宽纵,因致延搁。现奉国防部发下对日战犯政策决议,明采宽大迅速为主旨,不得勉强牵连处罚,自当遵照此旨迅速进行。除有被害人指证,务必尽法严办外,其有待调查者,当经分别限期电催各地方机关查复,届时如仍无结果,即不得不为消极之判决"。②

国民政府主席广州行辕军事法庭自1946年4月至1947年7月31日,共受理日本战犯案575名,依法提起公诉179名,不起诉86名,转移他管30名,通缉5名,已死亡3名,审查免列战犯272名(系当时全部扣留之日本宪兵,经发动检举未发现具体事实,经行辕核准免列战犯,遣送回国)。1947年12月31日,国民政府主席广州行辕军事法庭宣布结束。该军事法庭自成立以来,受理战

---

① 《战犯处理委员会第七十七次常会记录》(1947年10月31日),中国第二历史档案馆藏,战争罪犯处理委员会档案,22/168。
② 《广东高等法院致司法行政部呈》(1947年3月28日),《民国档案》2020年第4期,第37—38页。

第六章 各地军事法庭对日本战犯的审判

广州法庭一审死刑判决战犯简况表

姓名	所属单位	阶级	原籍	罪名	一审	复审	备注
松永平司	汕头宪兵队	大尉	三重	共同谋杀	死刑	无罪	因行刑时不在现场，没有确实证据表明杀人系出自是他的指令，故改判无罪。
吉川梧保	汕头宪兵队	曹长	神奈川	共同谋杀	死刑	死刑	1947.2.4 执行
黑木正司	汕头宪兵队	军曹	宫崎	共同谋杀	死刑	死刑	1947.2.4 执行
田中久一	第二十三军司令官	中将	兵库	参与侵略战争并纵容部属虐杀俘虏及非战斗员、强暴抢劫妇女、滥施酷刑，枪毙平民、肆意破坏财产，轰炸不设防地区医院、破坏历史建筑，施行毒化政策	死刑		1947.2.27 执行
田中寅一	东山宪兵派遣队	军曹	爱知	共同连续抢劫财产	死刑	死刑	1947.2.21 执行
高谷岩水	西关地区宪兵派遣队	军曹	大阪	共同杀人、私行拘禁	死刑	死刑	1947.4.21 执行
栗原荣太郎	铁道第十五联队	军曹	埼玉	共同杀人	死刑	死刑	1946.12.2 执行
植野诚	东山宪兵派遣队	曹长	广岛	共同杀人、妨害自由	死刑	死刑	1946.12.20 执行

续表

姓名	所属单位	阶级	原籍	罪名	一审	复审	备注
木下尊裕	曲江日本宪兵队	大尉	福冈	共同杀人	死刑		1947.1.10执行
岸田嘉春	曲江日本宪兵队	准尉	大阪	共同杀人	死刑		1947.1.10执行
安藤茂树	曲江日本宪兵队	曹长	香川	共同杀人	死刑		1947.1.10执行
山田恒义	曲江日本宪兵队	军曹	德岛	共同杀人	死刑		1947.1.10执行
小桥伟志	曲江日本宪兵队	军曹	兵库	共同对非军人施以酷刑，共同为有计划之屠杀，共同刑讯取供	死刑	11年	
小野弘	南支派遣宪兵队	中佐	高知	共同惨杀俘虏	死刑		1947.4.4.执行
堀本武男	第一〇三师团	大尉	广岛	滥捕平民施以酷刑，抢劫财物	死刑		1947.4.21执行
水马猛雄	东莞樟木头宪兵分驻所	曹长	广岛	滥捕平民施以酷刑，抢劫财物	死刑		1947.5.6.执行
铃木明	东莞樟木头宪兵分驻所	军曹	枥木	滥捕平民施以酷刑，抢劫财物	死刑		1947.5.6.执行
见塚泰男	东莞樟木头宪兵分驻所	伍长	茨城	滥捕平民施以酷刑，抢劫财物	死刑		1947.5.6.执行
鬼头宽二	东莞樟木头宪兵分驻所	上等兵	爱知	杀人酷刑致死	死刑		1947.4.18执行
李安	华南陆军警备队	通译	台湾	杀人抢劫财物，对非军人施以酷刑	死刑		1947.5.12执行
五十岚孙三郎	市宪兵派遣队	大尉	福岛				

续表

姓名	所属单位	阶级	原籍	罪名	一审	复审	备注
德本光信	独立第三十一连队	大佐	爱媛	强制征用平民、纵兵殃民	死刑		1947.4.30 执行
中村三郎	海南岛厚生公司	支配人	和歌山	撒布毒品（鸦片）	死刑		1947.4.21 执行
平野仪一	第九十二旅团	少将	静冈	纵容部属对非军人有计划之屠杀、强暴抢劫财物、肆意破坏财产，对非军人施以酷刑	死刑		
鱼交岛宗义	海南岛中原分遣队	海军巡查部长	鹿儿岛	集体屠杀平民	死刑		1947.5.10 执行
外山文二	辎重兵第五十五大队	中尉	大阪	共同屠杀俘虏（军伕）	死刑	死刑	1947.10.13 执行
平林助	海南岛第十五警备队	海军少尉	岐阜	惨杀平民、肆意破坏财产	死刑	无罪	
松久保正信	南支派遣宪兵队	少佐	德岛	杀人抢劫财产	死刑	无罪	
重藤宪文	华南派遣军宪兵队长	队长少将	福冈	纵兵殃民	死刑		1947.8.9 病死
松本政一	台山宪兵派遣队	中尉	大阪	共同抢劫财物，共同伤害人之身体	死刑	10 年	
万田德二	台山宪兵派遣队	军曹	神奈川	共同抢劫财物，共同伤害人之身体	死刑	无期	

续表

姓名	所属单位	阶级	原籍	罪名	一审	复审	备注
水谷正胜	南方军第一宪兵队	曹长	大阪	滥捕平民施以酷刑	死刑		1947.1.3 执行
泽荣作	澳门特务机关	机夫长大佐	大阪	拿捕船舶杀人	死刑		1947.6.25 执行
山口久美	同机关配属	凭少尉	佐贺	杀人	死刑		1947.6.25 执行
中村明	铁道第十五联队	大尉	福冈	共同抢劫	死刑	12年	1947.4.11 改判
下河边凭二	独立混成第二十三旅团	少将	京都	共同为有计划之屠杀、肆意破坏财产	死刑	无期	1951.3.20 病死
山下久美	第二十三旅团配属	凭军属	广岛	杀人	死刑	无罪	
片山贞夫	海南岛板桥分遣队	海军上等兵曹	北海道	共同为有计划之屠杀	死刑		1948.3.4 死于上海
田中勇高	辎重兵第三十七连队	伍长	北海道	对非军人施以酷刑致死、伤害人之身体	死刑		1947.7.26 执行
兼石绩	海南岛第十五警备队	海军大尉	山口	共同连续为有计划之屠杀、强奸、抢劫、肆意破坏财产	死刑		
富田尧人	海南岛第十五警备队	海军大尉	山口	共同连续为有计划之屠杀、强奸、抢劫、肆意破坏财产	死刑		

续表

姓名	所属单位	阶级	原籍	罪名	一审	复审	备注
望月为吉	海南岛第十五警备队	海军中尉	三重	共同连续为有计划之屠杀、强奸、抢劫、烧毁家屋、肆意破坏财产	死刑		
远孙义雄	海南岛海军外联部	海军嘱托	福岛	屠杀平民、烧毁家屋、抢劫财产	死刑	无罪	
中岛利明	海南岛海军外联部	海军嘱托	鹿儿岛	屠杀平民、烧毁家屋、抢劫财产	死刑	无罪	
市川正	南支派遣宪兵队	大尉	静冈	共同杀害人、共同对非军人施以酷刑、拘留平民加以不人道之待遇	死刑		1947.8.28 执行
三国藤二	惠安地区宪兵队	大尉	神奈川	共同杀害人	死刑	无罪	
远藤勘一郎	辎重兵第 37 联队	伍长	群马	残害军役夫、连续对非军人施以酷刑	死刑		1947.8.28 执行
岩广二二	辎重兵第 37 联队	伍长	同	共同杀害军俘、对非军人施以酷刑	死刑		1947.8.28 执行
前田二郎	佐世保第八陆战队	海军中尉	石川	集体屠杀平民	死刑		1947.9.16 执行
山下野满	辎重兵第三十七联队	伍长	鹿儿岛	残害军俘、连续对军人施以酷刑	死刑		1947.9.1 执行

续表

姓名	所属单位	阶级	原籍	罪名	一审	复审	备注
肥田市次	广东海军武官府	大佐	鹿儿岛	搅乱中国内政,对汉奸供以军需品	死刑		1947.11.15 执行
小场安男	第三十七师团第二二五联队	兵长	熊本	连续杀害军伕,连续伤害人之身体	死刑		1947.10.17 执行
新居隆雄	第三十七师团第二二五联队	伍长	熊本	杀害军伕,连续伤害人之身体	死刑		1947.10.17 执行
增山喜平	南方军第一宪兵队	准尉	东京	连续对非军人施以酷刑	死刑	无期	
越智与利逸	南方军第一宪兵队	曹长	爱媛	连续对非军人施以酷刑	死刑	无期	
田岛信雄	南方军第一宪兵队	曹长	熊本	连续对非军人施以酷刑致死	死刑	死刑	1947.4.22 执行
小西新二郎	南方军第一宪兵队	曹长	大阪	抢劫财物,连续刑致死	死刑	死刑	1947.4.22 执行
松本武	南方军第一宪兵队	曹长	三重	共同屠杀非俘虏	死刑	无罪	
福富正	南方军第一宪兵队	军曹	栃木	共同屠杀非军人,抢劫财物,滥用职权,为凌虐之行为	死刑	无罪	

第六章　各地军事法庭对日本战犯的审判　325

续表

姓名	所属单位	阶级	原籍	罪名	一审	复审	备注
田中信雄	南方军第一宪兵队	军曹	宫城	共同屠杀非军人，对非军人施以酷刑	死刑	无罪	
平野彰三	南方军第一宪兵队	军曹	兵库	共同屠杀非军人，连续抢劫财物，连续对非军人施以酷刑	死刑	无罪	
春日馨	南方军第一宪兵队	大佐	长野	共同抢劫财物，对非军人施以酷刑	死刑	12年	
大岛亲光	南方军第一宪兵队	少佐	枥木	共同抢劫财物，对非军人施以酷刑	死刑	无期	
姜苅悟	南方军第一宪兵队	大尉	广岛	连续对非军人施以酷刑	死刑	死刑	1947.4.22 执行
高木传	南方军第一宪兵队	准尉	山口	对非军人施以酷刑	死刑	15年	
麻生亘理	南方军第一宪兵队	曹长	千叶	共同对非军人施以酷刑	死刑	15年	
船渡友次郎	南方军第一宪兵队	曹长	千叶	共同屠杀非军人	死刑	无罪	
近藤新八	第一三〇师团	中将	香川	纵兵殃民	死刑		1947.10.20 执行
市朝吉胤	第一三〇师团	军曹	大分	连续伤害人之身体，共同抢劫财物杀人，对非军人施以酷刑	死刑		1947.10.11 执行

续表

姓名	所属单位	阶级	原籍	罪名	一审	复审	备注
藤永清和	第一三〇师团	兵长	和歌山	谋杀军伕,伤害人之身体	死刑	无期	
日高保清	第一三〇师团	大尉	鹿儿岛	连续屠杀军伕	死刑		1947.11.28 执行
增木欣一	第一三〇师团	大尉	三重	共同屠杀军伕,对非军人施以酷刑,拘禁非军人加以不人道之行为,抢劫杀凌虐之行为滥用职权为凌虐之行为	死刑	死刑	1947.12.12 执行
山月仁	独立第二十三旅团	大尉	大分	埋藏军品,虐待同胞	死刑	无罪	
河津实	独立第二十三旅团	准尉	大分	焚烧民房	死刑	无罪	
大塚文人	独立第二十三旅团	曹长	大分	残杀强夺	死刑	无罪	
阿部保生	独立第二十三旅团	伍长	大分	残杀强夺	死刑	无罪	
藤山胜	独立第二十三旅团	兵长	大分	残杀强夺	死刑	无罪	

续表

姓名	所属单位	阶级	原籍	罪名	一审	复审	备注
平野献导	独立第二十三旅团	军曹	大分	残杀强夺	死刑	无罪	
迹田胜	独立第二十三旅团	兵长	大分	残杀强夺	死刑	无罪	
陈添锦	广东海军警备队	翻译	台湾	共同杀人、贩卖鸦片	死刑		1946.11.29 执行
姜延寿	海南岛警备队	海军巡查补	台湾	不明	死刑		1947.8.4 执行

资料来源:《中国国民政府审判日本战犯统计表》,刘统:《大审判——国民政府处置日本战犯实录》,上海:上海人民出版社 2021 年版,第 947—960 页;《国民政府主席广州行辕军法庭审判战犯审判录》,张中华主编:《日军侵略广东档案史料选编》,北京:中国档案出版社 2005 年版,第 145—157 页;房建昌:《1946—1947 年广州对日战犯的审判》,《广东档案》2000 年第 3 期,第 43 页。

犯案 579 名，已判死刑 50 名，无期徒刑 18 名，有期徒刑 7 名，尚未处理者 77 名，全部解赴上海审理。①

广州军事法庭拘捕的战犯嫌疑人数量是所有法庭中最多的，其中华南地区拘捕 622 人，从越南北部转来 185 人。经过甄别和侦查，释放了部分无证据者后，广州军事法庭共拘押战犯嫌疑人 575 人，其中 179 人被起诉，审判人数仅次于上海法庭。审判上百名的战犯，以广州法庭的法官和检察官人力而言，其司法效能已超正常负荷，对于审判的效果不无影响，在审判中难免出现从重从速的情况。广州法庭判处死刑 68 人，为 10 个法庭之最，经国防部发回复审，核准 48 人，其余 20 人改判，得以免除死刑。②

第四节　武汉审判

武汉行辕审判战犯军事法庭成立于 1946 年 2 月 20 日，法庭 1946 年 6 月 28 日开庭，1948 年 1 月 29 日闭庭。武汉审判战犯军事法庭庭长由汉口地方法院院长刘泽民兼任，湖北高等法院检察官吴俊兼该庭检察官，湖北高等法院庭长吴献琛和行辕军法处军法官李吉清、孙湛兼该庭审判官。

法庭成立伊始，接到战犯名册 3 份，共有战犯 300—400 名。法庭所辖区域包括湖北、湖南、江西 3 省以及河南一部分，因大多属于战区，故这些地区所受战争破坏程度较为严重。武汉军事法庭共计审判案件 79 起，涉及战犯 155 人，其中判处死刑 7 人，无期 19

---

① 广东省地方史志编纂委员会编：《广东省志　检察志》，广州：广东人民出版社 2005 年版，第 102 页。
② 参见刘统《大审判——国民政府处置日本战犯实录》，上海：上海人民出版社 2021 年版，第 408—469 页。

人,有期23人,无罪释放102人,其他情况4人。具体审判情形如下:

1. 柯大树,台湾人,伪汉口警察局经济警察联合办事处处长。因压迫民众,敲诈勒索钱财,被判处有期徒刑7年。①

2. 宫地春吉,日本静冈县人,前日本宪兵队蔡甸分驻所长;中丸重满,日本鹿儿岛人,前日本宪兵队蔡甸分驻所所长;吉原喜助,日本埼玉县人,前日本宪兵队汉阳分队分队长;高井守夫,日本岐阜县人,前日本宪兵队蔡甸分驻所上等兵。经军法检察官提起公诉,军事法庭判决:"宫地春吉谋杀处死刑,吉原喜助对部属明知为有罪之人而无故不使其受追诉,处有期徒刑二年,高井守夫共同遗弃尸体,处有期徒刑一年。中丸重满无罪。"该案犯罪事实如下:1945年4月14日,日本汉阳宪兵分队蔡甸分驻所之密探吴芳亭挟私报复杀人,诬告当地保长叶朝惠,致叶朝惠被逮捕至蔡甸宪兵分驻所内,由宪兵宫地春吉亲自动手开枪射死。事后宫地春吉率同高井守夫、高桥茂次及不知名之警察三人将其尸体遗弃河中。斯时中丸重满不在蔡甸,由宫地春吉以口头报告于该管汉阳分队长吉原喜助,而吉原喜助并不追究。各案犯判处不同刑罚,均基于各人在暴行实施过程中的责任划分。②

3. 青木锜藏,日本岛根县人,武昌宪兵分队军曹;有田清人,日本山口县人,武昌宪兵分队曹长。二人原本系同案犯,最终有田清人因犯罪嫌疑不足,经侦查后确无罪行予以不受理处分,青木锜藏因连续拘留平民行使不人道之待遇,被判处7年6个月的有期

---

① 《四证人对簿公堂柯大树罪有应得》,汉口《和平日报》,1946年8月4日,第5版。
② 《行辕军事法庭首次判决日战犯　宫地春吉处死刑》,汉口《和平日报》,1946年9月29日,第5版。

徒刑。①

4. 原胜吾，日本和歌山人，瑞康洋行职员。在战争时期共同肆意破坏财产，处有期徒刑1年。

5. 石神铁山，日本鹿儿岛人，1940年在湖北当阳，加入帮会，其间还任日军一〇六师团翻译及独立十八旅团、九十七旅团翻译，从事特工刺探我国情报。在帮会期间，利用其特殊身份，贩卖鸦片烟以毒化我民众。日本投降后，被列为战犯嫌疑人，由汉口地方法院检察处呈送湖北高等法院检察处移送军事法庭。经审判，法庭判决："石神铁山在战争时期连续贩卖鸦片，处无期徒刑。首谋参与以犯罪为宗旨之结社，处有期徒刑四年，执行无期徒刑。"②

6. 稗田幸男，日本大分县人，原任日军驻岳州第一陆军医院军医、新堤公立诊疗所医师。战后被告发以强奸罪起诉，后经法庭调查，系诬告，最终判处无罪。③

7. 福安铁一，日本东京人，中野洋行社员；片野敬二，日本福岛县人，中野洋行家具商。二人涉嫌诱骗中国青年30余人驱往长衡一带作战，胜利后经人向军事法庭告发，法庭以共同强迫非军人从事有关敌人军事行动之工作判处福安铁一5年有期徒刑，1947年1月6日改判为10年。片野敬二因证据不足判处无罪。

8. 神谷传七，日本爱知县人，岳州宪兵分队准尉。对非军人施以酷刑，判处10年有期徒刑，1947年5月5日改判为11年有期徒刑。

9. 井口登，宪兵。因烧毁民家被起诉，最终被判决无罪。

---

① 《武汉行辕军事法庭昨宣判三战犯》，《武汉日报》，1946年10月2日，第5版。
② 《石神铁山定谳》，汉口《和平日报》，1946年10月4日，第5版。
③ 《战犯稗田幸男强奸杀人审判案》，中国第二历史档案馆藏，战争罪犯处理委员会档案，22/611。

10. 林弘藏，日本新潟人，应城宪兵分队军曹。抗战时期，林弘藏拘押平民王湘锷一月有余，对被害人施以棒殴、灌水、狗咬等不法刑罚。日本投降后，经被害人王湘锷向汉地院控诉，拘解行辕军事法庭，经讯供属实，法庭判处林弘藏2年6个月有期徒刑。①

11. 山本莲水，日本广岛人，汉阳宪兵队军曹班长；大石孝雄，日本大阪人，汉阳宪兵队兵长；谷本进，汉阳宪兵队伍长；中丸重满，汉阳宪兵队军曹班长。1943年农历8月27日，"因王松甫案诉伪汉阳县长张骏伤害，于武昌地方法院讯问后，张骏串通被告山本莲水带人在法院门首将王松甫捕去，被告大石孝雄与共同在逃之魏国铭，则在王松甫家将张长万、朱培荣捕去，均拘押于宪兵队。同年农历九月十三日，该队胡秀灿，复将罗斌丞之父罗云清捕押，至农历十月初二日，经山本莲水讯问后，将张长万、朱培荣释放，由山本莲水将王松甫、罗云清押出，推入江中淹死。谷本进同年八月二十二日将罗斌丞之汉阳藕湖巷三十三号房屋拆毁。日军投降后经罗斌丞、王何氏分别告诉本庭军法检察官侦察起诉。"法庭经过审理，判处山本莲水无期徒刑，大石孝雄2年6个月的有期徒刑，谷本进有期徒刑1年，中丸重满无罪。②

12. 山内卯助，日本宫崎县人，日本三井物产会社及长江产业协会嘱托。以侵占中国平民房产案被起诉，经审理，法庭判决："山内卯助在战争时期侵据私有住宅，处有期徒刑六月，窃盗部分

---

① 《行辕军事法庭正式判决林弘藏徒刑二年半》，汉口《和平日报》，1946年10月16日，第5版。
② 《行辕军事法庭判决战犯山本无期徒刑》，汉口《和平日报》，1946年10月25日，第5版。

无罪。"①

13. 赖春贵,台湾人,武汉绥靖公署参谋长。因军事占领期间参与僭夺主权之行为被起诉,1946年10月30日,判处10年有期徒刑,后经复审,最终改判无罪。

14. 上田龟次郎,日本熊本县人,伪中央储备银行汉口分行顾问;远藤进,日本京都人,伪中央储备银行汉口分行顾问。经审判,法庭认为:"被告虽辩称储备券系奉总行命令,并无扰乱金融之故意,至其封锁金融,管制汇兑是奉军经理部办的等语,此不过称明其为共犯之性质,并非对于发行伪币贬抑国币价值根本否认。纵系奉其长官之命令发行,亦不能免除其责任。该被告等身为该分行顾问,凭借日军之势力,实操该行之实权,乃竟本其侵略之观念,主持该行发行大量伪钞,贬抑我国货币价值。起诉书内引用《刑法》强盗罪条,核与事实不洽。应予变更,处以相当之刑。"判处上田龟次郎、远藤进各有期徒刑12年。② 该案呈送国防部,国防部认为该二人作为地方分行顾问,并非总行决策人,发行储备券系执行命令,将案件发回复审。1947年3月20日,武汉军事法庭再度开庭重审上田龟次郎、远藤进经济犯罪案。③ 于1947年4月1日改判二人无罪。④

15. 山园荣作,韩国人,东亚花园管理人;早见哲雄,东亚花园经理。山园荣作因强迫为无义务之事、妨害行使合法权利被判处7

---

① 《战犯山内卯助侵占审判案》,中国第二历史档案馆藏,战争罪犯处理委员会档案,22/271。
② 《行辕军事法庭宣判日台战犯三起》,汉口《和平日报》,1946年11月15日,第5版。
③ 《武汉经济战犯一批 军事法庭昨予复审》,《武汉日报》,1947年3月21日,第5版。
④ 《战犯上田龟次郎、远藤进发行伪钞及贬抑货币案》,中国第二历史档案馆藏,战争罪犯处理委员会档案,22/600。

年有期徒刑；早见哲雄因强奸、共同虐待工人、强迫工作被起诉，最终获无罪判决。

16. 江安，台湾高雄人，汉口日军农场第五班班长。抗战时期"因供给日军菜蔬，连续抢夺李克勤等多数人之菜蔬及菜篮、扁担、小秤等物不计其数，如有延少，即纵恶狗咬人或用他物殴人，或罚苦工，使当时或将来之被夺人不敢违抗。日军投降经被害人控诉于汉口警察局辗转解由本庭军法检察官侦查起诉，经依法判决有期徒刑10年，褫夺公权10年"。①

17. 伊庭保治，日本滋贺县人，日军第十六师团第一渡河材料中队大尉队长兼衡山宣州市警备队长。在伊庭保治率部驻扎衡山月山乡、萱州市、铜钱岭、成家湾、龚家、聂家等地期间，犯有严重的战争暴行。日本投降后，"湖南省政府参议肖立、衡山旅省同胞同乡会常务委员会陈秀松、月山乡中心小学校校长谭正修等三人，新力出版社社长谭济川、湖南省专员康有光十人，被害人亲属陈定有及陈本龙等八人，并被害人成照，谭咏秋，陈茂盛，康槐荪，刘春泉及衡山月山乡民众邓定诗等二十余人，先后指陈被告犯罪事实"。经法庭审理，判决："伊庭保治，于对中华民国作战期间违反战争法规及惯例，直接实施有计划之屠杀，处死刑，强奸，处死刑，抢劫，处死刑，对非军人施以酷刑，处死刑，肆意破坏财产，处无期徒刑，执行死刑。"②

18. 泽田留治、杉野一郎、岛田广义、真广昌男、桥本松夫、奥田幸一、佐藤锐胜7人均为武昌宪兵分队宪兵，因共同杀人并无故诈财被起诉，因证据不足，均判处无罪。

---

① 《武汉行辕军事法庭昨宣判三战犯》，《武汉日报》，1946年10月2日，第5版。
② 《战犯伊庭保治判处死刑》，汉口《和平日报》，1946年12月5日，第5版。

19. 长谷川信男，日本兵库县人，因涉嫌贩卖鸦片及军用物资被起诉。经过审讯，1946年11月14日，武汉军事法庭以长谷川信男协助贩卖毒品罪，判处有期徒刑15年。① 长谷川只一，日本岐阜人，在武汉经营食堂，因协助日侨加入其军助长内乱被起诉，最终被判处无罪。

20. 田丸安雄，日本山口县人，宪兵队军曹。因杀人被起诉，最终被判处无罪。

21. 宫坂重乡，日本东京人，伪黄冈县政府嘱托，常驻黄冈，"在任职期内无故拆毁仓子埠下街民房多栋，迄今商民流离失所，经黄冈县政府呈报湖北全省保安司令部移送军事法庭"②，因肆意破坏财产被判处9年有期徒刑。

22. 渡边德治，日本埼玉县人，汉口俘虏收容所上等兵。日人未投降以前，曾杀害我国军人多名，其中因被俘而饿毙冻死、营养缺乏而丧命者甚多，遭受苦刑毒打者亦复不少。所有一切非人道行为，莫不极尽残酷之能事。日本投降后，被害人周大桢向武汉警备总部稽查处控告，转解军事法庭讯办。渡边因虐待俘虏被判处无期徒刑。③

23. 伊藤义重，日军宣抚队班长；八木次太郎，日军宣抚队教育班长；田村宗一郎，上等兵。伊藤义重和八木次太郎因共同谋杀罪，均被判处无期徒刑；田村宗一郎被判无罪。

24. 长田秋雄，日本山梨县人，汉口宪兵队曹长。因连续对非

---

① 《行辕军事法庭宣判日台战犯三起》，汉口《和平日报》，1946年11月15日，第5版。
② 《战犯宫坂重乡在黄冈作恶　昨受公审》，汉口《和平日报》，1946年10月20日，第5版。
③ 《战犯渡边德治定本月六日晨公开审判　受害人周大桢首先控告》，汉口《和平日报》，1946年8月4日，第5版。

军人施以酷刑被判处10年有期徒刑。

25. 坂田朝男，日本长野县人，武昌宪兵分队少佐。经军事法庭审判，判决："坂田朝男于对中华民国作战期间，假借职务上之权力共同非法拘禁，处有期徒刑7年6月。杀人部分无罪，侵占部分不受理。"①

26. 佑藤又三，日本一一六师团中队长；佐藤富次郎，日本岳麓山宪兵队曹长；永末直市，日本长沙宪兵派遣队军曹。"1944年长沙沦陷后，长潭自卫区司令邓好灿为谋反攻计，不时派遣工作人员潜入长沙市区，搜取情报，先后被佐藤富次郎、永末直市以暴残酷之手段，杀害我方工作人员颇多。佐藤又三于1941年2月5日在湖北黄冈阳逻下袁家竹林湾抢夺财物，对平民施以酷刑，由第二十集团军总司令部受降组列表移送到处。"②经法庭审理，因证据不足，最终三案犯均判处无罪。

27. 土居定夫，日本宫崎县人，汉口宪兵队长。经法庭审理，土居定夫因肆意破坏财产，判处有期徒刑7年，意图不法之所有权，窃取他人所有物，处有期徒刑1年，执行有期徒刑7年2月。

28. 春日源一，日本福岛县人，伪湖北省政府嘱托，以杀害俘虏、实施侵略政策起诉，最终法庭认为证据不足，判处无罪。

29. 田村二二男，日本兵库县人，黄陂前日宪兵队分队长；山田正光，日本熊本县人，黄陂前日军宪兵队曹长；矢吹俊作，日本福岛县人，日军宪兵曹长；街道芳夫，日本北海道人，日军宪兵军曹。经法庭审判，判决："田村二二男拘留非军人，加以不人道之待遇，处无期徒刑。抢劫处无期徒刑，执行无期徒刑。其他部分无罪。山

---

① 《两战犯昨宣判》，《武汉日报》，1946年12月8日，第5版。
② 《稗田幸男宣告无罪》，汉口《和平日报》，1946年10月18日，第5版。

田正光、矢吹俊作、街道芳夫无罪。"被告山田正光、矢吹俊作、街道芳夫因无任何证据足资证明其有参与谋杀姜继洪情事,均被判处无罪。①

30. 神谷传七,日本爱知县人,汉口日本宪兵队特高科科员,宪兵科长。于战争期间,对非军人施以酷刑,处有期徒刑10年。②

31. 山本莲水,日本广岛县人,汉阳日宪兵队曹长。于战争期间虐待俘虏,处有期徒刑7年。

32. 渡边一夫,日本宫崎县人,武昌宪兵队军曹,因杀人罪被起诉。因与被告发者姓名相似,误被起诉,后经法庭调查,判处无罪。

33. 二宫松三,日本神奈川县人,武昌警察署署长。因依借职势上之权力图财害人之由被起诉,最后判处无罪。

34. 村上宗治,日本独立步兵第五旅团长;岛田满雄,日军独立第二〇七大队队长,沙市警备队队长;奈须正行,该旅团第二〇八大队队长,驻防荆门;谷口敏雄,日军十里铺警备队队长;贵田直利,管理十里铺仓库;八木泽茂树,该旅团军医,负保管卫生器材之责;中谷登,该旅团司令部中尉,负保管兵器之责。"自接获应向同盟国投降命令时,于1945年8月24日至8月28日,共同在沙市毁坏重武器、防毒物资及卫生器材。其无法毁坏者,即在打包厂附近投入江中,为掩饰耳目计,造谣为江水经我政府撒有毒菌,禁止居民担作饮料,违者辄以刺刀刺死,复在十里铺将所盖仓库焚毁百余间,及器物多种,经告诉到案,并口头报告十里铺一带拆毁民房37栋,一并起诉。"③7人因共同肆意破坏财产起诉,均被判处7年有

---

① 《战犯田村二二男拘留非军人加以不人道之待遇及抢劫审判案》,中国第二历史档案馆藏,战争罪犯处理委员会档案,22/347。
② 《武汉行辕军事法庭宣判八战犯》,汉口《和平日报》,1946年12月18日,第6版。
③ 《军事法庭审讯大批战犯》,《武汉日报》,1946年12月29日,第6版。

期徒刑,后又都改判无罪。

35. 日置留吉,日本岐阜县人,输送部大尉。因强迫使人为无义务之事被判处有期徒刑7年,后改判无罪。

36. 李炳华,韩国人,日军鸭泽部队通译。"被告于战争期间,假借威势,对于无辜平民迭施酷刑拷打,自属不法。虽其行凶系奉其长官之命令,依法仍亦无免于共同正犯之罪责。其迭次行凶,原系基于一个概括之犯意,应认为连续犯。姑念其系受日军愚弄驱使而行,犯罪量刑即予从宽。"日本投降后,该被告被检举,法庭经过审理,判决"李炳华共同对非军人施以酷刑,处有期徒刑十二年。其他部分无罪"。①

37. 今野逸郎,第十三师团大尉;盐原五十人,独立第五旅团少佐;宫城宇平,汉口陆军特务部嘱托;大西初雄,汉口陆军特务部嘱托;田野秀人,汉口陆军特务部嘱托;门胜正,汉口陆军特务部嘱托。今野逸郎因杀人被判处无期徒刑,其余5人被判处无罪或不受理。

38. 高桥敬逸,日本宫城县人,日军六十八师团六十一大队曹长,因杀人被判处死刑。

39. 田中哲夫,日本熊本县人,宜昌宪兵分队军曹;河上秀夫,日本爱媛县人,宜昌宪兵分队军曹。田中哲夫因连续对非军人施以酷刑被判处有期徒刑10年;河上秀夫因杀人被起诉,后因证据不足判处无罪。

40. 海冈敏雄,日军驻应山宪兵队军曹;坂田升,日军驻应山宪兵队上等兵。海冈敏雄"于1945年5月20日由应山率领日宪兵

---

① 《战犯李炳华诈财勒索、摧残民众、对人民施以酷刑审判案》,中国第二历史档案馆藏,战争罪犯处理委员会档案,22/638。

10人并带同通译吕品京及金、刘两通译、汉奸周汉卿、日人应山特工陈有贵、随县特工胡安熙等，赴随县将别动军人陈秉之、张大勋、陈仲伟、詹正道及随县人民蔡之楚、柯亚东、黄云芳等一并逮捕，解至应山宪兵队，用灌盐水、踩杠子、放狗咬，非法酷刑逼供。嗣于同月27日夜，将张大勋、陈仲伟、陈秉之、詹正道、黄云芳等5人转解汉口宪兵队，卒将张大勋、陈仲伟、陈秉之、詹正道等4人惨杀，尸首无踪。其余未被杀害之蔡之楚、柯亚东、黄云芳等，于同年7月24日始获释放。胜利后，经随县地检处检举，送由此间武汉行辕审判战犯军事法庭军法检察官侦讯"。① 经法庭审理，海冈敏雄因连续对非军人施以酷刑被判处15年有期徒刑；坂田升有当时不在场的证据，被判无罪。

41. 酒井勇一，日本福岛县人。1942年任河南伪警务厅第一特务队指挥官，在开封、郑州等地，先后屠杀我国平民及工作人员，其已查有实据者，计有30余人。确被杀害而不知名姓，无法调查者，尚有千余人之多。"日本投降后，被告欲逃往天津，行至中牟河畔，经中牟县政府捕送河南第一区行政督察专员公署，经宪兵第十七团迭次提讯，认为证据确实，移送郑州绥靖公署，转解武汉行辕军事法庭。"②经法庭审理，判处死刑。

42. 藤原升，日本岛根县人，汉阳宪兵队军曹。因共同将人质处死，判处无期徒刑。

43. 野口祐重，汉阳宪兵分队曹长；高野孝，汉阳宪兵分队军曹。二人因杀人罪被起诉，最终因证据不足，均被判无罪。

44. 西山岩夫，汉口宪兵分队军曹。因强奸罪被起诉，经审讯

---

① 《武汉行辕军事法庭审讯日本驻应山宪兵》，《武汉日报》，1947年4月23日，第5版。
② 《战犯酒井勇一屠杀同胞千余》，《武汉日报》，1947年4月4日，第5版。

终结,犯罪行为证据不足,依法判决无罪。

45. 小林政芳,应城宪兵分队大尉,因强奸罪被起诉,经审讯终结,犯罪行为证据不足,依法判决无罪。

46. 池永政治,应城宪兵分队军曹。驻防应城时,烧毁第八保良民万必贵房屋,并杀害全家一案,因被告犯罪事实无法证明,被判无罪。

47. 川村太一,独混第十七旅团兵长;太田万三,独混第十七旅团上等兵;大村俊夫,独混第十七旅团上等兵;田村诚,独混第十七旅团一等兵。四人因杀人强奸抢劫财物被起诉,因被告犯罪事实无法证明,均被判无罪。

48. 河村重雄,日本兵库县人,日本第一三二师团步兵第九十八旅团旅团长;山村俊郎,日本广岛县人,日本第一三师团汽车联队长。法庭以河村重雄伙同山村俊郎破坏物资罪起诉,但最终查无实据,最后判决二人无罪。

49. 清水正义,第六十四师团大尉。因连续杀人被起诉,经审讯终结,犯罪行为证据不足,依法判决无罪。

50. 池田作太郎,日本大阪人,宪兵。因对非军人施以酷刑被起诉,后证据不足,依法判决无罪。

51. 薮野清,日本福冈人,汉口宪兵队军曹。因杀人罪被起诉,经审讯终结,犯罪行为证据不足,依法判决无罪。

52. 大野嘉郎,开封中国军特务团长。因强奸、强制购买他人之土地被起诉,经审讯终结,犯罪行为证据不足,依法判决无罪。

53. 二瓶利夫,当阳宪兵分队军曹。因杀人罪被起诉,经审讯终结,犯罪行为证据不足,依法判决无罪。[1]

---

[1]《战犯二瓶利夫杀人审判案》,中国第二历史档案馆藏,战争罪犯处理委员会档案,22/254。

54. 福田梅男，宪兵队军曹。因贩卖鸦片被起诉，经审讯终结，犯罪行为证据不足，依法判决无罪。

55. 依如川庸治，第二十军司令部少将；寺平忠辅，第二十军司令部中佐。分别因纵容部属轮奸妇女、屠杀被起诉，经审讯终结，犯罪行为证据不足，依法判决无罪。

56. 古川武，应城宪兵分队曹长；三浦益已，应城宪兵分队军曹；西尾秀一，应城宪兵分队军曹；三谷宗明，应城宪兵分队军曹。四人因共同谋杀被起诉，古川武被判处死刑，三浦益已被判处无期徒刑，西尾秀一被判处无期徒刑，三谷宗明被判无罪。

57. 野上诚，荆门宪兵分队军曹，因杀人被判处死刑。

58. 宇野武雄，咸宁宪兵分队军曹，因连续杀人被判处无期徒刑。

59. 大坪盛康，汉口宪兵队军曹，因共同谋杀被判处无期徒刑。

60. 河西重次，荆门宪兵队准尉，因共同谋杀被判处无期徒刑。

61. 户塚平郎，应山宪兵分队曹长；内藤芳男，应山宪兵分队军曹。二人因连续对非军人施酷刑被起诉，户塚平郎被判无罪，内藤芳男被判处10年有期徒刑。

62. 加藤逸三，荆门宪兵分遣队准尉，因谋杀罪被判处无期徒刑。

63. 远藤一夫，荆门宪兵分遣队军曹。"该犯于敌伪时代，假借势力，滥用酷刑，伤害我无辜同胞"①，经法庭审理，被判处无期徒刑。

64. 堤三树男，日本宫崎县人，战时任日军第六十八师团中将师团长。1944年6月率部侵占衡阳，先后盘踞年余，其部队在衡阳

---

① 《武汉行辕战犯法庭公审远藤一夫》，《武汉日报》，1947年11月9日，第5版。

及其附近各县作恶殃民,强奸妇女,杀戮平民,抢劫财物,焚毁房屋,该犯难辞战纵之咎。行辕先后接得各方控诉及调查报告十余起,故于1946年8月将该犯由沪解汉。经法庭审理,1947年11月26日,以"共同谋杀,强奸,肆意破坏财产,抢劫",判处堤三树男无期徒刑。①

65. 梶浦银次郎,日本京都人,前日军第三十九师团联队长,少将。该犯于31年在当阳纵其部属杀人盗劫罪案,由前军委会查明,列为战犯,业经武汉行辕军事法庭侦查起诉。嗣于该庭讯审,复发现该犯滥施抢劫杀人放火等其他罪行之证据,再予侦查追加起诉。② 经过法庭审理,最后,法庭于1947年11月30日做出判决:"战犯梶浦银次郎于作战期间共同使用毒气,处无期徒刑,其余部分无罪。"其主要犯罪事实系1942年5月间,在湖北作战时,对中国军队施放催泪性、嚏性瓦斯。③

66. 北川三郎,日本广岛人,湖南长沙宪兵队长。战后武汉军事法庭以被告涉嫌在中山纪念堂刑场活埋中国军民起诉,法庭以共同谋杀罪,于1947年11月30日判处北川三郎无期徒刑。经过被告申诉,其所属为甲种宪兵,不与平民接触,中山纪念堂一案没有确凿证据,另外杀害苦力一名,系部下所为,不能负直接责任。1947年12月30日,武汉军事法庭以"作战期间共同谋杀"改判北

---

① 《战犯堤三树男纵兵殃民审判案》,中国第二历史档案馆藏,战争罪犯处理委员会档案,22/562。
② 《战犯梶浦银次郎杀人抢劫审判案》,中国第二历史档案馆藏,战争罪犯处理委员会档案,22/537。
③ 《战犯梶浦银次郎使用毒气审判案》,中国第二历史档案馆藏,战争罪犯处理委员会档案,22/535。

川三郎有期徒刑 15 年。①

67. 伴健雄,日本福冈县人,原日军三十四师团师团长。1944年6月参加长沙会战后,转犯平江、浏阳、醴陵、萍乡地区,7月下旬犯莲花,8月上旬转犯广西龙州地区,到处惨杀无辜平民极众并肆意破坏财产。法庭因对其罪行无法进行深入调查核实,于 1948年1月 29 日,判处其有期徒刑 10 年。②

68. 滨场义彦,日本鹿儿岛人,日本独立步兵第五旅团第二一〇大队队长。"1945年3月2日在湖北江陵杀害人民,破坏财物,无恶不作,此外又发现强奸、抢劫等罪行"③,经法庭审判,判处无期徒刑。

69. 奈良晃,第十三师团中将师团长。因共同谋杀,对非军人施以酷刑,肆意破坏财产被判处无期徒刑。④

70. 柳川悌,日本东京都人。1942年4月来华作战,先任日军第五十九师团中将师团长,驻防山东济南泰安一带,次年2月回国。1945年4月再度来华,就任第一三二师团师团长,驻扎湖北当阳,其间,"纵使所属驻防当阳城郊三里港之部队,于同年七月五日以我方长官部工作人员,在当阳附近雁头湖地方暴露身份,乃认当地居民有勾串窝藏游击队嫌疑。逮捕甲长朱兴高未获,即将朱兴高之母朱张氏杀害。旋又将朱兴国捕获,同时又捕平民文世首等

---

① 《战犯北川三郎杀人审判案》,中国第二历史档案馆藏,战争罪犯处理委员会档案,22/368。
② 《战犯伴健雄纵兵殃民审判案》,中国第二历史档案馆藏,战争罪犯处理委员会档案,22/411。
③ 《战犯滨场义彦杀人审判案》,中国第二历史档案馆藏,战争罪犯处理委员会档案,22/566。
④ 《战犯奈良晃判决书》,中国第二历史档案馆藏,战争罪犯处理委员会档案,22/96。

四人,并烧毁文世首之房屋,抄掠周云樵之家产,及将杨永国拷打火烧,至同月八日并将朱兴高等四人用刺刀杀害于三里港。"经军事法庭审判,最后判决"柳川悌于作战期间,共同谋杀肆意破坏财产抢劫,对非军人施以酷刑,处无期徒刑"。① 判决之后,柳川悌在汉口战犯拘留所因心脏病发作,于1947年2月27日病死。

71. 铃木健一,赵李桥出张所,木材商人,因虐待致死罪被判处死刑。

72. 堀川芳雄,汉口陆军联络部军属,无罪。

73. 远藤多喜雄,独混第十九旅团,无罪;山口作太郎,汉口宪兵队军曹,无罪;中川文雄,应城宪兵队,一审判处10年有期徒刑,后改判无罪;岩田实,汉口宪兵队军曹,无罪;李枝录,韩国翻译,无罪。

73. 渡边幸次郎,当阳宪兵分队大尉,因共同杀人侵入家宅意图被起诉,后被判无罪;友部进,当阳宪兵分队军曹,因意图消灭中华民族而实施奴化教育被起诉,后被判无罪。

74. 永地右一,当阳宪兵分队军曹;樫本清,当阳宪兵分队曹长;宫崎法陆,当阳宪兵分队军曹。三人因侵入家宅被起诉,后均被判无罪。

75. 田中茂,应城宪兵分队准尉,起诉理由不明,无罪。

76. 水口清,儿玉机关汉口支店业务主任;永野朝男,儿玉机关汉口支店主任。二人因助长战争被起诉,后均被判无罪。佐藤甲子寿,第六方面军经理部少将,因统制占领区之金融而征发军用物资被起诉,后被判无罪。

77. 牧野喜一、长谷川喜一郎、五十岚保司、清水信一郎,四人均为中江银号职员,因意图扰乱中国之经济而征收物资被起诉,后

---

① BC级(中華民国裁判関係)汉口裁判・第70号事件、戦争犯罪裁判関係資料、日本国立公文書館、平11-法务 05462100。

均被判无罪。

78.松下郁二郎,松下洋行社长;松下稔三,松下洋行社员;窪田正夫,中岛日本贸易联合会支配人。三人因违反和平及侵占财物被起诉,法庭经过审理,认为"被告松下郁二郎仅在汉开设松下洋行,并无'松机关'之组织,曾充日本海军嘱托九个月,卖给日军物资,纯为正当行为,并无军事上之特工机关。日人佐藤等四人,证明在汉服务期间,未闻曾有'松机关'之设立各等语。据此,被告等究竟是否担任敌军特务工作,供给情报,已难证明。且被告等系敌国人民,此项行为并非国际战斗法规之所禁,既其被诉捕办系在投降停止战斗以后,自不能再予处罚",所以判决三人无罪。[1]

79.筱冈规矩夫,三井洋行支店长;山本英雄,日绵实业经理;武藤幸定,三菱洋行支店长;本吉谷市太郎,日华麻业经理;赤座真龟太,儿玉机关支店长;岩本松平,万和洋行经理;矶田泰,昭和通商经理;奥村治郎,瀛华洋行经理;高山实,吉田产业经理;高冈光男,岩井洋行经理;中山定雄,中山制钢经理;伊藤静夫,日东制粉经理;梅村吉彦,松川屋经理。检察官起诉书列举上述战犯嫌疑人所涉犯罪事实:"筱冈规矩夫、武藤幸定为三井、三菱两洋行收集军粮,山本英雄为日绵实业洋行收集棉花,本吉谷市太郎为日华麻业洋行收集麻类,赤座真龟太、岩本松平、矶田泰为儿玉机关万和洋行、昭和通商收集钢铁,奥村治郎、高山实、高冈光男为瀛华洋行、吉田产业、岩井洋行收集军用一切物资。中山定雄则经营中山制钢洋行,以所营铁工厂供给军用器具。伊藤静夫经营日东制粉公司,专为日人制粉,以供军用。梅村吉彦专为日人制造日需用品,

---

[1]《战犯松下郁二郎、松下稔三郎、窪田正夫违反和平及侵占审判案》,中国第二历史档案馆藏,战争罪犯处理委员会,22/450。

拒绝我国人民购买其物。"法庭经过审判，认为日本商人在战争期间，为日军收购、制造棉麻、钢铁、面粉等物资，以供军用，但他们都是与日军军部签订合同，属商业行为，并非军人身份或直接从事军事后勤为战争服务，故判13人全部无罪。①

1946年10月23日，战争罪犯处理委员会第47次常会通报，武汉行辕将在10月25日将无罪证之日本宪兵嫌疑犯400名径解上海战犯管理处羁押。②按照战争罪犯处理委员会要求，武汉军事法庭于1948年1月宣布结束。已判处死刑的战犯报请国防部核准，分别执行死刑。最后执行的是铃木健一，1948年2月4日枪决。已判决战犯41人及未审理日俘38人，共79人，于1948年3月12日由武汉乘船押解到上海。日俘将由中国港口司令部负责遣返，战犯转到上海江湾日本战犯拘留所继续关押。41名已判决战犯中有14名判无期徒刑，梶浦银次郎、堤三树男、伴健雄、奈良晃等将级军官战犯也同时转往上海。

第五节　沈阳审判

1945年8月15日，日本宣布投降。9月，国民政府在重庆成立军事委员会东北行营，该行营于1946年迁至沈阳，是国民政府在东北的最高权力机关，1946年8月改为国民政府主席东北行辕。东北行辕设有专门的战争罪犯调查委员会，下设秘书室、总务组、调查组、宣传组和审核组，调查组最主要的职责是"战犯罪行调查

---

① 《筱冈规矩夫等战争犯罪审判案》，中国第二历史档案馆藏，战争罪犯处理委员会，22/617。
② 《战争罪犯委员会第四十七次常会会议记录》，中国第二历史档案馆藏，战争罪犯处理委员会，22/165。

及搜证",宣传组主要负责"宣传战争期间战犯之暴行事项"及"向国内外发布战犯新闻事项"等,审核组重点负责"战犯罪证之移送审判战犯军事法庭事项"。① 1946年2月1日,沈阳行营审判战犯军事法庭成立,第一任法庭庭长为岳成安。东北行营虽曾处理战犯工作,但都由军法处兼理,并不存在独立的军事法庭,直到行营从锦州迁至沈阳之后,法庭才真正成立。为提高东北地区处置战犯的效率,国民政府两次做出增设长春法庭的尝试,后因受到内战的影响而作罢。② 沈阳军事法庭于1946年10月开庭审判战犯,1948年1月结束工作。

相较于关内,东北地区的审判工作面临诸多困难,主要原因在于"地域受限、政务繁忙、民无余力、法令不明","(一)东北收复较各地为晚,综理全区军政各项机构之东北行营设立亦较他处为迟,截止〔至〕八月底止,实际管辖区域亦仅辽宁、吉林、辽北等三省,计三十余县,故对全东北所有战犯之检举与处理因行政区域有限,实感困难。(二)熊[式辉]主任于四月五日莅沈,各级机关相继推进,以创设伊始,千头万绪,百端待理,忙于整理制度,安抚民家,对战犯问题无暇兼顾。(三)东北人民劫后余生,社会秩序未臻安宁,困感于战乱,穷迫于谋生,更无余力以注意检举战犯。(四)中枢有关战犯处理之各项法令颁发有先后,各级机关亦因时间地域致奉行

---

① 《东北行辕战争罪犯调查委员会办事细则》,辽宁省档案馆藏,转引自《一段鲜为人知的审判有何故事——沈阳军事法庭审判日本战犯史实》,《人民法院报》,2015年9月3日。
② 曹鲁晓:《国民政府审判日本战犯法庭的置废与变更》,《日本侵华南京大屠杀研究》2021年第2期,第59—61页。

亦参错不齐,影响战犯处理工作颇巨也"。① 故东北沦陷虽最久,人民受苦最烈,但前期检举与处理战犯工作未如期举行。为督促战犯处理工作,中央派督导组到东北进行调查和督导。

1946年1月,东北保安司令长官部"解释战犯之意义,厘订检举战犯及罪行办法,公布施行。""复于四月间重行公布一次,通令所属单位,督促军民尽量检举。施行以来,截止〔至〕八月中旬止,计拘获日战犯一〇三名,同时各地警察局及党政机关对滋乱秩序及战犯嫌疑者续有逮捕。一因不明战犯标准,难于检举;二因无专责机关无法处理;三因苏军共军之进驻,此项工作无形中断。"到东北行营移至沈阳后,始有战犯拘留所及军事法庭之创设,统一办理。②

东北行营战犯拘留所于1946年2月间曾筹备成立,当时以行营仍在北平,尚未进驻东北,又仅有战犯13名,故战犯暂寄押于北平第十一战区战犯拘留所。"迨行营到锦后,长官部续送战犯十余名,又寄押于锦县行营军法处看守所。延至本年五月,行营由锦移沈,始委派人员,寻觅房屋,筹置家具。又因改筑修葺费时颇久,至八月底工程完竣,可收容二百名左右,遂将行营军法处看守所由平锦二地解回战犯,及续收战犯九十余名,提所管押。编制方面,该所现有官佐七员,所长系行营军法处科长赵全璧兼任,截至九月中旬止拘留之人犯已达百七十七名,各地各机关又续有捕送,将有人满之患。"③

东北行营驻平时曾筹设军事法庭,后行营移锦迁沈,其间有关

---

①②《关于战犯处理及督导经过情形》(1946年10月26日),中国第二历史档案馆藏,战争罪犯处理委员会档案,22/241。
③《关于战犯处理及督导经过情形》(1946年10月26日),中国第二历史档案馆藏,战争罪犯处理委员会档案,22/241。

战犯业务由行营军法处兼理，抵沈后始确定设立办公处及审判法庭于行营内部。编制方面，官佐共计18员，庭长系由辽宁高等法院庭长王汝毅兼任，检察官系由沈阳地方法院院长岳成安兼任。

中央督导组于8月10日晚抵达沈阳，13日上午与东北行营主任熊式辉会晤，传送中央精神，彼此交换意见。对于战犯处理，熊式辉首先提出三点，颇能反映东北在战犯处置问题上的态度和实际认识。熊所提三点如下："1.东北对处理战犯之政策，从宽从严尚不明了，且未奉到东北日战犯名单，故无从处理。2.东北方面尚有潜伏未缴械之日军约二十八万，检举战犯不能不加考虑，本人认为处理战犯问题不能单从法律上着眼，同时尚应注意政策之运用，希望督导组此次工作特别慎重，不可过于刺激日人之情感。3.中枢所颁发有关处理战犯之法令本行营多不明了，办理此项工作不无困难。"对此，督导组答复如下：

  1.战犯检举之程序系由下而上，即由各地方机关负责办理，调查罪证，检举犯人，报请中枢，交战犯处理委员会核列名单，以凭审判。东北方面过去少有报告，故中枢除对一般战犯名单通令执缉外，对东北战犯并无特别名单颁发。

  2.处罚战犯为我国重要国策之一，亦为联合国之共同决策，是否能严格执行，关系世界和平者甚大，其运用方式尽可讲求灵活有效，但政策本身决不能任意变更或放弃。吾人对于善良之日人采取宽大政策，与对日本战犯采取严格政策并不冲突，因战犯乃人类之公敌，非加以惩罚，不足以预防侵略战争之再起也。本组在不违背中枢所赋予之使命之前提下，自当尊重行营各长官之意见，对于检举战犯，希转饬所属，力求慎重。

  3.法令上之疑义在所难免，惟战罪调查表，中枢早经公布,关内各地早已遵照办理,东北行营因受苏军及共军之阻挠,正式行使职权之时日较晚,困难亦较多,处理战犯工作不如中枢所期之迅速,自在意中。此次本组奉派前来,主要任务即为协助行营,督导一切,并设法解决种种困难。①

鉴于东北战犯处理工作的滞后,熊式辉决定由行营定期召开会议商讨今后工作进行办法,并邀请督导组指导。8月16日,东北行营召集党政军各机关举行联席会议,各单位代表报告工作情形,并决定在行营内设立一战犯调查委员会主持。8月17日又召开第一次座谈会,"研究如何检举战犯及调查罪证,并摘要宣读阐明有关之法规,由国防部孙代表介君解释国际审判战犯简史,及此次联合国有关处理战犯之文告,与国际军事法庭之组织,并说明战罪与战犯之范围,最后讲各单位负责搜集资料,提出嫌疑犯名单"。② 8月18日第二次座谈会,提出战犯名单,并分发战争罪行调查表及罪证调查标准。

督导组为了解东北处理战犯之实际情形起见,赴各地视察,考察行营军法处看守所战犯之生活、将竣工之战犯拘留所之收容量及设备和正在修建中之军事法庭及其他日侨集中区等有关单位。督导组考察后,认为:"东北日侨俘之遣送较他处为晚,而战犯之处理更较他处为迟。本组来东北二月,对当地之处理战犯工作仅能导而不能督也,盖处理机构初创立,发动检举待展开。"最后督导组对东北战犯处理工作提出若干改进建议,具体详情如下:

(一)关于战犯拘留所改进意见

A.扩大编制　东北现有战犯日增,该所编制官佐仅七员,

---

①②《关于战犯处理及督导经过情形》(1946年10月26日),中国第二历史档案馆藏,战争罪犯处理委员会档案,22/241。

为期随时调查侦讯其他战犯之姓名、罪行，协助检查审判之不逮，并于执行徒刑时有一专门监狱看管、授艺、生产，免耗国币起见，似应增加管理员若干，尤应增用医务人员，不仅裨益该所工作，抑亦增进国际观瞻。

B. 增加经费　该所办公费八月份为流通券四千九百元，收用战犯日增，需用浩繁，加以物价高昂，似可电知东北行营按照该行营核定一般直属机关标准办公费，每人每月以流通券二千六百元列支，以免歧异，而利工作。

C. 调整人事　该所现有工作人员能力较低，对于此种工作似欠兴趣，且收容战犯日增，通晓日本语文人才缺乏，所长人选似应另派或饬军事法庭保荐，以期工作顺利。

D. 补充设备　该所一切简陋，对战犯之待遇除规定之主副食给养外，一切日用品起居等设备，似可电知东北行营酌予规定充实。

E. 规定工作　管理战犯固为创举，但各所一切设施，以人才关系，优劣悬殊，似可颁发一律之工作规定，以免陨越。

（二）关于军事法庭方面

A. 扩大编制　该庭现有官佐大多兼任他职，而检察官仅一员，为期速审速结以免诽议起见，似可将现有人员改为专任，检察官增加为三～五员，审判官增加为九～十员。阶级方面亦可酌为提高，以收公正切实迅速之效，贯彻审判战犯之初衷。

B. 增加经费　审判战犯首重证据，检察官搜集证据不仅常须外出寻访，往往因证件需用照像等情，此项费用似可增加，以期工作顺利。

C. 调整人事　军事法庭工作人员应以未曾充任伪职为原则，原令规定庭长、检察官，或审判官应为司法出身者，似应维持原令，不论任何人才缺乏之时，以不变更为妥。现东北司法人员甚少，拟请司法行政部设法派遣补充。

D. 规定权限　战犯拘留所一切人事经理工作等项应隶属于军事法庭，不仅便于检察官检察，且减少拘留所工作上之缺陷。

（三）加强检举

A. 甄别工作人员　东北战犯之处理其所以不能美满者，除本报告书前言所述外，即各机关对于任用管理、督查宣传及遣送日侨俘之工作人员，皆未深行考核，致一般曾受日人毒化教育或曾充伪职之辈滥竽其间，甚者或主持单位，潜居高位。此辈对国家意志薄弱，猎官渔民之心甚切，对抗战精神茫昧，善恶敌吾之别不明，对于战犯并不热心检举，甚至有暗中庇护情事，各级主管仅图一时之方便，无形中影响整个工作之推进。今后为免贻讥国际起见，举凡在东北一切管理审判日人机关之工作人员，一律应分别甄用，而杜流弊，似可饬东北行营切实注意。[1]

督导组在视察期间，对于罪证之搜集尤其注重，对日军罪行调查所得颇丰。重要事件列举如下：

1. 沈阳大检举

民国二十年十二月上旬，沈阳南侧苏家屯附近铁岭、开源、大石桥等地有义勇军破坏铁路事件发生，日军驻沈阳宪兵队长森田少佐，指使部属于沈阳市内外，大捕抗日分子，继续两周之久，共逮捕四百余名，经审讯结果认为犯罪者约一百三

---

[1]《关于战犯处理及督导经过情形》(1946年10月26日)，中国第二历史档案馆藏，战争罪犯处理委员会档案，22/241。

十余名，区分如下：党政人员约四十名东北宪兵军官三名义勇军首领五名抗日志士约三十名抗日共产党员约二十名。此一百三十余名被分别拘禁于商埠地宪兵队及城内宪兵队，其中有党人谭甘，于夜间越狱逃出，同行者约七十名，日军于是迁怒其余未逃之众，酷刑拷问并大捕家属及[关]系者达三四[百]人，酷刑致死者达一百五六十名。

2. 安东大检举

民国二十一年四月，安东县警察局指导官日人大町者于户口调查时发觉可疑信件，将党人高某拘捕，实行检举抗日分子，受株连者甚多，波及沈阳、营口各地，被捕者达一千五六百名，其中生还者仅十余人耳。

3. 吉林大检举（即毓文中学事件）

北平东北党务办事处负责者刘振中派刘静岚、郑文宽等至吉林，与该地党人互相联系组织抗日救国会，民国二十四年十二月初，因汇款问题被伪满吉林警察厅发觉。当时刘、郑闻讯逃逸，被捕者有六七十人，内有毓文中学校长李光汉及娄少石、李禾村、魏辅周四人均于严刑下死于狱中，其他萧汝纶、李桂勋、傅庆恒、赵承志、葛羽飞、黄维新、张崇德、富松荫、李玉芳等均以反满抗日罪名被处徒刑，至民国二十六年始获释放，然已精神失常，身体残废矣。此案有关战犯：伪满吉林省次长三谷清伪满吉林省警务厅长伊藤荣宪伪满吉林省警察厅特务课长小山田伪满吉林省警察厅翻译官富田伪满吉林省警察厅警佐北岛（当时之审讯官）伪满吉林省警察厅特务矢守茂伪满吉林省教育厅学务科长长滨义纯吉林卫戌司令尾高中将（当时任师团长，与案有关）又民国二十三年五月，吉林盘山县境王殿臣部张某率众欲破坏铁路，机密泄露致被日军逮捕，罹难者达数千人。

4. 哈尔滨事件

民国二十六年十二月,哈尔滨市之爱国志士数十人与松、黑一带义勇军领袖王荫武、赵尚志、李华堂等约期举事于哈尔滨北侧之松浦,受汉奸董某密告,伪满滨江警察厅动员检举下搜杀殆尽,仅王、赵、李等率部远走,幸免于难,此即所谓"一二·三一"事件是也。

5. 东边道大讨伐事件

民国二十三年至二十五年、二十七年至二十九年,日军于东边道两次大讨伐,受害者约六千余人,焚烧村落房屋不计其数,当时之联队长为鹰森大佐,更有小越中佐尤专嗜杀人,被其手刃者约一百六十人。

6. 敦化地区之大扫荡

民国二十五年冬,日军开始敦化至镜波湖地区之大扫荡,指挥官日野中佐及大庭少佐等,受害者多至三四千人,村舍成墟,灾民遍野,且时值隆冬,受冻馁而死者更莫能计其数。

7. 陈翰章事件

民国二十七年夏,有吉林中学教师陈翰章者,被迫起义,闻风响应者达四五[千]人,以共产抗日为号召,活跃于吉林中部山林地带,以是日军乃大举讨伐,陈部力不能抗,死者甚多,遂率余众逃入苏联境内。翌年春复行出击,人数约两千余,曾劫夺敦化及明月沟等地伪军警之武器,因受敌伪军之追击,退至敦化东面大荒沟地方,弹尽粮绝,陈受伤自杀,所部大半被屠杀。

8. "一二·三〇"大检举事件

民国三十年十二月三十日敌伪于东北全境发动大检举,

被检举者总数达三百五十五名,后交伪满司法部处理,起诉者一百九十三名,不起诉者八十七名,判处死刑者九名,无期徒刑十八名,有期徒刑二十八名,宣告缓刑十五名,详细经过情形见伪满司法部刑事司伪康德十一年六月编印之《一二·三〇事件之概貌》一书(原件存东北行辕审判战犯军事法庭检察官岳成安手)。

9. 抚顺、平顶山惨案

民国二十一年阴历八月十五日夜,唐聚五所部义勇军进攻抚顺矿区,曾由平顶山经过,因炭矿之栗家沟工人卖店主事人管诚一假借被窃盗名义,勾串当地日军警宪及煤矿日人等,集合平顶山千金塞东山,于十六日下午二时向平顶山西侧山崖下西山全体村民三百五十户约五千名举火焚烧,并以机枪扫射,复冲入西山,于乱尸丛中,以刺刀刺杀重伤未死者六十余人,舍命得生者仅十余名。本案当时罪犯有炭矿卖店主事人管诚一,劳务班上田二男、满多野,驻抚守备队长川上,宪兵队长小川,警察派出所长儿玉等。据八月二十三日沈阳和平日报载,东北保安司令长官部最近已捕获与本案有关之战犯广田繁、高桥庆雄、西山茂作及拓植丰等四名。

10. 关东局警察官之罪行

见下列《关东局施政三十年史》(民国二五、昭和十一年版),第二十四章满洲事变与关东局警察官,第五节检举反满抗日分子及宣抚工作。译录原文:

……昭和九年(民国二三年)及十年秋季,日军实施对反满抗日分子之大剿灭行动,配合治安维持会及其他协力机关之宣抚工作。东北表面之治安略略确实,彼等(所谓政治匪、思想匪、宗教匪及土匪等二十五万）之行动更趋巧妙，受中国之指导及苏联之使嗾，扰乱社会治安。同时日军之没收民间武器，解散自卫团，改编满军（即旧东北军）及一切土地问题，刺激民心及军警，于是投入匪贼同流为污。一方面因华北情势之变化，中国之军事委员会、蓝衣社、CC 团、励志社、东北抗日救国会、东北除奸团等所有在平津之五十余抗日团体，密派便衣队，由海路大连、营口、安东入东北，或由长城线陆路入东北，与救国义勇军、土匪、鲜匪取得联络，调查在满日本之军政情形，计划爆炸重要机关及暗杀日满要人，当局愈严予取缔，彼等之变装潜入更形巧妙，故实行检举，全力防压。

事变起至昭和十年（民二四年）止所检举之中国反满抗日匪徒事件如下：

（1）昭和七年（民二一年）五月三十一日，受东北救国义勇军首领金山好之命来抚顺调查警备状况之李雨新、邵鸿春于抚顺车站检举捕获；

（2）昭和七年六月十二日，于瓦房店检举大刀会匪之张福平；

（3）昭和七年八月五日，于大石桥警察署检举潜入营口侦探警备状况之抗日义勇军同党之伦汉臣；

（4）昭和七年九月一日，于抚顺警察署检举义勇军王继明；

（5）昭和七年十一月十三日，于安东警察署检举张学良之便衣队潜入安东探查日军兵力之丛兴林；

（6）昭和六年冬，逃亡北平之东北民众自卫军总指挥唐聚五、李春润，与张学良合谋在北平再组织义勇军，为纠合其离散之部下，密派干部来东北，日警察根据情报于本溪湖警察署

检举四名,于大连水上警察署捕获十六名;

(7) 昭和八年二月,检举由天津潜入之东北民众救国军总监朱齐青之特派员一名;

(8) 昭和八年三月中,在北平之抗日义勇军副司令李春润之联络员及密使、同党四十三名于安东、沈阳苏家屯各警察署捕获;

(9) 昭和八年一月四日谋爆炸奉山铁路及奉天变电所、三月二日谋爆炸奉天给水塔阴谋未遂之东北抗日义勇军第二十一路总司令赵殿良党徒六名,于沈阳警察署检举;

(10) 昭和九年六月一日,北平军委分会之密使、上尉参谋,为联络散布于吉林之反满抗日匪徒,于大连水上警察署检举;

(11) 负侦察日本军警备机关之状况、对华政策、反满抗日义勇兵匪之活动状况及其他重要情势侦察使命之蒋介石秘派学生一名,由芝罘来东北时,于安东警察署[检]举;

(12) 昭和十年一月二十一日,满洲皇帝访问旅顺之前四日(十七日),大连警察署为预防未然,先行检举思想匪之王仁发及其他二名。拷问结果,发觉有爆炸大连车站、大连埠头、寺儿沟火药库等阴谋计划,以全力搜集爆药以待实行之日,保全满一时响应,爆炸日本各机关,炸杀其大官,以颠覆满洲国。严重侦查后,于沈阳、抚顺、安东、营口、铁岭各地检举中共山东省军事委员长王子明之子王济之等十三名;

(13) 昭和十年五月二十三日,公主岭警察署侦知,与除奸组组长赵刚义取有联络,并秘密输送武器及文书、标榜抗日之正义暗杀团交通组组员王绍元(即王丕郭),于郭家店附属地北二条街检举;

(14)昭和十年七月二十七日,大连水上警察署检举由天津海路来满之中国国民党北平党部组织股长刘石秋(即刘一夫),彼系受北平市党部之命令,调查东北之日军配备及警备状况和一般鲜满人之对满洲国意向。

(15)昭和十年八月四日于奉天警察署检举行为奇怪之鲁腾(即于庆良),本籍山东省福山县东南土山村,十年二月入中央军第五十七军六百三十五团为准尉书记,六月十三日受军长王以哲之密命,支给旅费三百元,变装苦力由山海关入满,预定工作三个月,调查:a.满洲国之民情及政情;b.街市铁路之建设状况;c.日满二军之军备状况;d.司法制度之改善及货币问题等。

11.万宝山惨案经纬

(1)起因　a.二十年三月二十六日,长春第三区区长曹彦士,请求由郝永德(华人)、沈连泽开辟该区官荒屯荒田二百余垧(业主为张延堂等),经县长马仲援批准;b.郝永德等擅组长农稻田公司,并以雇工为名,招集韩人一百八十八名,入境掘沟;c.五月一日韩人于二区马家哨口掘沟,侵占他人土地,被村民孙永清等控告,经县府下令驱逐韩侨,虽三令五申,郝永德执迷不悟,曾被看押。

(2)演变　a.郝永德仍然不顾法令,勾结韩人,继续掘沟,于四月间第六分局管界,又有新来韩人入境粮稻;b.查韩人引用伊通河东山之水,灌溉新辟稻田,如遇大雨,该处良田二千余响,势必淹没。郝永德顽抗功令,全恃韩人,韩人背后,又有日人嗾使。

(3)日人助恶　a.六月四日,日领派武装日警多名,前往万宝山保护韩人掘沟,事前虽经中国当局与日领交涉于五月二十六日，日领外务主任土屋，亦曾率属赴二、三区现地调查，但长春公安局长鲁绮，及保卫团到场制止时，日警部中川义治，嘱托高桥、巡捕朱某等，左袒庇护，无理威吓，交涉毫无结果，日警多着洋服，臂缠绿箍，上书特别勤务。b. 六月六日，三分局管腰窝堡韩人处，尚有日警十一名。六月八日，马家哨口有日人十一名，均着青上服、黄马裤，各带手枪两支，督饬韩人工作，并有殴伤国人情事。六月十三日，日警十二名返回万宝山。六月十五名，马家哨口新来日人八名（内便衣六名），各带手枪，并携带通信鸽十一只，二十一日放回四只。十九日，日警三名，保护韩侨二十余人，强占姜家窝铺张鸿义住宅。七月二日，日警向人民开[枪]，幸未伤人。七月四日，日警增员，携来机枪二挺（已共五十余名），并强占有炮台住户房院，掘沟工作，较前益甚，并发生韩人殴伤马宝山、韩殿成事件。七月三日，日警于马家哨山口掘战壕，并扣留摆渡，断绝交通。下午八时，日中川警部率警二十五名、轻机二挺，吉成警部率警十名、子弹十箱，永松部长率警九名，又马二匹，携通信鸽、帐幕等物，强占马家哨口王姓贺姓住宅。四日，又来日警六名，小车两辆，载木箱等物。下午，日领外务主事藏本英名，巡察后藤种介、长治秋夫三名到万宝山。七月六日，日警于马家哨口，督饬韩人建筑房屋。

(4) 本案关系外交事件 a. 日对我国外交强硬，王外交次长曾来电令注意；b. 日人于车站及附属地，对中国军警故意刁难；c. 日借万宝山事件，作虚伪宣传，鼓动韩人排华，据韩总督府公报发表，华人死一〇三名，伤一六七名，因伤致死三名，华商损失在四十万日元以上。

(5) 八月八日，日警由马家哨口撤回长春。

(6) 备考国人祸首郝永德,已被新六军督察组捕获,送交长春警备司令部军法处讯办中。

12. 敌伪在东北实施毒化政策之真相

九一八事变以前,日人利用满铁附属地租界地为据点包庇运售大量毒品,日总领事馆不予禁止反奖励日商贩卖。

民国二十一年,伪政府为谋增加其财政,乃树立政府之鸦片专卖制度,于伪经济部内设立"专卖总局"……但其表面仍主张采取鸦片渐灭主义,民生部兼理其事:民生部(大臣、次长)—保健司(司长)—烟政科(科长)。其制造之大量鸦片以"福、禄、寿、喜、枯、竹、梅、兰"等商标奖励推销。民国二十七年,鸦片专卖受舆论之影响,经济部之专卖总局停止鸦片专卖,移交至民生部成立"禁烟总局"……禁烟总局之设立系于民生振兴会议(伪政府之咨询机关)所议决,故康生院之新设,在于医生之培养及治疗药品、器材之整备,于此期间(民国二七年至民国三十年,三年间)可谓鸦片公卖之制度表面上撤消,主由民生部之治疗兼卖。迨民国三十年太平洋战争后,日人想法财政之收入,废止各地之康生院,增加鸦片之卖出数量,又复尽量扩充鸦片之栽种地区,除热河省外,辽宁、辽北、吉林等省实行大量集团种植鸦片,并大量输送至南京、上海一带倾消〔销〕。①

从 1946 年 7 月到 1947 年 9 月,**沈阳军事法庭共审判战犯 101 人,有 27 名战犯被判刑,其中死刑 16 名,无期徒刑 4 人,有

---

① 《关于战犯处理及督导经过情形》(1946 年 10 月 26 日),中国第二历史档案馆藏,战争罪犯处理委员会档案,22/241。

期徒刑7人，因审判期间死亡不受理5人，无罪74人。判决书所定罪名达26项之多，仅判处死刑者即涉及连续共同对非军人施以酷刑、强迫非军人从事有关敌人军事行动之工作、实施有计划之屠杀、连续贩卖毒品、为有计划之恐怖行为、共同摧残中华民族推行毒品六项罪名。其他还有诸如连续非法征用、私刑拘禁、拘留非军人加以不人道之待遇、营利聚众赌博、共同纵火恐吓人民、共同损毁尸体、滥用集体拘捕、共同没收财产、共同侵占财物等罪名。

主要战犯犯罪事实及判决情况：

1. 被告久保孚等6人，共同实施有计划之屠杀，各处死刑，共同纵火恐吓人民，各处有期徒刑10年，共同损毁尸体，处有期徒刑5年，应各执行死刑。犯罪事实：抚顺炭矿会社系日本在东北投资设立的特殊煤炭公司。1932年，东北武装抗日团体，于9月15日夜在抚顺境内分三路与日本守备队、防备队及宪兵警察展开激战，双方均有伤亡。16日拂晓，抗日武装经由平顶山向南转进。日军四处搜寻，发觉其沿平顶山方向消逝，怀疑该处居民有"通敌之嫌"，在时任抚顺炭矿次长久保孚的指挥下，日本守备队、防备队及宪兵警察于当日下午乘三辆卡车赴住宅区搜查，并对该村居民谎称将有战事发生，强令居民到附近的牛奶房子一带"避难"。全村1800余居民扶老携幼，在日本武装戒备之下向牛奶房子出发。行进中途，被告等人令居民临崖围坐成半圆形，声称将与土匪作战，在较高地点放置三挺轻机枪，待居民坐定，即开枪扫射持续达两个多小时，判决书中称"哭声震野，惨绝人寰"。扫射后，又派士兵对未断气者以刺刀戳至血肉模糊，全村居民生还无几，后又将该村房屋全部焚毁。17日，再下令将尸体全部浇上煤油以木柴焚烧，之后将炸药装在高约数丈的悬崖之上引爆，炸落的石土将崖下的尸体自然掩埋,周围还绕以铁丝网禁止他人通行窥览。①

2. 被告人清水光雄,连续共同对非军人施以酷刑,处死刑。犯罪事实:时任奉天警察厅特务科特高股监督警尉的清水光雄,1944年6月2日以思想不良罪名逮捕我国平民张鸿学,每天施以灌凉水、过电、跪铁条、上大挂等酷刑,致张多次晕厥,张迫不得已假作疯癫之状,期望躲过毒刑,但被告人清水光雄借机以治疗为名,让张服药,张服药后即刻失去知觉,瞳孔放大,痛苦难忍,被告人仍然对其加以严讯。因毫无证据,张鸿学被押八个多月后经家族保释出狱。1945年5月26日,清水光雄再次以思想不良为名,非法逮捕我国已有三个月身孕的平民陈纯真,羁押于敌伪秘密特务机关,每天进行刑讯逼供,因没有任何收获恼羞成怒,即协同伪满警务司及伪警务厅人等将陈纯真裸体,实施用烟头及洋蜡向其阴部熏烧等种种无人道行为,致使陈纯真流产。抗战胜利时陈纯真被救出。除此之外,清水光雄连续逮捕我国非武装人民达数十人,并施以酷刑。②

3. 被告人长岛熊雄,共同摧残中华民族推行毒品,处死刑。犯罪事实:被告人长岛熊雄,于1936年7月间来到东北,任伪奉天专卖署奉天工厂属官、延吉专卖属官、长春伪鸦片中央会大屯场场长等职。判决书写明其"在该农场内栽种阿片五十余垧,虽因当年干旱歉收而其收获量竟达壹千余两,悉数送缴伪阿片中央会新京分

---

① 《国民政府主席东北行辕审判战犯军事法庭三十五年度审字第三七号、三十六年度审字第二十号第九三号判决书》,转引自《一段鲜为人知的审判有何故事——沈阳军事法庭审判日本战犯史实》,《人民法院报》,2015年9月3日,第48版。
② 《国民政府主席东北行辕审判战犯军事法庭民国三十六年度审字第三十六号判决书》,转引自《一段鲜为人知的审判有何故事——沈阳军事法庭审判日本战犯史实》,《人民法院报》,2015年9月3日,第48版。

所供毒化我同胞之用"。①

4. 被告人染谷保藏，意图奴化中华民族而麻醉人民思想，处无期徒刑。犯罪事实：染谷保藏毕业于上海同文学院，1931年被任命为盛京时报社社长，该报社听受南满铁路株式会社指挥。判决书中写道："九一八之后，日本侵略我东北已臻具体化，对于我国人民之思想更尽其钳制摧残之能事，盛京时报遂成主要麻醉我国人民思想之华文宣传工具，当我国抗战至艰苦之阶段，染谷保藏更肆意循日本军阀及满铁之意旨，逢迎汪逆精卫高唱'日满华一体'，颠倒是非，诋毁我国政府，滥辞渲染冀使我国人民受其麻醉于不知不觉之间，而将民族意识消磨殆尽，以达其统治中国之目的。"②

在近代日本侵华史上，日本侵略东北的时间最长，东北地区长期受日伪的统治，受祸颇烈。战后，东北成为日俘日侨最密集的地区，其数量共约145万，战犯筛查的工作量巨大。如此庞大的日俘日侨数量以及东北长期遭受侵略的历史，东北地区的战犯惩处工作更形重要。然而沈阳军事法庭的审判，由于特殊的环境，取得的成效是有限的。从国内环境看，1945年苏联红军进入东北后，冀热辽军区十六分区曾克林部进驻沈阳，苏联将日军战俘交给了中共。此外，苏军进入东北之后，沈阳、长春等地的主要战犯都被押往苏联。在审判战犯期间，沈阳周边地区仍然由中共所掌控，国共处于拉锯状态。沈阳审判没有引起社会的广泛关注，影响也不大。

---

① 《国民政府主席东北行辕审判战犯军事法庭民国三十六年度审字第三十六号判决书》，转引自《一段鲜为人知的审判有何故事——沈阳军事法庭审判日本战犯史实》，《人民法院报》，2015年9月3日，第48版。
② 《国民政府主席东北行辕审判战犯军事法庭三十五年度审字第六四号判决书》，转引自《一段鲜为人知的审判有何故事——沈阳军事法庭审判日本战犯史实》，《人民法院报》，2015年9月3日，第48版。

沈阳法庭判处死刑战犯一览表

姓名	所属单位	阶级	原籍	罪名	判决徒刑 一审	判决徒刑 复审	备注
木村龟登	"满洲国"军	营长	东京	参与侵略战争，意图杀害平民，抢劫财物	死刑		1947.1.29 执行
水本匡	阜新城内警察署	署长	福岛	连续对非军人施以酷刑，藏匿犯人	死刑		1947.4.12 执行
桑原起一	兴城县公署	嘱托	熊本	连续强迫无义务之事	死刑	10 年	1948.4.26 病死
堀泽庄夫	阜新	豆腐商	新潟	杀人	死刑		1947.5.16 死刑
植村良四郎	本溪湖	街长	宫崎	共同计划谋杀人	死刑		1946.5.29 病死
阵内春夫	奉天平安区	宣传主任	熊本	杀人	死刑		1947.7 病死
日高初美	满铁	职员	宫崎	连续压迫中国人，妨害自由	死刑	无罪	1947.9.23 病死
清水光雄	奉天警察局	督察官	山梨	连续对非军人施以酷刑	死刑		1947.4.7 病死
鹤野信雄	北安区警察局	督察官	熊本	杀人	死刑		1947.7.7 执行
冈崎久辅	铁岭铁道警护队	分团长	福岛	连续对非军人施以酷刑	死刑		1947.7.25 执行
长岛熊雄	新京阿片农场	场长	熊本	栽种鸦片，遂行毒化政策	死刑		1947.7.17 执行
日高正治	不明	不明	佐贺	不明	死刑	无罪	
富山竹治	锦州宪兵队	曹长	岩手	连续压迫平民而妨害自由	死刑	无罪	1948.6.17 内迁

续表

姓名	所属单位	阶级	原籍	罪名	判决徒刑 一审	判决徒刑 复审	备注
荻原友三郎	锦州宪兵队	曹长	千叶	连续压迫平民而妨害自由	死刑	无罪	1948.6.17 内迁
竹崎牧二	"满洲"畜产公社	支社长	高知	连续强迫占领区之居民服兵役	死刑	5年	
和久大太郎	本溪湖	旅馆业	大阪	共同计划谋杀人	死刑		1948.1.5 执行
龟冈忠彰	锦州地方警察厅	次长检事	大阪	为有计划之恐怖行为	死刑	无罪	
松井时光	北安县公署	属官	福冈	撒布毒品(鸦片)	死刑	无罪	1948.1.8 释放
金子守一	旅顺宪兵队	通译	韩国	贩卖鸦片	死刑		1948.1.27 执行
片山真也	鞍山市公署	特务科长	熊本	连续对非军人施以酷刑	死刑		1947.10.15 执行
三毛能卫	鞍山市商工公会	职员(特务队长)	冈山	连续对非军人施以酷刑	死刑		1947.12.4 执行
坂井文七郎	锦州高等检察厅	次长检刑	新潟	共同对非军人施以酷刑	死刑	无期	1948.1.13 病死
久保孚	抚顺煤矿	次长	高知	共同实施有计划之屠杀,共同纵火恐吓人民,共同毁损尸体	死刑		1948.4.19 执行
山下野满	抚顺煤矿	社员	熊本	共同实施有计划之屠杀,共同纵火恐吓人民,共同毁损尸体	死刑		1948.4.19 执行

续表

姓名	所属单位	阶级	原籍	罪名	判决徒刑 一审	判决徒刑 复审	备注
金山弓雄	抚顺煤矿	社员	大分	共同实施有计划之屠杀,共同纵火恐吓人民,共同毁损尸体	死刑		1948.4.19执行
满乡野仁平	抚顺煤矿	社员	宫崎	共同实施有计划之屠杀,共同纵火恐吓人民,共同毁损尸体	死刑		1948.4.19执行
西山茂作	抚顺煤矿	社员	福冈	共同实施有计划之屠杀,共同纵火恐吓人民,共同毁损尸体	死刑		1948.4.19执行
藤泽末吉	抚顺煤矿	社员	栃木	共同实施有计划之屠杀,共同纵火恐吓人民,共同毁损尸体	死刑		1948.4.19执行
坂本春吉	抚顺警察署	警察官	茨城	共同实施有计划之屠杀,共同纵火恐吓人民,共同毁损尸体	死刑		1948.4.19执行

资料来源:《中国国民政府审判日本战犯统计表》,刘统:《大审判——国民政府处置日本战犯实录》,上海:上海人民出版社,2021年版,第961—970页;茶园义男编「BC级戦犯关系资料集」,不二出版,1992年,第140—149页。

第六节 太原审判

1946年4月，第二战区司令长官部在太原设立审判战犯军事法庭。庭长由山西省高等法院的郭华兼任，审判官还有毛源、柴月溶、马道弘、杨积雍，胡俨、刘之翰先后任检察官，书记官王同文。同年春，设立战犯拘留所，开始抓捕战犯。1946年6月1日，被确定为战犯嫌疑人的日军官兵共计14人。①

据山西高等法院留存的档案，当时法庭对16名战犯嫌疑人中进行了审判，判决结果为佐藤义雄、后藤好雄、佐藤彦七、东本谦一、结成初、鬼头茂、山崎茂市7人不起诉和无罪释放，大竹善夫被判处6年徒刑，塚越大三郎被判处7年徒刑，中村秀夫、濑户山魁被判处10年徒刑，澄田睐四郎等3人暂缓审判，其他2人被判死刑。

太原军事法庭，是逮捕日本战犯最少、开庭审讯最晚的法庭。太原军事法庭一共审判战犯11人，具体情况如下：

1. 柿副善次，日本佐贺县人，1939年1月来华，山本部队上等兵，后历任灵邱县伪警察队指导、阳高县防卫军指导等职。战后被太原军事法庭抓捕，于1946年12月12日审判，被判处死刑。柿副善次在灵邱县伪警察队任警务指导官期间，先后屠杀平民多人，并滥捕无辜平民加以拘禁并用非刑拷打。抗战胜利后，经灵邱县民众告发，依法进行审判。该被告供认纵火烧毁民房、劫取人民财物以及杀害平民萧某、拘捕平民施以酷刑属实，但对屠杀其他平民多人的指控矢口否认。经过灵丘县中国平民4人出庭做证并提供证词，列举柿副善次罪行，法庭认为证据确凿，予以采信，最终以"柿

---

① 参见孔繁芝《山西太原对日本战犯的两次审判（上）》，《山西档案》2007年第6期。

副善次参预侵略战争,屠杀平民,滥施酷刑,强奸抢劫并破坏财产,勒索财物,处死刑"。① 经国防部核准,1947年2月8日,柿副善次在太原东门外被枪决。

2. 白岩定夫,日本佐贺县人,日军第四独立警备队第二十四大队陆军大尉。1941年至1944年驻代县期间,先后屠杀平民数百人,对抗日部队被俘人员凶残殴辱、残杀,纵火烧毁牛家渠等十余村民房多处。抗战胜利后,经代县人民检举,白岩定夫被抓捕,1946年12月17日审判,最终以"计划杀戮、集体暴行、破坏财物、虐待和杀害俘房"判处死刑。1947年2月8日,执行死刑。

3. 中村秀夫,日本北海道空知郡人,1943年12月来华,任平鲁县伪警察队指导官,屡率所部与我军作战并实施暴行。抗战胜利后,经被害人杨某告发,被军事法庭抓捕,于1947年4月30日审判。该战犯供认没收牛驴属实,但对于强奸妇女并强迫为娼的指控予以否认,因检举人杨某所在地平鲁已经是中共解放区,未能传讯,因证据不足,无法定罪,最后法庭以"中村秀夫在作战期间没收财产,处有期徒刑十年"。②

4. 大竹善夫,日本福岛人,任日军独立混成第三旅团独立步兵十大队伍长,1947年4月30日审判,其在作战期间致人重伤,判处有期徒刑6年。

5. 佐藤彦七,日本新潟人,日军第一一四师团独立步兵一一九大队曹长。1947年5月7日审判,起诉理由是在河北省阜平县焚烧民房,因查证困难,最终判处无罪。

---

① BC級(中華民國裁判関係)太原裁判・第1号事件、戦争犯罪裁判関係資料、日本国立公文書館、平11-法務05757100。
② BC級(中華民國裁判関係)太原裁判・第3号事件、戦争犯罪裁判関係資料、日本国立公文書館、平11-法務05759100。

6. 山崎茂一，日本石川县人，1937年11月来华，任日军独立后备第一大队第四中队上等兵，驻山西榆次，后调驻榆次宪兵队，1938年退伍，即留居榆次经商，任县日本居留民会会长。抗战胜利后，因强占中国平民砖窑及财产罪，被太原法庭逮捕审判。因关键证人不能到庭，法庭认为证据不足，最终判处无罪。[①]

7. 濑户山魁，日本鹿儿岛人，1939年来华，最初任运城伪新民会山西省河东道总会职员办理会计人事等事务，1941年任伪河东道公署顾问，后调任伪新民会山西省总会参事，1943年3月调任伪新民会山西平定县总会顾问，兼伪平定县政府顾问，曾协同伪县长强征该县青年，使受所谓新民实即奴化之训练，1944年10月，调任伪山西省劳工局副局长，协同局长白飞山等，强迫沦陷区人民从事军用人工役夫。抗战结束后，经人告发，被军事法庭抓捕，1947年8月25日审判，最终以"濑户山魁于对中华民国作战期间，强迫非军人从事有关敌人军事行动之工作，并强迫人民为无义务之事，处有期徒刑十年"。[②]

8. 鬼头茂，日本爱知县人，太原宪兵队临汾分队，上等兵，无罪。

9. 塚越大三郎，日本群马县人，1938年来华，系一一四师团上等兵，驻扎青岛。1940年7月，任日本驻临汾宪兵分队宪兵，在临汾、襄陵一带连续没收人民财产。抗战胜利后经人告发，由太原军事法庭于1947年11月14日审判，该战犯对于没收财物事实供认不讳，最终以在作战期间连续没收财产处有期徒刑七年。

[①] BC級（中華民国裁判関係）太原裁判・第6号事件、戦争犯罪裁判関係資料、日本国立公文書館、平11-法务05761100。
[②] BC級（中華民国裁判関係）太原裁判・第7号事件、戦争犯罪裁判関係資料、日本国立公文書館、平11-法务05762100。

10. 东本谦一，日本山形县人，临汾宪兵分队霍县分遣队宪兵队长，因驻扎霍县期间杀害平民，被判处无期徒刑，1948年3月24日改判无罪。

11. 后藤好雄，日本兵库县人，临汾宪兵分队霍县分遣队上等兵，因驻扎霍县期间没收居民财产并实施强奸被起诉，因证据不足被判无罪。

1948年3月24日太原法庭结束，全部4名非死刑的战犯转送上海江湾高境庙日本战犯监狱。

太原军事法庭审理的日本战犯案件数量少，判罪轻。之所以如此，是因为阎锡山在对待日本战犯的问题上，采取了宽大放纵的政策，并留用大量日军投降人员，与共产党抗衡。在山西日本战犯逮捕的名单上，日军驻山西的华北方面军第一军司令澄田睞四郎中将位居第一，其后还有参谋长山冈道武少将和第十旅团长三浦三郎中将。由于阎锡山与日本达成所谓"寄存日本武力于中国"的谋略，将日军"残留"山西，帮助阎锡山对抗共产党，所以对"残留日军"实行优待政策，不追究战犯刑事责任。澄田睞四郎、山冈道武、三浦三郎不但未被作为战犯审判，反而被阎锡山聘为顾问。

据太原军事法庭庭长郭华回忆，对于是否审判澄田，因"澄田系在华日军驻山西军总司令，又是阎的反共决策者。如将澄田等判处死刑或无期徒刑，势必影响日军军心"，根据"阎的意见，要进行审判未尝不可，但澄田、三浦等几人，总以暂缓审判为宜"。① 最终在阎锡山的庇护下，澄田睞四郎、三浦三郎都逃过了审判。

---

① 郭华：《解放前山西处理日本战犯的一幕》，《山西文史资料》第7辑，山西省政协文史资料研究委员会1982年编印，第43页。

第七节　济南审判

济南军事法庭全称为"第二绥靖区司令部审判战犯军事法庭"，按照国民政府的命令于1946年2月15日成立，1947年9月30日结束。济南军事法庭的审判长是李法先，5位审判法官分别是孙荫蓂、唐亿年、勇明绶、陈伯宣和赵全明。庭长李法先早在1927年就被司法总长罗文干任命为山东济南地方审判厅推事，抗战前任山东高等法院推事和高等法院刑二庭代理审判长。军事法庭成立的同时，第二绥靖区司令部下令在济南、泰安、德州等地逮捕日本战犯。逮捕战犯以日本宪兵为主，也有部分特务机关成员，但是罪行调查的进展并不顺利，因为国民党军在山东控制的地区有限，济南之外的大部分县城都被共产党控制，所以取证不出济南市的范围。

为了征集战犯的证据，1946年7月26日第二绥靖区司令部发布通告："案查本部军事法庭受理日籍战犯青井真光等四十四名，均在济南战犯拘留所羁押。除青井真光等七名已经侦查终结外，其余广田米藏等三十七名急待审理。关于各该战犯之罪行，希各被害人或明了当时经过之社会人士迅将后开战犯犯罪事实、时间、地点尽量搜集，呈报本部军事法庭，以凭侦讯而资定谳。特此通告。"[1]同时列表公布37名战犯之姓名、年龄、来华日期及所任职务。

济南军事法庭在1946年8月25日至1947年7月27日共审

---

[1] 刘统：《大审判——国民政府处置日本战犯实录》，上海：上海人民出版社2021年版，第229页。

判案件21起,涉及战犯24人,其中9人判处死刑,1人无期徒刑,8人有期徒刑,6人判决无罪。① 具体情况如下:

1. 冈平菊夫,日本长崎人,济南伪铁路局警务段段长,日军投降后,被日侨管理处于1946年3月6日捕获,移送军事法庭检察官侦查起诉。经审判,法庭判决:"冈平菊夫共同杀人,处死刑。共同妨害自由,处有期徒刑五年。共同遗弃尸体,处有期徒刑五年。执行死刑。"②

2. 青井真光,日本冈山县人,1944年7月任济南日本新华院中尉院长,专司管理俘虏事宜。"该院之设系为罪行轻微之战俘收容感化机关,乃该院长不顾国际信义,本其灭绝中华民族之传统思想,利用此机会,欲将先后收容之战俘连续杀尽而后快意。"经审判,1946年10月4日,济南军事法庭对清井真光案做出判决:"青井真光于对中华民国作战期间,违反战争法规及惯例,共同实施暴行,连续杀害俘虏,处死刑。连续虐待俘虏,伤害其健康因而致死,处无期徒刑。连续使用俘虏为奴隶,从事不合规定之工作,处有期徒刑十年。遗弃尸体处,有期徒刑五年。执行死刑。"③判决书上报南京国防部审核,国防部认为判决书中遗漏了《海牙公约》中的相关条款,济南军事法庭奉令补上。1946年12月13日,青井真光被执行枪决。

3. 田中政雄,日本山口县人,济南日宪兵准尉兼凤凰公馆(日本特务机关)主任队长。按1946年3月18日原牟平县长孙亦新的

---

① 《济南军事法庭审理战犯统计》,《中央日报》,1947年10月20日,第2版。
② 《冈平菊夫判决书》,国际刑事法院法律工具数据库(The ICC Legal Tools Database), http://www.casematrixnetwork.org/cn/icclegaltool sdatabase/,2019年12月20日。
③ 《青井真光判决书》,国际刑事法院法律工具数据库(The ICC Legal Tools Database), http://www.casematrixnetwork.org/cn/icclegaltool sdatabase/,2019年12月20日。

举报,军法处派人查证,拘押战犯嫌疑人田中正雄。随后第二绥靖区军事法庭发出通告,征求市民举报日本战犯罪证。被害人孙亦新、刘子诤、韩式汶等人先后举报,提供证据证词。最后经过法庭审判,做出判决:"田中政雄参与侵略战争,实施暴行。对于中国平民及非战斗人员滥施酷刑,予以不人道之待遇,共同杀人一罪,处死刑。共同妨害自由六罪,各处有期徒刑五年。共同伤害人之身体及健康六罪,各处有期徒刑三年。执行死刑。"①

4. 长谷川稔,日本长野县人,华北交通济南铁路局所长,因奴化占领区居民,被判有期徒刑18年,后改判为10年。

5. 堀内义雄,日本山梨县人,第四十三军警备队军属,因共同私自采矿及顶替犯人使之隐避,被判处有期徒刑12年,后改判为2年。

6. 国富茂,日本冈山县人,新泰县伪新民会参事,因连续奴化占领区居民、连续强制征收钢铁及食粮、连续强买钢铁食粮,被判处有期徒刑12年。

7. 江本金吾,日本静冈县人,泰安宪兵分队曹长;田中勘五郎,日本埼玉县人,泰安宪兵分队军曹。二人因连续对非军人施以酷刑,均被判处12年有期徒刑。

8. 赵允吉,韩国人,青岛宪兵队翻译,因实施有计划之屠杀、对非军人施以酷刑、抢劫财物,被判处死刑。

9. 神保信彦,日本山形县人,于1944年1月由菲律宾来华,从事侵略战争。任日军第一军第六十九师团第八十二大队大队长。在山西、河南与国民党军队阎锡山、胡宗南部作战。被控纵容其士

---

① 《田中政雄判决书》,国际刑事法院法律工具数据库(The ICC Legal Tools Database),http://www.casematrixnetwork.org/cn/icclegaltool sdatabase/,2019年12月20日。

兵对占领区域内之非战斗人员任意杀害。经过法庭调查，于1946年12月5日提起公诉。1946年9月，菲律宾总统罗哈斯致函蒋介石，称其在菲律宾被捕后，负责看押的日本军官神保曾冒生命危险，违反上级枪毙罗哈斯的命令，要求缓行枪决令，使罗哈斯幸免于难。罗哈斯希望蒋介石能对神保宽大处理。① 济南军事法庭经过调查，于1946年12月28日对神保信彦案进行最后一次审判，判决神保信彦无罪。判决书所列理由："被告于来中国以前，曾在菲律宾服务。当日军攻占菲律宾时，将菲总统罗哈斯俘虏。日军事当局曾拟将菲总统罗哈斯杀害，经被告营救，始免于难。足证被告之素行尚非恶劣，且当时加害王寿昌者系第八十二大队内不知姓名之士兵，被告为该大队之中佐大队长，与该士兵地位高下悬殊，并非直接监督指挥该士兵之人。参以被告所称绝对不教士兵抢劫东西之语，是其对于所属士兵之纪律已不能谓无相当之注意。虽其所属士兵偶然有杀害王寿昌并抢劫其财物之行为，亦不能谓被告未尽防范制止之能事，令负战争罪犯之共犯罪责。应予谕知无罪，以免拖累。"②1947年5月7日，神保信彦被转送到上海江湾国防部战犯管理处，不久被遣送回日本。

10. 新荣幸雄，日本北海道人，蓝特务机关长，日本第十二军嘱托，军事法庭判决无罪，理由："查第一项煽惑交战国军队逃叛，揆诸国际公法及战争法规尚无禁止规定。"新荣幸雄之所以能脱罪，"一是中国人的救助，二是归顺部队（即吴化文部）为其提供了有利

---

① 《菲总统函请蒋主席宽赦日战犯神保　因曾为所救得以不死》，《世界日报》，1946年9月24日，第2版。
② 《神保信彦等战犯审理案》，台北："国家档案管理局"藏，"国防部史政编译局"档案，B5018230601/0035/013.81/6040/1/034/0000608270007。

证据"。① 抗战时期一度受新荣幸雄运动成为伪军的吴化文在战后又重新洗白,吴化文为其脱罪起了重要作用。后来国民党在台湾聘请一批日本战犯充当顾问,新荣幸雄也在其中。

11. 有野学,日本福冈县人,1938年4月间随同日军来济,协助侵华工作。组织侵略机构,该机构设有总务司、政经济、司法、检察、警察各科室署,仍称日本济南领事馆总领事。所有该领事馆内各部分一切事务,悉由有野学监督指挥。日本投降后,经日本官兵管理处将被告捕获,移送军事法庭检察官侦查起诉。经过法庭审理,判决:"有野学于对中华民国作战期间,共同违反战争法规及惯例,强迫平民售卖房产,处有期徒刑三年。对非军人施以酷刑,处有期徒刑十年。执行有期徒刑十二年。"②

12. 福田永助,日本秋田县人,1938年6月日本侵占华北后来华,在北平经过短期训练,被派至德县日本宪兵分遣队充当上等兵,后升伍长、曹长。到职之后即与该队翻译陈永惠勾串,谋杀中国平民。日本投降后,经山东徒手日本官兵管理处捕获,移送军事法庭庭检察官侦查起诉。经过审判,法庭判决:"福田永助于对中华民国作战期间,违反战争法规及惯例,为有计划之谋杀二罪,各处死刑。对非军人施以酷刑二罪,各处有期徒刑十年。私行拘禁一罪,处有期徒刑五年。执行死刑。"③1947年6月9日国防部核准

---

① BC級(中華民国裁判関係)済南裁判・第18号事件、戦争犯罪裁判関係資料、日本国立公文書館、平11-法务05635100。
②《有野学判决书》,国际刑事法院法律工具数据库(The ICC Legal Tools Database),http://www.casematrixnetwork.org/cn/icclegaltool sdatabase/,2019年12月20日。
③《福田永助判决书》,国际刑事法院法律工具数据库(The ICC Legal Tools Database),http://www. casematrixnetwork. org/cn/icclegaltool sdatabase/,2019年12月20日。

死刑判决。6月13日,济南军事法庭在四里山枪决福田永助。

13. 小林爱男,日本东京人,济南宪兵队曹长,因谋杀平民、对非军人施以酷刑、不法拘禁平民,被判处死刑。

14. 河村伍郎,日本山口县人,山东德县、新泰、临沂、费县、济宁等县宪兵分遣队队长。经过多次的讯问取证和庭审,法庭认为河村伍郎罪行清楚,证据确凿,1947年5月7日宣布判决:"河村伍郎于对中华民国作战期间,违反战争法规及惯例,实施暴行。对中国人民为有计划共同连续之谋杀,处死刑。共同连续对非军人施以酷刑,处死刑。共同抢劫财物,处死刑。共同妨害自由,处有期徒刑三年。执行死刑。其余部分无罪。"[1]1947年8月13日,南京国防部核准了对河村伍郎的死刑判决。8月22日,河村伍郎被执行死刑。

15. 米仓宪一,日本中川郡人,兖州宪兵队中尉队长;辻田岩登,日本广岛人住熊野町,兖州宪兵队准尉副队长;岩本荣,日本长崎人,兖州宪兵队军曹。抗战胜利后,原国民党地下抗日情报人员邓乃石检举告诉,称三人应对一起枪杀国民党地下组织成员14人的案件负责,但经过法庭调查,"展裴、殷师舜、邓乃石三人均系我军统局派至沦陷区内之地下工作人员,被告等将其逮捕之后转送敌军法会审讯,尚不违反国际公法与战争法规。此外又无其他证据足证被告等将该李展裴等逮捕之后确有刑讯情事,殊难遽令负刑事责任。又李玄章等十四名既均系投伪附敌叛国之汉奸,果如起诉意旨,认定系被告米仓宪一派遣警宪人员逮捕枪杀,此在国际

---

[1]《河村伍郎判决书》,国际刑事法院法律工具数据库(The ICC Legal Tools Database), http://www.casematrixnetwork.org/cn/icclegaltool sdatabase/,2019年12月20日。

公法与我现行战争罪犯审判条例及刑事法规并无处罚明文。该被告此项行为,亦难遽认为犯罪,予以处罚。将被告等论知无罪"。①

16. 铃木一郎,日本千叶县人,第四十三军司令部少佐,因参与侵略战争、杀害俘虏被起诉,后因证据不足判处无罪。

17. 前田辉三,日本广岛人,济南总领事馆警察署署长,因不法收买土地及滥捕平民,被判处有期徒刑10年,后改判为1年。

18. 广田米藏,日本福冈县人,1940年8月奉派来华,迭任河南开封宪兵队队长、华北宪兵司令部大佐副官,1944年3月升任济南宪兵队本部大佐队长,共辖济南、泰安、兖州、德县、张店5个宪兵分队,分队下设宪兵分遣队,均由该被告监督指挥。广田米藏明知属下宪兵分遣队及宪兵分队对非军人有肆意逮捕及滥施酷刑之犯罪行为,而不加防范制止。日本投降后,经山东地区日本官兵管理处将被告逮捕,移送军事法庭检察官侦查起诉。法庭经过审理,于1947年7月22日判决:"广田米藏于对中华民国作战期间,违反战争法规及惯例,实施暴行,共同对非军人施以酷刑三罪,各处无期徒刑,执行无期徒刑。"②

19. 吉田保男,日本岛根县人,特别警备队少尉,因杀人,被判处死刑。

20. 武山英一,日本宫城县人,济南日本宪兵队军曹曹长、少尉队长,1938年4月间来华,参与侵略战争,任天津日本宪兵队军事警察,同年7月调任山东德县日本宪兵分遣队军曹,同年8月又调济南城内日本宪兵分遣队军曹。寺田、渡部、田中为其属下宪兵,

---

① 《米仓宪一判决书》,国际刑事法院法律工具数据库(The ICC Legal Tools Database),http://www.casematrixnetwork.org/cn/icclegaltool sdatabase/,2019年12月20日。
② 《广田米藏判决书》,国际刑事法院法律工具数据库(The ICC Legal Tools Database),http://www.casematrixnetwork.org/cn/icclegaltool sdatabase/,2019年12月20日。

均担任搜捕抗战人员工作。武山为涑源公馆负责人,涑源公馆是北支派遣军特别警备队甲一四一五部队,直辖侦谍班武山队。军事法庭于1947年7月25日判决:"武山英一于对中华民国作战期间,违反战争法规及惯例,实施暴行。共同连续谋杀非军人,处死刑。共同连续对非军人施以酷刑,处死刑。共同谋杀俘虏,处死刑。共同连续虐待俘虏,处无期徒刑。共同连续放逐非军人,处无期徒刑。没收财产,处有期徒刑十年。共同连续勒索财物,处有期徒刑七年。共同连续妨害自由,处有期徒刑五年。执行死刑。"[①]1947年10月30日,武山英一在济南被执行枪决。

21. 西崎敏夫,日本冈山县人,山东省伪新民会主席参事,因连续对占领地区居民实施奴化,被判处有期徒刑12年。

1947年11月13日济南军事法庭关闭,无期及有期徒刑犯遵照国民政府令,全部解往上海继续服刑。

第八节 徐州审判

1946年4月1日,徐州绥靖公署审判战犯军事法庭正式成立,并在完成开庭前的各项准备工作后,于6月15日正式开庭。徐州审判战犯军事法庭直接隶属于徐州绥靖公署,后改隶陆军总司令部徐州司令部。1946年6月到1947年4月底徐州军事法庭对所辖地区范围内日军所犯战争罪行进行了审判。

徐州审判战犯军事法庭庭长兼审判长,由江苏省高等法院第三分院院长陈珊担任,法庭军事检察官则由王之傢担任。江苏省

[①]《武山英一判决书》,国际刑事法院法律工具数据库(The ICC Legal Tools Database), http://www.casematrixnetwork.org/cn/icclegaltool sdatabase/,2019年12月20日。

高等法院刑庭庭长钱松森兼任徐州法庭军法审判官,铜山地方法院首席检察官樊煜兼任徐州法庭军法检察官,其他有案可查的徐州法庭的军法审判官还有钱渠轩、陈武略、顾朴先、杨善荣、沈治邦等人,其中顾朴先承担部分战犯的预审工作,沈治邦负责对战犯嫌疑人的起诉及罪证搜集工作,两人分别来自江苏省高等法院和徐州绥靖公署。徐州法庭编制内人员的来源分三种,即徐州绥靖公署军法处、江苏高等法院和铜山地方法院。①

在正式开庭前的两个月时间里,徐州法庭先是张榜、登报通缉,鼓励民众举报战犯,并根据民众举报,对战俘营中的战俘逐一进行甄别,然后交由铜山地方法院进行初步审理。在动员民众检举、指认战犯方面,徐州绥靖公署曾进行广泛宣传,动员民众踊跃检举日本宪兵等在徐州地区所犯的罪行:"查在华日本宪兵及其军民于抗战期内,无恶不作,我人民遭其酷刑残杀死亡与失踪者,难以数计。现本署审判战犯军事法庭业于四月一日组织成立,在本市中正路十五号开始办公后,我被害人或其家属以及各界人士如举出犯人姓名、地点、详细事实暨搜集犯罪证据,经向该庭呈控即予法办,除分电外,希转饬广为宣传为要。"②

徐州绥靖公署通令地方各级组织发动民众,检举揭发日军残害人民的罪行,并奉令将驻扎在徐州的全部日军关押至日俘集中营,并对关押在战俘集中营的 236 名日本宪兵逐一进行了审查。为便于民众告发,登报公布日本宪兵姓名,还在法庭门口设置了 5

---

① 熊昆旗:《"徐州审判"研究》,刘统主编:《战后中国国内对日本战犯审判研究》,上海:上海书店出版社 2019 年版,第 307—308 页。
②《徐州绥靖公署为向军事法庭呈控日本宪兵罪行致徐州市政府代电》(1946 年 4 月 18 日),徐州市档案局编:《侵华日军战犯徐州审判档案汇编》上,北京:国家图书馆出版社 2019 年版,第 122 页。

处密告箱。①

由于徐州绥靖公署所辖地区在战时是日伪沦陷区，所以徐州法庭追究的战争罪行也主要集中在辖区内日本宪兵队对当地人民生命财产的侵害及非法剥夺上。1946年6月15日，徐州法庭首次开庭，至1947年4月30日休庭。具体审判案件及战犯情况列举如下：

1. 古性与三郎，日本神奈川县人，独立警备队第一大队大尉。1943年7月至1945年8月间负责警备合肥城外，1943年11月审讯通敌者时使用军犬，处死1名"土匪"并强奸妇女。1946年6月15日，被判处死刑，1946年9月21日执行。

2. 入山博，日本岐阜县人，徐州宪兵队兵长。在徐州东停车场派遣所工作时，于1944年8月22日将从杭州邮局发往天津及北京等处的行李51袋以在徐州检查为名扣留私用。1946年11月20日，因侵占公务上持有物，被判处无期徒刑。

3. 井上源一，日本爱媛县人，日本驻宿迁宪兵分队伍长，因共同抢劫、连续对非军人施以酷刑被处死刑。"1943年10月，井上源一由徐州宪兵队调入宿迁分队，因功升任伍长。1944年农历8月25日，率日本宪兵20余人，随带汉奸便衣队数人，至睢宁县高作镇借搜捕我地下工作人员之名，将该镇富商郝松涛家洗掠一空，造成损失达当时伪币两千万元之巨。抢劫后，井上源一将郝松涛药店伙计朱建业、纪梦轩及同镇居民滕兴斋、滕子汉、夏耀球、仲伟君、刘光前、李学俭等8人，拘送宿迁分队。滕兴斋、滕子汉等均为无辜平民，仅因涉有国民党党员之嫌，经井上源一审讯三次，受尽电

---

① 参见慈延年、唐新利《日犯残忍暴戾为古今中外所罕闻——徐州军事法庭审判日本战犯概述》，《人民法院报》，2015年9月3日，第48版。

刑,惨无人道。滕兴斋年过花甲,几致丧生。井上源一挟其威势,捏造罪名,藉以勒索上述诸人伪币6万元至70余万元。"①1946年11月20日法庭经审理,以共同抢劫、虐待罪,判处死刑。

4. 小川洋、松崎秀宪分别是徐州领事馆领事和通译,因贩运鸦片、伪造币券及毁弃军用兵器弹药,分别被判处有期徒刑10年、7年,后均改判无罪。

5. 膳英雄、中屋义春、渡边市郎、中岛慎太郎、儿玉协、白川义弘、中川泰治均为徐州日本宪兵队宪兵,其中膳英雄为队长,中屋义春为战务科长,其余5人系宪兵。1944年10月13日,山东省湖田总局局长陈建勋,辗转来徐,拟转赴安徽阜阳,被伪徐州便衣队队长杨永滕所侦悉,遭秘密拘捕,送交徐州日本宪兵队,由队长膳英雄发交战务科长中屋义春承审,并由儿玉协任记录。10月15日讯问时,陈建勋坚不吐实,渡边市郎协同他人先后用棍击打陈建勋头部,往鼻孔灌水,放狗噬咬。10月24日,第二次审讯时,渡边市郎又协同他人,反复使用电刑及灌汽油等种种酷刑,致陈建勋多处受伤。庭审时,陈建勋到庭指证,其右脚脚跟被狗咬的伤痕清晰可见。与他同拘一室的王文奎到庭证实,亲眼看见。该案1946年9月29日审判,渡边市郎、中岛慎太郎、儿玉协、白川义弘、中川泰治因共同对非军人施以酷刑,分别被判处3—4年徒刑不等。膳英雄、中屋义春因负指挥责任,均被判处死刑。②

6. 松本芳雄,日本岛根县人,砀山日本分遣队军曹。松本芳雄于1939年随军来华,最初在北平宪兵教习队,1941年8月任徐州

---

① 《战犯井上源一判决书》(1946年11月20日),徐州市档案局编:《侵华日军战犯徐州审判档案汇编》上,北京:国家图书馆出版社2019年版,第211—216页。
② 《战犯膳英雄判决书》,中国第二历史档案馆藏,战争罪犯处理委员会档案,22/252。

宪兵队兵长，倚势残害国民党地下工作人员有功，擢升军曹，派入砀山分遣队。据侦悉，当地居民黄志忠、张海峤、段广勋、张永恩、武广礼5人为地方政府情报人员，松本芳雄伙同他人于1942年7月13日先后将这5人拘捕，连续实施刀刺、烧烫、溺水等酷刑。黄志忠等在砀山被禁16日，受刑过度，已奄奄一息，又被松本芳雄等亲自押解徐州，从此杳无音信。法庭经调查取证后认为，被告人滥施酷刑，残忍暴戾，致被害人惨受重伤，不仅与国际公法及一切条约惯例之规定大相违背，且重违人道，更为古今中外所罕闻。而被害人一入虎口，迄今生死不明，是否为被告人所屠杀，或因伤重致死，虽难臆断，惟犯罪所生之损害，实属重逾寻常，应依法处以极刑。松本芳雄以共同连续对非军人施以酷刑，处死刑。①

7. 板尾有作、小林正成、芳野喜重、市桥谦次、岛田义和、武仲弥五郎均为徐州宪兵。1944年9月24日晚，沛县平民周盛轩闲居在家，因被怀疑是国民党党务工作人员遭到拘捕，次日由沛县解押徐州大同街拘留所内关押，38天后才被释放。周盛轩在押期间被指为沛县党部书记长，且其兄主持泗县党务，于是逼令他供出地下工作人员及电台。市桥谦次等先后刑讯3次，连续对被害人严刑逼供，逞其凶性，令被害人整天跪于雪地，双手上伸，禁绝饮食，频施毒打。周盛轩历受酷刑，体内受损严重，直到庭审时仍黄瘦孱弱。上述参与此案的6人因共同对非军人施以酷刑，被判处5年、12年及无期徒刑不等。②

8. 庾茂松（于茂松），原籍朝鲜庆尚北道，徐州日本宪兵队翻

---

① 《战犯松本芳雄判决书》(1946年11月22日)，徐州市档案局编：《侵华日军战犯徐州审判档案汇编》上，北京：国家图书馆出版社2019年版，第229—234页。
② 《战犯板尾有作等判决书》(1946年12月6日)，徐州市档案局编：《侵华日军战犯徐州审判档案汇编》上，北京：国家图书馆出版社2019年版，第241—246页。

译，能操流利汉语。日本发动侵华战争后，即应征入伍，于1941年来到徐州，倚仗敌势，对当时沦陷区人民迭施暴行，手段极其残忍。张君九，徐州教会创办的昕昕中学校长，1943年10月12日，无故被徐州日本宪兵队拘捕，因坚不承认暗通盟邦，庾茂松遂动用酷刑。第一次以木棍猛击其头，致张君九当即昏死过去；第二次剥其衣服，以冷水浇身，过后又将其置于冰桶内，几乎被冻死，事后并不给进食达7天之久。陈兆生，徐州商人，于1943年9月16日，因被诬陷为游击队，被徐州日本宪兵队拘押，交庾茂松讯问。因陈兆生矢口否认其事，乃施种种酷刑。第一次，用烟头烫其肤，致痛极倒地，复以皮鞋猛踢其头，继则又将其置于冰桶内，上盖钉刺木板，致陈兆生当时昏厥不省人事；第二次讯问时，又用木棍痛击200棍，并用冷水浇其裸身；第三次，又逼其赤身裸体在雪中跑步，并禁其饮食数天。军事法庭调查取证后认定，庾茂松在徐州沦陷期内，充当日本宪兵翻译，为虎作伥，对毫无反抗的平民，迭施酷刑及种种不人道待遇，显然与所有国际条约及战争惯例大相违背，应列为战争罪犯。庾茂松系日本属国人，曾受高等教育，于日本发动侵略战争时来华，助纣为虐，对我国无辜平民迭施酷刑及种种惨无人道的待遇。凡经日本宪兵队讯问而不招认者，即交由庾茂松酷施非刑，并自称为"活阎王"，可见其凶暴阴毒之不一般，其所使用刑罚之残酷，为世所罕见，受其摧害者王福存因此死亡，其余被害人等非残废也因伤虚弱，其犯罪之恶性及所生之损害，均极重大，已属无可宽恕，应处以极刑。法庭宣判：庾茂松连续对非军人施以酷刑，处死刑；连续拘留非军人加以不人道之待遇，处死刑。执行死刑。①

---

① 《战犯庾茂松判决书》（1946年12月31日），徐州市档案局编：《侵华日军战犯徐州审判档案汇编》上，北京：国家图书馆出版社2019年版，第191—196页。

9. 钉冈直，徐州宪兵队大尉，因拘留中国平民被起诉，最后判处无罪。

10. 石松熊雄，徐州日本宪兵队队长，住日本福冈县；宫崎留吉，徐州宪兵队兵长，住日本长野县；小林正成，徐州日本宪兵队伍长，住日本长野县。"石松熊雄于侵华期间，历任汉口、九江、海州日本宪兵分队长，积功升至少佐。1945年5月间调任徐州宪兵队。徐州宪兵队除大同街队部外，并设外勤部于二马路及火车站等处。当时日军因为害怕美军登陆，控制尤严，遇有涉及我方地下工作嫌疑人，即拘捕施以酷刑，惨无人道。小林正成1944年9月服务于大同街队部拘留所时，曾两次对被拘平民周盛轩施以毒打。1945年，又与兵长宫崎留吉同服务于二马路外勤部。1945年7月5日，国民党丰县县党部书记长萧增耀，化名潜居徐州市东站王继彬处就医，被敌宪兵侦悉捕获，拘押于二马路外勤部。被捕当天，从上午九时至晚上六时，连续惨受水灌、棍击等各种酷刑。次日，由上午九时至晚上十时，又继续不断遭严刑拷打，除水灌、棍击等酷刑外，并被热铁烫烙，遍体鳞伤。两次酷刑，宫崎留吉均在场实施。石松熊雄曾于第二次亲自到场督刑，且猛踢萧增耀的腹部。7月22日，江苏第九区专员公署经理主任姜文卿及电台台长戴振鹏等一行3人，来徐与他部联络，被拘捕后也关押在二马路外勤部，被小林正成、宫崎留吉共同悬吊，足不沾地，禁绝饮食达5日之久。戴振鹏因为是电务人员，又被小林正成、宫崎留吉共施酷刑，水灌、棍击无所不至，伤痕累累，奄奄一息。军事法庭调查认为，萧增耀系党务工作人员，戴振鹏等服务于江苏第九区行政督察专员署，虽从事抗战工作，但非军人。石松熊雄等对他们滥施暴行，萧增耀在抗战胜利后脱险，负伤未愈，脑神经及骨神经受伤无法医治，半身残废；戴振鹏等在抗战胜利后脱险，负伤就医，卧床不起。各被害人都一一到庭指证确凿。三被告人所犯罪行,不仅反乎常理,且为任何国际公约及战争法规惯例所不容。被告人宫崎留吉3次参与行刑,小林正成3次对被押人员加以不人道待遇,均基于逼供及削减我抗战力量。被告人石松熊雄虽仅于7月6日第二次审讯萧增耀亲自督刑,但小林正成、宫崎留吉均处于其监督指挥之下。而对他们历次犯罪,他不仅不制止,而且公然督促,应负共同犯罪。被告人石松熊雄曾受较高教育,担任宪兵队长多年,极其残忍暴戾。被害人等幸全生命,负伤迄今未愈,就其之智识、犯罪之动机、手段及犯罪所产生的危害,均应处以极刑。被告人小林正成、宫崎留吉智识较低,且行为并非全是自动,尚难认为极恶,姑按其职务阶级及犯罪情节,分别酌处,以昭公允。石松熊雄共同对非军人施以酷刑,共同连续拘留非军人加以不人道之待遇,处死刑。宫崎留吉共同连续对非军人施以酷刑,共同拘留非军人加以不人道之待遇,处有期15年。小林正成共同连续拘留非军人加以不人道之待遇,共同对非军人施以酷刑,处无期徒刑。"①

11. 柳川广雄,日本九四三二及七九九五警备队翻译,住韩国庆南。"柳川广雄于1940年来徐,在日本警备队一三五大队(九四三二部队)第四中队担任翻译,部队驻扎在睢宁县桃园。1940年9月6日,以农商为业的该地村民陈兰亭,到桃园赶集,被柳川广雄指为侦探,拘押拷打后,即于9月9日,与数名日本兵一起将陈兰亭拖到北门外枪杀。1942年4月10日,柳川广雄又与日本兵四五十人,同往桃园西北丁山搜索,途中遇到该地村民孙传禄,也以涉嫌侦探之名绑到车上,载至其家,柳川广雄乘势将孙传禄妹妹强行奸

---

① 《战犯石松熊雄等判决书》(1947年3月10日),徐州市档案局编:《侵华日军战犯徐州审判档案汇编》上,北京:国家图书馆出版社2019年版,第203—210页。

污。庭审时,陈兰亭之子陈会然及孙传禄分别到庭指证。柳川广雄的干儿子王学金,当时在桃园自卫团当差,其当庭供证,柳川广雄杀害陈兰亭时,为其亲眼所见;出发丁山搜索时,亦曾参与其中,强奸孙传禄妹妹,同去的人都知道。法庭调查认为,柳川广雄以一翻译,利用敌势狐假虎威,竟随意残杀良民,强奸弱女,均远越军事行动之轨,为国际公约及任何战争法规或惯例所不容。依《中华民国刑法》、战争罪犯审判条例及海牙陆战法规,遂处以极刑。"①

12. 齐藤弼州,日本熊本县人,贾汪煤矿常务董事兼矿长,因僭夺主权、共同谋杀、强占财物被判处无期徒刑,后改判有期徒刑10年。"齐藤弼州系日本矿业技术人员,来到中国已经很久,对中国情况十分了解。1938年10月23日,齐藤弼州率同日籍职员5名,配备武装部队,至贾汪煤矿,强行占夺,自为矿长。为便利业务,扩大占领效果,乃将贾汪新矿至老矿之间原有道路加宽,强占居民高永清、丁玉福等数十家良田400余亩,分文未给,圈占韩场地方民田390余亩作坝垄。1939年5月4日,村民黄志英、屈恒斌受雇入内收麦,被该矿矿警抓获,严刑拷打后刺杀。1940年秋,贾汪外土圩曾被地下游击队攻入,该镇居民张王氏,因涉有勾结之嫌,被该矿矿警第二中队律子云部捕获,翌日即被活埋。"徐州法庭以"强占居民田地,纵容所属矿警(中国籍)杀害平民"判决斋藤弼州无期徒刑,由军法处签请国民政府主席核示。② 此后,国防部呈请改处斋藤弼州十年有期徒刑照准。据国防部的呈文,冈村宁次曾为斋藤弼州做证,称"斋藤系矿业技术人员",在国民政府"接收前停止该

---

① 《战犯柳川广雄判决书》(1947年4月23日),徐州市档案局编:《侵华日军战犯徐州审判档案汇编》上,北京:国家图书馆出版社2019年版,第223—228页。
② 《战争罪犯处理委员会第六十七次常会会议记录》(1947年6月5日),中国第二历史档案馆藏,战争罪犯处理委员会档案,22/167。

矿服务并防止共军破坏，保证津浦陇海两线用煤"，且"配合经济部圆满接收"。①最终齐藤弼州得以轻判，表面看是冈村宁次的证明发挥作用，其实是法庭外的政治因素干扰了审判的公正性。

1947年4月30日，徐州军事法庭关闭，遵照国民政府令，将徒刑犯全部解往上海江湾国防部战犯监狱继续服刑。根据国防部军法处统计资料，截至1947年5月22日，陆军总司令徐州司令部战犯拘留所累计拘留人数为81人，其中9人转移管辖，47人因无犯罪嫌疑而被遣返，13人移监管理，7人执行死刑，2人逃亡，在押3人。截至1948年4月27日的统计数据显示，陆军总司令徐州司令部受理战犯嫌疑人共71人，其中判处死刑8人，无期徒刑3人，有期徒刑11人，无罪3人，不起诉46人。②综上，徐州法庭一共判处了25名战犯，对其中有共犯关系的战犯采取并案审理的方式，因此最终共有12起案件记录在册。

第九节 台北审判

1945年8月15日，日本宣布无条件投降。台湾结束被日本殖民奴役的屈辱历史，回归祖国。国民政府收复台湾后，任命陈仪为台湾省行政长官公署长官。10月24日，陈仪飞抵台北，次日代表国民政府，接受台湾日本总督安藤利吉的投降。在受降之后，国民政府接管台湾各地政权，建立政府机构。安藤利吉负责日军的遣返，后以战犯罪名遭到逮捕。

---

① 《陈诚呈审核战犯斋藤弼州保护我煤矿之功拟请改处十年有期徒刑文电日报表》(1947年6月19日)，台北："国史馆"藏，蒋中正"总统"文物档案，002/080200/00536/050。
② 《各军事法庭审理战犯情况表》(1948年4月27日)，台北："国史馆"藏，国民政府外交部档案，020/010117/0014/0049x。

台湾警备总司令部军事法庭于1946年5月1日在台北成立。审判人员从台湾高等法院选任,主要有庭长梁恒昌,法官张香生、王有梁、洪福增、楼味禅,检察官黄梦醒。5月21日,台湾警备总司令部司令陈仪下令搜集战犯罪证。因甲午战争以后,台湾沦为日本殖民地,在抗战时期台湾并非战区,所以逮捕战犯的罪行主要是日军占领台湾期间,镇压台湾民众的反日行动和对平民的不人道行为。战犯嫌疑人主要是宪兵、特务和警察,一些台湾人因担任这类职务,与日本人共同犯罪,也受到审判。1946年9月11日军事法庭检察官施文蕃称,立案侦察的有69人,其中41名日本人,28名台湾人。[①] 实际审理案件16件,涉及战犯29人。其中主要案件情况如下:

1. 新竹州警察署警察傅阿添、吴崛雾对非军人施以酷刑,均被判处10年有期徒刑。

2. 台北宪兵队军属黄雨成对非军人施以酷刑,被判处10年有期徒刑。

3. 台湾宪兵队司令部宪兵张锡铭对非军人施以酷刑,被判处10年有期徒刑。

4. 台南警察局翻译吴瑞敏,协助日人对平民施以酷刑,被判处5年有期徒刑。

5. 台湾总督府嘱托王瑞琪对非军人施以酷刑,被判处4年有期徒刑。

6. 台湾总督府警察局刘簿金对非军人施以酷刑,被判处1年有期徒刑。

7. 台北州警察局陈水云共同对非军人施以酷刑,被判处死刑。

[①]《本省军事法庭近期审判开始》,《台湾新生报》,1946年9月12日,第2版。

8. 台北州警察局中村幸成、平冈久忠、木村忠之因共同对非军人施以酷刑，分别被判处 15 年、15 年、10 年有期徒刑。

9. 第五十师团司令部少佐门振彪共同连续虐待俘虏，被判处 7 年有期徒刑。

10. 台湾总督府警长守武治雄、台北警察署连文通共同连续对非军人施以酷刑，分别被判处 10 年、5 年徒刑。

11. 台北宪兵队伊藤长三郎共同连续对非军人施以酷刑，被判处 6 年徒刑。

12. 加藤章，日本兵库县人，日军第七十一师团少将师团师团长，1943 年来台。1944 年任日军独立步兵第八旅团旅团长时，所属部分驻于广东从化、石龙、花县等地。部属杀害平民，强拉民夫，从化沙溪乡干事钟朴槐可以证明。最终法庭判决，被告部下所犯罪行，被告负有指挥监督责任，判处加藤章无期徒刑。加藤章在一审判决后数次上诉，一再强调他的部队当时只担任从化地区警备，没有到过指控罪行发生地区。判决书提供的证据也没有明确指出是他的部队所为，将责任推给驻在附近的一〇四师团。在他的请求下，在上海的原中国派遣军总参谋长松井太久郎中将和警备部副司令田坂中将等出具证明书，为他的申诉做证。国防部审核时认为证据不足，发回重审。1947 年 12 月 23 日，台北军事法庭复审依然认定前面判决的罪行，但考虑到被告应承担责任的程度较轻，从轻判决加藤章有期徒刑 7 年。[①]

13. 高雄派出所洪富荣连续对非军人施以酷刑，被判处 15 年有期徒刑。

---

① BC級（中華民国裁判関係）台北裁判・第 12 号事件、戦争犯罪裁判関係資料、日本国立公文書館、平 11 法務 05756100。

14. 彰化警察署罗阿生、郑友弟,台中警察署钟阿坤,北斗警察署蔡福连续对非军人施以酷刑,分别被判处 15 年、10 年、10 年、10 年有期徒刑。

15. 台北州警察局余信发、周桂林、洪树根共同连续对非军人施以酷刑,分别被判处无期、20 年、1 年徒刑。

16. 台湾总督府评议员辜振甫,日本贵族院许丙、林祥熊因共同阴谋窃据国土,分别被判处 2 年 2 个月、1 年 10 个月、1 年 10 个月的有期徒刑。

17. 安武治雄、廖正全逮捕、迫害台湾华侨抗日救国会平民案。安武治雄,日本福冈县人,前台北州外事课第一系系长。廖正全,台湾基隆人,前台北县基隆区警察所警长。1937 年 4 月,台湾华侨民众组织秘密组织抗日救国会(又称兴中会),日方察觉后派出特务警察对华侨民众进行逮捕审讯,并施以酷刑,安武治雄、廖正全参与其中。台湾光复后,被害者家属向法庭检举告发,军事法庭将其二人逮捕,进行审判。1947 年 6 月 23 日,法庭判决:"安武治雄,共同连续对非军人施以酷刑,处有期徒刑十年。廖正全,共同连续对非军人施以酷刑,处有期徒刑五年。"①

18. 平钢久忠,日本香川县人,前任台北州北警察署高等刑事巡查部长。中村幸茂,日本京都人,前任台北州北警察署高等巡查。木村高之,熊本县人,前任台北州南警察署巡查。三人在日据台湾时期,滥用职权,拘捕华侨并施以酷刑,其中有人被迫害致死。台湾光复后,因被害人及其家属检举告诉,军事法庭依法提起公诉。1947 年 4 月 27 日,法庭判决:"平钢久忠,中村幸茂,共同对非

---

① BC級(中華民国裁判関係)台北裁判・第 10 号事件、戦争犯罪裁判関係資料、日本国立公文書館、平 11 法務 05754100。

军人施以酷刑,各处有期徒刑十五年,木村高之共同对非军人施以酷刑,处有期徒刑十年。"①

1947年12月底,国民政府下令各地军事法庭在1948年1月底关闭,未审案件全部移交国防部南京军事法庭。根据该命令,台北军事法庭结束了它的历史使命。

战后国民政府对日本乙丙级战犯的审判是由分设各地的10所法庭分别进行的,10所法庭的审判除了共性的一面,也表现出一定的差异性。从统计数据来看,审判战犯人数较多的是上海、广州、武汉、北平、沈阳5所法庭,其中上海法庭审判的案件最多,跟上海作为遣返日俘侨的港口枢纽及后期作为国防部审判战犯军事法庭所在地有相当的关系,广州法庭审判的战犯较多跟越南移送相当数量的战犯有关,武汉法庭审判的战犯较多则与所辖地区原为战区且幅员较广有关,其所辖的地方有湖北、湖南、江西三省以及河南的一部分,而北平和沈阳审判战犯案件较多则与长期沦陷有关。南京、徐州、济南、太原、台北法庭审判的战犯数量较少。南京主要是因为直属中央,且国防部法庭后期迁到上海;徐州和济南则处于北平和上海之间,辖区幅员有限,且受内战影响较大;太原因为对残留日军的利用,故采取有限的对日审判;台北则更为特殊,因台籍战犯身份的双重性,国民政府有意控制规模。

北平、上海因沦陷八年,受追究的战犯多为宪兵,武汉因处战区,则对很多作战部队的战争暴行有所涉及,台北因审判对象的特殊性,大多系帮凶,故基本没有死刑判决,多为有期徒刑。无罪判

---

① 《日战犯平钢久忠等判决书全文》,《台湾新生报》,1947年4月30日,第2版。

决最多的是汉口、沈阳、上海,除了各自特殊的原因外,积压战犯较多,最后因内战影响不得不匆忙进行审判,且因前期侦查工作不够,最终以轻判了事。从审判的规范性而言,无论是辩护律师的专业性还是翻译的素养,上海法庭的水准明显高于其他法庭。

第七章　战后国民政府处置日本战犯的审视与检讨

国民政府审判日本战犯,对厘清日本战争责任、树立正确的战争观具有深远影响。既有研究多偏重于对国民政府战犯处理过程的叙述和整体评价,而对其确定惩处日本战犯政策的初衷及其实施过程中主客观两方面的影响因素尚缺乏深入的探讨。本章试图将国民政府对日本战犯的惩处置于战后盟国对日改造的整体框架中进行比较分析,并从这一角度评估其处置的宽严程度。同时,尝试探究国民政府对处置日本战犯的政策认知,分析影响其决策和实施的各个层面的综合因素,并在此基础上,客观分析国民政府惩处日本战犯的历史意义。

第一节　审判的制约因素

1945年日本投降后,国民政府出于重建战后东亚国际秩序的长远考虑,制定了"以德报怨"的对日政策。在这一政策的指导下,国民政府对日本战犯的处理采取宽大政策。1945年10月,国民政府战犯处理委员会对日战犯处理政策会议指出:"战后对日政策,本'仁爱宽大'、'以德报怨'之精神,建立中日两国永久和平之基础,故处理日本战犯,亦当秉承昭示,且联合国对纽伦堡主要战犯之处置,采取教育及示范性之惩戒政策,与麦克阿瑟将军对日管制之重视收揽人心,恰同我国宽大精神相符合……故现今决定对日战犯处理政策,宜循主席意旨,详加研讨,厘定方针,务期宽而不纵,使正义公理与民族情谊,兼筹并顾。"①

对日宽大政策的出台,与蒋介石对审判日本战犯的态度和主张直接关联。国民政府审判日本战犯的政策基础,一是秉持战争期间及战后蒋介石提出的对日本主要战犯进行审判的主张和原则;二是遵循蒋介石在战后提出的宽大理念。但由于内战爆发,蒋介石指示尽快结束审判,国家利益让位于党派利益,再加上其他因素的制约,处置战犯政策虎头蛇尾,相当部分罪行重大的战犯没有得到惩治。②

国民政府的宽大政策主要表现在严格限制处置日本战犯的规模和力度两方面。据时任国防部部长的白崇禧所言,"在渝参加中枢对重要战犯审查会议时,主管机关各提名单百余,而奉主席批准核列者仅三十余名,其处理之宽大审慎可知"。③另据冈村宁次回忆,1946年2月17日,国民政府的日本问题专家王芃生私下向其透露,"根据蒋介石主席方针,确定战犯范围以最小限度为宜"。④

战后除远东国际军事法庭以外,盟国还在中国、菲律宾、新加坡、越南等地设立了49个法庭,审判日本乙丙级战犯。据战后日

---

① ③《战争罪犯处理委员会对日战犯处理政策会议记录》(1946年10月25日),中国第二历史档案馆藏,战争罪犯处理委员会档案,22/162。
② 参见刘萍《从"宽而不纵"到彻底放弃——国民政府处置日本战犯政策再检讨》,《民国档案》2020年第1期。
④ [日]稻叶正夫编,天津市政协编译委员会译:《冈村宁次回忆录》,北京:中华书局1981年版,第135页。

本法务部的统计,乙丙级战犯的审判情况如下表所示。

战后盟国对日本乙丙级战犯审判情况统计表

审判国家	案件	人员	死刑	无期	有期	无罪	其他
中国	605	883	149	83	272	350	29
美国	456	1 453	143(3)	164(2)	871	188	89
英国	330	978	223	54	502	116	83
澳大利亚	294	949	153	38	455	267	36
荷兰	448	1 038	236(10)	28(1)	705	55	14
法国	39	230	63(37)	23(4)	112(2)	31	1
菲律宾	72	169	17	87	27	11	27
合计	2 244	5 700	984	475	2 944	1 018	279

资料来源:『戦争犯罪裁判概史要』、法务大臣官房司法法制调查部1973年编刊、266—269页。

注:1. 其他包括不起诉,生病,逃亡等;2. 括号内指判决之后的减刑数;3. 中国部分的统计数据不包括中华人民共和国的审判。

从上表可以看出,中国作为日本侵略战争最大的受害国,其设立的法庭占盟国审判日本乙丙级战犯法庭数的近20%,受理案件数占盟国审判案件总数的27%,但实际判刑者仅占11%。国民政府审判的战犯嫌疑人仅占总数的15%,在7个国家中,只比法国和菲律宾多,比美国、澳大利亚、英国、荷兰都少。国民政府无罪释放的战犯嫌疑人多达350人,占到其审判战犯总数的近40%,占整个盟国法庭无罪释放人数的34%。单从上述粗略的数据对比,即可见国民政府对日本战犯处理的宽大程度。

从具体要案的处理亦可见国民政府对日本战犯惩处的宽纵。以南京大屠杀案为例,在日军南京大屠杀暴行立案时,国民政府司法行政部提出的战犯名单有83人,确定被告姓名、官阶、隶属单位的战犯有59名,仅师团长以上的战犯就有12名,[1]但是在审判和结案时,所列12名重要战犯只有原日军第六师团师团长谷寿夫一人受审,这样的结果与南京大屠杀暴行罪责的重大程度是不相符的。

战后国民政府实际判刑的日本战犯人数不过500多人,这与日军长期侵略中国所犯罪行的数量及严重程度相比,实在是太不相称了。除了处罚面有限,被判刑的日本战犯的量刑也偏轻,师团长及以上的战犯嫌疑人多未追究或轻判了事。作为对照,因南洋作战而被盟国设立于东南亚的法庭判处死刑的日本战犯几乎包含了所有当事的日军中高层将领。如在菲律宾马尼拉审判的山下奉文大将、本间雅晴中将、田岛彦太郎中将、河野毅中将、藤重正从少将;在新加坡樟宜审判的福荣真平中将、佐藤为德少将、斋俊男少将、原鼎三中将、大塚燥少将、日高已雄少将、原田熊吉中将、河村参郎中将。

战后曾亲历国民政府处置日本战犯的今井武夫在回忆录中说:"参与占领日本的同盟国军中,只有中国对日本处理特别宽大,它虽然对各国的观点有所影响,但不起决定作用。"[2]从中可见国民政府对日本战犯处理的宽大程度,及其与其他盟国之间的差异。

国民政府对判处有期徒刑的战犯,其执行力度亦较为宽松,且将此类战犯全部移交日本服刑,其余未经审判的战犯嫌疑人则全部释放。对此,今井武夫也认为:"这些战犯在国内服刑和获释,刺激了其他各国,使之逐渐仿效。但全部释放的壮举是其他各国长

---

[1] 《司法行政部关于南京大屠杀案战犯名单》,胡菊蓉编:《南京大屠杀史料集 南京审判》,南京:江苏人民出版社、凤凰出版社2006年版,第54—57页。
[2] [日]今井武夫著,该书翻译组译:《今井武夫回忆录》,上海:上海译文出版社1978版,第296页。

期以来难以做到的。"①这批战犯嫌疑人返回日本后,又受到美军的重新审查。据今井武夫回忆,在他们返回日本后,仍被关押了一段时间,"最后,美军将校从东京来了,我们在楼下列队点名,再次检举战犯嫌疑者,从而带走了以宪兵为主的一百五十人"。② 根据驻日盟军总部的规定:"主要战犯如各盟国发现新证据与各该盟国单独有关者,若本审判结束后仍可由各盟国政府向盟总交涉要求引渡,依新证据另行起诉。"③美军即依据此项规定,对中国释放的战犯嫌疑人重新审查。反观国民政府,并未对被他国逮捕并涉嫌在中国犯罪的战犯嫌疑人提出重新审查的要求,由此可见国民政府对日本战犯的处置是非常宽大的。

国民政府战后对日政策的基本方针,值得肯定的一点是其试图实现战后中日两国和解的良好意愿。蒋介石在其讲话中指出:"如果以暴行答复敌人从前的暴行,以奴辱来答复他们从前错误的优越感,则冤冤相报,永无终止,决不是我们仁义之师的目的。"④其宽大政策是从实现中日民族和解,以维护东亚持久和平的长远考虑出发的。正如1945年10月22日《中央日报》社论所指出的:"日本的处置,既有关于远东整个大局的安定,远东的安定,更有关于

---

① [日]今井武夫著,该书翻译组译:《今井武夫回忆录》,上海:上海译文出版社1978年版,第297页。
② [日]今井武夫著,该书翻译组译:《今井武夫回忆录》,上海:上海译文出版社1978年版,第296页。
③ 《中国驻日代表团关于东京处理日本战犯概况报告》(1947年9月22日),中国第二历史档案馆编:《中华民国史档案资料汇编》第5辑第3编"外交",南京:江苏古籍出版社2000年版,第360页。
④ 蒋介石:《抗战胜利告全国军民及全世界人士书》(1945年8月15日),秦孝仪主编:《总统蒋公思想言论总集》第32卷,台北:中国国民党中央委员会党史委员会1984年编印,第124页。

世界整个大局的安全。"①

从战后国际政治格局来看,国民政府之所以对日本"宽大为怀",主要是考虑到战后中日在东亚合作的可能性,特别是在反共和制衡苏联的问题上,需要借助日本的力量。正因为如此,中国在战后对日本不仅未采取报复政策,而且有意协助日本复兴。在国民政府对战后东亚国际秩序的设想中,日本是中国在亚洲最应该信赖的盟国。②时任国民政府国防部次长的秦德纯在送别今井武夫时,赠送其手杖一根,并谈及:"两国在这次大战中,由于列强的参战终于决定了胜负,现在两国国力都很疲乏,今后的复兴也是不容易的……让我们用这根手杖,分别肩负起勿使本国颠覆的重任,为求国运的昌盛而共同努力吧!"③秦德纯的这番话表明,中日两国关系已从战时的敌对关系逐步向互助合作关系转变。

除了上述考虑之外,蒋介石在战后初期面临的最重要的议题是日军受降,在蒋看来,这是涉及国共两党势力消长的重大问题,其顺利与否有赖于日军的配合。抗战胜利前夕,国民党军队的主力大多集中在西南后方,相较之下,共产党领导的军队在沦陷区的力量不容小觑。为了确保日军只向国民党军队缴械投降,防止共产党领导的军队抢在国民党军队之前接受日军投降,国民政府决定利用日军代为维持防区秩序,以遏制中国共产党的发展。因此,

---

① 《处置日本与安定远东》,重庆《中央日报》1945年10月22日,第2版。
② 关于战后国民政府的对日政策的战略思考,具体论述参见[日]家近亮子《蒋介石外交战略中的对日政策——作为其归结点的"以德报怨"讲话》,中国社会科学院近代史研究所编:《近代中国与世界:第二届近代中国与世界学术讨论会论文集》第3卷,北京:社会科学文献出版社2005年版。
③ [日]今井武夫著,该书翻译组译:《今井武夫回忆录》,上海译文出版社1978版,第289—290页。

国民政府要对日军采取较为宽大的政策,以获取日军的全力配合。1946年10月,在国民政府战犯处理委员会的政策会议上,对战犯处理的决议特别提出:"对于此次受降,日军负责执行命令之尽职人员而有战罪之处理,俟东京战犯审判告一段落后,再行决定。"①实际上,国民政府的这一决议是对配合接收的日军网开一面。

战后,美国成为东亚国际秩序的主导者,出于延续和巩固战时与美国盟友关系的考虑,国民政府在对日政策上一味追随美国。在审判日本战犯后期,美国的对日政策逐渐从遏制转为扶助,国民政府亦追随美国,进一步放松对日本战犯的处置。1947年9月4日,在国民政府外交部对日和约审议谈话会上,曾任国民党海外部部长的张道藩提出:"日本何者应宽,何者应严,固应先加决定,但先决问题在于经我决定之后能否办到,不致遭遇他国之反对,如美国主张对日从宽,我主张从严,是否可以办到?"外交部部长王世杰认为,中国在许多问题上拥有否决权,可以坚持自己的主张。但是,在现实中国民政府因顾及与美国的盟友关系,往往不能坚持自己的主张。②

在处置日本战犯的问题上,国民政府在政策层面较为宽大,从实现中日民族和解的角度来看,这一政策原则具有一定的积极意义。但是,国民政府在实际操作层面难免存在宽纵之失,造成这一结果的原因,既有国民政府对战犯处置认知和政策上的问题,亦有其无法克服的实践层面的现实困难。

---

① 《战争罪犯处理委员会对日战犯处理政策会议记录》(1946年10月25日),中国第二历史档案馆藏,战争罪犯处理委员会档案,22/162。
② 《外交部对日和约审议会谈话会记录》(1947年9月4—30日),中国第二历史档案馆编:《中华民国史档案资料汇编》第5辑第3编"外交",南京:江苏古籍出版社2000版,第367页。

国民政府在战时即开始着手进行日本侵华罪行的调查统计工作,并取得了一些成果,获得了部分证据,但这些成果在战犯审判过程中并未能发挥应有的效力。据时任远东国际军事法庭中国检察团首席顾问的倪征燠回忆,当时国民政府"没有估计到战犯审判会如此复杂,而满以为是战胜者惩罚战败者,审判不过是个形式而已,哪里还需要什么犯罪证据,更没有料到证据法的运用如此严格"。① 战犯土肥原贤二在远东国际法庭受审时,时任国民政府军政部次长的秦德纯出庭做证,称日军"到处杀人放火,无所不为",被斥为空言无据,几乎被轰下台。② 外交部次长叶公超也曾提及此事,称:"梅法官(汝璈)、向检察官(哲浚)回来的时候,我们曾讨论土肥原问题,远东法庭要他的罪证,我们拿不出来。土肥原和张宗昌、孙传芳说了些甚么话,写了些甚么信,我们全不知道。秦次长(德纯)虽然说过三岁的小孩都知道他有罪,却算不得罪证。好像某人本卖军火,但我们若没有拿到证据,还是不能说他有罪。"③ 可见,战犯罪证不足及相关资料的缺失,使国民政府在战后审判日本战犯的过程中一度陷于被动。

当时国内舆论对美国大批释放战犯嫌疑人,多持批评态度,认为这是袒护日本战犯,实际上忽视了对战犯嫌疑人的起诉是以相应的战争罪行证据为基础的。国民政府对侵华日军罪行的证据调查存在不足,造成乙丙级战犯引渡困难,并使中国法庭对日本战犯审判的完整性和彻底性受到很大限制。国民政府实际引渡至中国审判的战犯人数相对较少,与盟国其他法庭相比,差距较大,与中

---

①② 倪征燠:《淡泊从容莅海牙》,北京:法律出版社1999年版,第106页。
③《外交部对日和约审议会谈话会记录》(1947年9月4—30日),中国第二历史档案馆编:《中华民国史档案资料汇编》第5辑第3编"外交",南京:江苏古籍出版社2000版,第386页。

国作为日本侵略战争最大的受害国极不相称。

虽然根据盟国间互相引渡战犯之国际公约,被请求国不得借口政治罪行而拒绝引渡,但请求引渡战犯的国家,必须提出相关战犯的罪证。据时为中国驻日代表团成员的廖季威回忆:"当初我们中国能提出确切的战犯及具体犯罪事实的人不多。因为有许多虽有具体事实而提不出其具体人名,这样不知放过了多少战犯。"①国民政府外交部也对美国大批释放战犯嫌疑人做出解释称:"盟总释放战犯是因为监狱里人满了,而我国又因难找确实罪证很久没有要求引渡的原故。盟总迭次催询,我国主管机关久无回答,所以只好暂予释放,但关的是嫌疑犯,并不是已经判罪的战犯,即是等于普通的拘留,虽经释放,将来我〔找〕到罪证,仍可随时要求逮捕并加引渡。"②

在中国法庭实际审理的案件中,最后被无罪释放的战犯嫌疑人超过总数的三分之一。之所以出现这一结果,与日本战争罪行的调查不够充分有着密切的关系。1946年10月,行政院战犯处理委员会政策会议提出,"我国对战犯处理历时一年,对战犯之罪证及一切资料之收集多不齐全,倘勉强牵连处罚,似为有悖处罚战犯之本意。"并决定除对"与南京及其他各地之大屠杀案有关之首要战犯,应从严处理"外,对日本普通战犯的处理,"应以宽大迅速为主",要求对已拘押的战犯,在1946年底前审理完毕,"若无重大之

---

① 廖季威:《参加盟国对日管制委员会中国驻日代表团见闻》,成都市政协文史学习委员会编:《成都文史资料选编》"抗日战争卷"(中)《血肉长城》,成都:四川人民出版社2007年版,第591页。

②《外交部对日和约审议会谈话会记录》(1947年9月4—30日),中国第二历史档案馆编:《中华民国史档案资料汇编》第5辑第3编"外交",南京:江苏古籍出版2000年版,第379页。

罪证者,予以不起诉处分,释放遣送返日","战罪嫌疑犯中无罪证者,应尽速遣送回国"。①

国民政府对侵华日军罪行的调查效果不彰,确实存在诸多客观因素,与盟国在其他各地所设法庭有很大差异。与太平洋战争爆发后参战盟国所遭受日军暴行不同,中国自九一八事变以来遭受日本侵略时间跨度长达14年之久,许多受害者或死亡或迁移,大部分人证物证已很难寻觅,使得战后日本战犯罪行的调查取证工作难以顺利进行。抗战胜利后,一些战犯嫌疑人已退役,在华投降的现役官兵只是其中一部分,因此,相关罪行责任人的搜捕存在现实困难。

国民政府行政院1946年1月的工作报告特别提到战罪调查工作面临的困难,"关于敌人在华罪行之调查,本院于三十三年即设立委员会,专司其事……惟因司法机关人少事繁,且多事隔数年,调查难周,而罪行人姓名职位,被害者多不详悉,须向主管军事机关行查,公文往返费时甚多,计该部自接办至今,经审查认为罪行成立者计二千八百七十九案,日籍被告四百五十名(因实施犯罪之敌人难以查明,每由其长官负责,故被告人数不多),被害民众可考者一万九千九百四十六人"。② 国民政府行政效能低下,无论是经费,还是人手,都不足以承担规模如此大的罪行调查工作,其效果有限也在预料之中。

国民政府对日本战犯的处置是在战后特定的时代背景下进行的,难免受到内外多重因素的制约。然而,后人对其评价多脱离其

---

① 《战争罪犯处理委员会对日战犯处理政策会议记录》(1946年10月25日),中国第二历史档案馆藏,战争罪犯处理委员会档案,22/162。
② 《行政院工作报告》(1945年5月—1946年1月),《国民政府公报》,国民政府文官处印铸局公报室1946年9月7日印行,第4页。

所处历史场景，未考虑主导战犯处置的国民政府本身的利益。国民政府处置日本战犯的原则着眼于中日两国和解和东亚的持久和平，而不是以"战胜者"自居，对日本进行"复仇"式的惩处和民族情感的宣泄。国民政府战后对日本战犯的审判和日军官兵的处置是建立在理性基础上的，对此，我们应当给予客观公正的评价。国民政府对日本战犯处置采取宽大政策的同时，在执行层面存在一定的宽纵之失。没有公平正义就不可能奠定持久和平的基础，对日本战争责任的追究及对日本战犯的审判是对国际正义的彰显。然而，国民政府对日本战犯的处置失之宽纵，一定程度上造成此后日本一些人对战争责任的模糊认识，甚至美化战争的错误认识。这一结果既不利于中日两国共同努力维护东亚的持久和平，也与国民政府战后"以德报怨""宽大为怀"的对日政策的初衷背道而驰。

第二节　审判的社会影响

战后国民政府对日本战犯的审判引起了社会的广泛关注，在检举战争罪犯、搜集证据、法庭审判以及死刑判决执行等各个环节都有社会的积极参与。通过媒体报道、公开审判以及专题影片的公映等传播方式，审判的社会影响范围得以扩大。通过当时的报刊以及法庭的相关记录，不难体认到民众认知的诸多面相以及审判在社会层面的实际影响。审判使受害者的个体创伤记忆得以申诉，并在社会广泛传播，由此产生了早期关于侵华日军战争暴行的集体记忆。本节尝试以南京大屠杀相关战犯审判为例，探讨战犯审判的社会参与与社会影响。

一、社会关注与审判的社会传播

战后对日本战犯的审判是备受关注的事件，在审判过程中，法庭对于审判的各个环节都力求做到透明、公开，报纸、广播等大众传媒对审判都有详细而密集的报道，使审判的信息在全社会得到广泛传播，扩大了审判的社会影响。

关于审判的媒体报道贯穿审判的始终，而且涉及审判的方方面面，全方位地展现了南京大屠杀案审判的全过程。当时《中央日报》《大公报》《申报》《新闻报》《京晚报》等主要报纸都对审判做了全面而详细的报道。仅从《中央日报》对审判谷寿夫的报道来看，粗略统计大概有50多篇。就覆盖面而言，对谷寿夫押解到京、审讯、判决及行刑均有详细报道；就形式而言，包括通讯、社论、专访等多种形式。除了报纸以外，国民政府尽可能利用各种媒介，宣传对南京大屠杀案的审判。比如1946年7月，为唤起市民注意，以协助南京大屠杀案的调查和审理，南京市社会局特制作与南京大屠杀案有关的幻灯片两种共七套，训令南京市电影戏剧商业同业公会在各大影院正片放映前放映，以资宣传。[1]

国民政府规定，法庭审判的辩论和判决应该公开进行，这同样有助于扩大审判的社会影响。为了让尽可能多的南京市民旁听，军事法庭特意借用内部空间较大的励志社大礼堂作为公审场所。据报载："南京大屠杀案主犯谷寿夫、矶谷廉介，定于廿九日卅日两日在黄埔路励志社大礼堂公开受审，战犯法庭已制发旁听证五千

---

[1]《南京市社会局饬各影院放映南京大屠杀调查工作宣传幻灯片训令》，郭必强、姜良芹等编：《南京大屠杀史料集 日军罪行调查委员会调查统计》，南京：江苏人民出版社、凤凰出版社2006年版，第1532页。

张,俾便市民旁听。"①法庭内面积和席位毕竟有限,不能让更多的人参加旁听,于是法庭从庭内拉出了有线广播的大喇叭,使更多市民得以在法庭外旁听审判战犯的实况。这种方式让更多的人更清楚地了解战犯的罪行,参与到对战犯的审判中,从而满足了受害民众情感及道义上的需求。

谷寿夫公审时法庭外通过广播旁听庭审的场景
资料来源:《联合画报》第199、200期合刊,1947年2月16日,第1页。

公审的影响是巨大的,冈村宁次曾经提到:"今日的公审,是考虑到对民众和国际的影响,是一次大型公开展览。"②对谷寿夫的审判吸引了国内外的众多新闻媒体,其影响不仅仅局限于本国民众,也包括日本以及盟国在内的国际社会。公审后不久,国防部审判战犯军事法庭还函请中央电影摄影厂把战犯谷寿夫案的材料编入中国新闻,拍摄审判战犯谷寿夫的纪录影片,在各地公映,扩大了

---

① 《谷寿夫及矶谷两战犯 定月底在京公开受审》,《申报》,1947年1月15日,第2版。
② [日]稻叶正夫编,天津市政协编译委员会译:《冈村宁次回忆录》,北京:中华书局1981年版,第136页。

公审的社会影响。①

除公审外,对战犯死刑判决的执行也是备受关注的大事。1947年3月18日,国民政府批准了南京军事法庭对谷寿夫的判决。随后,南京军事法庭张贴布告:"查战犯谷寿夫……判处死刑……遵于本月26日上午10时由本庭检察官将该犯谷寿夫壹名提案,验明正身,押赴雨花台刑场,依法执行死刑。除呈报外,合亟布告周知。"②4月26日,谷寿夫被从南京国防部军法看守所提出,押往雨花台刑场,"闻讯前来观之市民,人山人海,万头攒动,鼓掌欢呼之声,一若爆竹之鸣放,不绝于耳"。③可见当时民众参与的广泛以及公开行刑的社会影响之大。

当然,从历史的眼光来看,我们会发现很多主客观因素限制了南京大屠杀案审判的社会影响。一方面,由于国民政府的对日宽大政策以及经费不足等现实困难,对审判的实际操作及效果有较多制约。另一方面,从民众的角度来看,战后严酷的生存现实影响了民众对审判的关注程度。据当时对市民呈文的统计,"所接受人民陈述之函件,计共一千另卅六件………以请求抚恤救济及派委工作者为最多"。④ 1946年10月19日,法庭传讯受害人李秀英的笔录中,李秀英最后要求"法庭代我们请恤金,并向日本要求赔

---

① 《中央电影摄影场第一厂关于战犯谷寿夫案材料已编入中国新闻161号致军事法庭函》,胡菊蓉编:《南京大屠杀史料集 南京审判》,南京:江苏人民出版社、凤凰出版社2006年版,第455页。
② 《军事法庭判处谷寿夫死刑的布告》,胡菊蓉编:《南京大屠杀史料集 南京审判》,南京:江苏人民出版社、凤凰出版社2006年版,第456页。
③ 《谷寿夫昨枪决》,《中央日报》,1947年4月27日,第2版。
④ 《首都人民陈述函件加紧分类整理中》,《申报》,1946年1月6日,第1版。

偿"。① 可见,普通民众最迫切的诉求可能不只是政府处理战争罪犯,更多的是希望政府能解决其面临的生活困难。

但是,战后对南京大屠杀案审判的社会影响是不容抹杀的,从当时的社会参与和社会关注的实际情况来看,南京大屠杀案的审判已经渗入部分市民的日常生活,即使是实际生活的困难也不能完全掩盖一般民众对战争伤痛的切身感受及其对审判的高度关注。

二、民众情感与法理原则的冲突与调适

国防部南京军事法庭对南京大屠杀案的审判,是直接在受害地审判施暴的日本战犯。时任远东国际军事法庭法官的梅汝璈曾提及,各受害国国内对日本战犯审判的意义在于"使这类战犯在当地受到法律制裁,可以使对他们的暴行记忆犹新的地方群众在心理上、精神上感到快慰"。② 对于深受战争伤害的中国民众来说,在南京审判与南京大屠杀暴行相关的战犯,是对受害地民众所遭受的战争创伤的一种平复。但审判不是无原则地宣泄民众的情绪,在审判过程中,民众情感与理性法则两个层面是要同时兼顾的,有些情况下,政府政策与民众情感之间会存在差异。通过当时的报刊以及法庭的相关记录,我们可以体认到民众认知的诸多面相,从民众对于审判的认识及反应可以体察审判在社会层面的实际影响。

在刚刚听到日本投降的那一刻,所有人沉浸于胜利喜悦中的

---

① 《查讯被害人陆李秀英笔录》(1946年10月19日),胡菊蓉编:《南京大屠杀史料集 南京审判》,南京:江苏人民出版社、凤凰出版社2006年版,第221页。
② 梅汝璈:《远东国际军事法庭》,北京:法律出版社2005年版,第37页。

同时,并没有忘记"八年抗战,亿万中国人吃了多少苦,受了多少罪啊,谁都有一本要求侵略者偿还的血债",①这是一般民众本能的情感表达。而战后国民政府对日处理基本上是遵循蒋介石对日广播讲话中提到的"不念旧恶""仁爱宽大""以德报怨"的方针,希望以此建立中日两国永久和平之基础,所以处理日本战犯是取宽大政策,不拘泥小节,希望尽快结束战犯处理工作。但民众对于战犯检举非常积极,要求严惩战犯的呼声也很高。冈村宁次回忆称,国民政府"最高领导层虽拟将战犯范围尽量缩小,但又不能不考虑和其他同盟国处理战犯情况保持平衡,加以经过八年战乱,日军所蹂躏过的地方百姓,对日军官兵的横行霸道,纷纷检举,被拘留的人也将与日俱增"。② 1946年5月,被拘留的战犯嫌疑人已经接近3 000人,由此可见政府政策与民众情感之间存在的差异,在战后初期对日本战犯的处理,国民政府承受了巨大的民意压力。

以要求引渡松井石根为例。松井石根在南京大屠杀期间任侵华日军华中方面军司令,是南京大屠杀案的主要责任者,要求引渡松井石根是当时社会关注的焦点之一。1946年7月26日,以南京市参议会为主体的南京大屠杀案罪行调查委员会决议,向政府呼吁函请远东军事法庭引渡大屠杀案首犯松井石根等来京受审。

1946年7月29日,《中央日报》发表社论,要求引渡战犯松井石根等来南京伏罪。该社论认为:像南京大屠杀这样的血债"如果不清算一次,或是只由东京战犯法庭去清算,而不递解来京审理,实无以平死难者的冤愤之气"。虽然日军已经放下武器投降,但是

---

① 张彦:《日本投降那一天》,《红岩春秋》1995年第6期,第7页。
② [日]稻叶正夫编,天津市政协编译委员会译:《冈村宁次回忆录》,北京:中华书局1981年版,第136页。

"却不能没有一种象征的清算方法",而最好的清算方法就是在受害国公开审讯祸首,并明正其刑罚。该社论还提到这样做的主要理由,一则南京大屠杀的祸首罪魁,如果不在南京市民的面前伏诛,不止无以告慰二十五万以上惨死于非命的同胞在天之灵,并且也无以平死者亲族戚党的愤气。二则南京大屠杀的祸首罪魁如果不以我们的法官为主体而在南京接受审判,多少会使抗战军民感到抗战没有多少光辉。三则血债固不必一一求债,但不容没有一种象征的取偿法,"如果松井石根不在南京偿还南京大屠杀的血债,那就似乎连象征的索偿血债都没有做到了。连象征的索偿血债都没有做到,则将来异族如再以我懦弱不足畏,岂不是一种最大的损失?"并且认为要通过"惩罚犯弥天大罪的渠魁,来象征我们决非甘受异族大屠杀的民族,来象征我们决非不能直接惩罚祸首罪魁的国家"。[1]

从国民政府的角度而言,根据《远东国际军事法庭宪章》的规定,松井石根是作为甲级战犯在远东国际军事法庭接受审判,国民政府将其引渡到国内审判不符合惯例。从实际的影响来看,松井石根这样的重要战犯,相比于引渡到国内接受审判,当然是在远东国际军事法庭受审对国际及日本国内社会的影响更大一些。南京民众及社会团体强烈要求引渡松井石根到国内受审,这是受害者正义求偿的正当诉求,而政府的决策受国际法框架的限制,不可能与民众采取一致态度。

此外,从审判战犯谷寿夫的法庭举证和辩论的过程中也可获得一些民众情感的信息。民众大多认为谷寿夫是罪有应得,当时的报纸上就提到,"今天国防部战争罪犯法庭公审这个大屠夫,南

---

[1]《松井石根应来京伏罪》,《中央日报》,1946年7月29日,第2版。

京人也该扬眉吐气,刀割零刮,虽千万个谷寿夫亦不足以赎他的罪恶"。[1] 在审判过程中,受害者的控诉最能体现民众的真实情感,比如张孙氏丈夫被杀,庭长询及伤在何处,张谓:"哪里还能看得到?"旋继称:"我与日本鬼子仇多呢! 要说三天也说不完,我受的害太大了"。随后又道出,彼本身亦被敌人强奸,同时见其小姑与一邻人均被奸而致病等等,语调沉痛,令人发指。[2] 可见,在谷寿夫的审判中,民众情感得到一定程度的释放,政府也希望借此彰显正义,平复冤情。

战犯在受害地行刑也是民众感到极大快慰的事情,民众参与热情极高。有些地方的军事法庭为满足地方群众的心理,在行刑前会将战犯押解上街游行示众,这固然可以使受害地民众在精神上得到极大快慰,但显然与政府处理战犯的政策以及国际法的原则相违背。为此,国民政府国防部通电各军事法庭,禁止将战犯在枪决前游行示众,并不得在文告中引用报复性之语句。[3]

武汉军事法庭的审判官高啸云也曾提到民众的热望与法庭的理性之间的差异,颇能反映地方舆论对于法庭的观感。由于侵华日军的残暴,"闻见其罪行者,无不发指皆裂,欲食其肉而寝其皮,恨之入骨,报之欲彻底,一闻审判战犯之法庭成立,皆深寄愿望于军事法庭之审判,意谓凡被逮捕来受裁判者,无不可处以极刑",由此可见社会心理之一斑。"不知既须法庭审判,即在分别是非虚实及罪情大小,以为处罚之重轻,如可一律处死,则以暴易暴,其法甚多且易,何必特设法庭慎选法官,稽时烦费为无益之举动? 诚如上

---

[1]《南京大屠杀案主角谷寿夫受审记》,《申报》,1947年2月12日,第9版。
[2]《南京大屠杀案真相各证人愤慨陈词》,《申报》,1947年2月8日,第2版。
[3]《国防部通电军法庭　禁枪决前游行示众》,《申报》,1947年4月1日,第4版。

述，审判战犯乃在求达到保障世界文明，确立人类道德之目的，表示宽大之风度，聊为惩一儆百之计以补充国际规约所未规定之事项，而非有战胜者与战败者之分别，充满憎恶愤恨，逞报复之手段亡人国而灭人种者之所谓。因之，从事审判者认定事实必依证据。论科罪刑必当案情，其犯罪不能证明者亦多论知无罪，盖依法审判必如是而后理得心安，不如是则为违法渎职，于是审判战犯之结果，在国际法庭，远东分会及中国政府乃至战犯联络部之表示，对汉口军事法庭尚在奖许之列，而在社会一般之心理，则认为极端轻纵，大失所望。平心而论，前之热望与后之失望，皆为误解，欲免此误解而有合理之判断端在常识之灌输，与教育之培养，非职司审判者所能为力也。"①

总体来看，大部分民众对审判比较关注，但是也有一些民众及受害者对战犯处理的态度淡漠，缺乏参与的热情。一方面可能是民众对于战犯审判的意义并不明了，另一方面，大部分民众更关心自身生活境遇的改善等实际问题。当时南京参议会的一份报告中提到，在调查日军暴行时发现，因已事过八年，"由于被害人之死亡，或其家属他迁，无人代为申述，或因事过境迁，恨怒淡散，不愿重抚创痕。此其例证，尤以门弟者之妇女，被敌奸后，继以屠杀之事案为然。抑或以施害者之部队番号不明，而幸存者又因生活重压，对于调查填报，知无补于其口腹之奉，间有不关心之态度，漠视调查人员之往访"。② 当然还有其他的一些原因，比如出于消弭过去战争伤痛的需要以及中国传统的认命的观念，受害者往往尽量

---

① 高啸云：《审判战犯工作之检论》，汉口《和平日报》，1948年3月18日，第2版。
②《南京市临时参议会协助调查南京大屠杀案经过概述》，中国第二历史档案馆、南京历史档案馆等编：《侵华日军南京大屠杀档案》，南京：江苏古籍出版社1981年版，第556页。

避免再触及与战争创伤有关的问题。

三、审判与社会记忆的形成

战后对南京大屠杀案审判的整个过程引起了社会的广泛关注，审判是受害者的个体创伤记忆得以表诉，并在社会得以大范围传播的事件载体，从而使受害者的创伤记忆得以超越个体记忆的局限而成为一种社会记忆，这是战后南京大屠杀案审判的社会影响中较为隐性而深远的一面。① 近年来关于战争暴行的社会记忆成为学术界关注的一个热点，但是从整体来看，现有的论述大都着眼于幸存者的创伤记忆以及战后一代人关于战争暴行的社会记忆，较少有关于战争暴行社会记忆形成的相关论述。

从社会记忆生成与唤起的角度来看，有论者指出，"南京大屠杀之后，在日军高压恐怖统治之下，南京市民的创伤记忆被深深地掩埋在心底。但是，每逢到了清明祭扫亲人和大屠杀周年之时，他们都会以最简便、最隐晦的方式去记忆无法忘却的创伤。1945年8月15日，当日本宣布投降之时，南京市民压抑已久的创伤记忆终于得到释放，人们以最大的热情参与了调查和审判制造南京大屠杀战犯的全过程"。② 战后对南京大屠杀案的审判为受害者创伤记忆的唤起和更大范围传播提供了各种条件。战犯罪行的社会调

---

① 关于集体记忆与社会记忆两者的区别，哈布瓦赫认为集体记忆是有特定群体的，不能简单地等同于固化的社会记忆。（[法]莫里斯·哈布瓦赫著，毕然等译：《论集体记忆》，上海：上海人民出版社2002年版，第235页）康纳顿也提出："对于过去社会的记忆在何种程度上有分歧，其成员就在何种程度上不能共享经验或者设想。"（[美]保罗·康纳顿著，纳日碧力戈等译：《社会如何记忆》，上海：上海人民出版社2000年版，第3页。）所以在分析有关南京大屠杀的记忆时，创伤记忆更多的是受害者这个群体的集体记忆，与被固化的社会记忆是不同的。
② 张连红：《南京大屠杀与南京市民的创伤记忆》，《江海学刊》2003年第1期，第147页。

查、市民呈文以及检举做证等行为过程中就包含着对遭受战争暴行的创伤记忆的重述,这种同一时空的大规模的趋同记忆得以集中表达,使得有关南京暴行的社会记忆得以生成。

　　但是由于国共内战的爆发,以及随后国民党政权的崩溃,新中国没有保持对南京审判本身所具有的历史意义的宣传教育。新政权对社会记忆按照自己的政治价值观进行了重新构建,而"构建公共记忆的行为同时也伴随着忘却行为"①。新中国成立后,在倡导中日人民友好的主旋律下,以及五六十年代极"左"思想的影响,南京市民对南京大屠杀的记忆受到极大的压抑,从而出现了社会记忆的断裂。这种断裂,"损坏了历史感知发生的框架,并阻止其重建一个新框架来填充遭受破坏的框架所具有的同样功能"。② 但是民间记忆仍有自身的保存路径,在受害者及其家庭内部得以继续保存。另外,由于南京大屠杀这样的暴行带来的创伤有其特殊的历史经验性,对其的漠视会造成社会记忆的裂痕。直到 20 世纪 80 年代以后,日本右翼的歪曲再次唤起了民众关于南京大屠杀的创伤记忆。

　　与此同时,直到 20 世纪 80 年代,学术界才开始关注战后国民政府对日本战犯的审判,这中间社会记忆就存在着认知上的断层,南京审判与南京大屠杀相关的社会记忆生成的关系纽带被淡忘或漠视,从而造成当时人和后人对审判实际影响在认知上的差别。只有经过深入的考察,我们才能看到战后对南京大屠杀案的审判对当时社会的实际影响以及南京市民的创伤记忆早期得以生成的

---

① 黄东兰:《岳飞庙:创造公共记忆的"场"》,孙江:《事件·空间·叙述》,杭州:浙江人民出版社 2004 年版,第 173 页。

② [德]耶尔恩·吕森:《危机、创伤与认同》,《中国学术》2002 年第 1 期,第 18 页。

一个重要环节。

第三节　审判的事后争议

日本投降后，盟国在东京组织远东国际军事法庭审判甲级战犯，同时国民政府也在国内各地设立军事法庭审判乙丙级战犯。战后对日本战犯审判的争论自开庭之日就已开始，至今仍辩难不息。日本右翼一直试图否认战后盟国对日本战犯审判的公正性，试图为战争罪犯正名。相对于东京审判，日本右翼对南京审判的评价更低，认为南京审判完全是单方面的审判。本节以战犯谷寿夫的审判为例，从法理和事实两个方面对相关争议进行系统的检讨。

一、关于谷寿夫审判的争议

对于战犯谷寿夫的战争责任及法庭审判的公正性问题，在战后引起较多争议，特别是在日本国内，右翼及旧军人团体多认为对谷寿夫的判决实属"冤枉"。事实上南京军事法庭以谷寿夫作为南京大屠杀案的重要案犯，并非是在无法引渡更多相关责任人到华受审的情况下为结案而以谷寿夫作为替罪的罪魁。法庭对谷寿夫战争责任的认定是建立在对侵华日军南京大屠杀暴行事实全面调查的基础上，对谷寿夫罪责判定的同时也明确了其他相关战犯的共同责任。

谷寿夫是战后唯一引渡来华的南京大屠杀案的高级别战犯，对谷寿夫的审判也成为对侵华日军南京大屠杀暴行定谳的重要依据，故而日本右翼对谷寿夫战争责任认定的质疑在国内学术界看来，即是否定南京审判对于南京大屠杀案的定谳。南京大屠杀之所以成为中日两国间历史纠葛的象征，很大程度上源于中日对战后审判公正性的不同认识。对于战后审判日本战犯历史的研究，应该摆脱立场和身份的局限，从回击日本右翼质疑的求证研究转入客观理性的求实研究。①

对战犯的审判除了事实层面，还有法的层面，其犯罪事实是否存在是一个问题，法理层面的公正性是另一问题。法庭是否依据法定程序进行审判，是否保证被告的法律权利以及判决的法理基础是否允当等等，都是影响法庭判决公正性的重要因素。

战后国民政府设立的军事法庭对战犯谷寿夫进行了公开审判，最终以谷寿夫在作战期间，共同纵兵屠杀俘虏及非战斗人员，并强奸、抢劫、破坏财产，判处死刑。关于谷寿夫的战争责任及法庭审判的公正性问题，在战后引起较多争议。

谷寿夫自引渡至中国以至被判处死刑，始终未承认自己对南京大屠杀有任何责任，在其执行判决前的遗言中提到，"虽然一直到最后都尽可能努力阐述真实情况，陈述没有战犯行为，但也未被中国方面所理解，是基于单方面认定而宣告死刑而死的"。②

在执行判决前，谷寿夫将其历次的申辩材料及在法庭上的陈述作为遗物送交法庭寄送回国。1965年9月24日，谷寿夫的妻子谷梅子无意中发现了谷寿夫遗物中有关其在南京军事法庭审判时的陈述和申辩记录，原第六师团的随军记者五岛广作得知消息后，

---

① 张连红曾提出，自20世纪90年代中期以来，国内学术界对南京大屠杀的研究逐渐摆脱日本右翼学者的牵制，开始突破政治式的对抗思维，从学术层面上由被动走向主动。参见张连红《南京大屠杀研究的范式：从求证到求实》，《抗日战争研究》2009年第1期。

②《遗言要点》，曹大臣编，罗文文、谷肖梅等译：《南京大屠杀史料集　日军第六师团官兵回忆》，南京：江苏人民出版社2010年版，第69页。

向负责管理战犯资料的日本法务大臣官房法制调查部和防卫厅战史室通报了这一情况。根据谷梅子的意愿,最后这些材料委托防卫厅战史室保管。这些材料成为战后日本国内认识南京审判的重要材料,但由于材料本身的片面性,对日本国内社会的战争责任认识有很大的负面作用。

根据谷寿夫的申辩材料,旧军人团体做了大量为谷寿夫正名的工作。原侵华日军第六师团参谋长下野霍一和随军记者五岛广作执笔的《南京作战之真相——熊本第六师团战记》中称南京大屠杀是虚构的,谷寿夫被判处死刑是冤枉的。① 原第六师团步兵第四十七联队的小队长草本利恒在1965年出版《大分第四十七联队奋战记》中,表示要洗清南京暴行之污名,称将谷寿夫作为虚构的南京事件责任人而枪决是违反人道的。② 上述两份带有追记性质的战史记录都有明确的为谷寿夫"正名"的目的,其中不乏掩盖事实以证明谷寿夫清白的成分,但其在日本国内的影响却不容小觑,特别是日本的虚构派一再以此作为素材,质疑战后盟国对日本战犯审判的正义性以及南京大屠杀暴行的客观存在。③

审判谷寿夫时唯一出庭的被告方证人小笠原清回到日本后,一直坚持谷寿夫是替罪者,在日本国内影响很大。在1971年8月接受《产经新闻》采访时,当被问及日军南京暴行的责任者为何人

---

① 《虚构的南京大屠杀事件和谷将军的冤罪》,曹大臣编,罗文文、谷肖梅等译:《南京大屠杀史料集　日军第六师团官兵回忆》,南京:江苏人民出版社2010年版,第68页。
② 《大分第四十七联队奋战记》,曹大臣编,罗文文、谷肖梅等译:《南京大屠杀史料集　日军第六师团官兵回忆》,南京:江苏人民出版社2010年版,第72页。
③ 在右翼否定南京大屠杀的论著中时常会出现对南京审判的否定及对谷寿夫的同情。具体可参见程兆奇《南京大屠杀研究——日本虚构派批判》,上海:上海辞书出版社2002年版,第2页。

时，小笠原称："真正想抓的好像是第十六师团，也就是负责扫荡城里的中岛今朝吾中将师团长。可是，他已在战争结束前病故了。但如果将此事置之不理的话，各个国家及民众是不会同意的。因此，谷中将就成了众矢之的。"①

除了旧军人及虚构派的质疑外，日本国内普遍对于乙丙级战犯的审判持否定性意见。学者大沼保昭曾在介绍日本国内对于乙丙级战犯审判的认识时，提到，"对乙、丙级战犯的审判，是在战后初期对日本军队抱有强烈的憎恶感、翻译和辩护律师不完备、审判时间短、法庭自身的主观臆断及对日本军队的指挥命令体制不了解的情况下进行的，许多事例表明，审判存在着很多问题"。② 更有甚者，认为乙丙级战犯多为日军中下级官兵，不应该为战争暴行负责。

从上述关于战后对乙丙级战犯审判的争议来看，大致可以概括为三个方面：一是认为不存在南京大屠杀的暴行，对谷寿夫的审判是胜者对败者的惩罚而非正义的审判；③二是承认日军南京暴行的存在，但认为罪魁是松井石根、柳川平助和中岛今朝吾，谷寿夫没有责任，不应该接受审判，其被审判是代人受过，是政治性审判的结果；三是承认日军战时犯罪行为的存在，并且认为应该追究战犯的战争责任，但是认为法庭的审判存在诸多问题，从而影响了审

---

① 《现在是揭开南京大屠杀真相的时候了》，王卫星编：《南京大屠杀史料集　日军官兵与随军记者回忆》，南京：江苏人民出版社、凤凰出版社2006年版，第136页。

② ［日］大沼保昭著，宋志勇译：《东京审判·战争责任·战后责任》，北京：社会科学文献出版社2009年版，第100页。

③ 下野一霍曾提到，谷寿夫战功卓著，"一旦战败，其战绩即成敌国民之恨"。特别强调了战败对于谷寿夫被判处死刑的影响。参见《南京作战之真相——熊本第六师团战记（选译）》，曹大臣编，罗文文、谷肖梅等译：《南京大屠杀史料集　日军第六师团官兵回忆》，南京：江苏人民出版社2010年版，第69页。

判的公正性。

在确定侵华日军南京暴行存在的基础上,应该从两个层面来检讨南京军事法庭对战犯谷寿夫的审判:一是要从证据体系和法理基础确认战犯谷寿夫对于侵华日军南京大屠杀案的罪责,以澄清其是否是代人受过的替罪者;二是看对谷寿夫的审判是否符合法定程序,法庭是否切实保障被告的权利,对他的判决是否恰当,以厘清程序上的公正性问题。

二、谷寿夫审判的法理基础与法定程序

在各受害国设立军事法庭审判战犯,在国际法的实践上并无成熟的先例,在二战结束后,由远东国际军事法庭创举实践。在盟军最高司令的特别声明中强调:"本命令所规定之任何事项,均不得妨碍为审理战犯而在日本或曾与日本处于战争状态之联合国成员国所已设置或行将设置之任何国际、国内或占领地法庭或委员会以及其他法庭行使司法权。"①另据《远东国际军事法庭的宪章》,远东国际军事法庭的设立是"为求远东甲级战争罪犯的公正与迅速的审判与惩处",而对于乙丙级战犯则由各盟国组织军事法庭进行审判。② 远东国际军事法庭审判的甲级战犯是犯有破坏和平罪的战犯,各盟国国内军事法庭审判的战犯大多是犯有普通战争罪和反人道罪的战犯。

由于对于反人道罪是否适用于日本战犯存有争议,实际上在战后受审的主要是犯有破坏和平罪的甲级战犯和犯有普通战争罪

---

① 《盟军最高司令的特别声明》(1946年1月19日),杨夏鸣编:《南京大屠杀史料集 东京审判》,南京:江苏人民出版社、凤凰出版社2005年版,第5—6页。
② 《远东国际军事法庭宪章》(1946年1月19日),杨夏鸣编:《南京大屠杀史料集 东京审判》,南京:江苏人民出版社、凤凰出版社2005年版,第6页。

的乙级战犯。① 其中对破坏和平罪，在东京审判的法庭上也存在诸多争议，而唯一没有争议的是普通战争罪，即违反战争法规或战争惯例的犯罪行为，因为此项罪责在二战前即有《陆战法规及其惯例条规》等相关国际法明文禁止，不存在事后法的争议。从法理的层面来看，战后国民政府组织的审判战犯军事法庭的管辖权及法理基础是得到一系列国际文件支持的，特别是上述盟军最高司令的特别声明中提到的各盟国设立军事法庭审判战犯的权力。

南京审判战犯军事法庭的审判程序与东京审判不同。东京审判采用的审判程序是以英美法系为基础的，据担任东京审判检察官的倪征燠所言，"大陆法采取纠问制，审讯提问主要由法官主持，而英美法采取对质制，审讯提问主要由双方律师担任（刑事案件中的原告律师是检察官）"。② 远东国际军事法庭的审判过程中，每名被告均有日本籍、美国籍辩护律师各一人，控、辩双方须各自提出自己的证人、证据，并对对方证人、证据进行质证。国民政府国防部军事法庭关于审判程序无详细规定，据实际审判的程序来看，一般由军法检察官代表原告提起诉讼，并向法庭提供证人、证据以证明被告所犯罪行；审判官可以讯问被告，被告回答审判官问题；法庭辩论时，主要由检察官与被告进行控辩陈述，在检察官提供证人证据时，被告无直接质证的权利，只能在申辩时提出质疑；被告律师在实际审判过程中一般不参加法庭辩论，而是由被告自我辩护，辩护律师只在每次辩论结束时发表辩护意见。

上述审判程序以及在受害国审判的现实，使得作为被告的日

---

① 关于东京审判法的层面的争议，可参见程兆奇《从〈东京审判〉到东京审判》，《史林》2007年第5期。
② 倪征燠：《淡泊从容莅海牙》，北京：法律出版社1999年版，第106页。

本战犯大多感觉自身在法庭上处于弱势地位，特别是作为被告方很难提供有效证据为自己辩护。谷寿夫在上诉书中提到，"被告在此孑然一身，身边又没有任何记录，对不少讯问事项多不知，这一点还希望贤明的部长阁下鉴查，窃愿法庭在传唤有关部队长的同时，也能做到传唤那些证人"。① 谷寿夫在最后一次申诉中还提出，如不能从日本传唤事件相关人及证人，"作为办法之一，是像现在正在进行的东京审判那样，即把中国军事法庭开到作为战败国的日本首都，那样裁判将会迅速而容易地得以解决"。②

客观来看，将乙丙级战犯引渡至受害国进行审判，对于受害国政府和人民是极其便利的，但是作为被告的战犯却不免陷于被动。参加东京审判的中国法官梅汝璈曾提到，在受害国对乙丙级战犯进行审判有两大好处："第一，他们所犯的暴行既是在某地区实行的，则在该地区审判不但可以贯彻'犯罪属地'的刑法原则，而且对于证据的搜集、证人的传唤以及现场的调查等等均较方便。第二，由犯罪地国内的或当地的法庭去审判，使这类战犯在当地受到法律制裁，可以使对他们的暴行记忆犹新的地方群众在心理上精神上感到快慰。"③从法的层面来看，上述分析全部是从受害者的角度考虑，从法庭的举证及其权利保障来看，作为被告的战犯多处于弱势。因为存在这样的问题，一般多认为各盟国国内的军事法庭更接近于胜者对败者的政治审判，而不是基于法理和法定程序的正义审判。实际上，这样的认识忽视了当时国民政府在力求审判公

---

① 《追加上诉书》(1947年3月24日)，胡菊蓉编：《南京大屠杀史料集　南京审判》，南京：江苏人民出版社、凤凰出版社2006年版，第466页。
② 《追加上诉书》(1947年3月24日)，胡菊蓉编：《南京大屠杀史料集　南京审判》，南京：江苏人民出版社、凤凰出版社2006年版，第468页。
③ 梅汝璈：《远东国际军事法庭》，北京：法律出版社2005年版，第37页。

正性问题上所做的努力。

从法庭审判过程来看,最初检方对于谷寿夫罪行的起诉书中,除以普通战争罪和反人道罪起诉谷寿夫外,还认为,谷寿夫"始则对于侵略之阴谋与行动,作有力之支持;继则出兵山东,阻碍我国之统一运动,侵害我国之主权;终则参加对我不宣而战之侵略战争显系违背各该国国际公约之规定,自应成立破坏和平罪"。[①] 在法庭辩论过程中,谷寿夫的辩护律师梅祖芳发表辩护意见,认为:"就起诉书而论,检察官似以破坏和平及违反人道之罪嫌起诉,但被告仅系一中将,是否有资格参加侵略计划,至于来华作战军人,首重服从命令,此点不能构成破坏和平罪。南京大屠杀固系铁的事实,目前问题为追究凶手,法律裁判不应侧重民族情感,故实应传讯下野、坂井及一一四师团之部队长,彻底调查,以明责任。"[②]法庭最后的判决书认定:"被告在作战期间,以凶残手段,纵兵屠杀俘虏及非战斗人员,并肆施强奸、抢劫、破坏财产等暴行,系违反海牙陆战规例及战时俘虏待遇公约各规定,应构成战争罪及违反人道罪。"[③]而未判定其犯有破坏和平罪,可见法庭对于谷寿夫战争责任的认定是依据事实和法理,而不是一味地偏向检方,且被告及辩护律师的合理意见是得到法庭采纳的。

鉴于国民政府审判战犯军事法庭在法理基础及管辖权上是无可争议的,而法庭审判过程中作为被告的战犯一定程度上的弱势

---

① 《军事法庭检察官对战犯谷寿夫的起诉书及附件》,胡菊蓉编:《南京大屠杀史料集 南京审判》,南京:江苏人民出版社、凤凰出版社 2006 年版,第 328 页。
② 《某报关于战犯谷寿夫在续审中继续狡辩的报导》,胡菊蓉编:《南京大屠杀史料集 南京审判》,南京:江苏人民出版社、凤凰出版社 2006 年版,第 383 页。
③ 《军事法庭检察官对战犯谷寿夫的判决书及附件》,胡菊蓉编:《南京大屠杀史料集 南京审判》,南京:江苏人民出版社、凤凰出版社 2006 年版,第 394 页。

是因在受害地审判的现实限制，此种因素并不能抹杀法庭审判的公正性。

三、审判的完整性问题与谷寿夫的战争责任

谷寿夫在其申辩书中一再提及，其本人对于南京大屠杀无任何责任，主要责任在负责南京主城区治安的第十六师团师团长中岛今朝吾。在接受审判前关于南京战役情况的陈述中，谷寿夫提出："盛传发生南京大屠杀的地区，我听说或位于城内中央以北直至下关、长江沿岸一带，或发生于紫金山方向，而这些地区都在我柳川军的作战地区之外，是松井方面军主力数个师团的行动区域，与我部无关。占领南京之后，方面军主力部队之一的第十六师团长中岛中将被任命为警备司令官，屠杀暴行就不用说了，治安方面的问题应由该官员负全责，与我部毫无关系。"[①]

此外还提到，南京暴行应该由更高一级的指挥官负责，不应该由作为师团长的他来承担。谷寿夫在1947年3月24日提交的追加上诉书中提及："在进攻部队的组织系统中，被告并不是最高上级，尤其是从整体上来说，被告之上有柳川，柳川之上还有松井。"[②]谷寿夫认为法庭对于日军的军队指挥及组织系统不了解，而且对于南京战役的全貌没有充分的认识，所以希望法庭能够从日本传唤并讯问最高指挥官及其以下的各部队长和其他证人，以对南京事件有公正裁判。

上述辩词对战后日本国内对南京审判公正性的认识影响甚

[①]《关于我部在昭和12年末南京战役中的情况的陈述》，胡菊蓉编：《南京大屠杀史料集 南京审判》，南京：江苏人民出版社、凤凰出版社2006年版，第461页。

[②]《追加上诉书》(1947年3月24日)，胡菊蓉编：《南京大屠杀史料集 南京审判》，南京：江苏人民出版社、凤凰出版社2006年版，第461页。

大。关于谷寿夫审判的争议中,多认为国民政府将谷寿夫作为南京大屠杀案的主犯是不公正的,且多认为只引渡谷寿夫到中国来,是因为柳川和中岛病死后,为确定一个南京大屠杀案的责任者,而将引渡至中国的谷寿夫作为"替罪羊"。日本复员局参谋武富曾表示:"谷将军之所以遭此厄运,是由于攻打南京的最高责任人松井石根大将,因 A 级审判留在了东京,次一级的中岛今朝吾中将已经去世而轮到了他。可是从审判过程看,将军好像被当成了大屠杀的罪魁祸首。"[1]这是一种完全偏离事实的分析。实际上,在最初确定战犯名单时,国民政府即将谷寿夫作为主要战犯,而非发现柳川平助和中岛今朝吾病亡后追加的。

早在 1943 年 6 月,国民政府即组织敌军罪行调查委员会负责调查日军的战争罪行,为战后惩处日本战争罪犯做准备。1945 年 5 月,国民政府行政院又颁布调查日军暴行的训令,要求由司法行政部核定相关调查材料,转送外交部编辑,最后送交联合国战罪委员会远东及太平洋分会,作为确定日本战犯的依据。国民政府先后提出了 26 批战犯名单,共计 2 368 名。1945 年 10 月,国民政府外交部提交了日本特别首要战犯名单(军阀部分),共计 9 人,其中就有在南京大屠杀期间任第六师团师团长的谷寿夫,与其同列的是东条英机、土肥原贤二、本庄繁、板垣征四郎、小矶国昭、荒木贞夫、松井石根、影佐祯昭。[2] 在随后蒋介石对包含特别首要战犯在内的 20 人名单的批示中,删除了 8 人,保留了与南京大屠杀案相关

---

[1]《虚构的南京大屠杀事件和谷将军的冤罪》,曹大臣编,罗文文、谷肖梅等译:《南京大屠杀史料集 日军第六师团官兵回忆》,南京:江苏人民出版社 2010 年版,第 68 页。
[2]《外交部呈〈日本特别首要战争罪犯名单〉》(1945 年 10 月),秦孝仪主编:《革命文献》第 109 辑《日军在华暴行:南京大屠杀》下,台北:中国国民党中央委员会党史委员会 1987 年版,第 268 页。

第七章　战后国民政府处置日本战犯的审视与检讨

的谷寿夫。① 可见,谷寿夫从一开始即被认为是南京大屠杀案的重要战犯,而非因为其他案犯未能引渡至中国,而以其作为南京大屠杀案的首犯。

在1945年9月战犯处理委员会关于谷寿夫的罪行调查表中称,该部"系于二十六年十二月参加南京之役。十三日该部由中华门先行入城,直接指挥部下任意烧杀抢夺物资、强奸民妇等,实为惨杀我无辜人民最众之罪魁"。② 在将谷寿夫列为特别首要战犯的名单中,称"一九三七年十二月日军侵入南京时,谷任司令,大肆屠杀,酿成举世嫉首之南京惨案,谷应负主要责任"。③ 可见,战后初期由于对侵华日军南京大屠杀案的调查不够深入,所以多以谷寿夫部最先破城而认定其为南京大屠杀案的首犯。

但随着南京大屠杀立案后,对日军暴行调查的深入,司法行政部公布了完整的南京大屠杀案战犯名单,所列战犯共计83名,包括主要战犯松井石根、朝香宫鸠彦、中岛今朝吾、谷寿夫等,但未将柳川平助列入。④ 根据战犯名单,国民政府驻日代表团要求盟军配合逮捕并引渡相关战犯。其中松井石根作为甲级战犯由远东国际

---

① 《蒋委员长条示日本军阀侵华主犯名单手稿》(1945年10月),秦孝仪主编:《革命文献》第109辑《日军在华暴行:南京大屠杀》下,台北:中国国民党中央委员会党史委员会1987年版,第266页。

② 《战犯处理委员会关于谷寿夫罪行调查表摘要》(1945年9月19日),胡菊蓉编:《南京大屠杀史料集　南京审判》,南京:江苏人民出版社、凤凰出版社2006年版,第59页。

③ 《外交部呈〈日本特别首要战争罪犯名单〉》(1945年10月),秦孝仪主编:《革命文献》第109辑《日军在华暴行:南京大屠杀》下,中国国民党中央委员会党史委员会1987年版,第268页。

④ 《司法行政部关于南京大屠杀案战犯名单》,胡菊蓉编:《南京大屠杀史料集　南京审判》,南京:江苏人民出版社、凤凰出版社2006年版,第54—57页。

军事法庭审判,朝香宫鸠彦因属于皇室成员而免予追究,①中岛今朝吾于1945年10月病死,亦未能引渡至中国受审,实际引渡至中国的师团长一级及以上的指挥官只有谷寿夫一人。

在法庭审判时,检察官的陈诉中对于谷寿夫的罪责,认为,"南京大屠杀虽系整个的,但被告亦系参加者之一,应负责任"。② 可见检方也未将谷寿夫认定为南京大屠杀唯一的责任者。在法庭的判决中,对于谷寿夫的判决更为客观,认定:谷寿夫在作战期间,共同纵兵屠杀俘虏及非战斗人员,并强奸、抢劫、破坏财产,处死刑。

法庭关于谷寿夫的战争犯罪事实的表述如下:"日本军阀以我首都为抗战中心,遂纠集其精锐而凶残之第六师团谷寿夫部队,第十六师团中岛部队,第十八师团牛岛部队,第一一四师团末松部队等,在松井石根大将指挥之下,合力会攻,并以遭遇我军坚强抵抗,忿恨之余,乃于陷城后,作有计划之屠杀,以示报复。由谷寿夫所率之第六师团任前锋,于26年12月12日(即农历十一月十日)傍晚,攻陷中华门,先头部队用绳梯攀垣而入,即开始屠杀。翌晨复率大军进城,与中岛、牛岛、末松等部队,分窜京市各区,展开大规模屠杀,继以焚烧奸掠。查屠杀最惨厉之时期,厥为26年12月12日至同月21日,亦即在谷寿夫部队驻京之期间内。计于中华门外花神庙、宝塔桥、石观音、下关草鞋峡等处,我被俘军民遭日军用机

---

① 据国民政府所列日本重要战犯名单,朝香宫鸠彦名列第49位,所列罪行:"该犯为日本法西斯军阀侵华之最积极分子,性极残酷,八一三事变发生后,该犯率部进攻淞沪各地,后调任会攻南京之总指挥官,计划历史未有之南京大屠杀,我无辜平民被杀害者,难以数计,并纵兵四出抢劫,烧毁平民住宅,强奸妇女,无所不为,实为祸我南京之唯一罪魁。"见《日本主要战犯名单》(1946年7月),中国第二历史档案馆藏,战争罪犯处理委员会档案,22/1620。

② 《军事法庭检察官陈光虞对战犯谷寿夫的公诉词》,胡菊蓉编:《南京大屠杀史料集 南京审判》,南京:江苏人民出版社、凤凰出版社2006年版,第375—376页。

枪集体射杀及焚尸灭迹者,有单耀亭等19万余人。此外零星屠杀,其尸体经慈善机关收埋者15万余具。被害总数达30万人以上。"①

从判决书中可见,法庭既对侵华日军南京大屠杀暴行有整体责任的认定,同时又明确了谷寿夫部队的责任,并未将谷寿夫确定为南京大屠杀案的唯一的罪魁。

以谷寿夫等少数战犯作为南京大屠杀案定案的责任人,造成审判的不完整,与当时国民政府在引渡战犯问题上面临的实际困难有关。在审判战犯谷寿夫的过程中,国民政府战犯处理委员会曾要求盟军总部将南京大屠杀案的相关战犯引渡来华,据南京军事法庭庭长石美瑜1947年初的报告,要求引渡的战犯名单"将包括当时进攻南京日军最高统帅松井石根,司令官柳川、中岛,及谷寿夫于历次申辩书中所要求引渡之共犯如下野、田边等人"。② 可见国民政府一直在积极要求引渡相关战犯,但由于罪证调查的不充分,以及实际操作的困难,引渡来华的战犯只是很少一部分。因此,审判的不完整和不彻底不能完全归因于国民政府的政策及法庭的审判,实际上在罪证调查、引渡战犯以及传唤证人等环节都存在现实困难。

四、确认谷寿夫战争责任的证据体系

对谷寿夫的审判,法庭收集的证据达四五千件之多,证人多达500余人,公审出庭的证人有80余人,包括受害者和亲历者,如中

---

① 《军事法庭检察官对战犯谷寿夫的判决书及附件》,胡菊蓉编:《南京大屠杀史料集 南京审判》,南京:江苏人民出版社、凤凰出版社2006年版,第398页。
② 《京屠杀案有关战犯将请盟总解华讯办》,《中央日报》,1947年5月4日,第5版。

央军校教导总队的辎重营中校营长郭岐、红卍字会南京分会会长许传音、鼓楼医院的程洁、幸存者陆李秀英和赵永顺等人,外籍的见证者,如战时南京国际安全区的史密斯、贝德士。提交的证据有南京市参议会提供的罪行调查表、红十字会的埋尸统计表、中华门附近挖到的经过法医鉴定的受害人头颅、美国牧师马吉拍摄的日军暴行及中国民众受害情形的纪录片、日军为炫耀武功而拍摄的日军在新街口屠杀现场的纪录片等证据。

从法庭对谷寿夫的判决书可以看出,法庭首先通过严密的调查,确定了侵华日军南京大屠杀暴行的事实,法庭认定"会攻南京之日军各将领,共同纵兵,分头实施屠杀、强奸、抢劫、破坏财产之事实,已属众证确凿,无可掩饰"。① 在此基础上,认定"被告部队,仅在旬日间,分担京市一隅之屠杀等暴行,既然与各会战将领,本于联络之犯意,互相利用,以达其报复之目的。依照上开说明,即应就全部所发生之结果,与松井、中岛、牛岛、末松、柳川各将领,共同负责。奚容以罪行调查表载有'中岛'字样,以及被害人未能指出日兵番号等词为藉口,希图诿卸。况查京市各区,屠杀奸掠等事件,泰半系发生于被告部队驻京之期间内(即十二月十二日至同月二十一日),即在被告自承为其防区之中华门一带而遭烧、杀、淫、掠之居民有案可稽者,已达四百五十九起"。② 法庭对于谷寿夫战争责任的认定是建立在事实基础上的,并无所谓"替罪"之嫌。

从法庭所提供的证据来看,完全可以证明侵华日军南京暴行的存在,且可以确定谷寿夫部队驻扎的中华门地区存在严重的暴

---

① 《军事法庭检察官对战犯谷寿夫的判决书及附件》,胡菊蓉编:《南京大屠杀史料集 南京审判》,南京:江苏人民出版社、凤凰出版社2006年版,第392页。
② 《军事法庭检察官对战犯谷寿夫的判决书及附件》,胡菊蓉编:《南京大屠杀史料集 南京审判》,南京:江苏人民出版社、凤凰出版社2006年版,第393页。

行,但对于谷寿夫积极的战争责任无直接的证据可以确证,这在很大程度是由于日方文献的缺乏造成的。在战争结束初期,日本有意识地销毁军方文件,造成日军体系内的文献在审判中较少被利用,但是从后来陆续发现的文献来看,谷寿夫的罪责是确定无疑的。

从中方的证据搜集来看,也存在实际的困难。受害者及亲历者多无法直接判断加害部队所属番号及其部队长官,此为战争环境下的正常现象,要求当事人能够确认日军士兵所属部队实属无理要求。当时藏匿在意大利驻南京总领馆的教导总队辎重营营长郭岐所记述的一次日军暴行的情况,就很能说明问题。他提到,"那一天,隔壁洋楼门外来了几十名鬼子兵,领章有黑有黄,但却既无部队番号,又无官长"。① 可见要求受害者确定加害的日本兵的番号及其部队长是不易做到的。

鉴于此,法庭只能在明确侵华日军攻占南京战役的战斗序列、驻扎区域的基础上,进行相关的罪证调查。但由于战后初期法庭对南京战役日军的作战序列以及不同部队的作战任务不甚了解,加上日军文献的缺乏,对于战犯战争责任的调查往往不够全面。② 具体到谷寿夫部队,从中方的认知来看,因认定谷寿夫是最先破城的少数部队之一,故而认为谷寿夫从中华门

---

① 郭岐:《陷都血泪录》(节录),张连红:《南京大屠杀史料集 幸存者的日记与回忆》,南京:江苏人民出版社、凤凰出版社 2005 年版,第 167 页。
② 战时军委会军令部对于外交部日军战罪调查专员杨云竹询问南京大屠杀主要负责人的答复,称:"查倭寇围攻首都时,上海战场之敌酋总司令官为松井石根,围攻首都之前敌总指挥官则为朝香宫鸠彦王中将。谷寿夫系第六师团长,为围攻首都之先头部队。"参见《军事委员会军令部致外交部杨云竹函》,台北:"国史馆"藏,国民政府外交部档案,020/010117/0008/0019a。

破城后，其部队的暴行大多发生于该地区。实际上从后来的日军文献来看，谷寿夫部第四十五联队在 1937 年 12 月 12 日接到作战命令："明天早上联队主力朝江东门、下关一线追击，一部分沿着扬子江左岸的堤坝朝下关方向追击。"①谷寿夫部队不仅要对其主要驻防地中华门一带的暴行负责，还须对长江沿岸的集体屠杀负责，这在战后国民政府对谷寿夫战争罪行的调查中未能得到充分体现。

虽然南京军事法庭未能引渡更多的南京大屠杀案的战犯嫌疑人到庭受审，但并不影响法庭对于谷寿夫战争罪行判决的公正性。谷寿夫作为当时会攻南京城的日军指挥官之一，对其部下的暴行负有不可推卸的责任。谷寿夫对部下普遍的战争暴行取放任和默许的态度，无管束和制止行为，至少应负有消极的战争责任，所以，南京军事法庭对谷寿夫的判决并无冤枉。

五、谷寿夫的申辩材料及其检证

谷寿夫是日军进攻南京的主力部队之一第十军下属第六师团的师团长。1946 年 2 月 2 日，谷寿夫被盟军总部逮捕，关入东京巢鸭监狱。1946 年 8 月被引渡到中国，关押在上海。国防部审判战犯军事法庭认为，谷寿夫"系侵华最力之重要战犯"，"尤为南京大屠杀之要犯，为便利侦讯起见"，移交国防部军事法庭审判。② 12

---

① 《前田吉彦日记》，王卫星：《南京大屠杀史料集　日军官兵日记与书信》，南京：江苏人民出版社、凤凰出版社 2006 年版，第 489 页。
② 《战犯处理委员会关于战犯谷寿夫等应解来京受审第三十八次常会记录摘要》(1946 年 8 月 10 日)，胡菊蓉编：《南京大屠杀史料集　南京审判》，南京：江苏人民出版社、凤凰出版社 2006 年版，第 61 页。

月31日,国防部审判战犯军事法庭检察官起诉谷寿夫,提请国防部军事法庭审理。1947年2月6日至8日,国防部审判战犯军事法庭在励志社大礼堂对谷寿夫进行了公审。3月10日,法庭对谷寿夫做出判决,判处死刑。4月25日,国防部军事法庭接到国民政府批复,驳回谷寿夫的上诉,执行死刑。4月26日,谷寿夫被押往雨花台刑场,由宪兵执行枪决。

谷寿夫自押解到南京至被执行判决,前后共提交过三份比较完整的申辩材料。第一份是在1946年12月18日,关押在战犯拘留所的谷寿夫提交的《关于我部在昭和12年末南京战役中情况的陈述》;第二份是在国防部军事法庭检察官起诉谷寿夫后不久,针对起诉书的内容,谷寿夫于1947年1月15日向法庭提交的《申辩书》;第三份是在法庭对谷寿夫做出判决后,谷寿夫不服判决,分别于1947年3月18日和3月24日提交的《上诉书》和《追加上诉书》,提出不服理由和复审的请求。在执行判决前,谷寿夫将其历次的申辩材料及在法庭上的陈述作为遗物送交法庭,寄送回日本国内,这些材料成为战后日本国内了解南京审判的重要材料,但由于材料本身的片面性,对于日本国内对战争责任的认识有很大的负面作用。

战后国防部审判战犯军事法庭审理南京大屠杀案时,由于是在受害地审判,所搜集证据多为被害者一方的证人证物,所以未能较多地利用日军的文献作为证据以确定谷寿夫的罪责。加上战争刚刚结束,对于日军战时暴行的调查不够充分以及现实条件的限制,无法有效地确认暴行的不同实施者的罪责划分及事实基础,这也是导致对谷寿夫罪责认定引起争议的重要原因。另外,由于战后未能引渡更多的南京大屠杀暴行责任人到华接受审判,加上谷寿夫并未完全否认日军暴行的存在,只是申辩第六师团不存在暴行，故而其申辩论点在日本国内引起部分同情。①

战后南京军事法庭审理南京大屠杀案时，由于证据搜集方面的限制，特别是日军方面事发时的记录以及第一手文献的缺失，使得法庭未能对被告谷寿夫的申辩进行有针对的质证。随着日军一方的文献不断被发掘，当年法庭在证据体系上存在的缺失可以得到弥补。通过比对日军的军方文件、日军第六师团的官兵日记及回忆等日方文献，可以重建谷寿夫部队在南京大屠杀期间的部分暴行事实，并检讨谷寿夫上诉书中所做申辩的真实性问题，在此基础上判定南京审判公正与否，以厘清谷寿夫的战争责任。

谷寿夫的申辩材料篇幅较长，但所论要点较为集中，即暴行主要发生在城区中心以北的难民区及下关，主要由第十六师团中岛部队所为；在第六师团驻扎的中华门区域没有暴行的发生，且第六师团在1937年12月下旬移驻芜湖，与此后发生的暴行更无关系；谷寿夫在被逮捕关押前从未听说过南京暴行的存在等。以上各点均与事实不符。②

关于谷寿夫战争责任的争议，日本右翼对与己观点不符的史料视而不见，这背后实际上是一种非理性的对立情绪在起作用，严重背离了学术研究的客观性原则。为纠正此种偏弊，应该努力"摆脱审判者的判罪论和受审者的辩护论之间反复争执的传统观点"，③超越身份和立场的限制，回归学术本位。对于谷寿夫战争罪

---

① 洞富雄认为，"唯独一个有关人员肯定了这一事件的存在，他便是在南京的特别军事法庭上以大屠杀事件的负责人身份被判处死刑的第六师团谷寿夫中将。"参见[日]洞富雄著，毛良鸿等译：《南京大屠杀》，上海：上海译文出版社1987年版，第333页。
② 参见严海建《谷寿夫战争责任的再检证》，《民国档案》2004年第1期。
③ [日]粟屋宪太郎著，里寅译：《东京审判秘史》，北京：世界知识出版社1987年版，第4页。

第七章　战后国民政府处置日本战犯的审视与检讨　431

责的检讨，不应局限于当年法庭提供的有限证据，也不应仅依据谷寿夫本人的申辩，而应更注重利用后来不断发现的新资料，特别是日军方面的文献。重建史实如果仅仅依据某一方的记述，不但会造成片面，还可能扭曲真相。只有参照比勘各方记载，才有可能更加接近历史真实，从而求得一种超越国界的共识。

关于南京审判公正性的争议，在日本右翼与中国学者之间截然两分，陷入一种非黑即白的二元对立的困境。实际上，超越情绪化的对立和论辩，中日对于战后国民政府对日本战犯审判的认识应该在更高的层次上获得较为一致的共识。对于日本战犯的审判是谴责战争暴行和追究战争责任的必要举措，目的是为了彰显国际正义和追求和平。从这个角度来看，中日双方的政府、学者和国民应该是没有分歧的，即对于在充分证据的基础上依法处罚战争犯罪责任人这一原则是没有疑义的。战后否定战犯审判公正性的意见多是从审判的法理依据、审判程序及事实基础等角度提出质疑，而不是根本否定以法律惩处战争犯罪的原则及审判实践背后所主张的国际正义观。

结　论

　　学界对战后国民政府主导的对日本乙丙级战犯审判的评价，大多以东京审判和1949年后新中国对日本战犯的审判作为参照系，对其存在的局限认识较为深刻，但亦难免因超越不同时空语境而"有隔阂肤廓之论"。抗战胜利后对日本战犯的审判是厘清战争责任以彰显正义的重要环节，但长期以来对国民政府审判日本战犯实践中正义实现的问题，在程序和效果两方面以负面评价居多。如相对于东京审判，国民政府对日本战犯审判过程中对被告的权益保障似不够充分；相对于新中国对日本战犯的审判，国民政府对日本战犯审判的效果不佳，突出表现在其审判的战犯基本未认罪。实际上，国民政府主导的对日审判有其内在逻辑，似不应脱离其语境而以外在标准衡量之。

　　国民政府审判日本战犯档案的全面开放，使得深入战犯审判实践的考察成为可能，从而可以补救既往学界在未做经验研究的基础上即做整体评价可能造成的认识上的偏弊。通过对国民政府设立的各个法庭审判日本战犯实践环节的全面考察，从法庭审判官、检察官、辩护律师及社会舆论的多元视角，或许可以复原国民政府主导的对日审判的若干特质与面相。

一、犯罪属地原则与"受害者审判"

剑桥大学顾若鹏教授(Barak Kushner)在对战后中国审判日本战犯的研究中,借用阿马蒂亚·森(Amartya Sen)正义观的两种类型来概述和区分战后国民政府与1949年后新中国主导的战犯审判。对于认识战后对日审判实践中的正义问题,这是很有启发的"概念工具"。阿马蒂亚·森认为,正义观有两种类型,分别是"安排取向观点"(arrangement focused view)和"实现取向观点"(realization focused view),前者代表着一种"先验的以制度为中心"的正义理论,后者代表着一种"经验的以实际行动为中心"的正义观。[①] 顾若鹏提出,"安排取向"强调,政府透过建立包含着法庭和律师的体制实现正义,这设定了证明"积极展现正在实践正义"的目标,"实现取向"则更切合中国共产党审判设定的目标,因为他们挑起人们的愤怒,使公众对"正义"的诉求透过法律机构审判而得到满足。[②] 后来顾若鹏在一篇论文中提到,他的观点有些改变,认为国民政府主导的审判也不属于"安排取向"的正义观。[③] 这一观点的修正意味着他认为国民政府对日本战犯的审判和1949年以后新中国对日本战犯的审判实际上都代表着一种"经验的以实际行动为中心"的正义观,只是各有其内在的逻辑。

阿马蒂亚·森所主张的"经验的以实际行动为中心"的正义观是对近代以来形成的西方中心主义的一种反抗,打破欧美主导的

[①] Amartya Sen, *The Idea of Justice* (London: Allen Lane, 2009), p. 10.

[②] Barak Kushner, *Men to Devils, Devils to Men: Japanese War Crimes and Chinese Justice* (Cambridge, M. A.: Harvard University Press, 2015), pp. 87–88.

[③] 顾若鹏:《法律与帝国——对日关系中"正义"的挣扎(1944—1947)》,黄自进、潘光哲主编:《中日战争和东亚变局》,台北:稻乡出版社2018年版,第335页。

"先验的以制度为中心"的正义理论，非西方世界在话语和实践两方面都获得相当的自主权。从这个意义上而言，战后不同法庭对日本战犯审判的实践中所体现的正义观是多元的，对于这种多元性的理解很难做同一价值序列下的优劣评判。历史学研究的价值在于回到语境尝试理解不同法庭审判的特质，即所谓史学与社会科学的差异在于务求"不共相"，而非如社会科学那般寻求公理公例。

第二次世界大战后，反法西斯同盟各国对日本战犯进行了大规模的审判。战后由美英等国主导的法庭与受害国自身设立的法庭存在明显的差异，具体表现在审判的案件中涉及本国受害民众的比例。根据战后日本法务大臣官房的调查统计，亚太地区由西方殖民宗主国主导的法庭审判案件中比例较高的是日军对战俘的犯罪，而中国和菲律宾的法庭审判案件中比例较高的是日军对平民的犯罪。[①] 上述差异提示我们，战后国民政府审判的日本战犯案件中有大量涉及日军侵害中国平民生命财产安全的案件，故而对乙丙级战犯的审判实际上带有受害者直面施暴者的意味。与国际法庭审判的犯有破坏和平罪的甲级战犯不同，乙丙级战犯大多是犯有普通战争罪，即对各类战争暴行的发生实际负有责任者。在审判过程中，在国际法庭受审的甲级战犯因为是在本国受审，更多面对的是代表受害者集体的检察官，而非具体的受害者；与此不

[①] 据统计，以日军对人身安全犯罪作为起诉理由的案件中，美国主导的法庭对于日军对战俘犯罪的起诉比例高达 81.3%，对于日军对非战斗人员犯罪的起诉比例仅为 18.4%，澳大利亚同一数据的统计分别为 77.2%和 17.5%，而中国同一数据的统计分别是 5.2%和 94.6%，菲律宾的同一数据的统计分别是 6.1%和 92.7%。英国的情况比较特殊，所辖法庭处理的当地平民侵害案件比例较高。参见「戦争犯罪裁判概史要」、法務大臣官房司法法制調査部 1973 年編刊、第 267—268 頁。

同，国民政府设立的军事法庭对乙丙级战犯审判的过程中，作为受害者的民众始终是在场的，且参与审判的各个环节。

国民政府对日本乙丙级战犯的审判是在受害地对实施暴行的战犯进行审判，故其具有鲜明的"在地化"特征，具象的表现就是作为受害者的中国民众的在场和参与。对于在暴行发生地审判乙丙级战犯的意义，远东国际军事法庭的中国法官梅汝璈曾言及，在受害地审判的两大好处："第一，他们所犯的暴行既然是在某地区实行的，则在该地区审判不但可以贯彻'犯罪属地'的刑法原则，而且对于证据的搜集、证人的传唤以及现场的调查等均较方便；第二，由犯罪地国内的或当地的法庭去审判，使这类战犯在当地受到法律制裁，可以使对他们的暴行记忆犹新的地方群众在心理上、精神上感到快慰。"[1]在要求引渡松井石根的社论中，也特别强调了受害地审判的意义，该社论称："最好的象征清算法，自然无过于公开审讯他们的渠魁，并明正其罪刑，垂为千秋万世的炯戒。但审讯及行刑的地点，却似乎有采取属地主义的必要。因为如果把他们解到犯罪的地点受鞠伏罪，则后世读史者，必有所警惕，不致再蹈灭绝人道的覆辙，其教育的意义，必甚深长。"[2]

毋庸讳言，在暴行发生地审判实施暴行的战犯，其影响和意义实际上偏重于受害者。在受害地审判，在证据搜集、证人传唤等方面对于检方是有利的，但对于在异国接受审判的战犯嫌疑人则较为不利，在审判程序的公正性上明显失衡。冈村宁次曾提到，对日本战犯的审判"不准用日本律师，官方指定的律师与被拘留者联系

---

[1] 梅汝璈：《远东国际军事法庭》，北京：法律出版社2005年版，第37页。
[2]《松井石根应来京伏罪》，《中央日报》，1946年7月29日，第2版。

不密切,以致草率从事,裁判欠公"。① 今井武夫也提到,"停战后不久,正当中国人对日感情险恶的时候,对这些战犯的处理,伴以报复性的一般舆论,只听单方面下达的苛刻判决"。② 这样的认识仅仅从程序正义的视角出发,存在脱离审判实践的片面性。

从战后国民政府对日审判的实践来看,所谓正义并非超越于加害与被害两方之上虚悬的原则,就主体而言,受害者的正义求偿具有优先性。就此意义而言,国民政府审判日本战犯的实践中民众的高度参与性反而凸显了其正义实现的主体性和真实性。

由于受害者检举的踊跃,造成军事法庭受理的案件数量大幅增加。据司法行政部部长谢冠生及刑事司司长杨兆龙介绍,"对敌人战犯之控诉案件,司法行政部自去冬即开始办理,初不过数千,嗣以各地送来案件日多,数月来经整理后,均送由国防部主持战犯处理委员会着手办理"。③ 另据冈村宁次回忆称:"经过八年战乱,日军所蹂躏过的地方百姓,对日军官兵的横行霸道,纷纷检举,被拘留的人也将与日俱增。"④ 案件数量大幅增加,对国民政府的"惩一儆百"的战犯处理政策是一种压力,表明受害者对于审判的参与度大大超过预期。

民众检举的踊跃颇能反映在受害地审判战犯对于地方民众正义求偿的重要意义。如当时报端所载,"在中国人的心里,尤其是沦陷区中的老百姓,八年来曾亲尝其暴虐与蹂躏,强掠与屠杀,种

---

①④ [日]稻叶正夫编,天津市政协编译委员会译:《冈村宁次回忆录》,北京:中华书局1981年版,第136页。

② [日]今井武夫著,该书翻译组译:《今井武夫回忆录》,上海:上海译文出版社1978年版,第271页。

③《我审判战犯办法 司法行政已草就即定稿》,《申报》,1946年8月16日,第2版。

种非法的恶行。于今抗战已得到最好的胜利,日本被正义扑灭了他们的凶焰,到处在缴械,到处在降伏。可是,在这国土沦陷的期间,所有国人的生命与财产的剥夺,仍然不能使他们幸免了这一切重大的责任,于是无辜的民众在检举,当局在查办,这是一件非常快心的事情"。①

对战犯谷寿夫的审判具有高度的民众参与性,这是在国际审判中少有的现象。大批民众现场参与战犯谷寿夫执行死刑的过程,就颇能说明问题。据当时参与押解谷寿夫的宪兵回忆,"一路上南京老百姓人山人海,那个地方三面是小山坡,谷寿夫没有被捆绑,也没插什么牌子,是两个宪兵左右架着拖下车的。谷寿夫脸朝北边的那个山坡跪下,方向是朝南京城区。我分析是向死去的南京同胞伏法认罪。枪决是用的盒子枪,一枪打到后脑上,枪响后老

谷寿夫押解至刑场的场景
资料来源:秦风编著:《民国南京 1927—1949》,上海:文汇出版社 2005 年版,第 125 页。

---

① 《日战犯拘留所一瞥》,《世界日报》,1946 年 2 月 3 日,对日战犯审判文献丛刊编委会选编:《二战后审判日本战犯报刊资料选编》第 4 册,北京:国家图书馆出版社 2014 年版,第 17—18 页。

百姓一片欢呼,大叫:'报仇！报仇！'宪兵原本想走了,但老百姓叫'报仇'的越来越多了,还有人叫宪兵是同伙,都有点乱套了。宪兵没有办法,又上来在背部补了两枪,一共打了三枪,围观的老百姓才满意"。① 战犯在受害地的行刑,民众的现场参与,反映出特殊语境中"中国式正义"的实现。

北平法庭对战犯白鸟吉乔的审判反映出地方民众对审判的高度关注与正义求偿的内在联系。白鸟吉乔是北平沦陷时期中英门头沟煤矿公司的军管理人,1945年10月被捕,经过审判于1947年11月29日被判死刑,判决主文如下:白鸟吉乔,连续共同对非军人施用酷刑,处死刑;连续共同妨害他人行使合法之权利,处无期徒刑;执行死刑;其余部分无罪。② 白鸟受审在地方社会引起极高的关注,参加公审现场旁听的民众就有2 000余人。因为"白鸟于任门头沟中英煤矿公司军管理人时,曾统治所有厂区大小煤矿产煤,及运输车辆,贱价收买,高价售出,致产量锐减,平津燃料,日感缺乏,造成卅三年冬季大煤荒,市民因被受害者,不可数计。两市人民,恨之入骨",③所以,对白鸟的审判带有平复战争对地方民众所造成伤痛的意味。

据当时北平战犯拘留所的狱医对白鸟执行死刑情形的回忆,"白鸟吉乔是一个煤矿的军方管理人,他残酷役使中国民工,隐匿了巨额财富……1948年3月12日在天桥刑场被枪决。枪响的同

---

① 唐泽其:《开车押解战犯谷寿夫上刑场》,张连红主编:《烽火记忆——百名抗战老战士口述史》,南京:江苏凤凰教育出版社2018年版,第722页。
② 《伪门头沟军管理人白鸟鞠躬谢死》,《新民报日刊》,1947年11月30日,对日战犯审判文献丛刊编委会选编:《二战后审判日本战犯报刊资料选编》第5册,北京:国家图书馆出版社2014年版,第328页。
③ 《战犯白鸟在平受审》,《前线日报》,1947年11月24日,第2版。

时,小川(日本军医)等人拿着担架就要过去,但被人群挡着,无法靠近。中国宪兵警告说:稍等一会儿。人群中出来一个上了年纪的男人,开始宣读白鸟的罪状。白鸟残酷地役使许多中国人,稍不顺心就让宪兵或警备队把人抓走,置于死地。各村的代表一个接一个地一边宣读这个臭名昭著的男人的罪状,一边用棒子打尸体。打的同时还拍照,可能为了拿回村里吧。一个人、又一个人在打那具死尸,这使小川深深体会到日本人在这块大陆上究竟干了些什么!"①如果从文明审判和人道的角度而言,这一段描述所揭示的事实并不光彩,但从某一个侧面又能反映审判对于地方受害民众的真实意义。

战后亚太地区审判日本战犯的法庭中,由中国及战后新独立的菲律宾所主导的审判具有重要的意义。区别于西方国家本土未受到日本侵略的情况,亚洲国家是直接遭受日本侵略的受害方,所以正如伊香俊哉所言,与西方国家不同,中国在场的战犯审判,除了带有"胜者审判"的意味,还带有"由受害者来审判"的特征。② 日暮吉延则提出,与国际审判不同,"乙丙级战犯审判隶属于各国的主权,受情绪化的国民舆论的强烈影响,因而与国内政治是不可分的"。③

---

① [日]野田正彰著,朱春立等译:《战争罪责——一个日本学者关于侵华士兵的社会调查》,桂林:广西师范大学出版社2000年版,第69页。
② 伊香俊哉「中国国民政府の日本戦犯処罰方針の展開」(下),『戦争責任研究季刊』第33号,2001年9月,第115頁。
③ [日]日暮吉延著,翟新、彭一帆译:《东京审判的国际关系——国际政治中的权力和规范》,上海:上海交通大学出版社,2016年,第511页。

二、证据中心主义与文明审判

1946年11月,国民政府战犯处理当局招待新闻界,当记者质疑:"为什么审判战犯如此之少?为什么不能治以应得之罪?"当局回应称:"最大困难在于证据的缺乏。因为现在国际间讲'文明',不像以前野蛮时代,战胜的一方可以将捉来的敌人尽情杀戮,而我们要保持泱泱大国的风度,尽管敌人当初并未以道义待我,而现在我们却必须以公正示敌。要公正,当然一切必须根据法的立场;要根据法的立场,一切就少不了证据,即不能以其人之道,还治其人之身。"[①]国民政府对日本乙丙级战犯的审判恪守证据中心主义,表明国民政府对日本战犯的审判是"文明审判"而非胜者对战败者的报复。即便是在受害地审判,在地方民众强烈要求严惩日本战犯的舆论环境下,法庭仍保持其理性,强调依法定罪。

从留存下来的国民政府审判日本战犯的大量判决书中,可以发现其审判的内在原则和定罪的逻辑。对于战犯判决最为重要的依据是确定其犯罪事实,由于国民政府战犯审判具有在受害地审判的性质,故而受害者的举证对于战犯的判决往往起到决定性的作用。

在国民政府审判战犯的案件中,战犯受到被害人检举,再由军事法庭检察官侦查并起诉,最后法庭根据举证做出判决,这是常见的程序。下文试列举具体案例说明之。

山口利春连续杀人案:

> 被告山口利春原系日本陆军炮兵军曹……当其任职期间,对于所拘获之人,时常施以能致人死命之灌水、过电诸项

[①]《暴行在宽大中被遗忘 刽子手倒要回国去了》,《申报》,1946年11月18日,第2版。

非刑。民国二十七年旧历腊月间,将孙宝元逮捕,指为二十九军密探,施以灌冷水及用烧红条拷打等项非刑,曾晕死数次……民国三十二年三月间,曾将田胜齐捕去,施以灌冷水、过电等项非刑,当经晕死数次……总计被告任职期间,前后经其灌水、过电而死者计三十余名。胜利后,经被害人孙宝元、田胜齐等诉,由丰台党政军警联合办公处拘送交通部北平分区接收委员办事处转送本庭,检察官侦查起诉到庭。①

石川正一、佐佐木熏拘禁平民刑讯致死案:

被告石川正一于民国三十一年来华,充任北支那方面军司令部北京宪兵队宪兵长,驻东城铁狮子胡同。民国三十四年三月间,日人富永政治(住本市后井胡同七号)失去自行车一辆,疑为邻人傅宝印偷去,遂报告石川正一请求办理。该石川正一即命令其部下佐佐木熏前往侦察逮捕,该佐佐木熏即率同宪兵通译,将傅宝印及王世昆等四人于三十四年三月三十一日捕队讯问。其余三人讯后即行释放,独将傅宝印非刑拷打,灌以凉水,当场于三十分钟以后即行身死。被告当晚移尸傅家,诡称病故,希图卸责。日本投降后,经傅宝印之妻傅金氏报告本市警察局,将被告等捕获送庭,由检察官侦察起诉。②

在国民政府审判日本乙丙级战犯的过程中,民众诉求与法律

---

① 《山口利春判决书》,国际刑事法院法律工具数据库,The ICC Legal Tools Database,http://www.casematrixnetwork.org/cn/icclegaltool database/,2019年12月20日。
② 《石川正一、佐佐木熏判决书》,国际刑事法院法律工具数据库,The ICC Legal Tools Database,http://www.casematrixnetwork.org/cn/icclegaltool database/,2019年12月20日。

标准两个层面的平衡是至关重要的。从各地军事法庭审判的实践来看,虽然政府政策与民众诉求之间会存在差异,但民众的情感表达尚未与政府处理战犯的政策以及国际法的原则相违背。战后对日本战犯的审判是在严格的证据调查基础上进行的,证据的充分与否对整个审判各个环节的影响是至关重要的。

济南军事法庭审判的山东兖州宪兵队队长米仓宪一杀人案,该案是由前河北省第二区行政督查专员邓崇熙检举,称其子邓乃石在抗战期间被兖州日军宪兵队逮捕,下落不明,经邓崇熙调查,检举兖州日本宪兵队队长米仓宪一、军曹小坂义忠、军曹岩本荣等人。此案转到济南军事法庭,从拘押的日军战犯中,查出兖州宪兵队中尉队长米仓宪一、准尉副队长辻田岩登和军曹岩本荣。济南军事法庭对米仓等3人提起公诉,经审讯,米仓等人供认,邓乃石和殷师舜二人是被叛徒李展斐出卖,米仓派宪兵小坂义忠、副岛等到天津,将邓、殷捕获,押回兖州,关在一个旅馆里审讯,然后送往济南交军法会审处理,在此过程中并没有对他们用刑和虐待。法庭认为,逮捕邓、殷二人是宪兵队的职责,在战争时期逮捕情报人员,不能算是犯罪。1947年7月16日,济南法庭判决米仓宪一、辻田岩登和岩本荣无罪。① 邓乃石乃国民党地下人员,但法庭并未完全倒向受害者,而是坚持司法独立的立场,做出了公正的裁判。

济南法庭在审判残害抗日志士的凤凰公馆宪兵队队长田中政雄时,被告的辩护律师侯汉卿在法庭辩论阶段为被告进行辩护时称:"在敌伪时代,何况宪兵机关,就是日本特务机关,也是不得了的。我于二十八年在青岛被日本宪兵司令部逮捕去,判处了死刑,

---

① 《米仓宪一战犯审理案》,台北:"国家档案管理局"藏,"国防部史政编译局"档案,B5018230601/0035/013.81/3116/001/019/0014。

胜利以后被释放了，我也是被害人之一。但是我决不能把不确实的证据加在他们的头上。我们国家现在已胜利了，也应该按公理来处断。"①侯汉卿恪守其被告辩护律师的身份，未受个人及国家恩怨的感情影响，为田中政雄做了细致的辩护。侯汉卿指出法庭提供的证人证据存在的问题，请法庭重新进行调查，其辩护要点基本上被法庭采信。

法庭审判过程中大量无罪判决的案件大多是因为证据不充分，也间接反映了国民政府军事法庭审判日本战犯所恪守的证据原则。北平军事法庭受理的本间诚案，最终因无确凿证据而判处无罪。该案判决称："缘被告本间诚于民国三十四年三月起曾充天津联络部长，迨战败投降后，被河北省党部检举，列为战犯嫌疑，解送到庭。迭经本庭反复研究，难得真确事实。参阅本庭检察官侦查卷内，仅据天津市政府电复调查该被告罪行报告。除推测理想以为有战犯嫌疑外，即天津市民赵连荣之子赵凤岐曾被日军枪杀身死之事实，亦与该被告人渺不相涉，自未便张冠李戴，而故人人罪。况审判战犯构成要件，应以被告人之行为有无违反国际公法、国际惯例之暴行，以为追诉判断之基础。依法认定事实，须凭证据，为审判之原则。本案根据《调查战犯罪行标准》，确亦难得直接间接之显著事实，可资认定。自属犯罪嫌疑，应认为不能证明。"②

北平军事法庭受理的日商足立茂杀人案，最终因证据不足判处无罪释放。足立茂，1936年8月任天津公大实业公大第七厂厂长和锺渊纺织株式会社天津出张所所长。七七事变爆发后，天津

---

①《田中正雄战犯审理案》，台北："国家档案管理局"藏，"国防部史政编译局"档案，B5018230601/0035/013.81/6040/001/016/0010。
②《本间诚判决书》，国际刑事法院法律工具数据库，The ICC Legal Tools Database, http://www.casematrixnetwork.org/cn/icclegaltool database/，2019年12月20日。

保安队袭击公大七厂，守卫的日军岩井部队和锺纺社员进行了抵抗，双方互有伤亡。1946年11月，有人检举足立茂曾率日军杀害5名被俘的中国兵，足立茂因此被捕。北平法庭检察官对足立茂提起公诉，法庭派人到天津实地调查，结合足立茂的自辩，最终判决足立茂无罪。

足立茂的判决书中，对于法庭调查罪证的过程及判决逻辑有详细叙述，录之如下：

本案检察官认定被告犯罪事实之证据，乃为天津第三区第十九保保长于奎、副保长李子荆、村民宋一灏、及警察周竹蓝所共同出具之结文。结文内称："俘虏之保安队兵五名，经岩井、足立茂审问后，于三十一日下午五时许枪杀，埋在该厂内旧电台对过坑旁"等语。当经本庭票传该证人于奎等来庭做证，该于奎等四人并未遵传到案，且共同联名具呈本庭略称："李萧楼书记官莅津调查之时，鄙等尽将先日闻听所得，宛然转述盖章。前一再致意李书记官，此道听途说之词，未可采为有力之确证，仅可供参考之一部足矣。盖此事之发生经过，以及该五人被捕处死等事，虽为人所共知，然彼等四人之中一无于当场目击者，仅为事后友人亲属之追述而志之者，故不敢以泛泛之语，强为之证"等情，是该证人于奎等前所具结之证言书，即系道听途说之词，自难采为有力之证据。本庭遂又行文天津中纺公司第七厂，调讯民国二十六年七月在厂服务迄今仍在留用之职工。当经该厂工程师张兆麟协同旧时工人于宝泉、张宝玉及留用之日籍人员河口力造到庭做证。讯据该于宝泉等三人均一致供称：曾目睹该俘虏五名，当时在厂内医院前，给与饭团吃用后，装上汽车开走，不知有枪杀埋尸之事。复经本庭再函天津中纺公司详为查询其他在场服务之工人，并请调查该公司第七厂旧电台坑旁曾否有埋藏俘虏五名尸体之情事。去后,旋据该公司复称:据该厂现仍服务之工人赵正明等十三名所述,咸谓当时于窗际窥见有数人被绑,但被呵斥不敢再窥,故该被绑数人之下落实不知情。至于该厂旧电台坑旁埋藏尸体之处,不能指出地区,实难普遍发掘。询之旧工人等无一目睹其事,确加证实者各等语,此与于宝泉等在本庭所供之证言,虽未尽吻合,然专就被告枪杀俘虏埋尸两端而论,其为不能证明犯罪,则尚属相同。查我国《刑事诉讼法》,以发现真实为原则,而犯罪事实又必须凭证据认定。本案被告既经查明尚无杀人埋尸之证据,自应宣告无罪,以昭公允。①

在解送战犯南下前,北平军事法庭庭长张丁杨对战犯做了如下的讲话:

> 我担任军事审判法庭庭长,两年有余。这两年对战犯进行审判,处死刑、无期徒刑的也有,判决无罪的也有。但这都是在依据法律的原则下进行的。我自认为对死刑和无期徒刑的判决,特别慎重。我们的法律是本着"告诉而后判决"的原则,也许有人有罪行,但证据不足,也只能如此。有些人一审判刑但经过复审释放,这是我们宽大政策的表现。我作为庭长,一直是勤恳辛劳,处事谨慎的。
>
> 我曾经当过五台县县长,也任职军法处长多年。这两个职务都关系到刑罚,但我对刑罚权的处置特别慎重。我26岁时,即担任少校军法处长,自那以来,不愿宣布死刑,常宽大处理,老百姓称我为"小佛"。

---

① 《足立茂战犯审理案》,台北:"国家档案管理局"藏,"国防部史政编译局"档案,B5018230601/0035/013.81/6080。

战俘是外国人,我并未视之仇敌,也未有报复之意。中日战争中,中国人伤亡达数亿,遭财产损失,家破人亡的无数,我家亲戚中也有4人失去生命。日军在南京用机枪射杀平民,甚至对集聚难民从飞机上轰炸,机枪扫射。民众对日本人啖肉嚼骨也不解恨。

　　战犯法庭开庭时,民众要求把战犯全部处死。我宣布:中国历史以来是仁义道德之国,定重罪要根据确凿无疑的证据。如果我存有报复之心的话,就全部一杀了之了。从中国蒙受的损害来说,战犯全部杀了也不够。所以你们虽然有罪,但还让你们归国,说明我们的宽大。

　　日本对中国的侵略有如将安居乐业者驱赶出走,强夺他人财物的恶行,不得允许。观德、意、日轴心国的现状,应得知狂暴的末路的可悲下场。一个国家应行仁义之道,日本因三两军国主义者而入歧途,招致今天的不幸。

　　历史以来,中日两国同文同宗,为同一道德治下的国度。诸君若获大赦、减刑而归国后,须以仁爱之心为人,强暴则自取灭亡。两国应尽早恢复邦交,成为友邻。①

　　以张丁杨的身份而言,这段讲话足以表明国民政府对日本乙丙级战犯审判对证据中心主义的恪守,同样也能说明国民政府对日本战犯的审判是"文明审判"而非胜者对战败者的报复。

　　对于国民政府对乙丙级战犯的审判,因其由中国政府主导,且

---

① 内田銀之助「中国戰争裁判」、283—285頁,BC級(中華民国裁判関係)北京裁判・第79号事件、戦争犯罪裁判関係資料、日本国立公文書館、平11-法务 05530100。该文件由刘统组织翻译,特此说明。

民众参与程度较高,故而在形式上带有"胜者审判"和"受害者审判"的双重色彩。实际上,从长程的历史经验来看,不战胜则无审判之可能,故被侵略国家战胜是审判负有战争责任者的前提,故而对战犯的审判天然具有战胜国审判的形式。从国民政府对日审判的实践来看,受害者审判并非战胜后受害国无原则的报复行动,实际审判中法庭自有其内洽的自律性,这种自律性的突出表现即对证据中心主义的恪守。就形式而论其得失,多出于想象,失之于诬,只有见之于行事,对国民政府对日审判的实践有相当了解,才能明了其内在特有的逻辑。此种特殊逻辑即其公正性不仅在于形式上的外在规范所表现出的程序正义,更在于其本身内在的自律性,这种自律性不出自对于审判的实证研究则无法获得理解。

三、公法审判与正义求偿

国民政府主导的对日审判带有"受害者审判"的特征,但何以不失其公正性?对此,仍需从国民政府审判日本战犯的特质去理解:一方面因为战犯审判对象的特殊性,无形中受国际观瞻的牵引,使得法庭有强烈的自我约束,避免了民众情感的非理性宣泄;另一方面,因审判不涉及私法意义上的损害赔偿,民众求偿的目标更多指向正义实现而非实际的利益,避免战犯审判因掺杂利益诉求而丧失其公正性。

若以战后汉奸审判作为参照系,因对日审判的对象为日本战犯,且以国际公法作为依据,故其所具有的国际性不言而喻。日本投降后,国民政府考虑到:"我国对战犯之处理系属创举,对国际法等有研究之法官为数甚少,故对战犯处理程序及一切措施,多不熟练,处置稍有不当,反予国际不良之批评,为使今后各法庭处理战犯一致起见,须有确定对处理战犯之方针,俾使各级法庭有所准据。"①故国民政府国防部军法处"经搜集有关国际战争各种法规、条约及此次大战同盟处理战犯之协定、文告、规章等有关文献,分别予以整理、翻译、汇编两辑,印发各军事法庭,以为引用国际法之依据,并作审理时之参考"。② 同时,"特请国内法律专家名流会同拟订战争罪犯审判条例呈奉国民政府核准公布施行,俾各地军事法庭有所准据而划一量刑"。③

上海法庭曾因对战犯执行枪决之前游街示众而遭到外媒的批评,国民政府为此通令各地法庭禁止再有此类情形发生。1947年6月16日,经南京国防部审核批准,上海军事法庭对米村春喜和下田次郎两名危害地方甚烈的宪兵战犯执行枪决。这是上海法庭第一次枪决日本战犯,所以法庭非常重视。据报纸报道:

> 军事法庭以该两犯于作战期间,杀害我国无数同胞,故决将两犯执行枪决前,先游街示众,以快人心。今日中午十二时,将由该庭军法检察官赴长阳路上海监狱,将两犯提出,验明正身,即绑上刑车出发游街,彼时将以机器脚踏车四辆为前列开道,后为警备部之警备车,囚车一辆居第三列,第四为军事法庭检察官书记官等所乘之车,第五为警局驾有轻机关枪之车,殿后为警局警备车。该庭已函请警局分令游行所经街道各该管分局及交通大队维持交通秩序。兹探志所经路线如下:长阳路上海监狱、海

---

① 《战争罪犯处理委员会对日战犯处理政策会议记录》(1946年10月25日),中国第二历史档案馆藏,战争罪犯处理委员会档案,22/1620。
② 《国防部军法处处理战犯工作报告》(1946年12月),中国第二历史档案馆藏,国民政府行政院档案,十八/2602。
③ 《战犯处理工作报告书》(1947年),中国第二历史档案馆藏,国民政府行政院档案,十八/2602。

门路、东大名路、大名路、中山东一路、南京东路、南京西路、中正北一路、中正南一路、林森中路、西藏南路、中正东路、四川中路、四川北路直达江湾刑场,战犯游街及执行枪决时,中央电影摄影场方面均将派员摄制新闻电影。①

战犯在其实施暴行的地方行刑是使当地民众感到极大快慰的事情,有些地方的军事法庭为满足地方群众的心理,在战犯行刑前会押解战犯游街示众,这固然可以使受害地民众在精神上得到极大快慰,但显然与政府处理战犯的政策理性以及国际法的原则相违背。为此,国民政府国防部"鉴于处罚战犯目的在于维护人道正义,保障国际法之尊严,而不在于实行报复,故确曾通电全国各地军事法庭,此后禁止将战犯在枪决前游行示众,并不得在文告书类中引用报复性之语句,如'以快人心'等不当措施云",②可见政府理性及国际法原则对于民众情感的规范与约束。

第一绥靖区审判战犯军事法庭在谈及受理案件审判迟缓的原因时,表示"除取证艰难外,尚有不论起诉判决或不起诉之案件,均需送呈最高当局审核作最后之决定"。同时,因审判具有国际性,"所有判决书须送交伦敦战争罪犯处理委员会以供参考"。③ 对日审判的国际性使得各地法庭在审判的过程中务求审慎,保证了其客观理性。

对日本战犯的审判,因为不涉及因财产权破坏而索偿的诉求,故而主要针对的是对人身财产权利侵害的正义求偿,此种求偿不涉及现实利益问题,而且审判对象是作为外来侵略者的日本军人,

---

① 《日战犯一狼一虎定今日执行枪决》,上海《益世报》,1947年6月17日,第4版。
② 《国防部通电军法庭禁枪决前游行示众》,《申报》,1947年4月1日,第4版。
③ 周钰宏:《民国三十六年上海年鉴》"军事",华东通讯社,1947年,第128页。

不涉及本土的利益纠葛，所以审判天然具有超越现实利益的公正性。

因战犯审判不涉及私法上的损害赔偿，反而使得证据中心主义的原则更为突出，审大于判的色彩更重。如以国民政府对汉奸的惩治作为参照系，则上述特质更为鲜明。有论者指出："国民党的惩办措施经历了由战时行政军事机关的惩奸肃奸，向战后司法检察机关起诉审判的过渡。然而，在审判的过程中，存在着判大于审的问题。因为国民政府的司法审判带有明显战后清算的性质，所以审判掺杂了各种政治经济利益而影响了判决的合法性和公正性，尤其体现在对汉奸财产的瓜分上。"[1]因为惩治汉奸与没收汉奸财产的关联，使得对汉奸的惩治带有浓厚的清算意味。尤其是经济汉奸的审判，如有论者指出，在战后对经济汉奸的审判中，商人作为一个拥有雄厚社会财富、丰富人际网络的社会群体，加上他们所独具的由"发国难财"而产生出的政治原罪，因此很容易便成为各方借以汲取政治、经济资本的对象。又因审判这些"经济汉奸"所产出的效益常高于成本投入，这就诱惑着强力政治不断介入对商人的整肃。[2]

相形之下，战犯审判迥然不同，民众求偿的目标仅仅限于象征性的正义，而非实际的利益，从而使审判避免沦为失序的报复。如果说在审判汉奸过程中，对那些主管审判的个人和机关来说，相对于触手可及的实在利益，所谓的"民族国家"显得太过遥远，因此在审判过程中，政府期望与个人或机关的欲求之间的冲突便可能成

---

[1] 吕迅：《抗日战争与国民党惩肃汉奸运动》，《社会科学研究》2019年第6期，第152页。
[2] 王春英：《战后"经济汉奸"审判：以上海新新公司李泽案为例》，《历史研究》2008年第2期，第145页。

为一个常态。①而对于主管战犯审判的个人而言,没有任何的实际利益,而只有对于正义实现的诉求。

在战后国民政府审判日本战犯的过程中,一般民众出于习俗观念的影响及实际生活的困难,对于维护自身权利没有强烈的意愿。外交部战罪调查专员杨觉勇的工作报告中提到,人民控诉之案件多集中于财产损失,"可知人民之控诉,悉期待其所损失财产之赔偿,此或鼓励人民控诉之一方法"。②

武汉法庭的检察官高啸云也曾有类似检讨:"私法上赔偿,应由战败国家于将来和约签字之后,履行义务,而战犯应负之责,专在公法上之罪刑,不赔偿私法上之损害,人民以为仅有拖累而无利得,在此种情形之下,自非重公义而轻私刑之人,不能求全责备,令其公而忘私。"③民众因审判得不到经济赔偿而对于告发及出庭做证不甚积极,造成法庭审判的困难,但另一方面也表明对日审判不存在基于追逐实际利益而人为制造冤案的可能。

四、未尽的审判

孟宪章在1948年发表的《盟国处理日本战犯之全面检讨》一文中,对于中国审理战犯如此之少的原因有如下分析:"(一)一部分罪大恶极的战犯,早已混迹在返国的侨俘之中,先后返国了。(二)中国战犯法庭,亦如东京法庭,采行英美海洋派司法程序,特别是证据法,但敌寇奸淫掠杀,又那〔哪〕里都有证据?三十五年政

---

① 王春英:《战后"经济汉奸"审判:以上海新新公司李泽案为例》,《历史研究》2008年第2期,第144页。
② 杨觉勇:《战犯罪证调查工作报告》(1946年6月13日),台北:"国史馆"藏,国民政府外交部档案,020/010117/0005/0051a。
③ 高啸云:《审判战犯工作之检论》,汉口《和平日报》,1948年3月18日,第2版。

府曾派中外专家，携带招请诉状文告，分赴东北、华北、华中、华东、华南各地，请各地官民据实控告，并直接搜集罪证，但所获甚少。（三）受害者或因家丑不肯外扬，或因不愿倒贴旅费，或根本丧失对战犯兴趣，不肯起诉。（四）我当局对于战犯审判，对证据之搜集，及审判程序，务求审慎，每一判决，必须检同全部案件送国防部复核，如有证据不足，程序不合者，均发还复审，往返需时。至盟总不肯协助我国引渡战犯，亦为我国处办日犯甚少之一因。"[1]上述分析提示了影响国民政府战犯审判的关键因素是罪行证据的调查。

战罪调查存在的问题对审判的影响，主要表现在审判的完整性方面。由于战罪调查存在的困难，无法确认具体的暴行实施者，故而在审判中只能审判暴行部队的主管长官，判决理由多为未能有效约束部下或纵容部下施暴，对于暴行直接责任人的惩处则存在严重缺失。战犯处理办法中有明文规定，战犯嫌疑人不得以上级命令规避自身责任，而在实际审判中，则多是上级因下级的暴行而承担消极责任。

早在1945年7月26日，重庆《大公报》发表的社论中，就已经认识到对日军暴行直接责任人罪证调查存在的困难，故提出，"我们希望联合国的法律专家，将来处理这个问题时，不必太拘形式。比方一个城市被烧杀了，我们只要知道当时驻扎在这城市的敌军番号，便可以追究，要他们集体负责，要他们的上峰负责便够了"。[2]

另据实际判决的案件，除宪兵作为责任主体的案件，大部分案件都是对存在暴行的部队主官的判决。如第一三三师团师团长野

---

[1] 孟宪章：《盟国处理日本战犯之全面检讨》，《中国建设》第7卷第1期，1948年，第14页。
[2] 《严惩敌寇罪行》，重庆《大公报》，1945年7月26日，第2版。

地嘉平的判决主因是在湖北江陵纵容部属残害平民、抢劫粮食货物牲畜，及驻防杭州期间抢劫丝厂机器、"残害忠义救国军同志"，被告处于指挥监督地位，对其部属之非法行为未尽防范制止之能事，应负共同罪责。① 第一三二师团师团长柳川悌的判决主因是在汉口当阳城郊纵容所属杀害平民，劫掠财产。② 类似因纵容部属施暴，或疏于防范而被判刑的战犯还有第一一六师团师团长菱田元四郎、第六十八师团师团长堤三树男、第六十四师团第五十五旅团旅团长梨冈寿男、第七十师团师团长内田孝行、第六十四师团师团长船引正之、第二十七师团师团长落合甚九郎、第六十九师团师团长三浦忠次郎、驻厦门海军根据地中将司令官原田清一等。仅以部队主官作为战争罪行的追究对象，忽略了对直接责任人的惩处，使得受惩处战犯的比例无形中大大缩小，这无疑是战后审判存在的严重缺陷之一。

　　国民政府审判日本战犯历时近三年，使一大批战犯受到了应有的惩罚，但在审判过程中，由于多方面的原因，漏网战犯和未审判的日军罪行不在少数，尤其是日军在中共抗日根据地的重大罪行几乎没有涉及。如策划皇姑屯事件的河本大作，因为和阎锡山的特殊关系，抗战胜利后不但没有受到审判，而且依然在山西经营他的公司，为阎锡山进行内战提供经济援助。对于冈村宁次的审判，对其任华北派遣军司令期间，对华北八路军根据地进行的残酷大扫荡，则只字未提。对于日本对华北中共根据的情报工作、化学战等等罪行都未进行调查取证和战犯责任人的审判。日军对八路

---

① 《顾祝同呈蒋中正日本战犯野地嘉平拟执行无期徒刑》，台北："国史馆"藏，蒋中正"总统"文物档案，002/020400/0005/2142。
② 《陈诚呈蒋中正日本战犯柳川悌拟处无期徒刑似无不当拟予照准》，台北："国史馆"藏，蒋中正"总统"文物档案，002/020400/0005/2124。

军根据地进行的多次残酷扫荡，对平民实施屠杀、暴行、掠夺等反人道罪行也未得到清算。这些都是国民政府审判中的重大缺陷和遗憾。①

在严格遵循依据充分证据判罪的原则之下，战罪证据调查存在的不足直接影响到审判的成效，其影响是非常深远的。国民政府外交部负责战罪调查工作的专员杨觉勇认为，处置战犯过于宽纵，"查其原因，最主要者不外缺少调查侦察及搜证工作。如调查侦察及搜证工作办好，则我国不但能大量检举战犯且能运用调查侦察及搜证之所得，使日本人民明了日本侵华战之反动性，使日本人民知悉日本军阀之惨案，以达成我战犯处理之追究目的"。② 经办战犯引渡的盟军总部法务处中国课课长童维纲上校曾对记者说："一般日本人民，对中国政府在审讯日本战犯方面之宽大态度，并不感激。""日人无感激之心，反觉中国之政策软弱，以为中国政府，深恐日本将来一旦复跻于列强之地位时，加以报复。"③

杨觉勇特别提到国民政府审判战犯的目的和意义，"战犯处理之工作其目的有二，一、法律上，违法者惩；二、政治上，教育日本人民。前者可谓法律目的，凡违法者，应受其应得之惩罚，后者可谓政治目的，即利用处理战犯之机，在日本人民面前暴露日本侵略者之丑恶内幕，藉以根绝日本侵略思想，诚如本年四月卅日东京朝日新闻社评所云，日本人民尚未能理解，何谓侵略战争，何谓自卫战争。日本人民尚未能理解侵略战争之反动性。日本人民仅知败

---

① 关于国民政府未审判的日军罪行，可参见刘统《大审判——国民政府处置日本战犯实录》，上海：上海人民出版社 2021 年版，第 833—860 页。
② 杨觉勇：《战犯罪证调查工作报告》(1946 年 6 月 13 日)，台北："国史馆"藏，国民政府外交部档案，020/010117/0005/0061a。
③《协助引渡战犯工作　盟总并不热心》，上海《益世报》，1948 年 5 月 16 日，第二版。

战之辱,而不知由侵略而来之胜利绝非光荣。日本人民尤未能理解建立在他国人民血汗上之胜利绝非胜利"。① 揆诸事实,在政治上教育日本人民的目的远未达到,不能不说是一种遗憾。

从1952年到1955年,日本众参两院四次以压倒多数,通过了"关于立即释放战争服刑者的决议"。从1955年始,日本政府以患病和年迈为由提前释放战犯,1956年释放了在押的所有甲级战犯,1958年4月,乙级和丙级战犯也全部提前获释。1952年,日本国会修改《战伤病者战殁者遗属等援护法》,战犯遗属获得领取养老金和抚慰金的权利。1954年修改《恩给法》,服刑中死亡或被处决战犯的遗属也可领取抚恤金。1955年该法再次修订,战犯服刑期也被算入"在职期",以此计算抚恤金。这些法律修订后,已殁战犯均为"因公死亡",间接为战犯恢复了"名誉"。此后大批战犯陆续被纳入靖国神社供奉,在面对反对党质疑为何参拜供奉战犯牌位的靖国神社时,居然出现"在国内法意义上日本已没有战犯"的论调。② 可见对于战后审判的遗产,中日在认识上仍存在巨大的分野。

---

① 杨觉勇:《战犯罪证调查工作报告》(1946年6月13日),台北:"国史馆"藏,国民政府外交部档案,020/010117/0005/0051a。
② 符祝慧:《日辩称"国内法无判战犯"使日右翼言论更猖獗》,2005年10月31日,中国新闻网:https://www.chinanews.com/news/2005/2005-10-31/8/644947.shtml,2020年12月1日。

参考文献

一、档案资料

国民政府行政院档案,台北:"国史馆"藏。
国民政府外交部档案,台北:"国史馆"藏。
"国防部史政编译局"档案,台北:"国家档案管理局"藏。
金问泗档案,美国斯坦福大学胡佛研究所藏。
蒋中正"总统"文物档案,台北:"国史馆"藏。
《蒋介石日记》(手稿本),美国斯坦福大学胡佛研究所藏。
上海高等法院检察处档案,上海市档案馆藏。
上海市警察局档案,上海市档案馆藏。
戦争犯罪裁判関係資料,日本东京国立公文书馆藏。
战争罪犯处理委员会档案,中国第二历史档案馆藏。

二、文献资料集

《国际条约集(1945—1947)》,北京:世界知识出版社1959年版。
《国际条约集(1917—1923)》,北京:世界知识出版社1961年版。
"中华民国外交问题研究会"编:《中日外交史料丛编》(七),台北,"中央文物供应社"1966年版。

秦孝仪主编:《中华民国重要史料初编——对日抗战时期》第2编"作战经过"(4),台北:中国国民党中央委员会党史委员会1980年版。

秦孝仪主编:《中华民国重要史料初编——对日抗战时期》第7编"战后中国"(4),台北:"中央文物供应社"1981年版。

中国第二历史档案馆、南京历史档案馆等编:《侵华日军南京大屠杀档案》,南京:江苏古籍出版社1981年版。

王绳祖编:《国际关系史资料选编》,武汉:武汉大学出版社1983年版。

秦孝仪主编:《先"总统"蒋公思想言论总集》第32卷,台北:中国国民党中央委员会党史委员会1984年版。

《国际条约集(1872—1916)》,北京:世界知识出版社1986年版。

秦孝仪主编:《革命文献》第109辑《日军在华暴行:南京大屠杀(下)》,台北:中国国民党中央委员会党史委员会1987年版。

毛泽东:《毛泽东选集》第4卷,人民出版社1991年版。

[日]茶園義男『BC級戦犯関係資料集』、不二出版、1992年。

南京戦史編集委員会『南京戦戦史資料集』(二)、偕行社(東京)、1993年。

"中华民国外交问题研究会"编纂:《日本投降与我国对日态度及对俄交涉》,台北:"中华民国外交问题研究会"编印,1966年。

中华人民共和国外交部编:《中华人民共和国条约集》第40集,北京:世界知识出版社1996年版。

中央档案馆、中国第二历史档案馆、吉林省社会科学院合编:《华北大"扫荡"》,北京:中华书局1998年版。

中国人民政治协商会议河北省保定市委员会文史资料委员会编:《保定文史资料选辑》第16辑,1999年版。

房建昌:《日文原始档案中的1946—1948年北平军事法庭对日、朝、台籍战犯审判》,北京市档案馆编:《北京档案史料》1999年第2期,北京:新华出版社1999年版。

中国第二历史档案馆编:《中华民国史档案资料汇编》第5辑第3编"外交",南京:江苏古籍出版社2000年版。

郝铁川、陆锦碧编:《杨兆龙法学文选》,北京:中国政法大学出版社2000年版。

广东省地方史志编纂委员会编:《广东省志 检察志》,广州:广东人民出版社2005年版。

张中华主编:《日军侵略广东档案史料选编》,北京:中国档案出版社2005年版。

杨夏鸣编:《南京大屠杀史料集 东京审判》,南京:江苏人民出版社、凤凰出版社2005年版。

王卫星、雷国山编:《南京大屠杀史料集 日本军方文件》,南京:江苏人民出版社、凤凰出版社2006年版。

郭必强、姜良芹等编:《南京大屠杀史料集 日军罪行调查委员会调查统计》,南京:江苏人民出版社、凤凰出版社2006年版。

胡菊蓉编:《南京大屠杀史料集 南京审判》,南京:江苏人民出版社、凤凰出版社2006年版。

张建宁等编:《南京大屠杀史料集 南京大屠杀案市民呈文》,南京:江苏人民出版社、凤凰出版社2006年版。

成都市政协文史学习委员会编:《成都文史资料选编》"抗日战争卷"(中)《血肉长城》,成都:四川人民出版社2007年版。

张仁善编:《王宠惠法学文集》,北京:法律出版社2008年版。

汪正华编:《蒋中正"总统"档案·事略稿本》(62),台北:"国史馆"2011年版。

对日战犯审判文献丛刊编委会编:《二战后审判日本战犯报刊资料选编》,北京:国家图书馆出版社2014年版。

王建朗主编:《中华民国时期外交文献汇编(1911—1949)》第9卷,北京:中华书局2016年版。

徐州市档案局编:《侵华日军战犯徐州审判档案汇编》,北京:国家图书馆出版社2019年版。

中国第二历史档案馆、上海交通大学东京审判研究中心编:《中国对日本战犯审判档案集成》,上海:上海交通大学出版社2020年版。

三、日记、年谱、忆述资料

［日］今井武夫著，该书翻译组译：《今井武夫回忆录》，上海：上海译文出版社1978年版。

［日］稻叶正夫编，天津市政协编译委员会译：《冈村宁次回忆录》，北京：中华书局1981年版。

徐永昌：《徐永昌日记》，台北："中研院"近代史研究所1991年版。

覃雨甘：《南京审处日本战犯亲历记》，《贵州文史天地》，1995年第6期。

倪征𣋉著：《淡泊从容莅海牙》，北京：法律出版社1999年版。

［日］松冈环编，沈维藩译：《南京战·寻找被封闭的记忆——侵华日军原士兵102人的证言》，上海：上海辞书出版社版2002年版。

王卫星编：《南京大屠杀史料集 日军官兵日记与书信》，江苏人民出版社2006年版。

王卫星编：《南京大屠杀史料集 日军官兵与随军记者回忆》，江苏人民出版社2006年版。

王卫星编：《南京大屠杀史料集 日军官兵回忆》，江苏人民出版社2007年版。

陈诚：《陈诚回忆录——抗日战争》，上海：东方出版社2009年版。

王卫星编：《南京大屠杀史料集 日军官兵日记与回忆》，南京：江苏人民出版社2010年版。

曹大臣编：《南京大屠杀史料集 日军第六师团官兵回忆》，南京：江苏人民出版社2010年版。

王世杰著，林美莉编校：《王世杰日记》，台北："中研院"近代史研究所2012年版。

金问泗著，张力编辑校订：《金问泗日记》，台北："中研院"近代史研究所2016年版。

张连红主编：《烽火记忆——百名抗战老战士口述史》，南京：江苏凤凰教育出版社2018年版。

刘统编：《国民政府审判日本战犯史料选编　审判筹备卷》，上海：上海书店出版社，2020年版。

四、报刊

《大公报》（上海）、《大公报》（天津）、《东方杂志》、《国民政府公报》、《立报》、《民强报》、《前线日报》、《申报》、《世界日报》、《台湾新生报》、《武汉日报》、《新闻报》、《益世报》、《中国建设》、《中央日报》、《和平日报》（上海）、《和平日报》（汉口）、《中山日报》（广州）

五、研究论著、论文

（一）中文

[苏]拉金斯基等著，萨大为、李世楷等译：《日本首要战犯的国际审判》，北京：世界知识出版社1955年版。

梁敬錞：《开罗会议》，台北：商务印书馆1975年版。

胡菊蓉：《中国军事法庭对日本侵华部分战犯审判概述》，《史学月刊》1984年第4期。

[苏]舍霍夫佐夫主编，蒋妙瑞译：《第二次世界大战》（10），上海：上海译文出版社1987年版。

[日]洞富雄著，毛良鸿、朱阿根译：《南京大屠杀》，上海：上海译文出版社1987年版。

[日]粟屋宪太郎著，里寅译：《东京审判秘史》，北京：世界知识出版社1987年版。

胡菊蓉：《中外军事法庭审判日本战犯》，天津：南开大学出版社1988年版。

张皓编译：《莫斯科宣言：哈尔科夫审判和关于第二次世界大战主要战犯的政策问题》，《世界史研究动态》1993年10期。

李荣：《国民政府审判侵华日军战犯略论》，《抗日战争研究》1995年第3期。

张发坤:《不许为日本战犯翻案——中国国民政府审判日本战犯的前前后后》,《江汉大学学报》1997年第2期。

徐树法:《战犯谷寿夫伏法记》,《党史纵览》1997年第3期。

李新市:《国民党方面参加审判日本战犯述论》,《开封大学学报》1998年第1期。

翁有利:《国民党政府处置日本战犯述评》,《西南师范大学学报》1998年第6期。

房建昌:《解放前山西对日本战犯的处理》,《沧桑》1999年第2期。

许亚洲:《1947年,南京审判日本战犯》,《文史精华》2000年第4期。

[美]保罗·康纳顿著,纳日碧力戈译:《社会如何记忆》,上海:上海人民出版社2000年版。

[日]野田正彰著,朱春立等译:《战争罪责——一个日本学者关于侵华士兵的社会调查》,桂林:广西师范大学出版社2000年版。

宋志勇:《东京审判与中国》,《抗日战争研究》2001年第3期。

宋志勇:《战后初期中国的对日政策与战犯审判》,《南开学报》2001年第4期。

程兆奇:《再论"百人斩"》,《江苏社会科学》2002年第6期。

王秀梅:《国际刑事法院研究》,北京:中国人民大学出版社2002年版。

程兆奇:《南京大屠杀研究——日本虚构派批判》,上海:上海辞书出版社2002年版。

[德]耶尔恩·吕森著,陈新译:《危机、创伤与认同》,《中国学术》2002年第1期。

[法]莫里斯·哈布瓦赫著,华然、郭金华译:《论集体记忆》,上海:上海人民出版社2002年版。

张连红:《南京大屠杀与南京市民的创伤记忆》,《江海学刊》2003年第1期。

朱成山:《东京"百人斩"诉讼及日本的战争责任》,《钟山风雨》2004年第6期。

黄东兰:《岳飞庙:创造公共记忆的"场"》,孙江主编:《事件—空间—叙述》,杭州:浙江人民出版社2004年版。

李东朗:《国民党政府对日本战犯的审判》,《百年潮》2005年第6期。

赵杰:《日本战犯在徐州受审》,《档案与建设》2005年第9期。

陈正卿:《审判上海日军战犯》,《检察风云》2005年第14期。

徐家俊:《提篮桥监狱对日本战犯的关押、审判与执行》,《上海纪念抗日战争胜利60周年研讨会论文集》,上海社科联2005年编印。

梅汝璈:《远东国际军事法庭》,北京:法律出版社2005年版。

孙宅巍:《澄清历史——南京大屠杀研究与思考》,南京:江苏人民出版社2005年版。

[日]家近亮子:《蒋介石外交战略中的对日政策——作为其归结点的"以德报怨"讲话》,中国社会科学院近代史研究所编:《近代中国与世界:第二届近代中国与世界学术讨论会论文集》第三卷,北京:社会科学文献出版社2005年版。

宋志勇:《论东京审判的几个问题》,《中共党史研究》2005年第5期。

[美]M.谢里夫·巴西奥尼著,赵秉志、王文华等译:《国际刑法导论》,北京:法律出版社2006年版。

罗军生:《石美瑜与战后南京对日军战犯的审判》,《党史纵览》2006年第1期。

何勤华、朱淑丽、马贺:《纽伦堡审判与现代国际法的发展》,《江海学刊》2006年第4期。

聂莉莉:《战争受害记忆与"历史事实"之间》,《读书》2006年第9期。

程兆奇:《从〈东京审判〉到东京审判》,《史林》2007年第5期。

孔繁芝:《山西太原对日本战犯的两次审判(上)》,《山西档案》2007年第6期。

张连红:《南京大屠杀研究的范式:从求证到求实》,《抗日战争研究》2009年第1期。

刘燕军:《南京大屠杀的历史记忆(1937—1985年)》,《抗日战争研究》

2009 年第 4 期。

［日］大沼保昭著,宋志勇译:《东京审判·战争责任·战后责任》,北京:社会科学文献出版社 2009 年版。

张连红:《国民政府对南京大屠杀案的社会调查(1945—1947)》,《江海学刊》2010 年第 1 期。

陈夏红著:《政法往事:你可能不知道的人与事》,北京:北京大学出版社 2011 年版。

左双文:《国民政府与惩处日本战犯几个问题的再考察》,《社会科学研究》2012 年第 6 期。

徐平主编:《侵华日军通览（1931—1945）》,北京:解放军出版社 2012 年版。

程兆奇、龚志伟、赵玉蕙编著:《东京审判研究手册》,上海:上海交通大学出版社 2012 年版。

翟新:《战后日本的对外观》,上海:上海交通大学出版社 2012 年版。

汪朝光:《抗战胜利的喜悦与对日处置的纠结——由蒋介石日记观其战后对日处置的双面性》,《抗日战争研究》2013 年第 3 期。

严海建:《谷寿夫战争责任的再检讨——南京审判有关南京大屠杀罪行被告申诉书的检证》,《民国档案》2013 年第 3 期。

经盛鸿:《论南京"审判战犯军事法庭"对南京大屠杀案的审判》,《南京社会科学》2013 年第 6 期。

［日］广岛正著,芦鹏译:《南京大屠杀事件与日军第六师团》,《日本侵华史研究》2013 年第 1 卷。

王虎华:《国际公法学》,北京:北京大学出版社 2014 年版。

刘统:《国民政府审判日本战犯概述(1945—1949)》,《民国档案》2014 年第 1 期。

张连红:《战时国民政府对日军罪行的调查——以"敌人罪行调查委员会"为中心》,《江海学刊》2015 年第 2 期。

［日］户部良一著,郑羽译:《日本陆军与中国——"支那通"折射的梦想和

挫折》，北京：社会科学文献出版社2015年版。

刘萍：《联合国战争罪行委员会的设立与运行——以台北"国史馆"档案为中心的探讨》，《历史研究》2015年第6期。

慈延年、唐新利：《日犯残忍暴戾为古今中外所罕闻——徐州军事法庭审判日本战犯概述》，《人民法院报》2015年9月3日，第48版。

东京审判研究中心编：《东京审判再讨论》，上海：上海交通大学出版社2015年版。

刘智鹏、丁新豹主编：《日军在港战争罪行：战犯审判记录及其研究》，香港：中华书局2015年版。

周武主编：《二战中的上海》，上海：上海远东出版社2015年版。

严海建：《通向战后审判之路：盟国对二战战罪惩处拟议述论》，《南京社会科学》2016年第2期。

［日］日暮吉延著，翟新、彭一帆译：《东京审判的国际关系——国际政治中的权力和规范》，上海：上海交通大学出版社2016年版。

藍適齊：《在東南亞和太平洋地區的臺籍戰犯》，《臺灣學通訊》2017年第7期。

赵光辉：《国共舆论战与国民党的大战略》，《新闻与传播研究》2017年第11期。

何佳馨、李明倩：《法律文明史》第16卷，北京：商务印书馆2018年版。

黄自进、潘光哲主编：《中日战争和东亚变局》，台北：稻乡出版社2018年版。

王立新：《民国史研究如何从全球史和跨国史方法中受益》，《社会科学战线》2019年第3期。

熊昆旗：《"徐州审判"研究》，刘统主编：《战后中国国内对日本战犯审判研究》，上海：上海书店出版社2019年版。

高安雅：《国民政府对日本战犯的审判——以第二绥靖区司令部审判战犯军事法庭为例》，刘统主编：《战后中国国内对日本战犯审判研究》，上海：上海书店出版社2019年版。

殷燕军：《中日媾和研究——戰後中日關係的原點》，香港：商務印書館有限公司2019年版。

刘萍：《从"宽而不纵"到彻底放弃——国民政府处置日本战犯政策再检讨》，《民国档案》2020年第1期。

祝曙光：《加害与受害的双重变奏——对朝鲜BC级战犯的审判及其遗留问题》，《史学集刊》2021年第2期。

曹鲁晓：《国民政府审判日本战犯法庭的置废与变更》，《日本侵华南京大屠杀研究》2021年第2期。

刘统：《大审判——国民政府处置日本战犯实录》，上海：上海人民出版社，2021年版。

［美］乌娜·A.海瑟薇、［美］斯科特·J.夏皮罗著，朱世龙译：《反战之战：律师、政客与知识分子如何重塑世界》，北京：社会科学文献出版社2021年版。

（二）外文

Philip R. Piccigallo, *The Japanese on Trial：Allied War Crimes Operations in the East, 1945-1951*, Austin and loudou：University of Texas Press, 1979.

伊香俊哉『戦争責任研究季刊』上、第32号、2001年6月。

伊香俊哉『戦争責任研究季刊』下、第33号、2001年9月。

和田英穂「戦時犯罪人引渡しのための準備——中国国民政府の場合」、『愛知論叢』第71号、2001年9月。

和田英穂「侵略国における日本の戦争犯罪裁判——日本政府が行った戦争犯罪裁判の特徴」、『中国研究月報』第645号、2001年11月。

和田英穂「日本における日本の軍事裁判の問題点——内田元陸軍中将の軍事裁判を中心に」、『現代中国』第76号、2002年10月。

田中宏巳『BC級戦犯』、筑摩書房、2002年。

和田英穂「日本と日本の間の平和条約について」、『愛知論叢』第3号、2003年3月。

林博史『BC級戦犯裁判』、岩波書店、2005年。

内海愛子『朝鮮人BC級戦犯の軌跡』、朝日新聞社、2008年。

飯田進『魂鎮への道 bc 級戦犯が繰り出す戦い』、岩波書店、2009 年。

Amartya Sen, *The Idea of Justice*, London: Allen Lane, 2009.

和田英穂「裁かれた憲兵——中国国民の政府の圣经犯裁判を中心に」、『サンドゥ研究大学纪要』46 号、2014 年 3 月。

Shichi Mike Lan, "(Re-) Writing History of the Second World War: Forgetting and Remembering the Taiwanese-native Japanese Soldiers in Postwar Taiwan", *positions: Asia Critique*, Vol. 21, No. 4(2014).

Barak Kushner, *Men to Devils, Devils to Men: Japanese War Crimes and Chinese Justice* (Cambridge, Massachusetts: Harvard University Press, 2015)

索　引

B

白崇禧　136,303,393
《白里安-凯洛格公约》(非战公约)
　　18,112,118,122,221,242
白鸟吉乔　438
白岩定夫　367
稗田幸男　330,335
板尾有作　381
板垣征四郎　86,115,119,133,
　　134,137—139,225,422
伴健雄　342,345
北川三郎　341,342
北平战犯拘留所　165,438
贝德士　191,202,426
本间诚　443
本庄繁　134,136—139,147,422
《波茨坦公告》　1,39,40,113

C

蔡丽金　106,317
仓拜伯次　288,289
曹士徵　170
柴山兼四郎　154—156,295—297
长岛熊雄　361
巢鸭监狱　153,156,160,171,173,
　　174,183,191,225,238,243,268,
　　315,428
朝香宫鸠彦　423,424,427
陈诚　94,223,269,271,303—306,
　　386,453
陈福保　194,195
陈光虞　179,184,186,188,189,
　　195,196,199—201,205,206,
　　214—218,223,239,424
陈珊　377

陈耀东　180,191,192
陈裕光　179
澄田睐四郎　8,366,369
川添长次郎　288
船引正之　298,305,308,309,453
崔秉斗　243,253,254

D

大井川八郎　300,301
大石孝雄　331
堤三树男　294,340,341,345,453
敌人罪行调查委员会　58,62,63,66—73,86,95,96,130,178—181
第二绥靖区司令部审判战犯军事法庭（济南法庭、济南军事法庭）　10,105,370,371,373,375,377,442
第二战区长官部审判战犯军事法庭（太原法庭、太原军事法庭）　7,105,107,366,368,369
第十一战区长官部审判战犯军事法庭（北平法庭、北平军事法庭）　79,83,105,150,259,261,262,268—271,438,443—445
第一绥靖区审判战犯军事法庭（上海法庭、上海军事法庭）　8,80—82,98,104,105,116,125,147,175,184,213,272—277,276,281—283,288—290,292—295,328,390,391,448,449
《东京日日新闻》　194,201,206,207,209,210
东条英机　115,119,133,134,138,140,422
渡边德治　334
对日战犯处理政策会议　88,89,105,114,115,119,136,146,147,392,393,398,401,448

F

《凡尔赛条约》　19,21,49
反人道罪　2,3,20,46,55,57,116,117,126,190,212,219,221,230,233,246,248,253,254,417,420,454
福安铁一　330
福田良三　118,297
福田永助　374,375
富田德　289,290

G

甘乃光　135,141
冈村宁次（冈村）　6,7,12,117,140,141,171,172,176,215,223,225,233,234,301—316,385,386,393,404,407,435,436,453

冈平菊夫　371

高桥坦　118,176,178,213,238—243

高生和　109,112,140

高文彬　207

高啸云　90,92,103,104,121,122,146,409,410,451

葛召棠　186,188

宫坂重乡　334

宫川清三　299

宫地春吉　329

古性与三郎　379

谷本进　331

谷梅子　414,415

谷寿夫　4,9,14,117,134,138,140,156,157,176,177,179,180,182—191,193—206,208,210,211,213,226,312,315,395,403—405,408,409,413—417,419—431,437,438

顾维钧　34,41,45,46,52—55,64,65,87,115,116

广田米藏　370,376

郭华　107,108,366,369

郭岐　196,198,202,426,427

国防部审判战犯军事法庭（南京法庭、南京军事法庭）　4,7,81,104,140,175—180,182—185,188,194,204,207—209,211—214,216,217,219,220,224,226—228,233,234,243,245,246,249,250,253—255,257,258,272,277,281,282,292—295,308,313,390,404,405,406,413,414,417,425,428,429,430

国防部战犯监狱　161—163,165,171,292,386

国际联盟盟约　122

国民政府驻日代表团　222,271,295,423

H

海冈敏雄　337,338

《海牙公约》　19,371

《何梅协定》　214,215,238,240

何应钦　141,143,217,238,240,301,302,304,311

和知鹰二　134,138—140

河村伍郎　375

鹤丸光吉　243,245,246

黑濑平一　294

黑泽次男　291

华北事变　118,214,234,238,240,242

J

矶谷廉介　117,134,139,140,176,

178，213，224—229，231—235，
237，238，315，403
加藤章　388
甲级战犯　3，7，40，49，115，117，
133，136，140，183，234，258，408，
413，417，423，434，455
江公亮　162，274
蒋保釐　106，274，275
蒋介石　6，7，45，60，61，65，78，99，
101，113，134，135，137—140，172，
174，181，214，222，223，237，304，
311，316，356，373，393，396，397，
407，422
蒋梦麟　133，134
今井武夫　150，166，171，172，
395—397，436
金问泗　20，24—28，31，37，38，
41—43，45，51，52，59，64，108，207
近卫文麿　133—135，138，139，297
井上源一　379，380
九国公约　112，118，122，221，242，
296
九一八事变　45，48，51，53，55，70，
92，110，232，234，298，310，359，
401
久保孚　360
久保江保治　287，288
久保寺德次　254，255

酒井隆　6，117，134，137，139，140，
176，178，213—224，238—242，
312，315
酒井勇一　338
《旧金山对日和约》《旧金山和约》
173，174
瞿会泽　274，275
军事委员会委员长东北行营审判战
犯军事法庭（沈阳军事法庭）
105，346，359，361，362
军事委员会委员长广州行营审判战
犯军事法庭（广州法庭、广州军事
法庭）　92，104，150，316，317，
328，390
军事委员会委员长武汉行营审判战
犯军事法庭（武汉法庭、武汉军事
法庭）　89，90，96，103，104，106，
121，146，167，294，328，332，334，
341，345，390，451，409

K

卡本德　157，172

L

莱比锡审判　22，23，43
濑户山魁　366，368
梨冈寿男　300，305，309，453
李炳华　337

索　引

李法先　370

李良　83,275

李秀英　184,202,405,406,426

李璪　208,209,228,239,292,295

李元庆　186,188,209,226,243,292

联合国战争罪行委员会　1,29,41,52,53,55,64

联合国战争罪行委员会远东及太平洋分会（远东分会）　53,69,73,74,77,78,88,95,96,130,131,133—136,138,143,148,153,158,301,410

梁庭芳　194

梁鋆立　64

林弘藏　331

林我朋　97,106,274,275

菱田元四郎　298,453

刘世芳　106,125,207,274,275

刘贤年　106,316,317

刘泽民　84,96,107,328

柳川广雄　384,385

柳川平助　152,183,416,422,423

柳川悌　342,343,453

陆起　82,83,106,274,275,292

罗斯福　24,29,39,50

落合甚九郎　298,305,306,308,309,312,453

M

马顿斯条款　20

麦克阿瑟　2,137,147,172,173,315,393

茂川秀和　268

梅汝璈　117,157,176,207,406,419,435

盟军总部法务处　156,157,172,454

孟宪章　117,127,156,157,451,452

米仓宪一　375,376,442

米村春喜　117,282,283,448

《莫斯科宣言》　21,35,36,109

N

奈良晃　159,342,345

南京大屠杀　2,4,5,7,9,14,37,38,40,52,62,67,68,70,73,78,85,95,96,98,105,114,117,122,152,156,172,176—187,189,190,192,193,195—197,199,201—204,206—213,226,243,257,315,346,394,395,402,403,405—417,419—430

南京大屠杀案敌人罪行调查委员会　179,180

南京市临时参议会 98,179,180,
　191,192,202,410
内田孝行 294,295,453
内田银之助 117,269,270
倪征燠 120,399,418

O

欧阳长麟 196

P

平钢久忠 389,390
破坏和平罪 2,3,20,21,40,116—
　118,126,199,219,221,232,242,
　417,418,420,434
普通战争罪 3,20—22,28,40,55,
　116,117,123,126,127,232,417,
　418,420,434

Q

七七事变 50,211,216,222,225,
　231,232,234,238,253,268,270,
　301,443
齐藤弼州 385,386
桥本欣五郎 115,119,134,138,
　140
秦德纯 102,153,311,397,399
青井真光 370,371
青木锜藏 329

青木宣纯 233,234
清水光雄 361
丘吉尔 24,39

R

染谷保藏 362
任钟垿 258
日本天皇(裕仁) 57,110,140,141
日本宪兵 78—81,148,150,151,
　231,235,236,245,246,259,260,
　262,270,277,278,288,318,329,
　336,345,370,374,376,378—383,
　442
《日寇在华暴行调查表》 58,60
入山博 379

S

三岛光义 243—245
三浦忠次郎 299,453
山本莲水 331,336
山口利春 440,441
山内卯助 331,332
膳英雄 380
上海港口司令部 88,151
抗战蒙难同志会 81,278,279
上海战犯拘留所 162,163,166,
　167
上山宽 288

神田正种　154—156,159,160

《圣詹姆斯宣言》《惩治德人暴行宣言》）　1,25,28,35,41,42

施泳　209,292,307,309

石川正一　79,441

石美瑜　7,172,175,177,186—189,191,197,201,207,209,212,217—219,224,233,237,282,288,292,293,305—307,309—313,315,425

石神铁山　330

石松熊雄　383,384

柿副善次　366,367

司法行政部　62,66,67,71—73,75,76,78,87,88,93,95,102,103,120,121,124,129—133,135,137,138,142,143,153—156,158,159,162,175,177,180,222,227,272,279,292,306,311,318,351,394,395,422,423,436

松本芳雄　380,381

松本洁　246—248

松井太久郎　257,293,303,304,311,388

松井石根　115,135,138,177,183,312,407,408,416,422—425,427,435

宋书同　186,188

孙介君　171,308

T

台湾全省警备司令部审判战犯军事法庭（台北法庭、台北军事法庭）　105,388,390

汤恩伯　97,273,274,314

汤浅寅吉　290,291

陶希圣　134

田边盛武　154—156

田村二二男　335,336

田中久一　319

田中军吉　4,177,206,209—213,239

田中政雄　371,372,442,443

畑俊六　115,119,133,134,138,303,304

童维纲　156,157,454

土肥原贤二　115,119,122,134,138,139,216,225,242,399,422

W

王宠惠　18,49,51,55,69,109,134,141,302

王家楣　292,297,307

王汝毅　348

王世杰　45,60,61,135,141,302,303,306,398

《威斯特伐利亚和约》 16,17
梶浦银次郎 341,345
吴俊 89,106,107,150,167,168,328
五岛广作 414,415
武山英一 376,377

X

西村平八郎 271
喜多诚一 134,137,139,140
下田次郎 167,291,448
下野霍一 415
向井敏明 4,14,177,206—210,212,213,239
向哲浚 207
小笠原清 196,197,202,257,415
小林爱男 375
谢冠生 67,73,88,103,121,153,159,436
新荣幸雄 373,374
熊式辉 348,349
徐州绥靖公署审判战犯军事法庭（徐州法庭、徐州军事法庭） 80,105,243,377,378,379,385,386
徐州战犯拘留所 162,167,169
许传音 190,202,426

Y

阎锡山 8,369,372,453
杨觉勇 74,87,96,98,99,132,136,142,143,146,268,451,454,455
杨兆龙 67,120,121,129,436
野地嘉平 452,453
野田毅 4,14,177,206—210,212,213,239
叶在增 186,188,292,307
伊斯坦布尔审判 22,23
伊庭保治 333
乙丙级战犯 3,4,7—14,40,49,55,84,118,129,133,152,161,174,258,269,390,393,394,399,413,416,417,419,432,434,435,439—441,446
影佐祯昭 134,138—140,154—156,159,422
有野学 374
庾茂松 381,382
远东国际军事法庭（东京国际军事法庭） 2,3,15,52,95,100,102,114,115,116,117,119,128,130,136,147,157,173,176,179,180,207,209,224,242,303—305,311,393,399,406,408,413,417—419,423,435
《远东国际军事法庭宪章》 2,3,40,117,408,417

岳成安 346,348,354

Z

查良鉴 71,87

战争罪犯处理委员会（战犯处理委员会） 12,40,75,77—79,88,89,92,99,102,103,105,114,115,119,124,125,127,128,130,134—138,142—148,152—155,159—161,163,170,176,177,182,183,207,208,210,214,217,222,224,226—228,239,242,245,249,252,254,257,259,281,282,291,293,302,303,306,317,318,330,332,336,337,339,341,342,344,345,347—349,351,359,380,385,392,393,398,400,401,423—425,428,436,448,449

《战争罪犯审判条例》 120—123,126,127,203

张丁扬 84,258

张发奎 317

张治中 60

芝原平三郎 82,83,99,290

中村秀夫 366,367

中岛今朝吾 152,183,416,421—424

中岛信一 256,257

中山九三 254

中丸重满 329,331

塚越大三郎 366,368

周一渔 195

朱世明 119,224

邹任之 99,162,169—171,276

足立茂 270,443—445

佐藤玄一 255,256

佐佐木熏 79,441

后　记

　　2006年初,胡菊蓉老师主编的《南京大屠杀史料集》第24册《南京审判》出版,张连红老师敏锐地意识到,学术界对国民政府审判日本战犯的研究还比较薄弱,正好借该册史料集出版的契机,可以做一些初步的研究。我接受老师的建议,以国民政府对南京大屠杀案的审判作为我的硕士学位论文选题,从此开始了我从事国民政府审判日本战犯的研究之旅。以胡菊蓉老师编的史料集为基础,我的硕士论文基本上把南京法庭对南京大屠杀案相关战犯审判的事实搞清楚了,但因当时能看到的史料有限,二档所藏的战争罪犯处理委员会的档案不开放,所以论文实际解决的问题有限。

　　2007年9月,我到南京大学师从陈谦平老师攻读博士学位,转而做大学史相关的研究,对战犯审判的研究暂时搁置。2010年9月,我回到南京师范大学工作,入职后在考虑申报研究项目时,听取连红老师的建议,以硕士论文的题目申报了教育部人文社科项目,幸得立项。立项后,我调整研究思路,摆脱之前学界将战犯审判作为侵华日军暴行研究延伸的模式,更加关注审判本身,同时不再执着于"判罪论"与"辩护论"两个极端,尝试重回历史语境探究审判本身的内在逻辑。除了视角的转换,我还尝试在史料上有所突破。2014年暑假,在台湾政治大学人文中心李素琼主管和历史学系刘维开教授的帮助下,我应邀到政大访学,得以在台湾"国史馆"和"国家档案管理局"看到国民政府外交部以及国防部等核心部门关于战犯审判的档案。这次访问开阔了我的视野,我开始意识到除了南京大屠杀案以外,国民政府审判乙丙级战犯是一张很大的学术图景,而我们之前对此知之甚少。当我意识到这一点的时候,有一种发现新大陆的兴奋感。次年,应宝麟兄的邀请参加上海社科院历史研究所举办的二战史的学术研讨会,我利用在台湾搜集的档案撰写了《国民政府与日本乙丙级战犯审判》一文,得到评议人的肯定,增强了我继续拓展相关研究的信心。

2015年下半年,我承担的教育部项目结项。次年,上海交通大学东京审判研究中心组织申报国民政府审判日本战犯的重大项目,项目由刘统老师领衔。在连红老师和程兆奇老师的推荐下,我作为子课题负责人参与项目申报。项目立项后,我作为项目主要成员和刘统老师分工合作,刘统老师负责项目整体书稿的撰写,我负责系列专题论文的撰写,并侧重国防部南京军事法庭审判日本战犯的研究。项目进行期间,我在2016年8月赴美访学一年,在加州大学伯克利分校战争犯罪研究中心查阅了大量文献,让我对自一战以来国际社会关于制裁战争犯罪探索的历史有了更清晰的认识,并且在斯坦福胡佛档案馆查阅了参加联合国战罪审查委员会的中国代表金问泗的个人档案。

顾若鹏(Barak Kushner)关于中国审判日本战犯的英文专著在2015年出版,我第一时间看到。想起在读博士的时候曾经有一个暑假跟在南京访学的顾若鹏经常在志云组织的学术沙龙上见面,没想到多年不见,居然做的研究是同一主题,这是何等奇妙的缘分。因《抗日战争研究》编辑部高士华主编的邀约,我写了一篇书评，向国内学界介绍顾若鹏的研究。因为这篇书评，我们又重新联系上，顾若鹏邀请我到剑桥访问，但因为我当时在美国无法成行。直到2017年8月我从美国回来以后，于次年5月访问剑桥，参加顾若鹏主持的工作坊，与明治学院大学的张宏波老师、石田隆至先生一起讨论，让我增加了比较的视角，对于国民政府审判日本战犯的特质有了更充分的把握。由此我们四个人也成为分享学术观点和研究资料，相互鼓励的小团队，在2020年疫情爆发前差不多每年都会见面，2019年与顾若鹏更是一年有三次见面的机会，这对于隔着欧亚大陆两端数千公里的距离而言，简直不可思议。

2017年下半年，张宪文老师主持中国抗日战争史专题研究的协同创新项目，邀请我承担战后审判日本战犯的专题研究，本书的出版即由该项目资助。需要说明的是，本项研究得到上海交通大学刘统老师主持的国家社科基金重大项目"抗战胜利后国民政府审判日本战犯研究"的资助，当然研究成果也是该项目最终成果的一部分。在此非常感谢刘统老师无私地分享研究资料，尤其是日本国立公文书馆和台湾"国防部史政编译局"的相关档案，为项目组的研究工作奠定了扎实的文献基础。2021年初，刘统老师主持的重大项目结项，130余万字的专著《大审判——国民政府处置日本战犯实录》也同时出版。在刘统老师的巨著出版之后，我的这本小书主要是从论的角度，将这些年自己发表的研究论文做一个整理。本书尽可能避免重复论述，但为了兼顾整体性，在侧重南京军事法庭审判的基础上，仍对各地法庭审判战犯的情况做了概述。

与本书相关的研究成果曾先后在《南京师大学报》《福建论坛》《江海学刊》《民国档案》《南京社会科学》《抗日战争研究》《近代史研究》《日本侵华南京大屠杀研究》等刊物发表，在此对审稿人、编辑的建议与付出，表示诚挚的谢忱。感谢江苏人民出版社的资深突破。2014年暑假,在台湾政治大学人文中心李素琼主管和历史学系刘维开教授的帮助下,我应邀到政大访学,得以在台湾"国史馆"和"国家档案管理局"看到国民政府外交部以及国防部等核心部门关于战犯审判的档案。这次访问开阔了我的视野,我开始意识到除了南京大屠杀案以外,国民政府审判乙丙级战犯是一张很大的学术图景,而我们之前对此知之甚少。当我意识到这一点的时候,有一种发现新大陆的兴奋感。次年,应宝麟兄的邀请参加上海社科院历史研究所举办的二战史的学术研讨会,我利用在台湾搜集的档案撰写了《国民政府与日本乙丙级战犯审判》一文,得到评议人的肯定,增强了我继续拓展相关研究的信心。

2015年下半年,我承担的教育部项目结项。次年,上海交通大学东京审判研究中心组织申报国民政府审判日本战犯的重大项目,项目由刘统老师领衔。在连红老师和程兆奇老师的推荐下,我作为子课题负责人参与项目申报。项目立项后,我作为项目主要成员和刘统老师分工合作,刘统老师负责项目整体书稿的撰写,我负责系列专题论文的撰写,并侧重国防部南京军事法庭审判日本战犯的研究。项目进行期间,我在2016年8月赴美访学一年,在加州大学伯克利分校战争犯罪研究中心查阅了大量文献,让我对自一战以来国际社会关于制裁战争犯罪探索的历史有了更清晰的认识,并且在斯坦福胡佛档案馆查阅了参加联合国战罪审查委员会的中国代表金问泗的个人档案。

顾若鹏(Barak Kushner)关于中国审判日本战犯的英文专著在2015年出版,我第一时间看到。想起在读博士的时候曾经有一个暑假跟在南京访学的顾若鹏经常在志云组织的学术沙龙上见面,没想到多年不见,居然做的研究是同一主题,这是何等奇妙的缘分。因《抗日战争研究》编辑部高士华主编的邀约,我写了一篇书评，向国内学界介绍顾若鹏的研究。因为这篇书评，我们又重新联系上，顾若鹏邀请我到剑桥访问，但因为我当时在美国无法成行。直到2017年8月我从美国回来以后，于次年5月访问剑桥，参加顾若鹏主持的工作坊，与明治学院大学的张宏波老师、石田隆至先生一起讨论，让我增加了比较的视角，对于国民政府审判日本战犯的特质有了更充分的把握。由此我们四个人也成为分享学术观点和研究资料，相互鼓励的小团队，在2020年疫情爆发前差不多每年都会见面，2019年与顾若鹏更是一年有三次见面的机会，这对于隔着欧亚大陆两端数千公里的距离而言，简直不可思议。

2017年下半年，张宪文老师主持中国抗日战争史专题研究的协同创新项目，邀请我承担战后审判日本战犯的专题研究，本书的出版即由该项目资助。需要说明的是，本项研究得到上海交通大学刘统老师主持的国家社科基金重大项目"抗战胜利后国民政府审判日本战犯研究"的资助，当然研究成果也是该项目最终成果的一部分。在此非常感谢刘统老师无私地分享研究资料，尤其是日本国立公文书馆和台湾"国防部史政编译局"的相关档案，为项目组的研究工作奠定了扎实的文献基础。2021年初，刘统老师主持的重大项目结项，130余万字的专著《大审判——国民政府处置日本战犯实录》也同时出版。在刘统老师的巨著出版之后，我的这本小书主要是从论的角度，将这些年自己发表的研究论文做一个整理。本书尽可能避免重复论述，但为了兼顾整体性，在侧重南京军事法庭审判的基础上，仍对各地法庭审判战犯的情况做了概述。

与本书相关的研究成果曾先后在《南京师大学报》《福建论坛》《江海学刊》《民国档案》《南京社会科学》《抗日战争研究》《近代史研究》《日本侵华南京大屠杀研究》等刊物发表，在此对审稿人、编辑的建议与付出，表示诚挚的谢忱。感谢江苏人民出版社的资深编辑张晓薇女史,她为本书的编辑出版做了大量的工作,避免了原稿中的若干错讹,使本书得以如期出版。同时借此机会,对多年来关心我成长的各位师友、为我提供良好工作条件的学院、永远支持我的家人表示感谢。

这不是终点,一切才刚刚开始,永无止境的发现之旅。

2021 年 7 月 15 日于南京龙江寓所